Das große GU Vollwert Kochbuch No. 2

Das große GU Vollwert Kochbuch No. 2

Neue Rezepte aus der erfolgreichen
Reihe »Die kleinen
GU Vollwert-Kochbücher«

Mit einer Einführung von
Thomas Männle

Rezepte von: Baumgärtner,
Brütt, Handschmann,
Kurz, Meyer, Laux,
Righi, Welscher

GU GRÄFE UND UNZER

Inhalt

Inhalt

Wichtiger Hinweis

Kaufen Sie möglichst nur gereinigtes Getreide. Schmutz und Unkrautsamen (vor allem Samen der giftigen Kornrade) dürfen nicht enthalten sein. Das gleiche gilt für das heute wieder häufiger auftretende Mutterkorn, das vor allem im Roggen vorhanden ist. Es ist ein deutlich erkennbares, schwärzliches und meist stark vergrößertes Korn. In größeren Mengen verzehrt, kann es lebensgefährliche Vergiftungserscheinungen hervorrufen. Wenn Ihr Händler jedoch bestätigt, daß das Korn durch eine Reinigungsanlage für Getreide gelaufen ist, können Sie sicher sein, daß es keine Verunreinigungen enthält.

Essen Sie Schoten oder Samen von Hülsenfrüchten – mit Ausnahme von jungen Erbsen – nie roh. Erst durch ausreichendes Garen wird das darin enthaltene natürliche Gift, das Phasin, unschädlich gemacht. Beim Keimen wird dieses Gift nur teilweise abgebaut; deshalb sollten Sie auch Sprossen von Hülsenfrüchten nicht zu oft und grundsätzlich kurz erhitzt oder blanchiert essen.

Ein einfaches Prinzip
»Laßt unsere Nahrung so natürlich wie möglich.« Mit diesem einfachen Prinzip von Prof. Werner Kollath ist das Wesen der Vollwert-Ernährung bereits umrissen. Naturbelassene Lebensmittel werden bei dieser Ernährung ganz groß geschrieben. Sie enthalten noch den vollen Wert ihrer natürlicherweise vorhandenen Inhaltsstoffe und liefern damit alle lebensnotwendigen Nährstoffe. Die abwechslungsreiche Zusammenstellung von frischen Lebensmitteln erfüllt alle Voraussetzungen für eine optimale geistige und körperliche Leistungsfähigkeit. Wird der tägliche Speiseplan nach den Empfehlungen der Vollwert-Ernährung aufgestellt, können zahlreiche ernährungsabhängige Krankheiten verhütet werden. Und: Komplizierte Berechnungen sind nicht mehr nötig.
Die Vollwert-Ernährung kennt keine Verbote, es werden lediglich Empfehlungen ausgesprochen, welche Lebensmittel günstig sind und wie häufig sie verzehrt werden sollten.
Etwa die Hälfte der Nahrungsmenge sollte aus frischen unerhitzten Lebensmitteln bestehen, denn durch Verarbeiten und Zubereiten gehen wichtige Inhaltsstoffe verloren.
Frisches Gemüse und Obst stehen dabei im Mittelpunkt. Aber auch unerhitztes gequollenes Getreide wie Flocken, milchsauer vergorenes, nicht erhitztes Gemüse wie Sauerkraut, Ölfrüchte, Nüsse, Samen und Keimlinge, Vorzugsmilch und -produkte zählen zur Frischkost. Darüber hinaus kommen schonend gegarte Gerichte wie Gemüse- und Getreidepfannen, Vollkornnudelaufläufe oder Hülsenfruchtgratins auf den Tisch.
Exakt ist die Vollwert-Ernährung wie folgt definiert:

»Vollwert-Ernährung ist eine überwiegend laktovegetabile Ernährungsweise, bei der gering verarbeitete Lebensmittel bevorzugt werden. Gesundheitlich wertvolle Lebensmittel werden zu genußvollen Speisen zubereitet. Die hauptsächlich verwendeten Lebensmittel sind Vollkornprodukte, Gemüse und Obst, Kartoffeln, Hülsenfrüchte sowie Milch und Milchprodukte, daneben können auch geringe Mengen an Fleisch, Fisch und Eiern enthalten sein. Etwa die Hälfte der Nahrungsmenge besteht aus unerhitzter Frischkost. Die Zubereitung erfolgt schonend und mit wenig Fett aus frischen Lebensmitteln. Nahrungsmittel mit Zusatzstoffen werden vermieden.
Zusätzlich zur Gesundheitsverträglichkeit der Ernährung werden auch die Umweltverträglichkeit und die Sozialverträglichkeit des Ernährungssystems berücksichtigt. Das bedeutet unter anderem, möglichst ausschließlich Erzeugnisse aus anerkannt ökologischer Landwirtschaft zu verwenden sowie Erzeugnisse aus regionaler Herkunft und entsprechend der Jahreszeit zu bevorzugen. Weiterhin werden unverpackte oder umweltschonend verpackte Lebensmittel bevorzugt sowie umweltverträgliche Produkte und Technologien verwendet. Außerdem werden landwirtschaftliche Erzeugnisse bevorzugt, die unter sozialverträglichen Bedingungen erzeugt, verarbeitet und vermarktet werden (u.a. Fairer Handel mit Entwicklungsländern).
Mit Vollwert-Ernährung sollen hohe Lebensqualität – besonders Gesundheit –, Schonung der Umwelt und soziale Gerechtigkeit gefördert werden.« (Leitzmann, C.; Koerber, K. v.; Männle, T.: Die Gießener Formel. In: UGB – Forum Heft 2, Jg. 10, S. 109, 1993)

Frisches ist die Nummer eins
Bereiten Sie aus dem reichhaltigen, jahreszeitlichen Angebot an verschiedenen Gemüse- und Obstsorten täglich eine schmackhafte Frischkost zu (Rezepte Seite 26 – 84). Sie versorgt Sie mit wertvollen Vitaminen, Mineralstoffen und auch Ballaststoffen. Essen Sie die Frischkost vor dem Hauptgang, das stillt den ersten Hunger und das Hauptgericht kann weniger üppig ausfallen. So können Sie Übergewicht wirksam und gesund vorbeugen.

Volles Korn für volle Kraft
Planen Sie Vollkornprodukte aus den verschiedenen Getreidesorten täglich ein. Sie liefern lebenswichtige Vitamine, Mineralstoffe und Ballaststoffe, die in den Randschichten des Getreidekorns versteckt sind. Diese gehen bei der Herstellung von Auszugsmehl weitgehend verloren. Produkte aus dem vollen Korn – wie Vollkornbrot und -brötchen, Vollkornnudeln oder Vollkornflocken – sind nicht nur nährstoffreich, sondern haben auch einen angenehmen, nussigen Geschmack.
Sorgen Sie für Abwechslung im Speiseplan. Getreide läßt sich raffiniert und lecker zubereiten, ob unerhitzt als Frischkornmahlzeit, Müsli mit Obst, verbacken zu Brot oder Kuchen oder als ganzes Korn gekocht und als Beilage serviert. Für Abwechslung sorgt zudem die breite Palette an unterschiedlichen Getreidesorten wie Weizen, Dinkel, Grünkern, Gerste, Roggen, Hafer, Reis, Mais oder Hirse.

Tierisches in Maßen
Unerhitzte Milch, insbesondere Vorzugsmilch, und gesäuerte Milchprodukte wie Joghurt und saure Sahne ergänzen den täglichen Speisezettel in der Vollwertküche. Wichtige Calciumlieferanten für die Knochen sind besonders die fettarmen Milchprodukte Dickmilch, Joghurt und Buttermilch. Käse schmeckt als Brotbelag, eignet sich zum Überbacken und liefert viel Eiweiß, ist aber auch fettreich. Wählen Sie deshalb in erster Linie fettarme Sorten, möglichst ohne Zusatzstoffe.
Fleisch, Fisch und Eier stehen in der Vollwert-Ernährung seltener auf dem Speiseplan. Sie enthalten zwar wertvolles Eiweiß und andere wichtige Nährstoffe, die aber auch durch die Kombination von verschiedenen pflanzlichen Lebensmitteln geliefert werden können. Bereiten Sie Fleisch und Eier fettarm und höchstens bis zu zweimal pro Woche zu. Fleisch- und Wurstwaren sollten eher selten gegessen werden.
Die Fischbestände in den Weltmeeren sind mittlerweile durch industrielle Fangmethoden stark reduziert. Ökologische Gründe sprechen daher dafür, nur bis zu einmal pro Woche eine Fischmahlzeit zu verzehren. Salzwasserfisch trägt auch dazu bei, den Organismus ausreichend mit dem lebensnotwendigen Mineralstoff Jod zu versorgen.

Fett mit Qualität
Verwenden Sie naturbelassene Fette wie kaltgepreßte, unraffinierte Öle für Salate und Butter oder ungehärtete Pflanzenmargarine als Streichfett sowie zum Kochen und Backen. Sie sollten jedoch – wie andere fettreiche Produkte auch – nur sparsam eingesetzt werden. Nüsse und Ölsaaten wie Sonnenblumenkerne, Sesamsamen oder Leinsaat liefern ebenso wertvolles Fett. In kleinen Mengen verwendet, verfeinern sie das Müsli zum Frühstück, die tägliche Frischkost vor dem Hauptgericht sowie Aufläufe oder Vollkornbrote und -gebäck.

Gekonnt würzen und süßen
Frische Kräuter – vom Wochenmarkt, frisch geerntet aus dem eigenen Kräutergarten oder von der Fensterbank – geben den Gerichten, richtig dosiert, eine besondere Note und tragen zu mehr Bekömmlichkeit bei. Wählen Sie Ihre Lieblingskräuter aus dem reichhaltigen Angebot. Wer zudem auch beim Würzen Phantasie zeigt, bekommt in jedem Fall köstliche Gerichte. Und: Salz wird so fast überflüssig. Wenn Sie es verwenden, ist jodiertes Meersalz am besten geeignet, da es zur Jodversorgung beiträgt.

Frisches, süßes Obst, nicht wärmegeschädigter Honig sowie ungeschwefeltes, eingeweichtes Trockenobst werden in der Vollwertküche als Süßungsmittel verwendet. Auch alternative Fruchtdicksäfte (wie Apfel- und Birnendicksaft), Vollrohrzucker, Zuckerrübensirup, Ahornsirup oder Melasse runden in kleinen Mengen den süßen Geschmack von Desserts, Gebäck und Kuchen ab. Isolierter weißer oder brauner Zucker und Süßstoffe sowie damit hergestellte Produkte sind somit überflüssig.

Geeignete Durstlöscher
Unser Organismus braucht täglich Flüssigkeit. Damit er ausreichend versorgt ist, sollten Sie jeden Tag etwa 1–2 Liter trinken. Mineralwasser, Kräuter- oder Früchtetees sowie verdünnte Obst- und Gemüsesäfte sind ideale Durstlöscher. Genußmittel wie Bohnenkaffee und schwarzer Tee sollten nur gelegentlich und in kleinen Mengen getrunken werden. Denn sie regen das Nervensystem an, was auf Dauer den Körper überfordern kann. Weiterer Nachteil: Ihr Gerbstoffgehalt behindert die optimale Aufnahme der Mineralstoffe, beispielsweise von Eisen, wenn sie zum Essen getrunken werden. Wenn Sie regelmäßig Alkohol trinken, laufen Sie Gefahr, sich daran zu gewöhnen und sogar davon abhängig zu werden. Alkoholische Getränke wie Bier und Wein sollten Sie deshalb nur gelegentlich, in kleinen Mengen und am besten nur zu besonderen Anlässen trinken.

Die Umwelt schonen
Zur Idee der Vollwert-Ernährung gehört es auch, beim Einkauf an die Umwelt zu denken. Denn ein erheblicher Teil der heutigen Umweltprobleme ist Folge der Erzeugung, Verarbeitung und Zubereitung unserer Lebensmittel sowie der Entsorgung des damit verbundenen Verpackungsmülls. Inzwischen sind viele Lebensmittel auch in Mehrwegbehältnissen oder ohne Verpackung erhältlich und können in mitgebrachten Dosen, Tüten und vielem mehr nach Hause getragen werden. Märkte, Naturkostläden und Reformhäuser bieten viele Produkte lose an. Wenn Sie dort die Zutaten für die leckeren Vollwertgerichte kaufen, vermeiden Sie unnötigen Verpackungsmüll.
Auch durch den Einkauf von ökologisch angebauten Lebensmitteln helfen Sie, die Umwelt zu schonen. Denn die ökologische Landwirtschaft verzichtet auf chemische Düngemittel sowie Pestizide und vermeidet damit die Belastung von Böden und Grundwasser. Zu erkennen sind diese Produkte an den Symbolen der anerkannten Anbauverbände von Demeter, ANOG, Bioland, Naturland, Biokreis Ostbayern, Ecovin, Ökosiegel und Gäa.

Soziale Gerechtigkeit weltweit
Vollwert-Ernährung berücksichtigt auch soziale Aspekte bei der Lebensmittelauswahl. Wenn Sie sich nach ihren Empfehlungen ernähren, tragen Sie nicht nur zur Schonung der Umwelt,

sondern auch zu mehr sozialer Gerechtigkeit weltweit bei.
Beispielsweise wird empfohlen, weniger Fleisch zu essen, und das nicht nur aus gesundheitlichen Gründen – denn mit Fleisch und Wurst werden viel Fett, Cholesterin und Purine aufgenommen –, sondern auch, weil die Massentierhaltung in den Industrieländern nur durch den Import billiger Futtermittel beziehungsweise Lebensmittel aus den Ländern der sogenannten Dritten Welt möglich ist. Dadurch verlieren die Menschen dort Anbauflächen für ihre Grundnahrungsmittel. Zusammen mit Tabak-, Baumwoll- und Kaffee-Anbauflächen ergibt dies eine sehr große Landfläche, die für die Eigenversorgung in diesen armen Ländern fehlt und deshalb den Hunger dort fördert.
Mit der Einschränkung Ihres Fleischkonsums können Sie dazu beitragen, die weltweite gerechte Versorgung mit Grundnahrungsmitteln sicherzustellen.

Schritt für Schritt umstellen
Vollwert-Ernährung ist keine kurzfristige Diät und keine vergängliche Modeerscheinung, sondern eine Ernährungsweise, die für jeden Tag und für die ganze Familie geeignet ist.
Die Umstellung auf eine vollwertige Ernährung gelingt Ihnen am besten schrittweise:

- Essen Sie zuerst mehr Salate aus Gemüse und/oder Obst und verzehren Sie täglich Frischkost vor Ihrer Hauptmahlzeit.
- Schränken Sie anschließend den Verzehr fettreicher Produkte, wie beispielsweise Wurst, fritierte Lebensmittel oder Sahnecremes, ein, und bereiten Sie Ihre Speisen mit wenig Fett zu.
- Tauschen Sie dann herkömmliches Brot, Brötchen und Backwaren sowie Reis und Nudeln gegen Vollkornprodukte aus, und verzehren Sie weniger isolierten Zucker und zuckerhaltige Produkte.
- Essen Sie nicht mehr so oft, sondern nur etwa zweimal pro Woche Fleisch, Wurst und Eier.
- Planen Sie abschließend eine Frischkornmahlzeit (zum Beispiel ein Müsli) in den Speiseplan ein.

In den folgenden Kapiteln finden Sie bewährte Rezepte aus der Vollwert-Küche. Stellen Sie daraus Ihren Speiseplan nach Ihrem Geschmack abwechslungsreich zusammen. Und wenn Sie einmal üppigere, festliche Gerichte genießen, gleichen Sie sie am nächsten Tag mit einfacheren, fettarmen Speisen wieder aus.

Ich wünsche Ihnen Genuß, Gesundheit und Wohlbefinden. Guten Appetit!

Dipl. oec. troph. Thomas Männle
Verband für unabhängige Gesundheitsberatung e.V. – Deutschland

Die meisten Handgriffe und Techniken sind Ihnen sicher schon vertraut, einige andere aber, wie zum Beispiel das Backen in der Pfanne oder das Ziehen von Sprossen, die in manchen Gerichten angewandt werden, haben Sie vielleicht nicht auf Anhieb parat. Auf den folgenden Seiten finden Sie daher die nötigen Informationen.

Back-Tips

• Beim Backen sollten Sie möglichst nicht experimentieren, denn es kommt dabei auf das präzise Abwiegen und Messen und auf die richtige Reihenfolge bei der Zubereitung an.

• Es läßt sich leichter und schneller arbeiten, wenn Sie sich alle notwendigen Zutaten bereitstellen, bevor Sie mit der Zubereitung beginnen.

• Nehmen Sie Milchprodukte, Butter und Eier rechtzeitig aus dem Kühlschrank, damit sie Zimmertemperatur annehmen können.

• Fachleute empfehlen, den Backofen vorzuheizen, da es bei den einzelnen Herdtypen unterschiedlich lange dauern kann, bis die gewünschte Temperatur erreicht ist. Mit etwas Erfahrung können Sie das aber individuell auf Ihren eigenen Ofen abstimmen. Wenn Sie nicht vorheizen, brauchen die meisten Backwaren etwas länger.

• Auf jeden Fall sollten Sie gegen Ende der angegebenen Backzeit die Garprobe machen. Dafür stechen Sie an der höchsten Stelle des Kuchens mit einem dünnen Holzstäbchen senkrecht ein. Bleiben am Stäbchen beim Herausziehen keine Teigreste oder feuchte Krümel hängen, ist der Kuchen gar.

Bei festem Gebäck, wie zum Beispiel Hefezopf oder Brot, drehen Sie das Gebäck um und klopfen mit dem Zeigefinger auf die Unterseite. Wenn es hohl klingt, ist es gar.

Blechkuchen können Sie an einer Ecke mit einer Palette etwas anheben und überprüfen, ob die Unterseite gleichmäßig gebacken ist.

• Gebäck, das gerade aus dem Ofen kommt, kurz auskühlen lassen. So kann es sich festigen und läßt sich aus der Form lösen, ohne zu brechen.

Temperatureinstellung der verschiedenen Herdtypen:

Die bei den Rezepten angegebenen Backzeiten sind Richtwerte. Exakt können die Zeiten nicht angegeben werden, da Faktoren wie Backofentyp, Heizleistung, Alter des Herdes und das Material der verwendeten Backform einen Einfluß haben können. Damit Sie mit Ihrem eigenen Backofen gut klarkommen, sollten Sie die Gebrauchsanleitung des Herstellers genau studieren und die beim Backen gesammelten Erfahrungen notieren.

Ober- und Unterhitze	**Heißluft/ Umluft**	**Gas**
160°	140°	Stufe 1
170°	150°	Stufe 1 1/2
180°	160°	Stufe 2
190°	170°	Stufe 2 1/2
200°	180°	Stufe 3
210°	190°	Stufe 3 1/2
220°	200°	Stufe 4
230°	210°	Stufe 4 1/2
250°	230°	Stufe 5

Backen in der Pfanne
Einige Aufläufe und Kuchen in diesem Buch werden in der Pfanne gebacken – praktisch vor allem für alle, die keinen Backofen in der Küche haben. Leider ist nicht jede Pfanne zum Backen von Brot, Kuchen und Aufläufen gleichermaßen gut geeignet. Am besten sind Pfannen mit Antihaftbeschichtung und Hohlraumdeckel. Kleingebackenes, wie zum Beispiel die Olivenplätzchen (Rezept Seite 108), können zwar grundsätzlich in jeder Pfanne gebacken werden, doch die anderen Pfannen-Backwaren in diesem Buch sind auf eine Pfanne mit Antihaftbeschichtung zugeschnitten. Gut geeignet sind: beschichtete Pfannen, Gußaluminiumpfannen und etwas weniger gut Edelstahlpfannen mit Wärmeleitkern.
Mit Einschränkungen können Sie zwar auch Email- und Stahlpfannen verwenden, wenn Sie sie mit Backtrennpapier auskleiden. Allerdings brauchen die Gerichte in der Emailpfanne mehr und in der Stahlpfanne weniger Hitze, als in den Rezepten angegeben ist. Zudem ist das exakte Auskleiden der Pfanne mit Papier etwas schwierig.
Bei beschichteten Pfannen sollten Sie beachten: Die Pfannen dürfen nicht überhitzt werden, und Sie dürfen nie mit einem metallenen Gegenstand darin schaben. Beim Backen in der Pfanne stören diese Einschränkungen allerdings kaum, denn es wird weder bei starker Hitze gegart, noch müssen Sie in der Pfanne kratzen, denn die Backwaren lösen sich ganz von alleine, sobald sie gar sind.

Maße und Gewichte
Bei vielen Lebensmitteln ist es wesentlich einfacher und praktischer, sie nicht zu wiegen, sondern mit Löffeln oder Tassen abzumessen. Hier deshalb einige Angaben.

Agar-Agar	1 Teel.	=	2 g
Backpulver	1 Teel.	=	6 g
Butter	1 Eßl.	=	15 g
Butter	1 Teel.	=	5 g
Crème fraîche	1 Eßl.	=	20 g
Flüssigkeit	1 Tasse	=	etwa 200 ml
Fruchtaufstrich	1 Eßl.	=	30 g
Hartkäse, gerieben	1 gestrichener Eßl.	=	10 g
Honig, flüssig	1 Eßl.	=	30 g
Honig, flüssig	1 Teel.	=	12 g
Getreidekörner	1 gestrichener Eßl.	=	20 g
Getreidekörner	1 Tasse	=	150–200 g
Nüsse, gerieben	1 Eßl.	=	10 g
Öl	1 Eßl.	=	10 g
Sahne, flüssig	1 Eßl.	=	15 g
Salz	1 gestrichener Teel.	=	5 g
Saure Sahne	1 Eßl.	=	20 g
Vollkornmehl	1 gestrichener Eßl.	=	10 g
Zuckerrohrgranulat	1 gehäufter Eßl.	=	10 g

Sprossen ziehen

Durch Ankeimen werden die Inhaltsstoffe von Getreide, Hülsenfrüchten und anderen Samen, wie zum Beispiel von Rettich, aktiviert und die Nährwerte gesteigert. Enzyme bewirken, daß das rohe Korn für unseren Organismus aufschließbar wird.
Zum Ankeimen von Körnern/Samen brauchen Sie ein Einmachglas, Plastik-Fliegengitter oder luftdurchlässigen Stoff und Gummiringe. Es gibt auch verschiedene spezielle Keimgefäße im Reformhaus und Naturkostladen.
Die Körner müssen in jedem Fall verlesen und in stehendem Wasser gewaschen werden. Dabei schwimmen beispielsweise alle Hülsen nach oben und lassen sich leicht abheben. Danach läßt man alle Getreide und Hülsenfrüchte in möglichst kalkfreiem Wasser (abgekocht oder gefiltert) etwa 12 Stunden quellen. Feine Samen wie Alfalfa oder Kresse brauchen Sie nur kurz zu wässern. Anschließend die Samen gut abtropfen lassen und in das jeweilige Keimgefäß füllen. Das Glas mit Fliegengitter oder Stoff und Gummi verschließen, das Keimgefäß nach Gebrauchsanweisung füllen. Das Gefäß dann an einen warmen (19–21°), hellen Platz, jedoch nicht direkt in die Sonne stellen. Die Samen zweimal täglich gut durchspülen und jeweils wieder sehr gründlich abtropfen lassen, denn die Samen dürfen auf keinen Fall im Wasser liegen, sonst beginnen sie zu schimmeln. Nach 2–3 Tagen, wenn der Trieb etwa ½ cm lang ist, haben die Keimlinge den höchsten Nährwert. Kresse, Alfalfa, Rettich und Senf können Sie länger wachsen lassen und die grünen Blättchen ernten.

Gar-Tips

- Verwenden Sie zum Kochen von Gemüse so wenig Flüssigkeit wie möglich. Dadurch wird die Ankochzeit verkürzt, und Auslaugverluste bleiben so gering wie möglich. Das Garen in wenig Flüssigkeit gelingt am besten in dicht schließenden Töpfen. Bedenken Sie auch, daß die Hitze in flachen, breiten Töpfen das Gemüse gleichmäßiger durchdringen kann und somit der Garprozeß auch schneller ablaufen kann.
- Wenn Sie einfache Töpfe zum Garen verwenden, sollten Sie unbedingt darauf achten, daß die Deckel genau passen und gut schließen. Andernfalls müssen Sie verdampftes Wasser rechtzeitig ersetzen.
- Schonendes Braten: Das Fett muß in keinem Fall bis kurz vor den »Rauchpunkt« erhitzt werden, wie Sie das vom Fleischbraten vielleicht gewöhnt sind. In der Vollwertküche genügen wesentlich niedrigere Temperaturen, Butter muß beispielsweise nur zergehen, nicht braun werden.

Kochen und Backen mit Getreide

Ganze Getreidekörner sollten nach Möglichkeit einige Stunden vor dem Kochen in Wasser eingeweicht werden, damit sich die Garzeit verkürzt und die Körner gleichmäßig durchgaren. Wenn Sie sie vor dem Einweichen kurz aufkochen lassen, werden sie schneller aufgeschlossen. Nach der Einweichzeit werden die Körner in dem Einweichwasser aufgekocht, dann zugedeckt bei schwacher Hitze weitergekocht. Die Garzeiten hängen von der Dauer des Einweichens und der Qualität des Getreides ab. Die angegebenen Zeiten können daher immer nur Richtwerte sein! Für das Kochen von kleineren Mengen als hier angegeben, brauchen Sie etwas

Einweich-, Gar- und Quellzeiten für ganze Körner

Getreideart und -menge	Flüssigkeit	Einweichzeit Stunden	Garzeit bei starker Hitze Minuten	Gar-/Quellzeit bei schwacher Hitze Minuten	Quellzeit ohne Hitze Minuten
200 g Weizen	400 ml	3–12	4–5	20–60	15
Dinkel	Wasser,	3–12	2–3	15–20	15
Nacktgerste	1/2 Teel. Salz	1–3	3–4	20–40	15
Roggen		5–12	5	50–60	20
200 g Naturreis	400 ml	0–1	3–5	25–40	10
Grünkern	Wasser,	0–1	4–5	30–50	15
Nackthafer	1/2 Teel. Salz	0–1	2–3	20–30	15
200 g Hirse	400–500 ml	keine	3–5	10–15	10
Buchweizen	Wasser,	keine	3–5	10–15	10
	1/2 Teel. Salz				

mehr Flüssigkeit. Durch starkes Kochen oder häufiges Deckelabheben verdunstete Flüssigkeit muß ersetzt werden.
Wenn das Getreide nicht eingeweicht wurde, sind die Garzeiten etwa doppelt so lang.
Gut geeignet zum Garen von Getreide ist eine Spar-Gar Box.

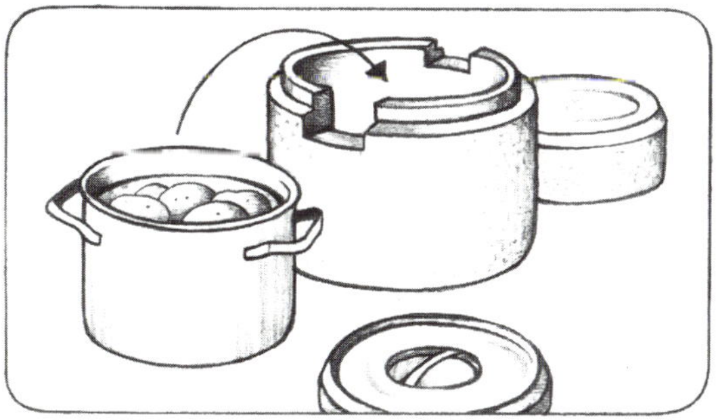

Die Spar-Gar-Box, eine moderne »Kochkiste« bestehend aus einem Edelstahltopf und einer Styroporhülle.

Backformen

Es gibt eine Vielfalt von verschiedenen Formen in unterschiedlichen Größen und Materialien. Wer viel backt, ist gut beraten mit zwei Springformen von unterschiedlicher Größe und eventuell mit Kranzkucheneinsatz, zwei, ebenfalls unterschiedlich großen, Kastenformen und einem runden Obstkuchenblech mit gewelltem oder glattem Rand. Eine Napfkuchen- oder Gugelhupfform vervollständigt das Sortiment.
Nach unserer Erfahrung bringen Formen aus schwarzlackiertem Blech und silikonbeschichtete Backformen die besten Ergebnisse. Ein weiterer Vorteil von beschichteten Backformen: Das Gebäck läßt sich leicht herauslösen, und die Form ist ganz einfach zu reinigen.
Wichtig für die Beschichtung: Auf keinen Fall mit scharfen oder spitzen Gegenständen daran herumkratzen.
Formen aus Glas, Keramik und Porzellan sind

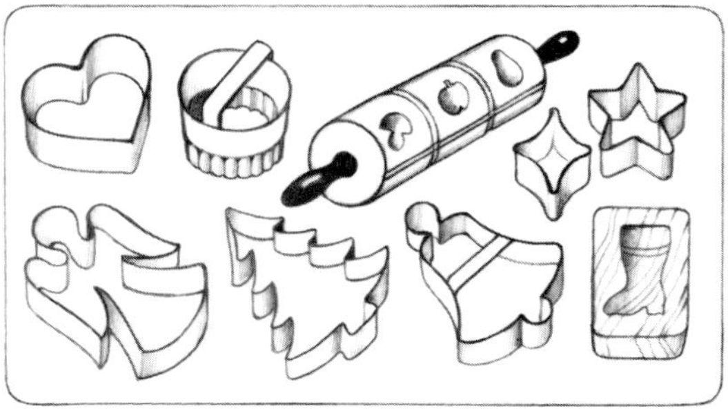

Verschiedene Ausstechformen und Holzmodel sind wichtige Utensilien für die Weihnachtsbäckerei.

schlechte Wärmeleiter, daher müssen Sie bei der Verwendung dieser Formen eine etwas höhere Temperatur einstellen, und die Backzeit kann sich um 20–30% verlängern. Ausstechformen sind vor allem für die Weihnachtsbäckerei unerläßlich. Es gibt außer den verschiedensten Formen auch Holzmodel und Wellhölzer mit verschiedenen Motiven.

Getreidemühle
Getreidemühlen gibt es in unterschiedlichen Ausführungen als Handmühlen, als Mühlen mit elektrischem Antrieb und als relativ preiswerte Vorsatzgeräte zu den meisten Küchenmaschinen. Handmühlen eignen sich nur zum Schroten kleinerer Getreidemngen, da es relativ kraftaufwendig ist und man in diesen Mühlen in 1 Minute nur 20–40 g Getreide mahlen kann. Mahlvorsätze für Küchenmaschinen mit etwa 300 Watt Leistung können in 1 Minute 80–100 g Getreide mahlen, Standmühlen mit ebenfalls 300 Watt Leistung in der gleichen Zeit bis zu 120 g. Das Mahlwerk der Mühlen kann aus Stahl, Stein oder Keramik bestehen. Achten Sie bei der Auswahl einer Getreidemühle auch darauf: Läßt sich das Mahlwerk leicht zerlegen und wieder zusammensetzen, damit Sie die Mühle von Zeit zu Zeit reinigen können? Weitere Informationen erhalten Sie im Fachhandel, zum Beispiel in größeren Naturkostläden.

Küchenmaschine
Falls Sie sich die Anschaffung dieses vielfältig einsetzbaren Gerätes überlegen, sollten Sie vor allem darauf achten, daß der Motor so stark ist, daß er auch schwierigere Dinge, wie zum Beispiel das Kneten von schwerem Hefeteig, bewältigt. Außerdem ist es wichtig, daß die Maschine sich leicht zerlegen läßt und daß die Ausmaße nicht zu groß sind, so daß Sie sie bequem im Schrank verstauen können.

Küchenmesser
Eine große Hilfe bei der Zubereitung von Vollwertkost sind verschiedene gute und scharfe Messer. Ideal ist eine Auswahl verschiedener Messer:
• ein Küchenmesser zum Putzen und Schälen von Obst und Gemüse;
• ein Officemesser zum Zerkleinern und Würfeln von Gemüse und um Blattgemüse und Salate in feine Streifen zu schneiden;
• ein großes Hackmesser zum Zerteilen von großen Gemüseknollen und zum Hacken von Nüssen, Kräutern und Blattgemüse;
• ein Sparschäler zum Schälen von Möhren, Kartoffeln und Spargel.
Eine ideale Ergänzung dazu ist ein Messerschärfer.

Küchenwaage
Vor allem beim Backen sollten die Mengenverhältnisse genau stimmen, damit die Backwaren auch wirklich gelingen. Eine Küchenwaage sollten Sie sich deshalb in jedem Fall anschaffen.

Meßbecher
Flüssigkeiten und teilweise auch Mehl und andere feste Zutaten kann man auch im Meßbecher abmessen. Achten Sie darauf, daß er so hitzebeständig ist, daß Sie auch heiße Flüssigkeiten darin abmessen können.

Reibe-Mouli
Ein praktisches Gerät, das im Handbetrieb schnell und problemlos kleine Mengen von Nüssen oder Käse zerkleinert.

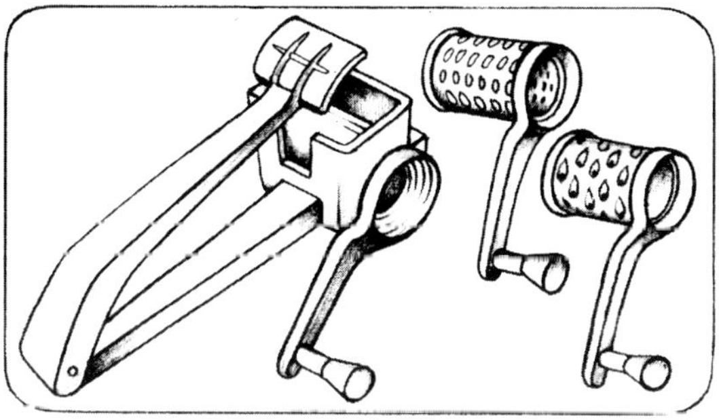

So ein Reibe-Mouli (Handraspel) hat verschiedene Einsätze und zerkleinert nahezu alles im Handumdrehen. Ideal für kleine Mengen.

Rohkostreibe/Gemüsehobel
Egal ob Sie sich eine einfache Handreibe oder eine Kombination zur Küchenmaschine anschaffen, achten Sie immer darauf, daß die Schneidflächen oder -messer aus rostfreiem Edelstahl sind und die Handreibe mit Fingerschutz angeboten wird.

Spar-Gar-Box
Sehr praktisch und energiesparend ist die Spar-Gar-Box, ein Styroporgehäuse, in das ein Edelstahltopf mit Deckel paßt. Getreidekörner werden je nach Sorte 2–5 Minuten auf dem Herd angekocht, dann stellen Sie den Topf in die Box. Jetzt das Getreide je nach Sorte 20–60 Minuten darin ausquellen lassen.

Teigrädchen
Dieses praktische Gerät aus Holz oder Metall können Sie zum Ausradeln von Teigstücken wie Plätzchen, aber auch für die Zubereitung von Nudeln wie Ravioli verwenden.

Teigrolle
Die brauchen Sie zum Ausrollen von Teigen. Kaufen Sie am besten eine aus unbehandeltem Holz, von der Sie die Griffe abmontieren können, damit Sie beispielsweise auch Teig direkt auf dem Blech ausrollen können.

Töpfe und Pfannen
Für ein möglichst schonendes Garen mit wenig Wasser sind Edelstahltöpfe und -pfannen mit »Sandwichboden« und gut schließenden Deckeln ideal.

Auch in der Vollwertküche gilt: Die Gerichte sollen nicht nur gut schmecken, sondern auch so richtig verlockend und appetitlich aussehen. Neben vielen Anregungen bei den Rezepten und durch die Fotos finden Sie hier weitere Ideen und Tips zum Garnieren von pikanten und süßen Gerichten.

Avocado als Fächer
Die Avocado – die reif sein, daß heißt auf behutsamen Fingerdruck sanft nachgeben muß – quer durchschneiden. Den Kern mit einer Messerspitze vorsichtig herauslösen, das Fruchtfleisch der Länge nach in feine Scheiben schneiden und daraus einen Fächer bilden und mit Zitronensaft bepinseln, damit sich die Avocado nicht verfärbt. Sieht sowohl mit Salat als auch mit einer süßen Dessertsauce hübsch aus.

Butterrosen
Mit einem Tee- oder Kaffeelöffel in Pfeilrichtung über die Butter ziehen (siehe Zeichnung), das ergibt eine Spirale; diese sofort in Eiswasser legen. Nun mit dem Löffel für die Blütenblätter halbmondförmige Butterstückchen ausstechen, ebenfalls in Eiswasser legen. Um jede Butterspirale Blütenblätter drapieren. Die Butterrosen sind eine ideale Dekoration für kalte Buffets.

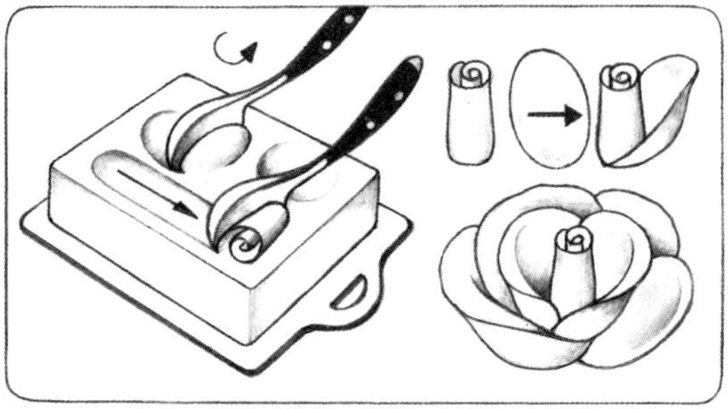

So gelingen dekorative Rosen aus Butter oder Buttermischungen. Der Löffel muß zwischendurch immer wieder kurz in heißes Wasser getaucht werden

Eiwürfel für Salat
Das gekochte, geschälte Ei im Eischneider in Scheiben schneiden, dann das Ei um 90° drehen und nochmals mit dem Eischneider zerteilen. So bekommen Sie gleichmäßige Würfel, die zu fast allen Salaten als Dekoration passen.

Gemüsedekorationen
Für Gurken - oder Möhrensterne das Gemüse putzen oder gut waschen und der Länge nach mit einem Messer einige Millimeter tief keilförmig einkerben, bis sich die Stücke herauslösen lassen. Dann quer in feine Scheiben hobeln. Oder das Gemüse (Möhren vorher garen) in dickere Scheiben schneiden und mit einem Plätzchenförmchen beliebig ausstechen.

Glasränder verzieren
Gläser für pikante oder süße Getränke sehen besonders hübsch aus, wenn Sie den Rand verzieren. Dazu die Glasränder mit Wasser oder Zitronensaft anfeuchten, dann in beliebige dekorative Zutaten wie gehackte Kräuter, Zuckerrohrgranulat oder geriebene Nüsse tauchen.

Gläser können Sie hübsch verzieren, wenn Sie den Rand kurz anfeuchten (Wasser oder Zitronensaft) und dann in Kräuter drücken.

Kuchen und Torten verzieren
Auf Kuchen oder Torten, die rundherum mit Schlagsahne bestrichen sind, sehen feine Muster aus geschmolzener Schokolade, Sanddornsirup, Honig oder erwärmtem Apfelkraut besonders hübsch aus. Dazu müssen Sie sich aus Pergamentpapier eine Tüte drehen und am unteren Ende eine kleine Öffnung abschneiden. Die Masse in diese Tüte füllen und beliebige Muster auf die Sahne auftragen, zum Beispiel Spiralen, feine Gitter, Punkte, Kreise oder Wellenlinien.
Zum Bestäuben oder Bestreuen von Sahne- oder Cremeoberflächen können Sie Carob- oder Kakaopulver, Zuckerrohrgranulat, fein gemahlene Mandeln und Pistazienkerne, Kokosraspel oder auch feine Biskuitbrösel nehmen.
Kuchen aus dunklem Teig können Sie so verzieren: Aus einem etwas festeren Papier eine Schablone mit Motiven Ihrer Wahl anfertigen. Die Schablone auf die Kuchenoberfläche legen und mit Wildpfeilwurzelmehl oder geschälten und sehr fein gemahlenen Mandeln bestreuen. Die Schablone vorsichtig abnehmen, damit das Muster nicht verwischt.

Schokoladenspäne und Schokoladenblätter
Sie sehen sowohl auf festlichen Torten wie auch als Garnierung vieler Desserts hübsch aus. Für Späne Zartbitterschokolade (mit Sucanat) in einer Tasse im heißen Wasserbad schmelzen und mit einem Metallspatel dünn auf einer glatten Porzellan- oder Glasplatte auftragen. So weit abkühlen lassen, daß sie sich gerade fest anfühlt, dann mit dem Spatel von der Platte schaben.
Für die Blätter möglichst schöne Rosenblätter aussuchen, waschen und vorsichtig abtupfen. Zartbitterschokolade ebenfalls im Wasserbad schmelzen lassen, dann kurz abkühlen lassen. Die Blätter am Stiel festhalten und mit der Oberfläche in die Schokolade tauchen. Die überschüssige Schokolade von den Blättern abstreifen. Die Blätter auf einen Kochlöffelstiel legen und abkühlen lassen. Wenn die Schokolade fest ist, die Rosenblätter am Stiel beginnend vorsichtig ablösen.

Tomaten- oder Rettichrosette
Tomaten oder Rettiche rundherum dünn schälen, so daß die Schale als langer Streifen – möglichst in einem Stück – erhalten bleibt. Den Schalenstreifen zusammenrollen und eine Rosette daraus formen. Die Rosette dann mit Kräuterblättchen bestecken oder auf ein Salatblatt beziehungsweise ein Bett aus Kresse setzen.

Die Qualität der Zutaten ist für den Geschmack aller Gerichte entscheidend, verwenden Sie deshalb hochwertige Lebensmittel, möglichst aus kontrolliert-ökologischem Anbau.

Aceto balsamico (Balsamessig) ist eine mildschmeckende, hocharomatische Essigsorte aus Italien. Je älter der Essig, desto milder und feiner wird sein Aroma, desto höher allerdings auch sein Preis.

Agar-Agar ist ein pflanzlicher Gelatineersatz, der aus getrockneten Meeresalgen besteht. Es geliert bereits bei 30–40°. Mengenangaben und Hinweise für die richtige Verwendung finden Sie auf der Packung und bei den entsprechenden Rezepten.

Ahornsirup wird durch Anzapfen junger Ahornbäume gewonnen. Der Saft, der dabei ausfließt, wird später zu Sirup eingekocht. Ahornsirup ist relativ teuer und sollte zum Süßen sparsam verwendet werden. Nach dem Anbrechen kühl lagern.

Apfel- und Birnendicksaft werden aus frisch gepreßtem Fruchtsaft durch mehrstündiges Einkochen gewonnen.

Buchweizen ist ein asiatisches Knöterichgewächs, das als ganze Körner, als Grütze oder als Mehl wie Getreide verwendet wird. Buchweizen ist zudem glutenfrei.

Carob wird aus den Früchten des Johannisbrotbaumes durch Mahlen gewonnen. Carob hat einen süßlichen, kakaoähnlichen Geschmack und durch seinen Gehalt an Pektin ein gutes Quellvermögen.

Cashewkerne sind die nierenförmigen Samenkerne einer tropischen Baumfrucht. Sie haben einen milden Geschmack und werden ohne Schale angeboten.

Couscous ist grob vermahlener Hartweizengrieß, der in Nordafrika zu den Hauptnahrungsmitteln zählt.

Dinkel ist die alte Kulturform des Weizens. Er schmeckt nußartig, enthält noch mehr Kleber als Weizen und läßt sich feiner ausmahlen.

Eier sollten möglichst von freilaufenden Hühnern stammen und immer sehr frisch sein. Vor allem, wenn Sie die Eier roh, zum Beispiel für Mayonnaise, verwenden, dürfen sie nicht älter als 4–5 Tage sein, um das Salmonellenrisiko zu verringern. Machen Sie den Frischetest: Das Ei in ein Glas mit Wasser geben. Ist es frisch, sinkt es zu Boden und liegt waagerecht.

Gemüsebrühe wird aus Gemüse, Kräutern, Gewürzen, Salz und meist auch Hefeextrakt gewonnen. Sie ist gekörnt oder zu Würfeln gepreßt erhältlich.

Gerste, als Nacktgerste spelzenfrei gezüchtet, schmeckt mild-aromatisch und hat ein sehr starkes Quellvermögen.

Gewürznelken werden ganz als Knospen oder gemahlen angeboten. Nelkenpulver hat ein sehr intensives Aroma und muß daher sparsam dosiert werden.

Gomasio besteht aus gerösteten, zerstoßenen Sesamsamen und Meersalz. Sie können es in Naturkostläden und Reformhäusern kaufen.

Grünkern ist unreif geernteter und gedarrter Dinkel. Er schmeckt sehr aromatisch.

Hafer, als spelzenfreier Nackt- oder Sprießkornhafer gezüchtet, enthält besonders große Mengen an Nährstoffen. Hafer ist vor allem sehr fettreich und wird oft als »Kraftnahrung« bezeichnet. Sein Geschmack ist mild-aromatisch.

Hefe besitzt erfahrungsgemäß frisch eine bessere Triebkraft als getrocknet. Frische Hefe muß angenehm duften und darf weder rissig noch an den Rändern ausgetrocknet sein.

Hirse ist ein besonders mineralstoffreiches Getreide. Sie enthält vor allem Kieselsäure und Fluor, außerdem ist sie glutenfrei.

Honig ist ein wichtiges Süßungsmittel für die Vollwertküche, das Sie dennoch sparsam verwenden sollten. Zum Backen können Sie preiswerte Sorten, wie zum Beispiel Wildblütenhonig, verwenden, da beim Erhitzen ohnehin Inhaltsstoffe verlorengehen.

Hülsenfrüchte (Bohnen, Erbsen, Kichererbsen und Linsen) sind sehr hart und brauchen (außer Linsen) eine relativ lange Einweich- und Garzeit. Bohnen gibt es in den unterschiedlichsten Farben und Formen. Getrocknete Erbsen gehören zu den wichtigsten Eiweißlieferanten und enthalten viele Vitalstoffe. Kichererbsen haben etwa erbsengroße, gelbliche und unregelmäßig geformte Samen, die man keimen oder kochen kann. Bei Linsen unterscheidet man vor allem braune, grüne (frische braune) und rote Linsen. Die roten haben eine sehr kurze Garzeit, sind aber geschält und daher nicht mehr ganz vollwertig.

Ingwer wird frisch als Wurzel oder getrocknet und gemahlen angeboten. Frische Wurzeln werden wie Kartoffeln dünn geschält, dann gehackt oder gerieben.

Kardamom ist ein indisches Gewürz, das aus getrockneten Kardamomkapseln durch Mahlen gewonnen ist. Es wird bei uns vor allem zum Backen, in seinem Ursprungsland zusammen mit anderen Gewürzen auch zur Zubereitung zahlreicher pikanter Gerichte verwendet.

Kokosfett ist ein Fett mit einem hohen Anteil an gesättigten Fettsäuren und sollte daher in der Vollwertküche nur selten, zum Beispiel zur Herstellung von Glasuren, verwendet werden.

Koriander wird ähnlich wie Kardamom verwendet.

Kräuter sind vor allem frisch eine wertvolle Bereicherung, da sie wichtige Vitamine und Mineralstoffe enthalten. Wenn Sie keine frischen bekommen, können Sie auch einmal getrocknete verwenden. Diese allerdings vorsichtig dosieren, da sie meist intensiver schmecken.

Kräutersalz enthält neben Salz getrocknete Kräuter, die den Gerichten zusätzliches Aroma verleihen. Es gibt in Naturkostläden und Reformhäusern verschiedene Mischungen zu kaufen.

Kreuzkümmel (Cumin) ist eine aus dem Mittelmeerraum stammende Frucht, die getrocknet wird. Die in Kreuzkümmel enthaltenen ätherischen Öle verleihen ihm seinen unverwechselbaren, intensiven Duft und Geschmack.

Kurkuma, auch Gelbwurz genannt, wird aus den Wurzelstöcken eines ingwerähnlichen Gewächses gewonnen. Es wird sowohl als Gewürz wie auch als Färbemittel verwendet und ist aus beiden Gründen wichtiger Bestandteil des Currypulvers.

Mais kann milchreif als Gemüsemais oder ausgereift verwendet werden. Die ausgereiften harten Maiskörner lassen sich im Haushalt am besten als Maisgrieß verarbeiten. Da nur wenige Getreidemühlen Mais mahlen können, sollten Sie ihn als Grieß kaufen. Polenta ist die italienische Bezeichnung für Maisgrieß. Der sehr grobe Grieß wird auch unter der Bezeichnung Kukuruz gehandelt.

Mehl wird mit verschiedenen Typenzahlen angeboten. Diese bedeutet, wenn man zum Beispiel 100 g Mehl der Type 405 verbrennt, bleiben 405 Milligramm Asche, also Mineralstoffe, zurück. Verbrennt man 100 g Mehl der Type 1050, bleiben 1050 Milligramm Asche zurück. Vollkornmehl oder -schrot enthält zwischen 1700 und 2000 Milligramm Mineralstoffe und fällt aus der Mehltypenbezeichnung heraus.

Miso ist ein Würzmittel der japanischen Küche. Bei der Herstellung werden gekochte Sojabohnen mit Reis oder Gerste und Meersalz gemischt, mit Pilzkulturen angesetzt und einem bis zu drei Jahre währenden Fermentationsprozeß unterzogen. In Naturkostläden werden drei Sorten angeboten: Gersten- (mugi miso), Reis- (hatcho miso) und reines Sojabohnen-Miso (mame miso).

Naturreis enthält noch die wertvollen Inhaltsstoffe des ganzen Korns. Naturreis ist als Rundkorn-, Mittelkorn- und Langkornreis erhältlich. Reis ist glutenfrei.

Nüsse und Samen (Haselnüsse, Mandeln, Walnüsse, Sonnenblumenkerne, Sesamsamen) sind sehr fetthaltig und eiweißreich, daher auch leicht verderblich. Kaufen Sie deshalb immer nur die Mengen, die Sie bald verbrauchen, und zerkleinern Sie die Nüsse erst kurz vor der Verarbeitung.

Öl sollte möglichst naturbelassen sein, damit es noch alle wertvollen Inhaltstoffe enthält. Kaufen Sie kaltgepreßte Öle, die zudem die Bezeichnung »unraffiniert« oder »nicht raffiniert« tragen. Öle sind nicht unbegrenzt haltbar und sollten immer dunkel und kühl gelagert werden.

Picata ist eine scharf-pikante Gewürzmischung, die es in Reformhäusern und manchen Naturkostläden zu kaufen gibt. Ersetzen können Sie es durch eine Mischung aus edelsüßem Paprikapulver und Cayennepfeffer.

Pinienkerne sind ovale, elfenbeinfarbene Samenkerne, die aus den Samen des südeuropäischen Pinienbaumes gewonnen werden. Der Samenkern ist stark ölhaltig und hat einen feinen, harzähnlichen Geschmack. Durch den niedrigen Ertrag sind Pinienkerne leider sehr teuer.

Roggen schmeckt kräftig und herzhaft und wird hauptsächlich zum Brotbacken verwendet.

Salz sollten Sie möglichst natürlich und ohne chemische Zusätze wie chemischen Rieselhilfen verwenden. Nehmen Sie am besten jodiertes Meersalz.

Sauerteig gibt es in Folie verschweißt in Reformhäusern fertig zu kaufen. Die Packungen haben jeweils 150 g Inhalt. Eine Alternative dazu ist Sauerteigextrakt, ein Pulver in Packungen von 15 g Inhalt. Achten Sie beim Kauf unbedingt auf das Haltbarkeitsdatum.

Seitan ist ein Weizeneiweißkonzentrat, das durch Auswaschen der Stärke aus Weizen gewonnen wird. Seitan ist bei einer vegetarischen oder gar tierisch-eiweißfreien Kost, in Maßen genossen, durchaus empfehlenswert, da es keinem chemischen Prozeß unterworfen wird.

Sojasauce ist eine japanische Zubereitung aus Sojabohnen, Quellwasser und Meersalz. Der Gärungsprozeß in Fässern dauert mehrere Jahre. Eine schonende Zubereitung ist allerdings nicht immer der Fall. Achten Sie deshalb beim Kauf darauf, daß Sie die Sorten Tamari oder Shoyu erhalten.

Sprossen und Keime aus Getreide, Hülsenfrüchten und anderen Samen können Sie selbst herstellen (Seite 11–12), manche Sorten auch fertig kaufen.

Tahini, auch Tahin genannt, ist Sesammus, das nur aus den Samen ohne weitere Zusätze gewonnen wird. Sie können es mit oder ohne Meersalz kaufen. Tahini eignet sich besonders für Saucen, Dressings, Dips und als Brotaufstrich.

Tapenade provençale ist eine cremige Paste aus schwarzen Oliven, die sich für Saucen, Dressings und Dips eignet. Sie können sie vor allem in Naturkostläden kaufen.

Tofu ist das wohl bekannteste Sojabohnenprodukt. Er wird aus geronnener Sojamilch durch Pressen gewonnen und ist ein hochwertiger pflanzlicher Eiweißlieferant. Tofu schmeckt neutral und mild und läßt sich daher auf alle nur erdenklichen Arten zubereiten. Achten Sie beim Kauf auf das Haltbarkeitsdatum.

Trockenfrüchte sollten Sie immer ungeschwefelt kaufen. Sie sind ein gutes Süßungsmittel, vor allem beim Backen. Außerdem eignen sie sich als Ersatz für Süßigkeiten.

Vanille (gemahlen) wird aus den Kapselfrüchten eines Orchideengewächses gewonnen, das vor allem in Mexiko und Indonesien angebaut wird.

Weinsteinbackpulver wird aus natürlichem Weinstein hergestellt. Sie bekommen es in Reformhäusern und Naturkostläden.

Weizen ist weltweit die wichtigste Getreideart, schmeckt mild und wird aufgrund seines hohen Klebergehaltes vor allem für Brot und Backwaren verwendet.

Wildpfeilwurzelmehl, Pfeilwurzel- oder Maranthastärke, ist ein aus tropischen Wurzeln gewonnenes, naturbelassenes Produkt. Es wird vor allem als optischer Ersatz für Puderzucker zum Bestäuben von Gebäck oder statt Speisestärke zum Binden verwendet.

Zuckerrohrgranulat ist der getrocknete Pflanzensaft aus Zuckerrohr. Das Granulat wird auf schonende Weise gewonnen und nicht raffiniert, enthält daher noch einige Vitamine und Mineralstoffe.

Reis

Zutaten für 2–4 Personen:

2 Tassen Langkorn-Naturreis (etwa 300 g)
4 Tasen Wasser (etwa 640 ml)
1 gestrichener Teel. Salz

Bei 4 Personen pro Portion etwa 1100 kJ/250 kcal
5 g Eiweiß · 2 g Fett · 55 g Kohlenhydrate ·
3 g Ballaststoffe

Zubereitungszeit: etwa 1 Stunde

• Den Reis in ein Sieb geben und unter fließendem Wasser gut abspülen. Etwas abtropfen lassen und in einem möglichst schweren Topf unter Rühren trocknen. Dann das Wasser dazugeben und aufkochen lassen. Das Salz unterrühren und zugedeckt bei schwacher Hitze etwa 40 Minuten leise köcheln lassen.
• Den Reis mit einem Holzlöffel durchrühren und ohne Deckel auf der abgeschalteten Herdplatte in etwa 10 Minuten völlig trocknen lassen.

Vollkornnudeln

Zutaten für etwa 400 g Nudeln:

250 g Dinkel
50 g Buchweizen
3 Eier
1/4 Teel. Salz
1 Eßl. Sonnenblumenöl
2 Eßl. Wasser
Zum Garen:
Salz
1 Eßl. Sonnenblumenöl

Bei 4 Personen pro Portion etwa 1400 kJ/330 kcal
14 g Eiweiß · 8 g Fett · 48 g Kohlenhydrate ·
6 g Ballaststoffe

Zubereitungszeit: etwa 45 Minuten

• Den Dinkel und den Buchweizen möglichst frisch fein mahlen und in eine Knetschale geben.
• Die Eier leicht verquirlen und über das Mehl gießen. Das Salz und das Öl dazugeben. Die Zutaten gut miteinander vermengen. Dann den Teig dynamisch kneten.
• Das Wasser nicht auf einmal, sondern nach und nach dazugeben, bis der Teig schön geschmeidig, glänzend und elastisch ist. Er darf weder an der Hand noch an der Schüssel kleben.
• Den Teig halbieren, die eine Hälfte, mit einem Tuch zugedeckt, beiseite legen. Das andere Teigstück auf der bemehlten Arbeitsfläche zu einem gleichmäßigen Viereck formen und mit dem Nudelholz zu einer Größe von etwa 30 x 40 cm ausrollen. Der Teig soll so dünn sein, daß beim Hochhalten das Licht durchscheint.
• Nun mit dem Teigrädchen die gewünschte Nudelform abtrennen. Für Fettuccine etwa 3 cm, für Lasagne etwa 20 cm breite Streifen abschneiden. Die Teigstreifen auf ein Tuch zum Trocknen legen. Den restlichen Teig ebenso verarbeiten.
• In einem großen Topf etwa 3 l Wasser mit etwas Salz und dem Öl zum Kochen bringen.
• Die Nudeln im sprudelnd kochenden Wasser (»al dente«) bißfest garen.

Tomatensauce

Zutaten für etwa ½ l:

250 g Fleischtomaten
1 Zwiebel · 1 Knoblauchzehe
2 Eßl. Olivenöl
1 Teel. gekörnte Gemüsebrühe
1 Teel. getrockneter gerebelter Oregano
½ Teel. schwarzer Pfeffer, frisch gemahlen
2 Eßl. Weizenvollkornmehl

Insgesamt etwa 1200 kJ/290 kcal
6 g Eiweiß · 17 g Fett · 24 g Kohlenhydrate · 8 g Ballaststoffe

Zubereitungszeit: etwa 30 Minuten

• Die Tomaten kleinschneiden. Die Zwiebel und den Knoblauch schälen und hacken.
• In einem Topf das Öl erhitzen und darin die Tomaten, die Zwiebel und den Knoblauch unter Rühren andünsten. Die Gemüsebrühe, den Oregano und den Pfeffer dazugeben und verrühren. Bei mittlerer Hitze etwa 10 Minuten zugedeckt dünsten. Dann die Kochstelle ausschalten und das Weizenmehl unter die Sauce rühren.
• Die Sauce auf der ausgeschalteten Herdplatte noch etwa 10 Minuten offen ziehen lassen.

Salatmayonnaise

Zutaten für 4 Personen:

1 Ei
je 1 Prise Salz und Pfeffer, frisch gemahlen
1 Eßl. Zitronensaft oder Obstessig
1 Prise Senfpulver · 1 Teel. Akazienhonig
100 ml Distelöl oder Sonnenblumenöl

Pro Portion etwa 1000 kJ/240 kcal
2 g Eiweiß · 27 g Fett · 2 g Kohlenhydrate · 0 g Ballaststoffe

Zubereitungszeit: etwa 5 Minuten

• Alle Zutaten außer dem Öl im Mixer auf kleiner Stufe kurz durchmixen. Dann das Öl ganz langsam einlaufen lassen und mixen, bis eine dickcremige Mayonnaise entstanden ist.

Honigmarzipan

Zutaten für etwa 300 g Marzipan:

200 g ungeschälte Mandeln
100 g fester, heller Honig
1 ½ Eßl. Rosenwasser

Insgesamt etwa 6225 kJ/1500 kcal
36 g Eiweiß · 105 g Fett · 105 g Kohlenhydrate · 18 g Ballaststoffe

Zubereitungszeit: etwa 1 Stunde
Haltbarkeit im Kühlschrank: 7–8 Wochen

• Etwas Wasser zum Kochen bringen und die Mandeln 3–4 Minuten darin kochen lassen. Dann kalt abbrausen und die Häute abziehen.
• Die Mandeln auf einem Backblech ausbreiten.
• Das Backblech in den kalten Backofen (Mitte) schieben, und die Mandeln bei 50° (Gas Stufe ½) etwa 35 Minuten trocknen lassen. Nach etwa 20 Minuten die Mandeln einmal wenden.
• Die Mandeln so fein wie möglich mahlen. Den Honig und das Rosenwasser mit den Mandeln verkneten, bis eine glatte Masse entsteht.
• Die Marzipanmasse zu einer Rolle formen, in Folie wickeln und kühl aufbewahren.

Kalte Köstlichkeiten

Rohkost und Salate sind Thema Nr. 1 in der Vollwertküche, denn sie liefern wichtige Mineralstoffe und Vitamine in besonders hohem Maß. Außerdem enthält dieses Kapitel zahlreiche Rezepte für Brotaufstriche und -beläge und fürs kalte Buffet sowie Frühstücks- und Getränkevorschläge.

Wie beliebt Müslis bereits sind, kann man am Angebot in den Läden deutlich sehen. Frisch selbstgemacht schmeckt ein solches Frühstücksgericht natürlich noch viel besser. Wer bisher Brötchen mit Marmelade oder Haferbrei zum Frühstück aß, der mag bestimmt auch ein fruchtiges Müsli. Es hilft, den empfohlenen Rohkost-Anteil der täglichen Nahrung einzuhalten. Der hohe Ballaststoffgehalt sorgt für lang anhaltende Sättigung, ohne zu belasten, und für eine gute Verdauung.

Weizenmüsli mit Joghurt und Obst

Ganz einfach · Preiswert

Zutaten für 4 Personen:

8–12 Eßl. Weizen
120–150 ml kaltes Wasser
1/2 Zitrone
1 Banane
1 Birne
2 Äpfel
100 g Sahne
100 g Joghurt
2 Eßl. Walnußkerne, frisch gehackt

Pro Portion etwa 1600 kJ/380 kcal
8 g Eiweiß · 15 g Fett · 51 g Kohlenhydrate · 10 g Ballaststoffe

Quellzeit: 8–12 Stunden (über Nacht)
Zubereitungszeit: etwa 15 Minuten

• Am Vorabend die Weizenkörner grob schroten, in einer Schüssel mit dem Wasser verrühren, zudecken und kühl stellen.
• Am anderen Morgen 1 Eßlöffel Zitronensaft frisch auspressen und in den Weizenbrei rühren.
• Die Banane schälen und in kleine Stücke schneiden. Die Birne und die Äpfel gründlich waschen, vierteln, vom Kerngehäuse befreien und in kleine Stücke schneiden oder grob raspeln. Das Obst unter den Schrotbrei mischen.
• Die Sahne steif schlagen. Den Joghurt unter die Sahne heben. Die Masse über das Müsli verteilen und die Walnüsse darüber streuen.

Apfelmüsli mit Dickmilch

Kalorienarm · Schnell

Zutaten für 1 Person:

100 g Dickmilch mit 1,5 % Fett
1 Teel. Zitronensaft
1 Prise Zimtpulver
1 Apfel
1/2 Teel. Sonnenblumenkerne
1 Eßl. Hafer-Vollkornflocken

Etwa 800 kJ/190 kcal
7 g Eiweiß · 5 g Fett · 30 g Kohlenhydrate · 6 g Ballaststoffe

Zubereitungszeit: 10–15 Minuten

• Die Dickmilch mit dem Zitronensaft und dem Zimt in einer kleinen Schüssel verrühren.
• Den Apfel waschen, halbieren, vom Kernhaus befreien und mit der Schale in die Dickmilch reiben.
• Die Sonnenblumenkerne grob hacken und zusammen mit den Haferflocken in das Müsli geben. Sofort essen.

Beerenmüsli

Ganz einfach

Die jährliche Beerenzeit sollten Sie gründlich ausnützen, denn reife Beeren schmecken hervorragend, liefern Ballaststoffe (die kleinen unverdaulichen Samenkerne) und haben noch andere Qualitäten; zum Beispiel sind die meisten Sorten sehr vitaminreich. Für den Winterbedarf lassen sie sich übrigens problemlos einfrieren.

Zutaten für 1 Person:

je 1 Eßl. Nackthafer und Weizen
1 Teel. Honig
5 Eßl. heißes Wasser
1 Eßl. Haselnußkerne
50–75 g Beeren, zum Beispiel Erdbeeren, Blaubeeren, Himbeeren, Brombeeren, rote oder schwarze Johannisbeeren
1–2 Eßl. Sahne

Etwa 930 kJ/220 kcal
5 g Eiweiß · 11 g Fett · 25 g Kohlenhydrate · 5 g Ballaststoffe

Zubereitungszeit: 10–15 Minuten

• Den Hafer und den Weizen zusammen fein mahlen, dann mit dem Honig und dem Wasser verrühren.
• Die Nüsse grob reiben. Die Beeren vorsichtig waschen, trockentupfen und putzen (Erdbeeren vierteln). Die Nüsse, die Beeren und die Sahne unter den Schrotbrei mischen.

● Tip: Beeren sind empfindliche, zarte Früchte. Deshalb sollten Sie sie wirklich immer sehr vorsichtig waschen und niemals in Wasser liegenlassen.

Aprikosen-Mandel-Müsli

Ganz einfach

Gönnen Sie sich in der Aprikosenzeit – von Juli bis September – möglichst oft dieses köstliche Müsli. Aprikosen und Mandeln liefern reichlich Eisen. Das ist wichtig, denn die übliche Kost bietet dem Körper meist zuwenig Eisen.

Zutaten für 1 Person:

1 Eßl. Mandeln, geschält oder ungeschält
2 große oder 3 kleine Aprikosen
1/2 Banane
3 gestrichene Eßl. feiner Weizenschrot, frisch gemahlen, oder feine Haferflocken
1 Eßl. Honig
1/8 l Milch

Etwa 2200 kJ/520 kcal
14 g Eiweiß · 13 g Fett · 87 g Kohlenhydrate · 9 g Ballaststoffe

Zubereitungszeit: 10–15 Minuten

• Die Mandeln grob reiben und in einer trockenen Pfanne bei mittlerer Hitze leicht rösten, bis sie angenehm duften und etwas dunkler werden. Dann aus der Pfanne nehmen.
• Die Aprikosen waschen, vom Stein befreien und das Fruchtfleisch würfeln. Die Bananenhälfte schälen und in Scheiben schneiden.
• Die vorbereiteten Zutaten mit dem Schrot oder den Haferflocken, dem Honig und der Milch mischen.

Liptauer Quark

Zum Mitnehmen geeignet

Dieser sehr pikante Brotaufstrich ist schnell gerührt, wenn Sie statt der im bekannten Originalrezept vorgeschriebenen Butter Crème fraîche und statt frischer Kräuter getrocknete Salatkräuter verwenden. Sollten Sie aber frische Petersilie, Schnittlauch und Dill zur Hand haben, schmeckt der Liptauer Quark damit natürlich noch besser. Die Mengen lassen sich übrigens problemlos verdoppeln oder vervierfachen.

Zutaten für 1 Person:

125 g Magerquark · 125 g Crème fraîche
1 Teel. getrocknete, gerebelte Salatkräuter (Fertigmischung)
je 1/4 Teel. Kräutersalz und Paprikapulver, edelsüß
1 Messerspitze Picata
etwas schwarzer Pfeffer, frisch gemahlen
1 Schalotte oder 1 kleine Zwiebel
eventuell je 1 Teel. Schnittlauch, Petersilie und Dill, frisch feingehackt

Etwa 1100 kJ/260 kcal
21 g Eiweiß · 13 g Fett · 14 g Kohlenhydrate · 1 g Ballaststoffe

Zubereitungszeit: etwa 10 Minuten

- Den Quark mit der Crème fraîche verrühren. Die Salatkräuter, das Kräutersalz, das Paprikapulver, das Picata und den Pfeffer hinzufügen.
- Die Schalotte oder die Zwiebel schälen und sehr fein würfeln. Die Zwiebelwürfel unter die Creme mischen. Eventuell noch die frischen Kräuter darunterrühren.
- Gut verschlossen im Kühlschrank aufbewahrt, bleibt der Liptauer Quark etwa 5 Tage frisch.

Bulgarische Käsecreme

Schnell

Zutaten für 6 Personen:

150 g bulgarischer Schafkäse
150 g Magerquark
100 g saure Sahne
1 Messerspitze Salz
1/2 Teel. Paprikapulver
1 Teel. Kümmelkörner
1 Messerspitze Senfpulver
2 Knoblauchzehen

Pro Portion etwa 450 kJ/110 kcal
8 g Eiweiß · 6 g Fett · 3 g Kohlenhydrate · 0 g Ballaststoffe

Zubereitungszeit: etwa 10 Minuten

- Den Schafkäse mit einer Gabel zerdrücken, dann unter den Quark ziehen. Die saure Sahne unterrühren.
- Die Käsecreme mit dem Salz, dem Paprikapulver, dem Kümmel und dem Senfpulver abschmecken.
- Den Knoblauch schälen, fein hacken und zum Schluß daruntermischen.

Tip: Besonders hübsch sieht es aus, wenn Sie die Käsecreme zum Servieren in ein rustikales Steinguttöpfchen füllen und mit einigen Kümmelkörnern bestreuen.

Der Liptauer Quark ist ein pikanter Aufstrich, der am besten zu dunklen Vollkornbrotsorten paßt.

Ingwer-Honig-Quark

Zum Mitnehmen geeignet

Statt Marmelade (mit viel Zucker) schmeckt hin und wieder auch ein süßer Quark aufs Brot. Frischer Ingwer ist in vielen Obst- und Gemüsegeschäften zu bekommen. Sein süßlich-scharfes Aroma harmoniert gut mit Honig.

Zutaten für 1 Person:

250 g Sahnequark
2 Eßl. flüssiger Honig
1 kleines Stück frische Ingwerknolle

Etwa 2200 kJ/520 kcal
28 g Eiweiß · 29 g Fett · 35 g Kohlenhydrate
0 g Ballaststoffe

Zubereitungszeit: etwa 5 Minuten

- Den Quark mit dem Honig verrühren.
- Ein etwa fingergliedgroßes Stück Ingwerknolle dünn schälen und feinreiben. Den feingeriebenen Ingwer (1–2 Teelöffel voll) unter den Quark mischen.
- Gut verschlossen im Kühlschrank aufbewahrt, bleibt der Aufstrich etwa 5 Tage frisch. Er schmeckt am besten, wenn er bereits 24 Stunden durchgezogen ist.

Fruchtbutter

Ganz einfach · Schnell

Zutaten für 10 Personen:

250 g weiche Butter
50 g Walnußkerne
150 g gemischte ungeschwefelte Trockenfrüchte
(Pflaumen ohne Stein, Aprikosen, Datteln, Feigen)

Pro Portion etwa 1100 kJ/260 kcal
2 g Eiweiß · 24 g Fett · 10 g Kohlenhydrate ·
2 g Ballaststoffe

Zubereitungszeit: etwa 15 Minuten

- Die Butter schaumig rühren.
- Die Walnüsse und das Trockenobst durch den Fleischwolf drehen oder mit dem elektrischen Blitzhacker zerkleinern und mit der Butter verrühren.
- Die Fruchtbutter zu Kugeln formen und auf einen Teller häufen.

Tomatenbutter

Preiswert · Ganz einfach

Zutaten für 8 Personen:

250 g weiche Butter
2 Eßl. Tomatenmark
1 kleine Schalotte
je 1 Messerspitze Salz und Pfeffer, frisch gemahlen
1 Prise getrocknetes Basilikum

Pro Portion etwa 1000 kJ/240 kcal
1 g Eiweiß · 26 g Fett · 1 g Kohlenhydrate ·
0 g Ballaststoffe

Zubereitungszeit: etwa 15 Minuten
Kühlzeit: etwa 15 Minuten

- Die Butter schaumig rühren. Das Tomatenmark dazugeben.
- Die Schalotte schälen und sehr fein hacken (oder durch die Knoblauchpresse drücken). Zur Buttermasse geben und mit dem Salz, dem Pfeffer sowie dem Basilikum abschmecken.
- Die Tomatenbutter in einen Spritzbeutel mit

gezackter Tülle füllen und Rosetten auf einen Teller spritzen. Nach Belieben mit etwas Basilikum bestreuen. Etwa 15 Minuten in den Kühlschrank stellen.

● **Tip:** Die Tomatenbutter sollte gleich aufgebraucht werden. Falls ein Rest bleibt, sollten Sie ihn bald und nur erhitzt, zum Beispiel in einem Gemüsegericht, verwenden.

Vegetarisches »Mett«

Zum Mitnehmen geeignet

Zutaten für 1 Person:

1 mittelgroßer schwarzer Rettich (etwa 150 g)
1 große oder 2 kleine Zwiebeln (etwa 100 g)
2 Eßl. Tomatenmark
2 Eßl. Sonnenblumenöl
1 Messerspitze Salz

Etwa 1000 kJ/240 kcal · 5 g Eiweiß · 17 g Fett · 18 g Kohlenhydrate · 5 g Ballaststoffe

Zubereitungszeit: etwa 10 Minuten
Ruhezeit: etwa 15 Minuten

• Den Rettich schälen, waschen und grob reiben. Die Zwiebeln schälen und fein würfeln.
• Die Rettichraspel, die Zwiebelwürfel, das Tomatenmark, das Öl sowie das Salz gründlich miteinander mischen und mindestens 15 Minuten durchziehen lassen. Wenn Sie das »Mett« etwa 12 Stunden ziehen lassen, schmeckt es milder.
• Gut verschlossen hält sich der Aufstrich im Kühlschrank etwa 3 Tage frisch.

Sprossenpaste

Ganz einfach

Zutaten für 1 Glas von etwa 350 ml Inhalt:

100 g Sonnenblumenkerne
100 g Kürbiskerne
100 ml Wasser
50 g Honig
Saft von 1/2 Zitrone
1 Prise Ingwer, frisch gerieben

Insgesamt etwa 5600 kJ/1300 kcal
54 g Eiweiß · 98 g Fett · 58 g Kohlenhydrate · 13 g Ballaststoffe

Quellzeit: 3–4 Stunden
Keimzeit: 1–2 Tage
Zubereitungszeit: etwa 15 Minuten

• Die Sonnenblumen- und die Kürbiskerne waschen, mit dem Wasser begießen und 3–4 Stunden quellen lassen.
• Dann die Kerne auf ein Sieb schütten, abtropfen lassen und 1–2 Tage zum Keimen stehenlassen, bis sich die Keimlinge zeigen; dabei täglich 2- bis 3 mal mit frischem Wasser überspülen (siehe auch Seite 12).
• Die gekeimten Kerne im Mixer pürieren.
• Den Honig, den Zitronensaft und den Ingwer in das Mus mischen. Die Sprossenpaste in ein sauberes Glas mit Schraubdeckel füllen. Sie hält sich im Kühlschrank 2–3 Tage.

Fünfkornkörbchen mit herzhafter Füllung

Läßt sich gut einfrieren

Zutaten für 3 Personen:

Für den Teig:
80 g Fünfkorn-Getreidemischung
30 g kalte Butter
50 g Magerjoghurt
1 Prise Salz
Für die Füllung:
300 g körniger Frischkäse
Paprikapulver, edelsüß
Salz
weißer Pfeffer, frisch gemahlen
3 Tomaten
Für die Förmchen:
½ Teel. Butter
1 Teel. Weizenkeime

Pro Portion etwa: 1435 kJ/345 kcal
23 g Eiweiß · 17 g Fett · 26 g Kohlenhydrate · 6 g Ballaststoffe

Zubereitungszeit: etwa 40 Minuten
Ruhezeit: etwa 30 Minuten

- Für den Teig das Fünfkorngetreide fein mahlen und auf ein Brett schütten. In die Mitte eine Mulde drücken. Die Butter in Flöckchen auf dem Mehlrand verteilen. Den Joghurt und das Salz in die Mulde geben und alles rasch zu einem glatten Teig verarbeiten. Zugedeckt etwa 30 Minuten kühl stellen.
- Den Backofen auf 220° vorheizen.
- Drei kleine runde Förmchen von etwa 5 cm ø leicht ausfetten und mit den Weizenkeimen ausstreuen.
- Den Teig messerrückendick ausrollen und die Förmchen damit auskleiden. Den Teig mehrmals mit einer Gabel einstechen, damit sich beim Backen keine Luftblasen bilden. Die Teigkörbchen im heißen Ofen (oben; Gas Stufe 4) in 5–7 Minuten goldbraun backen.
- Die Fünfkornkörbchen aus dem Backofen nehmen, vorsichtig auf ein Gitter stürzen und auskühlen lassen.
- Inzwischen für die Füllung den Frischkäse mit Paprikapulver, etwas Salz und Pfeffer verrühren und pikant abschmecken. In die Körbchen füllen.
- Die Tomaten waschen, vom Stielansatz befreien und in dünne Scheiben schneiden. Die Tomatenscheiben auf dem Frischkäse verteilen.

Wenn Sie die Fünfkornkörbchen mit herzhafter Füllung auch einmal alleine genießen möchten, bereiten Sie nur ein Drittel der Füllung zu und frieren nach dem Backen zwei Körbchen ein.

Avocados mit scharfer Sauce

Schnell · Für Gäste

Zutaten für 4 Personen:

2 reife Avocados · 2 Eßl. Zitronensaft
2 Eßl. Crème fraîche · 2 Eßl. Joghurt
1 Messerspitze Salz
1 Prise Cayennepfeffer
Zum Garnieren: 4 große Radicchioblätter

Pro Portion etwa 880 kJ/210 kcal
2 g Eiweiß · 22 g Fett · 1 g Kohlenhydrate · 2 g Ballaststoffe

Zubereitungszeit: etwa 15 Minuten

- Die Avocados der Länge nach halbieren, schälen, in Spalten schneiden und mit dem Zitronensaft beträufeln.
- Aus der Crème fraîche, dem Joghurt, dem Salz und dem Cayennepfeffer eine glatte Sauce rühren. Sie soll schön scharf schmecken.
- Die Radicchioblätter waschen und auf vier Teller verteilen. Die Avocadospalten fächerartig darauf legen und mit der Sauce übergießen.

Chicoréecocktail

Ganz einfach

Zutaten für 4 Personen:

Saft von 1 Zitrone · 1 Teel. Akazienhonig
1 Messerspitze Salz
1 Eßl. Zitronenmelisse, frisch fein gehackt
125 g saure Sahne
1 Prise weißer Pfeffer, frisch gemahlen
4 Stauden Chicorée · 1 große Orange
2 Eßl. Walnußkerne, frisch gehackt

Pro Portion etwa 570 kJ/140 kcal
5 g Eiweiß · 9 g Fett · 11 g Kohlenhydrate · 4 g Ballaststoffe

Zubereitungszeit: etwa 20 Minuten

- Den Zitronensaft mit dem Akazienhonig verrühren, bis er sich aufgelöst hat.
- Das Salz, die Zitronenmelisse, die saure Sahne und den Pfeffer dazugeben und glattrühren.
- Die Chicoréestauden waschen und das Strunkende abschneiden. Die Stauden der Länge nach halbieren und den bitteren Keil am unteren Ende herausschneiden. Je 2 Blätter für die Garnierung beiseite legen. Die Stauden dann in etwa 1 cm dicke Scheiben schneiden, sofort in die Salatsauce geben und mischen.
- Die Orange schälen, in Segmente teilen und diese in kleine Stückchen schneiden. Die Orangenstücke mit dem Chicoréesalat mischen.
- Den Salat in vier Cocktailschalen füllen und die zurückbehaltenen Chicoréeblätter am Rand hineinstecken. Die Walnüsse darüber streuen.

Tomaten mit Rohkostfüllung

Preiswert · Ganz einfach

Zutaten für 6 Personen:

6 Tomaten
300 g Frischkäse
je 1 Messerspitze Salz und Pfeffer, frisch gemahlen
100 g Möhren
100 g Äpfel
30 g Sesamsamen

Pro Portion etwa 950 kJ/230 kcal
8 g Eiweiß · 19 g Fett · 6 g Kohlenhydrate · 4 g Ballaststoffe

Zubereitungszeit: etwa 20 Minuten

• Die Tomaten waschen, abtrocknen und jeweils einen Deckel abschneiden. Mit einem Teelöffel die Kerne aus den Tomaten lösen.
• Den Frischkäse mit der Gabel cremig rühren und mit dem Salz sowie dem Pfeffer würzen.
• Die Möhren waschen und gründlich abbürsten, die Äpfel waschen und die Kerngehäuse entfernen. Die Möhren und die Äpfel klein würfeln und mit dem Sesamsamen unter die Käsecreme mischen.
• Die Käsemasse in die ausgehöhlten Tomaten füllen. Die Tomatendeckel darauf legen und die gefüllten Tomaten auf einer Platte anrichten.

Kressehäppchen

Preiswert · Schnell

Zutaten für 16 Stück:

4 quadratische Scheiben Vollkornbrot
2 Eßl. Butter · 200 g Frischkäse
1 Kästchen Kresse

Pro Stück etwa 330 kJ/80 kcal
3 g Eiweiß · 6 g Fett · 5 g Kohlenhydrate · 1 g Ballaststoffe

Zubereitungszeit: etwa 15 Minuten

• Die Brotscheiben mit der Butter bestreichen. Jede Scheibe in 4 Quadrate schneiden. Den Käse mit Hilfe einer Knoblauchpresse direkt auf die Brotscheiben drücken oder mit einem Spritzbeutel Rosetten auf die Brote spritzen.
• Die Kresse vom Beet abschneiden, in einem Sieb waschen, gut abtropfen lassen und die Häppchen damit bestreuen.

Käsetoast mit Radieschen

Preiswert · Schnell

Zutaten für 4 Personen:

4 Scheiben Vollkorntoastbrot
40 g Butter
1 runder Camembertkäse (100 g)
1 Ei
1 Bund Radieschen
100 g Sahnequark
1 Bund Schnittlauch

Pro Portion etwa 1100 kJ/260 kcal
12 g Eiweiß · 19 g Fett · 12 g Kohlenhydrate · 2 g Ballaststoffe

Zubereitungszeit: etwa 15 Minuten

• Die Brotscheiben toasten, der Käsegröße entsprechend rund schneiden und mit der Butter bestreichen. Den Käse waagerecht in 4 runde Scheiben schneiden und je 1 Scheibe Käse auf die Toastbrote legen.
• Das Ei hart kochen, abschrecken, schälen und abkühlen lassen.
• Die Radieschen waschen und putzen, 4 Stück für die Garnierung beiseite legen, die restlichen in winzig kleine Würfel schneiden. Den Quark mit den Radieschenwürfelchen mischen und auf die Toastbrote häufen.
• Den Schnittlauch gründlich waschen, trockenschütteln, kleinschneiden und die Toastbrote damit bestreuen.
• Das Ei in Achtel teilen. Die Toasts auf einer Platte anrichten. Mit den ganzen Radieschen und den Eiachteln garnieren.

Bamberger Gärtner-Sülze

Braucht etwas Zeit · Für Gäste

Zutaten für 4 Personen:

200 g Möhren
200 g Blumenkohl
200 g Zucchini
2 Eier · 2 Tomaten
150 g Mozzarella
8 kleine Basilikumblätter
12 Blatt weiße Gelatine oder 2 Teel. Agar-Agar
1 l Wasser
2 Teel. gekörnte Gemüsebrühe
1 Teel. Zitronensaft · 1 Teel. Salz
1 Messerspitze Pfeffer, frisch gemahlen
Zum Garnieren: kleine Tomaten und Basilikum

Pro Portion etwa 820 kJ/200 kcal
19 g Eiweiß · 10 g Fett · 7 g Kohlenhydrate · 5 g Ballaststoffe

Zubereitungszeit: etwa 1 1/2 Stunden
Kühlzeit: 6–8 Stunden

• Die Möhren, den Blumenkohl und die Zucchini putzen, waschen und in kleine Stückchen schneiden. Die Stücke in wenig Wasser bißfest dünsten.
• Die Eier hart kochen, abschrecken und in kaltem Wasser abkühlen lassen.
• Die Tomaten waschen und in Scheiben schneiden, dabei den Stielansatz entfernen. Den Mozzarella in Würfel schneiden. Die Basilikumblätter waschen und abtrocknen.
• Die Gelatine in kaltem Wasser einweichen. Das Wasser mit der Gemüsebrühe erhitzen und die Gelatine darin auflösen; nicht kochen lassen. Den Zitronensaft dazugeben. Bei Verwendung von Agar-Agar dieses gleich in die kalte Flüssigkeit mischen, unter Rühren erhitzen.
• Eine Glasform (Kasten- oder Pastetenform) mit kaltem Wasser ausspülen. Etwa 10 Eßlöffel Gelatineflüssigkeit als sogenannten »Spiegel« hineingießen und erstarren lassen. Die Innenwände der Glasform dabei so lange mit Gelatineflüssigkeit befeuchten, bis sich ein dünner Film bildet.
• Die Eier schälen und in Scheiben schneiden. Auf den Boden der Form in die Mitte eine Reihe Eischeiben legen und mit den Basilikumblättern garnieren. Mit Salz und Pfeffer würzen.
• Schicht für Schicht das vorbereitete Gemüse und die Mozzarellawürfel darauf legen, jede Lage mit Salz und Pfeffer würzen und mit Gelatineflüssigkeit begießen. Die Form nach jeder Lage kalt stellen.
• Wenn alle Zutaten eingefüllt sind, die Sülze in den Kühlschrank stellen und in 6–8 Stunden fest werden lassen.
• Zum Stürzen die Form kurz auf ein heißes Tuch stellen. Die Sülze in Scheiben schneiden. Nach Belieben mit Tomatenscheiben und Basilikumblättchen garnieren.

● **Tip:** Gelatine darf weder gekocht noch eingefroren werden, weil sie sonst flüssig bleibt.

Das paßt dazu: weiche Butter, mit gerösteten Sesamsamen oder Gomasio (Sesamsalz) vermischt.

Die Bamberger Gärtner-Sülze ist nicht nur eine erfrischende Mahlzeit für heiße Tage, sie ziert auch jedes kalte Buffet. Die Mengen lassen sich übrigens problemlos verdoppeln.

Kräutersülzchen

Ganz einfach · Preiswert · Für Gäste

Zutaten für 6 Personen:

1 Teel. Agar-Agar · 1/4 l Wasser
125 g Tomatenmark
1/2 Teel. gekörnte Gemüsebrühe
3 Eßl. Weißwein
50 g gemischte Kräuter (Schnittlauch, Petersilie, Basilikum, Kerbel, Melisse, Estragon)
1 kleine Schalotte · 1 Knoblauchzehe
Zum Garnieren:
1 hartgekochtes Ei · 1 Sträußchen Petersilie

Pro Portion etwa 150 kJ/35 kcal
3 g Eiweiß · 2 g Fett · 4 g Kohlenhydrate · 1 g Ballaststoffe

Zubereitungszeit: etwa 15 Minuten
Kühlzeit: 2–3 Stunden

- Das Agar-Agar mit dem Wasser in einem Topf verrühren. Das Tomatenmark, die Gemüsebrühe und den Wein dazugeben. Alles unter Rühren zum Kochen bringen, dann sofort von der Kochstelle nehmen.
- Die Kräuter waschen, mit Küchenpapier abtrocknen und fein hacken.
- Die Schalotte sowie den Knoblauch sehr fein hacken (besser durch die Knoblauchpresse drücken) und mit den Kräutern in die Brühe geben. Das Ganze gründlich vermischen und in sechs kleine Förmchen füllen.
- Die Sülzchen im Kühlschrank 2–3 Stunden auskühlen lassen, bis sie fest geworden sind.
- Die Sülzchen mit einer Messerspitze am Formrand leicht lösen und auf Teller stürzen. Mit Eischeiben und Petersilie verzieren.

Frühlingssülze

Läßt sich gut vorbereiten · Kalorienarm

Überraschen Sie mal Ihre Gäste mit der feinen Sülze und bereiten Sie gleich mehrere Portionen davon zu.

Zutaten für 1 Person:

1 Möhre
50 g grüne Bohnen
50 g Knollensellerie
1/8 l Gemüsebrühe
2 Blatt weiße Gelatine
1 Tomate · 1 Essiggurke
Salz · Pfeffer, frisch gemahlen
1 Eßl. Obstessig

Etwa 440 kJ/100 kcal
9 g Eiweiß · 2 g Fett · 14 g Kohlenhydrate · 9 g Ballaststoffe

Zubereitungszeit: 30–45 Minuten
Kühlzeit: 2–3 Stunden

- Die Möhre waschen, schälen und in Scheiben schneiden. Die Bohnen waschen, von Spitzen und Enden befreien und in kleine Stücke schneiden. Den Sellerie waschen, schälen und in etwa 1 cm große Würfel schneiden.
- Die Gemüsebrühe zum Kochen bringen. Das Gemüse hinzufügen und bei schwacher Hitze zugedeckt in etwa 10 Minuten weich kochen.
- Die Gelatine in Wasser etwa 10 Minuten einweichen.
- Die Tomate waschen, vom Stielansatz befreien und vierteln. Die Essiggurke halbieren und zu einem Fächer schneiden.
- Das gare Gemüse mit Salz, Pfeffer und dem Obstessig pikant würzen.

• Die Gelatine ausdrücken, zum heißen Kochsud geben und darin auflösen. Das Gemüse mit der Flüssigkeit in einen tiefen Teller füllen, mit der Tomate und der Essiggurke garnieren und im Kühlschrank in 2–3 Stunden erstarren lassen.

● **Tip:** Bei der Zubereitung von mehreren Portionen können Sie die Frühlingssülze auch in eine Kastenform füllen und im Kühlschrank (am besten über Nacht) erstarren lassen. Die Sülze stürzen (dazu die Form kurz in heißes Wasser halten) und in Scheiben schneiden.

Grünkernaufschnitt

Preiswert · Braucht etwas Zeit

Zutaten für 8 Personen:

100 g Zwiebeln · 100 g Möhren
100 g Lauch · 100 g Knollensellerie
2 Eßl. Butter
200 g Grünkernschrot
400 ml Wasser
1 Teel. gekörnte Gemüsebrühe
1 kleiner Zweig frischer Thymian
je 1 Messerspitze Pfeffer und Picata
70 g Sesamsamen
1 Ei
2 Eßl. Olivenöl

Pro Portion etwa 1700 kJ/400 kcal
13 g Eiweiß · 22 g Fett · 41 g Kohlenhydrate · 6 g Ballaststoffe

Zubereitungszeit: etwa 1 1/4 Stunden
Kühlzeit: etwa 2 Stunden

• Die Zwiebeln schälen. Die Möhren, den Lauch und den Sellerie putzen und waschen. Alles in kleine Würfel schneiden.
• Die Butter in einem Topf zerlassen. Alle Gemüsewürfel hineingeben und kurz anbraten.
• Den Grünkernschrot, das Wasser, die Brühe und den Thymian dazugeben, mischen und aufkochen lassen; dabei mehrmals umrühren.
• Alles bei schwacher Hitze in etwa 20 Minuten ausquellen lassen.
• Die Grünkernmasse vom Herd nehmen, mit dem Pfeffer und dem Picata abschmecken. Den Thymianzweig entfernen.
• Von den Sesamsamen 2 Eßlöffel beiseite stellen, die restlichen Samen und das Ei ebenfalls unter die Grünkernmasse mischen.
• Das Olivenöl in einer länglichen Bratenform erhitzen. Die Grünkernmasse zu einem Braten von 20 cm Länge formen, im restlichen Sesam wälzen und in dem Öl ringsum anbraten.
• Inzwischen den Backofen auf 200° vorheizen. Den Grünkernbraten in den Ofen (unten) schieben und etwa 30 Minuten garen.
• Den »Braten« etwa 2 Stunden auskühlen lassen, dann in Scheiben schneiden.

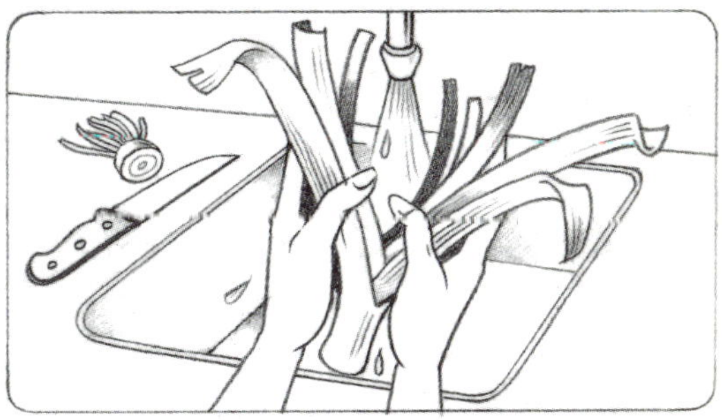

Damit der Schmutz restlos entfernt wird, den Lauch der Länge nach einschneiden und auseinanderbiegen.

Gemüseterrine

Ganz einfach · Für Gäste

Servieren Sie diese Terrine kalt aufgeschnitten als Vorspeise, garniert mit frischen Salaten, oder auf einem kalten Buffet.

Zutaten für 4 Personen:

2 Eier · 75 g Sahne
Salz · 1/2 Teel. Currypulver
1 Prise Muskatnuß, frisch gerieben
150 g Gerste, fein gemahlen
3–4 Eßl. Hefeflocken
1 mittelgroße Zwiebel
200 g Möhren · 250 g Broccoli
etwa 1/4 l Wasser
100 g Emmentaler Käse, frisch gerieben
1 Bund Schnittlauch
Für die Form: Pergamentpapier und Butter

Pro Portion etwa 1525 kJ/375 kcal
21 g Eiweiß · 16 g Fett · 35 g Kohlenhydrate · 5 g Ballaststoffe

Zubereitungszeit: etwa 1 3/4 Stunden

• Die Eier, die Sahne, etwas Salz, das Currypulver, die Muskatnuß, das Gerstenmehl und die Hefeflocken zu einem Teig verrühren. Er soll relativ fest sein. Den Teig etwa 20 Minuten quellen lassen.
• Die Zwiebel schälen und vierteln. Die Möhren waschen und dünn schälen. 1 nicht zu dicke Möhre längs achteln und beiseite legen. Die restlichen Möhren in etwa 2 cm große Stücke schneiden. Den Broccoli waschen. Den Strunk von holzigen Teilen befreien. 4–5 kleine Röschen abschneiden und beiseite legen. Den restlichen Broccoli in etwa 3 cm große Stücke schneiden.
• Das Wasser mit Salz zum Kochen bringen. Die Broccoliröschen und die Möhrenstreifen etwa 2 Minuten darin blanchieren. Dann herausheben und abkühlen lassen.
• Den Käse klein würfeln. Den Schnittlauch waschen und grob zerschneiden.
• Den Käse, den Schnittlauch sowie die rohen Zwiebeln, Möhren- und Broccolistücke im Mixer fein zerkleinern und sofort unter den Teig rühren. Die Mischung abschmecken.
• Den Backofen auf 200° vorheizen.
• Eine Kastenform so mit gefettetem Pergamentpapier auslegen, daß auf beiden Längsseiten jeweils 10 cm Papier überstehen. Die Querseitenflächen auch mit Papier belegen oder sehr gut fetten.
• Einen Teil des Gemüseteigs in die Form füllen. 4 Möhrenstreifen darauf legen. Weiteren Teig einfüllen und die Broccoliröschen in die Mitte setzen. Wieder Teig einfüllen. Die restlichen Möhrenstreifen hineinlegen und den restlichen Teig darüber streichen. Das Papier darüber klappen und leicht andrücken.
• Die Terrine in den Backofen (Mitte; Gas Stufe 3) stellen und 40–45 Minuten backen.
• Die gebackene Terrine in der Form etwas auskühlen lassen. Dann herausheben oder stürzen und völlig abkühlen lassen. Das Papier abziehen und die Terrine in Scheiben schneiden.

Für die Gemüseterrine (von links nach rechts) Möhren zum Füllen und für die Terrinenmasse schneiden, die Getreide-Gemüse-Mischung mit dem Pürierstab gründlich vermischen, die Form mit Papier auskleiden, die Möhrenstreifen auf der ersten Schicht verteilen, die Broccoliröschen auf die zweite Schicht geben und mit der übrigen Terrinenmasse bedecken. Die gegarte Terrine in Scheiben schneiden und anrichten.

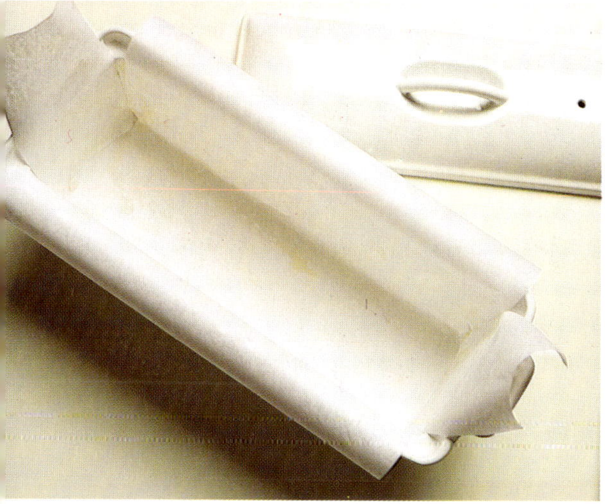

Getreidepastete in Blätterteig

Für Gäste

Die Pastete eignet sich sehr gut als Mittelpunkt eines kalten Buffets.

Zutaten für 8 Personen:

300 g Blätterteig, tiefgefroren (aus dem Reformhaus)
2 Zwiebeln
100 g Weizen
100 g Roggen
700 ml Wasser
1 Teel. gekörnte Gemüsebrühe
250 g Champignons
2 Eier
70 g Vollkornbrösel
2 Eßl. Hafer-Vollkornflocken
je 1 Messerspitze Salz und Pfeffer, frisch gemahlen
1 Prise getrockneter Thymian oder Majoran
200 g Rosenkohl
4 kleine Möhren (etwa 200 g)
Für das Backblech: Fett
Zum Bestreichen: 1 Ei
Zum Garnieren:
1/2 Salatgurke
1 Bund Radieschen
2–3 Salatblätter

Pro Portion etwa 1300 kJ/310 kcal
11 g Eiweiß · 13 g Fett · 38 g Kohlenhydrate · 7 g Ballaststoffe

Zubereitungszeit: etwa 1 1/2 Stunden
Kühlzeit: etwa 1 Stunde

• Ein Backblech fetten. Den Blätterteig leicht antauen lassen.

• Die Zwiebeln schälen und in kleine Würfel schneiden.

• Den Weizen und den Roggen grob schroten, in einem Topf unter ständigem Rühren kurz rösten, dann mit dem Wasser aufgießen. Die Gemüsebrühe und die vorbereiteten Zwiebeln in den Schrotbrei geben. Die Masse umrühren und bei schwacher Hitze etwa 15 Minuten quellen lassen; danach etwas abkühlen lassen.

• Inzwischen die Champignons waschen, putzen und feinblättrig schneiden. Die Pilze mit den Eiern, den Vollkornbröseln und den Haferflocken vermischen und mit Salz, Pfeffer und dem Thymian oder Majoran abschmecken.

• Den Rosenkohl und die Möhren putzen und waschen.

• Den Blätterteig auf leicht bemehlter Arbeitsfläche zu einer Platte von 20 x 30 cm Größe ausrollen. Von der Teigplatte an den Rändern 5–6 Streifen von 1 1/2 cm Breite mit einem Teigrädchen oder mit dem Messer abschneiden und für die Verzierung beiseite legen.

• Die Hälfte der Pastetenmasse in die Mitte der Teigplatte geben und verteilen, so daß 3–4 cm Teigrand zum Einschlagen frei bleiben. Den Rosenkohl und die Möhren (in Längsrichtung) auf die Masse geben und leicht eindrücken. Die restliche Pastetenmasse daraufgeben.

• Den Teig erst von den Schmalseiten, dann von den Längsseiten über die Füllung klappen.

• Den Backofen auf 220° vorheizen.

• Die Pastete mit der »Naht« nach unten auf das Backblech legen und mit den Blätterteigstreifen diagonal oder rautenförmig verzieren. Das Ei mit der Gabel verquirlen und die Pastetenoberfläche damit bestreichen.

• Das Blech in den Backofen (unten; Gas Stufe 3 1/2–4) schieben und die Pastete etwa 40 Minuten backen.

• Die gebackene Pastete etwa 1 Stunde auskühlen lassen.
• Die Salatgurke heiß waschen und in Scheiben schneiden. Die Radieschen und die Salatblätter ebenfalls waschen und trockentupfen.
• Die Getreidepastete in 2 cm dicke Scheiben schneiden und mit den Gurkenscheiben, den Radieschen sowie den Salatblättern garnieren.

● Tip: Wenn Sie keinen Blätterteig bekommen, können Sie aus 200 g feingemahlenem Weizen, 100 g Butter, 1 Prise Salz, 1 Eßlöffel saurer Sahne und 3–4 Eßlöffeln Wasser einen Teig kneten, kurz ruhen lassen und wie oben verwenden.

Grünkern-Gemüse-Pastete

Braucht etwas Zeit · Preiswert · Für Gäste

Zutaten für 8 Personen:

250 g Zwiebeln
250 g Grünkern
250 g Möhren
50 g Butter
3/4 l Wasser
1 Teel. gekörnte Gemüsebrühe
je 1 rote und grüne Paprikaschote
50 g Sesamsamen
50 g Vollkornbrösel
30 g Hefeflocken
je 1 Messerspitze Salz und Pfeffer oder Cayennepfeffer
1 Prise getrockneter Thymian oder Majoran
3 Eier
Für die Form:
1 Eßl. Öl
2 Eßl. Sesamsamen

Pro Portion etwa 1300 kJ/310 kcal
12 g Eiweiß · 15 g Fett · 33 g Kohlenhydrate · 5 g Ballaststoffe

Zubereitungszeit: etwa 1 1/2 Stunden
Kühlzeit: 3–4 Stunden

• Die Zwiebeln schälen und in kleine Würfel schneiden. Den Grünkern mittelgrob schroten. Die Möhren putzen, unter fließendem Wasser gründlich bürsten und in winzig kleine Würfelchen schneiden.
• Die Butter erhitzen und die Zwiebelwürfel darin glasig braten. Den Grünkernschrot mit dem Wasser und der Gemüsebrühe zu den Zwiebeln geben.
• Die Möhrenwürfel hinzufügen. Die Masse zum Kochen bringen und bei schwacher Hitze etwa 15 Minuten quellen lassen; dazwischen häufig umrühren, damit der Schrot nicht anbrennt. Abkühlen lassen.
• Den Backofen auf 180° vorheizen.
• Die Paprikaschoten halbieren, die Kerne und weißen Rippen entfernen. Die Schotenhälften gründlich waschen und in kleine Würfel schneiden. Die Paprikawürfel mit den Sesamsamen, den Vollkornbröseln, den Hefeflocken, dem Salz, dem Pfeffer oder Cayennepfeffer, dem Thymian oder Majoran und den Eiern in die abgekühlte Schrotmasse rühren.
• Eine Kastenform von 30 cm Länge mit dem Öl einfetten und mit den Sesamsamen ausstreuen. Die Masse einfüllen und glattstreichen. Die Pastete in den Ofen (unten; Gas Stufe 2) schieben und etwa 45 Minuten backen.
• Die Grünkernpastete in der Form 3–4 Stunden auskühlen lassen; dann aus der Form stürzen und in dicke Scheiben schneiden.

Vitaminplatte mit Schafkäse

Braucht etwas Zeit · Für Gäste

Zutaten für 4 Personen:

1 Ei
50 g gemischte Kräuter (Schnittlauch, Petersilie, Kerbel, Dill, Basilikum, Borretsch)
2 Eßl. Obstessig
4 Eßl. Olivenöl
1 Messerspitze Kräutersalz
1 Prise weißer Pfeffer, frisch gemahlen
1 Messerspitze Senfpulver oder 1 Teel. Senf
1 kleiner Kopfsalat
100 g Radieschen · 100 g Salatgurke
1 grüne Paprikaschote
1 kleine Zwiebel · 100 g Tomaten
100 g Schafkäse
2 Eßl. Gerstenkeimlinge aus 40 g Gerste (siehe Seite 12) · 10 schwarze Oliven

Pro Portion etwa 1000 kJ/240 kcal
9 g Eiweiß · 18 g Fett · 11 g Kohlenhydrate · 4 g Ballaststoffe

Zubereitungszeit: etwa 30 Minuten

• Das Ei hart kochen, abschrecken, schälen und in kleine Würfel schneiden. Die Kräuter waschen, trockenschütteln und fein hacken.
• Den Essig, das Öl, das Kräutersalz, den Pfeffer und das Senfpulver oder den Senf verrühren. Die Eiwürfel und die Kräuter untermischen.
• Die Salatblätter waschen und gut abtropfen lassen. Eine große Platte damit auslegen.
• Die Radieschen mit den Blättern und die Salatgurke gut waschen. Die Radieschenblätter abschneiden, die zarten inneren Blättchen quer in schmale Streifen schneiden. Die Radieschen und die Gurke in dünne Scheiben schneiden. Die Paprikaschote putzen, waschen und in kleine Würfel schneiden. Die Zwiebel schälen und ebenfalls klein würfeln. Die Tomaten waschen, halbieren, vom Stielansatz befreien und achteln.
• Die Salatzutaten auf die Salatblätter verteilen und die Marinade darüber gießen.
• Den Schafkäse grob raspeln und mit den Gerstenkeimlingen über den Salat streuen. Mit den Oliven garnieren.

Gurken in Misosauce

Raffiniert · Schnell

Zutaten für 2–4 Personen:

2 Eßl. Sonnenblumenöl
1 gestrichener Eßl. Miso
1 Eßl. Tahini
1 Eßl. Reisessig
1 große Salatgurke
1–2 Eßl. Gomasio

Bei 4 Personen pro Portion etwa 790 kJ/190 kcal
10 g Eiweiß · 13 g Fett · 3 g Kohlenhydrate · 4 g Ballaststoffe

Zubereitungszeit: etwa 10 Minuten

• Das Sonnenblumenöl mit dem Miso, dem Tahini, dem Reisessig und 1 Eßlöffel Wasser in einer Schale verrühren.
• Die Salatgurke gründlich waschen oder schälen und in die Sauce raspeln.
• Den Salat mit dem Gomasio bestreuen.

Bei der Vitaminplatte mit Schafkäse greift an heißen Tagen jeder gerne zu.

Reissalat mit Mandeln

Für Kinder · Ganz einfach

Zutaten für 4 Personen:

1/4 l Wasser · Salz
180 g Rundkorn-Naturreis
3 Eßl. Mandeln
150 g Weintrauben (helle oder rote)
2 kleine Bananen
2 Eßl. ungeschwefelte helle oder dunkle Rosinen
150 g Joghurt
Saft von 1 Zitrone
1 Teel. flüssiger Honig oder Zuckerrohrgranulat
1 Teel. Currypulver
schwarzer Pfeffer, frisch gemahlen
2 Eßl. Sonnenblumenöl

Pro Portion etwa 1000 kJ/240 kcal
8 g Eiweiß · 11 g Fett · 48 g Kohlenhydrate · 4 g Ballaststoffe

Zubereitungszeit: etwa 45 Minuten

• Das Wasser mit 1 kräftigen Prise Salz aufkochen lassen. Den Rundkornreis hineingeben, umrühren und bei schwacher Hitze 20–25 Minuten garen.
• Den gegarten Reis in ein Sieb schütten, abtropfen lassen und kühl stellen.
• Inzwischen die Mandeln ungeschält halbieren. Die Weintrauben gründlich waschen, halbieren und entkernen. Die Bananen schälen und in Scheiben schneiden.
• Diese Zutaten zusammen mit den Rosinen in einer großen Schüssel vermengen.
• Für die Sauce den Joghurt, den Zitronensaft, den Honig oder das Zuckerrohrgranulat, den Curry, Salz und Pfeffer in einer kleinen Schüssel mit einem Schneebesen gründlich verschlagen.
• Das Sonnenblumenöl hinzufügen und rühren, bis die Sauce leicht cremig ist.
• Die Sauce über den Salat gießen.
• Den abgekühlten Reis (er darf aber noch ganz leicht lauwarm sein) unter die vorbereiteten Salatzutaten mengen.

Feiner Buchweizensalat

Zum Mitnehmen geeignet · Für Singles

Salate mit ganzen Getreidekörnern bieten eine vollständige, sättigende Mahlzeit. Mit ihrem herzhaften, kräftigen Geschmack sind sie eine echte Alternative zu Fleischsalaten und stellen auch verwöhnte Esser zufrieden.

Zutaten für 1 Person:

3/4 l Wasser
1/2 Teel. Salz
1 kleines oder 1/2 Lorbeerblatt
2 Teel. Sonnenblumenöl
50 g Buchweizen
2 Schalotten oder kleine Zwiebeln
200 g Tomaten
75 g Schafkäse
1 Eßl. Schnittlauchröllchen
1 Eßl. Sonnenblumenöl
1 Eßl. Apfelessig
1 Messerspitze schwarzer Pfeffer, frisch gemahlen
1/4 Teel. Kräutersalz

Etwa 2500 kJ/600 kcal
18 g Eiweiß · 37 g Fett · 46 g Kohlenhydrate · 7 g Ballaststoffe

Zubereitungszeit: etwa 35 Minuten

• Das Wasser mit dem Salz, dem Lorbeerblatt und 2 Teelöffeln Öl aufkochen lassen. Den Buchweizen hinzufügen und im sprudelnden Wasser etwa 15 Minuten ohne Deckel kochen lassen. Den Topf vom Herd nehmen und die Buchweizenkörner noch etwa 5 Minuten im Kochwasser quellen lassen. Dann auf ein Sieb schütten (das Kochwasser eventuell als Grundlage für eine Suppe auffangen), ganz kurz mit kaltem Wasser überbrausen und gut abtropfen lassen. Das Lorbeerblatt entfernen.
• Die Schalotten oder Zwiebeln schälen und in dünne Ringe schneiden (die Zwiebeln in halbe Ringe). Die Tomaten waschen, von den grünen Stengelansätzen befreien und würfeln. Den Käse in dünne Scheibchen schneiden.
• In einer Schüssel den abgetropften Buchweizen mit den zerkleinerten Zutaten, dem Schnittlauch, 1 Eßlöffel Sonnenblumenöl, dem Essig, dem Pfeffer und dem Kräutersalz schnell und gründlich mischen. Den Salat einige Minuten durchziehen lassen.

● Tip: Bis zum Mitnehmen muß der Salat gut verschlossen im Kühlschrank aufbewahrt werden. Sie sollten ihn im Sommer möglichst in einer Kühltasche transportieren, denn gegartes Getreide ist ein guter Nährboden für Bakterien.

Bunter Kartoffelsalat

Zum Mitnehmen geeignet · Für Singles

Zutaten für 1 Person:

100 g tiefgefrorene Erbsen · 100 ml Wasser
2 gestrichene Teel. gekörnte Gemüsebrühe
200 g Pellkartoffeln, möglichst am Vortag gekocht
1 kleine Zwiebel
1 kleiner Kopf Radicchio (etwa 100 g)
1 Teel. getrocknete, gerebelte Salatkräuter (Fertigmischung)
schwarzer Pfeffer, frisch gemahlen
3 Teel. Sonnenblumenöl
2–3 Teel. Apfelessig · 2 Teel. mittelscharfer Senf
2 Teel. Dill oder Schnittlauch, frisch fein geschnitten

Etwa 1600 kJ/380 kcal
15 g Eiweiß · 12 g Fett · 52 g Kohlenhydrate · 18 g Ballaststoffe

Zubereitungszeit: etwa 20 Minuten

• Die Erbsen mit dem Wasser und der gekörnten Brühe zum Kochen bringen und zugedeckt etwa 5 Minuten garen.
• Die Kartoffeln schälen und in dünne Scheiben schneiden. Die Zwiebel schälen und fein würfeln. Den Radicchio waschen und einige große Blätter auf einem Teller ausbreiten.
• Die Kartoffeln und die Zwiebeln in einer Schüssel mit den Erbsen und der Kochflüssigkeit, den Salatkräutern und Pfeffer mischen. Das Öl, den Essig, den Senf und die frischen Kräuter hinzufügen.
• Die restlichen Radicchioblätter zerzupfen, zum Salat geben und gründlich mischen. Den Salat mindestens 5 Minuten durchziehen lassen, dann auf den Radicchioblättern anrichten.

Getreidesalat mit Paprika

Preiswert

Zutaten für 4 Personen:

3/4 l Wasser
1 Teel. gekörnte Gemüsebrühe
150 g Roggen oder Grünkern
1 Bund Radieschen · 1 kleine Stange Lauch
100 g Feldsalat · 2 Eßl. Aceto balsamico
3 Eßl. Sonnenblumenöl
je 1 Messerspitze Salz und Pfeffer, frisch gemahlen
3 grüne Paprikaschoten
1 Tasse Alfalfasprossen · 1 hartgekochtes Ei

Pro Portion etwa 1000 kJ/240 kcal
10 g Eiweiß · 10 g Fett · 28 g Kohlenhydrate · 9 g Ballaststoffe

Zubereitungszeit: etwa 40 Minuten

• Das Wasser mit der Gemüsebrühe zum Kochen bringen. Das Getreide darin etwa 20 Minuten garen, bis es weich ist. Danach das Wasser abgießen und die Körner auskühlen lassen.
• Die Radieschen waschen und in kleine Stücke schneiden. Den Lauch putzen, waschen und in feine Ringe schneiden. Den Feldsalat putzen, waschen und trockenschwenken.
• Den Essig und das Öl mit dem Salz sowie dem Pfeffer verrühren. Die Sauce mit dem Getreide, den Radieschen und den Lauchringen mischen.
• Die Paprikaschoten längs halbieren, putzen, waschen und jede Hälfte in 3 gleich große Streifen schneiden.
• Den Salat in eine Schale füllen, die Paprikastreifen an den Rand legen und die Alfalfasprossen auf dem Salat anrichten.
• Das Ei schälen und längs in Achtel teilen. Den Salat mit den Eistücken und dem Feldsalat garnieren.

Käsesalat mit Gemüse

Ganz einfach · Für Singles

Zutaten für 1 Person:

50 g Edamer Käse · 100 g Tomaten
100 g grüne Paprikaschote
1/2 kleine Zwiebel
1/2 Teel. Sonnenblumenöl
1 Eßl. Obstessig · 2 Eßl. Wasser
Salz · Pfeffer, frisch gemahlen

Etwa 800 kJ/190 kcal
15 g Eiweiß · 12 g Fett · 7 g Kohlenhydrate · 4 g Ballaststoffe

Zubereitungszeit: 15–20 Minuten

• Den Käse in dünne Streifen schneiden.
• Die Tomaten waschen, putzen und in dünne Scheiben schneiden. Die Paprikaschote waschen, putzen und in feine Streifen schneiden. Die Zwiebel schälen und fein hacken. Den Käse und das Gemüse vermengen.
• Für die Salatsauce das Sonnenblumenöl mit dem Essig, dem Wasser und der Zwiebel gut verrühren. Mit etwas Salz und Pfeffer pikant abschmecken, dann über den Salat geben.

Roggen oder Grünkern bilden beim Getreidesalat mit Paprika die sättigende Grundlage. Wer's bunter liebt, nimmt je eine rote, grüne und gelbe Paprikaschote.

Spaghettisalat nach italienischer Art

Schnell · Für Gäste

Zutaten für 4 Personen:

1 l Wasser
1 Teel. gekörnte Gemüsebrühe
150 g Vollkornspaghetti
2 kleine Zucchini (etwa 200 g)
2 Schalotten · 1 Bund Basilikum
3 Eßl. Obstessig
3 Eßl. Olivenöl
je 1 Prise Salz und Pfeffer, frisch gemahlen
50 g Pinienkerne
Zum Garnieren:
50 g Feldsalat · 4 Tomaten

Pro Portion etwa 1200 kJ/290 kcal
10 g Eiweiß · 15 g Fett · 31 g Kohlenhydrate · 6 g Ballaststoffe

Zubereitungszeit: etwa 20 Minuten

• Das Wasser mit der Gemüsebrühe zum Kochen bringen. Die Spaghetti darin in 8–10 Minuten bißfest kochen. Dann kalt abschrecken und abtropfen lassen.
• Die Zucchini waschen und in streichholzfeine Stifte (Julienne) schneiden. Die Schalotten schälen und fein würfeln. Das Basilikum waschen, trockenschütteln und fein hacken.
• Den Essig, das Öl, das Salz, den Pfeffer, die Schalottenwürfel und das Basilikum verrühren. Die Sauce mit den Nudeln und Zucchinistreifen mischen. Die Pinienkerne daruntermischen.
• Den Feldsalat waschen und putzen, die Tomaten waschen und in Achtel schneiden. Den Nudelsalat damit garnieren.

Nudelsalat mit Lauch und Walnüssen

Ganz einfach

Zutaten für 4 Personen:

1 l Wasser
1 Teel. Salz
200 g Vollkornspaghetti
200 g Lauch
50 g Walnußkerne
1/2 Bund Basilikum
2 Eßl. Olivenöl
50 g Parmesan, frisch gerieben
je 1 Messerspitze Salz und Pfeffer, frisch gemahlen
2 Eßl. Rotweinessig

Pro Portion etwa 1500 kJ/360 kcal
15 g Eiweiß · 17 g Fett · 36 g Kohlenhydrate · 5 g Ballaststoffe

Zubereitungszeit: etwa 20 Minuten

• Das Wasser mit dem Salz in einem Topf zum Kochen bringen. Die Spaghetti darin »al dente« (bißfest) kochen; das dauert 8–10 Minuten.
• Die Nudeln auf ein Sieb schütten, kurz mit kaltem Wasser überbrausen und abtropfen lassen.
• Den Lauch putzen, gründlich waschen und in feine Ringe schneiden. Die Nüsse grob hacken und mit den Lauchringen auf die Spaghetti geben.
• Das Basilikum waschen, trockentupfen und die Blättchen abzupfen. Das Olivenöl mit dem Käse, den Basilikumblättchen, dem Salz, dem Pfeffer und dem Essig zu einer Marinade verrühren. Diese über die Salatzutaten gießen und den Nudelsalat gut durchmischen.

Gemüsesalat mit Dickmilchmarinade

Läßt sich gut vorbereiten · Für Singles

Zutaten für 1 Person:

1/2 l Wasser · Salz
100 g Möhren · 150 g grüne Bohnen
100 g Broccoli · 1 Mandarine
100 g Dickmilch
1 Eßl. saure Sahne · 1 Teel. Tomatenmark
2 Teel. Zitronensaft, frisch gepreßt
weißer Pfeffer, frisch gemahlen
1 Messerspitze Paprikapulver, edelsüß

Etwa 950 kJ/230 kcal
12 g Eiweiß · 6 g Fett · 32 g Kohlenhydrate · 13 g Ballaststoffe

Zubereitungszeit: etwa 50 Minuten

- Das Wasser mit Salz zum Kochen bringen.
- Das Gemüse gut waschen und putzen. Die Möhren in feine Stifte schneiden. Die Bohnen halbieren. Vom Broccoli den holzigen Teil des Stiels abschneiden und den Broccoli in kleine Röschen teilen.
- Die Bohnen und den Broccoli in das kochende Wasser geben und offen in 15–20 Minuten bißfest kochen. 5–10 Minuten vor Ende der Garzeit die Möhrenstifte hinzufügen und mitkochen. Das gare Gemüse aus dem Wasser nehmen und auskühlen lassen.
- Die Mandarine schälen, in Spalten teilen und diese halbieren.
- Die Dickmilch mit der sauren Sahne, dem Tomatenmark und dem Zitronensaft gut verrühren.
- Das Gemüse und die Mandarinen unter die Marinade heben. Den Salat mit Salz, Pfeffer und dem Paprikapulver pikant abschmecken.

Tomatensalat auf Spinat

Ganz einfach · Für Gäste

Zutaten für 4 Personen:

200 g junge Spinatblätter
1 Zwiebel
4 Fleischtomaten
200 g Mozzarella
1 Bund Basilikum
je 1 Messerspitze Salz und schwarzer Pfeffer, frisch gemahlen
4 Eßl. Olivenöl

Pro Portion etwa 1000 kJ/240 kcal
13 g Eiweiß · 17 g Fett · 8 g Kohlenhydrate · 6 g Ballaststoffe

Zubereitungszeit: etwa 15 Minuten

- Den Spinat putzen, waschen und in einem Sieb abtropfen lassen. Große Blätter in Streifen schneiden, kleine ganz lassen. Die Blätter auf einer Salatplatte ausbreiten. Die Zwiebel schälen, fein würfeln und über den Spinat streuen.
- Die Tomaten waschen und in Scheiben schneiden, dabei die Stielansätze entfernen. Den Mozzarella in Scheiben schneiden und abwechselnd mit den Tomatenscheiben auf dem Spinat anrichten.
- Das Basilikum waschen, 1 Zweig beiseite legen, den Rest fein schneiden mit dem Salz, dem Pfeffer sowie dem Öl zu einer Salatsauce verrühren.
- Die Sauce über den Salat gießen. Mit dem Basilikumzweig garnieren.

Nudelsalat mit Spinat

Raffiniert · Läßt sich gut vorbereiten

Dieser Salat besteht nur aus grünen Zutaten und ist ein köstliches kaltes Hauptgericht.

Zutaten für 4 Personen:

Für den Salat:
1 l Wasser
1/2 Teel. Salz
1 Eßl. Sonnenblumenöl
250 g Vollkorn-Spinatnudeln
1 Knoblauchzehe
1 kleine Zwiebel
3 milchsaure Gurken (Reformhaus) oder Gewürzgurken
1/2 grüne Paprikaschote
1 kleiner Zucchino
100 g Spinat
1 Bund Petersilie
3–4 Eßl. Sesamsamen
Für die Sauce:
6 Eßl. Obstessig
1 Eßl. Sojasauce
1/2 Teel. flüssiger Honig oder Zuckerrohrgranulat
Salz
weißer oder schwarzer Pfeffer, frisch gemahlen
3 Eßl. Sonnenblumenöl

Pro Portion etwa 1600 kJ/380 kcal
13 g Eiweiß · 17 g Fett · 46 g Kohlenhydrate · 8 g Ballaststoffe

Zubereitungszeit: etwa 30 Minuten
Ruhezeit: etwa 20 Minuten

• Das Wasser mit dem Salz und dem Sonnenblumenöl zum Kochen bringen.

• Die Spinatnudeln hineingeben und 8–10 Minuten im geschlossenen Topf kochen lassen, bis sie bißfest sind. Die gegarten Nudeln in ein Sieb schütten und abtropfen lassen.

• Die Knoblauchzehe schälen, kleinschneiden und mit einer Messerklinge zerdrücken. Die Zwiebel schälen und würfeln. Die milchsauren Gurken oder die Gewürzgurken in kleine Würfel schneiden. Die Paprikahälfte vom Stielansatz und den Trennwänden mit allen Kernen befreien, waschen und in schmale Streifen schneiden. Den Zucchino waschen, vom Blüten- und Stielansatz befreien, der Länge nach halbieren und in Scheiben schneiden. Den Spinat gründlich waschen, verlesen, abtropfen lassen und in feine Streifen schneiden. Die Petersilie waschen, trockenschütteln und fein hacken.

• Alle Salatzutaten außer den Nudeln in eine große Salatschüssel geben. Den Sesam darüber streuen.

• Für die Sauce den Obstessig mit der Sojasauce, dem Honig oder dem Zuckerrohrgranulat, dem Salz und Pfeffer verschlagen.

• Das Sonnenblumenöl hinzufügen und rühren, bis die Sauce leicht cremig ist.

• Die Sauce über den Salat gießen. Die Nudeln lauwarm oder abgekühlt untermischen.

• Den Salat etwa 20 Minuten ziehen lassen.

Ganz in Grün präsentiert sich der Nudelsalat mit Spinat, der an heißen Tagen ein Hauptgericht ersetzen kann.

Blumenkohlsalat in Mandelsauce

Schnell · Ganz einfach

Zutaten für 2–4 Personen:

2 Eßl. Mandelmus
2 Eßl. Sonnenblumenöl
1 Eßl. Zitronensaft
1 Teel. Akazienhonig
1 Prise Zimtpulver
Salz
1 kleiner Blumenkohl (etwa 300 g)
1 Eßl. Mandeln, frisch gehackt
1 Orange
Zum Garnieren: 1 Mandarine
einige ganze Mandeln

Bei 4 Personen pro Portion etwa 630 kJ/150 kcal
4 g Eiweiß · 9 g Fett · 13 g Kohlenhydrate ·
5 g Ballaststoffe

Zubereitungszeit: etwa 20 Minuten

• Das Mandelmus in einer Schüssel mit dem Öl, dem Zitronensaft, dem Honig, dem Zimt und Salz zu einer glatten Sauce rühren.
• Den Blumenkohl abspülen und, wenn nötig, putzen. Dann fein schneiden oder in sehr kleine Röschen brechen und unter die Sauce mengen.
• Die Mandeln in einer Pfanne bei mittlerer Hitze ohne Fett braun rösten.
• Die Orange schälen, kleinschneiden und mit den Mandeln und dem Blumenkohl in der Sauce gut verrühren.
• Die Mandarine schälen, in Stücke teilen und den Salat damit verzieren. Mit ganzen Mandeln belegen.

Wirsing-Zucchini-Salat

Preiswert

Zutaten für 4 Personen:

3 Eßl. Obstessig
1/2–1 Teel. flüssiger Honig oder Zuckerrohrgranulat
Salz
schwarzer Pfeffer, frisch gemahlen
3 Eßl. Sonnenblumenöl
20 g Bohnenkraut
300 g Wirsing · 4 rote Zwiebeln
2 kleine Zucchini (250–300 g)

Pro Portion etwa 510 kJ/120 kcal
4 g Eiweiß · 8 g Fett · 8 g Kohlenhydrate ·
4 g Ballaststoffe

Zubereitungszeit: etwa 20 Minuten
Ruhezeit: etwa 15 Minuten

• Für die Sauce den Obstessig mit dem Honig oder dem Zuckerrohrgranulat, Salz und Pfeffer in einer großen Schüssel mit dem Schneebesen gut verschlagen.
• Das Sonnenblumenöl hinzufügen und rühren, bis die Sauce leicht cremig ist.
• Das Bohnenkraut waschen, trockenschütteln, die Blätter von den Stengeln zupfen, hacken und unter die Sauce rühren.
• Für den Salat den Wirsing waschen, vom Strunk befreien und in sehr feine Streifen schneiden. Die roten Zwiebeln schälen und in Ringe schneiden. Die Zucchini waschen, von den Blüten- und Stengelansätzen befreien und in dünne Scheiben schneiden.
• Diese Salatzutaten in die Sauce geben und alles gut vermengen.

• Den Salat möglichst etwa 15 Minuten durchziehen lassen.

Löwenzahnsalat mit Käse und Möhren

Raffiniert · Schnell · Für Gäste

Löwenzahn pflücken Sie am besten im April vor der Blüte. Die Blätter sind dann noch sehr zart. Sammeln Sie Löwenzahn an einer Stelle, zu der Hunde keinen Zugang haben und wo niemand in der Nähe sein Feld gespritzt hat. Doch auch auf vielen Wochenmärkten gibt es ihn zu kaufen.

Zutaten für 4 Personen:

200 g Eissalat
50 g junge Löwenzahnblätter
80 g mittelalter Gouda
4 kleine Möhren (etwa 200 g)
4 Eßl. Walnußkerne
3 Eßl. Obstessig
1/2–1 Teel. flüssiger Honig oder Zuckerrohrgranulat
Salz
weißer oder schwarzer Pfeffer, frisch gemahlen
6 Eßl. Sonnenblumenöl

Pro Portion etwa 1200 kJ/290 kcal
8 g Eiweiß · 27 g Fett · 5 g Kohlenhydrate · 3 g Ballaststoffe

Zubereitungszeit: etwa 20 Minuten

• Den Eissalat in die einzelnen Blätter teilen, gründlich waschen und trockenschwenken, dann in feine Streifen schneiden. Die Löwenzahnblätter sehr gründlich waschen, von den groben Stengeln und unansehnlichen Blättern befreien und in mundgerechte Stücke reißen oder schneiden.

• Die eventuell vorhandene Rinde vom Gouda abschneiden. Den Käse würfeln.

• Die Möhren gründlich waschen, mit einem Sparschäler schälen und in feine Scheiben oder Stifte schneiden. Die Walnußkerne auf ein Brett schütten und mit einem großen Messer grob hacken.

• Diese Salatzutaten vorsichtig in einer großen Schüssel vermengen.

• Für die Sauce den Obstessig, den Honig oder das Zuckerrohrgranulat, Salz und Pfeffer mit einem Schneebesen verschlagen.

• Das Sonnenblumenöl hinzufügen und rühren, bis die Sauce leicht cremig ist.

• Die Sauce über den Salat gießen und alles gut vermengen. Den Salat sofort servieren.

● **Tip:** Es muß nicht Eissalat sein! Sie können die gleiche Menge Chinakohl oder Kopfsalat verwenden. Und statt mittelaltem Gouda eignet sich auch eine andere kräftige Käsesorte oder sogar Schafkäse. Schmeckt Ihnen Löwenzahn zu herb? Dann nehmen Sie statt dessen Sauerampfer oder Spinat!

Roher grüner Spargelsalat

Für Gäste

Zutaten für 4 Personen:

3 Eßl. Obstessig
1/2–1 Teel. flüssiger Honig oder Zuckerrohrgranulat
Salz
schwarzer Pfeffer, frisch gemahlen
4 Eßl. Sonnenblumenöl
600 g grüner Spargel
50 g Alfalfasprossen oder Kresse

Pro Portion etwa 440 kJ/100 kcal
3 g Eiweiß · 10 g Fett · 3 g Kohlenhydrate · 3 g Ballaststoffe

Zubereitungszeit: etwa 25 Minuten

• Für die Sauce den Obstessig, den Honig oder das Zuckerrohrgranulat, Salz und Pfeffer in einer großen Schüssel verschlagen.
• Das Sonnenblumenöl hinzufügen und rühren, bis die Sauce leicht cremig ist.
• Für den Salat die grünen Spargelstangen unter fließendem Wasser gut abspülen und etwas abtropfen lassen. Mit einem scharfen Messer oder einem Sparschäler nur die unteren hellgrünen Enden dünn schälen. Die dunkelgrünen Spitzen sind zart und brauchen nicht geschält zu werden. Die Stangen in Streifen schneiden, in die Sauce geben und alles gut vermengen.
• Den Salat nur 5 Minuten ziehen lassen! Wenn roher Spargel zu lange steht, verliert er sein Aroma und wird gummiartig.
• Die Alfalfasprossen oder die Kresse kurz abspülen und unter den Salat mengen.

Blattsalat mit Vinaigrette

Schnell

Zutaten für 4 Personen:

1 Kopfsalat · 1 kleiner Eisbergsalat
4 Eßl. Olivenöl · 1 1/2 Eßl. Apfelessig
1 Eßl. Tapenade Provençale
1/2 Eßl. Zitronensaft
je 1/2 Teel. Basilikum, Thymian und Oregano, frisch gehackt
1 Teel. Estragon, frisch gehackt
1 Eßl. Petersilie, frisch gehackt · Salz
1/4 Teel. schwarzer Pfeffer, frisch gemahlen
Zum Garnieren: Tomatenviertel

Pro Portion etwa 450 kJ/110 kcal
1 g Eiweiß · 10 g Fett · 3 g Kohlenhydrate · 2 g Ballaststoffe

Zubereitungszeit: etwa 20 Minuten

• Die Salate waschen und abtropfen lassen.
• Das Öl mit dem Apfelessig, der Tapenade Provençale und dem Zitronensaft cremig rühren. Die Kräuter unterziehen, salzen und pfeffern.
• Den Salat in mundgerechte Stücke zupfen und unter die Vinaigrette ziehen. Mit den Tomaten garnieren.

Von links nach rechts: Von Selleriestangen die Fasern abziehen, grüne Tomatenkerne durch Zusammendrücken entfernen, grünen Spargel nur am unteren Ende schälen, von Chinakohl den Strunk keilförmig herausschneiden, Lauch vor dem Waschen kreuzweise einschneiden, von Paprikaschoten Trennwände mit Kernen entfernen.

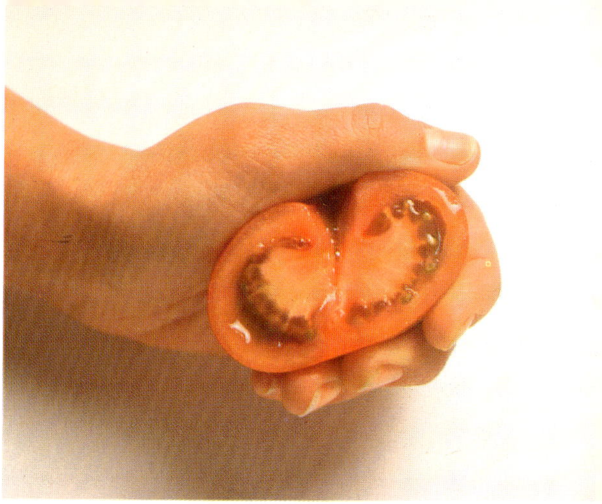

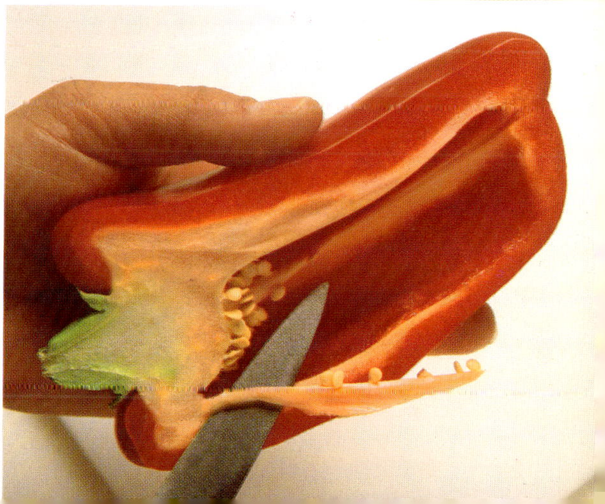

Grapefruitsalat mit Sonnenblumenkernen

Raffiniert · Für Gäste · Schnell

Zutaten für 4 Personen:

300 g Chinakohl
2 Grapefruits
4 Eßl. Sonnenblumenkerne oder Cashewkerne
200 g Sahne
2–3 Teel. flüssiger Honig oder Zuckerrohrgranulat
etwa 4 Eßl. aufgefangener Grapefruitsaft
Salz
etwa 20 Melisseblätter

Pro Portion etwa 1100 kJ/260 kcal
5 g Eiweiß · 21 g Fett · 11 g Kohlenhydrate · 2 g Ballaststoffe

Zubereitungszeit: etwa 20 Minuten

• Den Chinakohl von den welken Blättern befreien, waschen und längs halbieren. Den Strunk keilförmig herausschneiden, den Chinakohl in dünne Streifen schneiden. Die Grapefruits über einer kleinen Schüssel mit einem sehr scharfen Messer wie einen Apfel schälen. Den Saft in der kleinen Schüssel auffangen. Die Grapefruits in Stücke schneiden.
• Den Chinakohl, die Grapefruitstückchen und die Sonnenblumen- oder Cashewkerne in einer großen Schüssel vermengen.
• Für die Sauce die Sahne und den Honig oder das Zuckerrohrgranulat mit dem Grapefruitsaft verrühren, salzen.
• Die Melisseblätter waschen. 10 Blättchen fein hacken und in die Sauce rühren. Die Sauce über den Salat gießen, vorsichtig vermengen mit der übrigen Melisse garnieren.

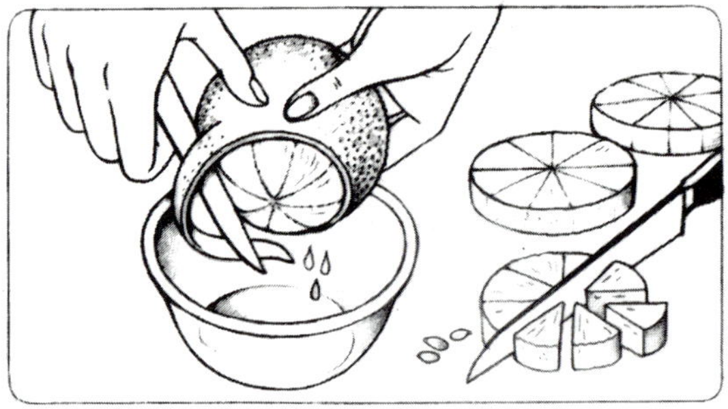

Die Grapefruit mit einem scharfen Messer wie einen Apfel schälen. Dabei über eine kleine Schüssel halten, um den Saft aufzufangen.

Gemischter Salat mit Paprika

Schnell · Für Gäste

Zutaten für 4 Personen:

1 Knoblauchzehe
5 Eßl. Olivenöl
2 Eßl. Obstessig
2 Eßl. Kefir
1/2 Teel. Cumin, frisch zerstoßen
1/2 Teel. schwarzer Pfeffer, frisch gemahlen
1/2 Weißkohl
je 1 grüne und rote Paprikaschote
1 Avocado
1 Gemüsezwiebel
Zum Garnieren: gewürfelter Schafkäse
schwarze Oliven

Pro Portion etwa 1600 kJ/380 kcal
8 g Eiweiß · 33 g Fett · 11 g Kohlenhydrate · 8 g Ballaststoffe

Zubereitungszeit: etwa 20 Minuten

• Die Knoblauchzehe schälen und durch die Presse drücken. Das Olivenöl mit dem Essig, dem Kefir, dem Cumin, dem Pfeffer und Salz hinzufügen und alles verrühren.
• Den Weißkohl putzen und grob in die Sauce raspeln. Die Paprikaschoten waschen, putzen und in dünne Ringe schneiden. Die Avocado schälen, entkernen und kleinschneiden. Die Zwiebel schälen und in Ringe schneiden.
• Jetzt zuerst den Weißkohl mit der Hand kräftig unter die Sauce kneten. Dann das andere Gemüse unterrühren. Den Salat anrichten und mit Schafkäse und Oliven garnieren.

Eissalat mit Senfrahmsauce

Für Singles · Schnell

Zutaten für 1 Person:

150–200 g äußere Eissalatblätter
4 Eßl. Sahne
1 gestrichener Eßl. mittelscharfer Senf
1 Eßl. Apfeldicksaft
1 Teel. Zitronensaft
etwa 1/4 Teel. Kräutersalz
1 Messerspitze Zitronenpfeffer
1 Schalotte oder 1 kleine Zwiebel oder 1 Eßl. Schnittlauch, frisch feingeschnitten

Etwa 870 kJ/210 kcal
5 g Eiweiß · 11 g Fett · 22 g Kohlenhydrate · 13 g Ballaststoffe

Zubereitungszeit: 10–15 Minuten

• Die Salatblätter waschen, aufeinanderlegen, zweimal längs und mehrmals quer zerschneiden.
• Aus der Sahne, dem Senf, dem Dicksaft, dem Zitronensaft, dem Kräutersalz und dem Zitronenpfeffer eine Sauce rühren und mit dem Eissalat mischen.
• Die Schalotte oder Zwiebel schälen und sehr fein würfeln. Die Zwiebelwürfel oder den Schnittlauch unter den fertigen Salat heben.

Bunter Salat mit Sprossen

Ganz einfach · Raffiniert · Für Singles

Zutaten für 1 Person:

30 g Kopfsalat (etwa 1/4 Kopf)
30 g Eissalat
1 Eßl. Alfalfasprossen
1 mittelgroße Tomate
1/2 grüne Paprikaschote
1/2 Eßl. Obstessig · 1/2 Teel. Leinöl
1 Eßl. Wasser · 1 Teel. Zitronensaft
Salz · Pfeffer, frisch gemahlen

Etwa 310 kJ/75 kcal
4 g Eiweiß · 4 g Fett · 7 g Kohlenhydrate · 5 g Ballaststoffe

Zubereitungszeit: 10–15 Minuten

• Den Kopfsalat und den Eissalat waschen trockentupfen und zerpflücken. Die Sprossen in einem Sieb kalt abbrausen. Die Tomate waschen und in Scheiben schneiden. Die Paprikaschote ebenfalls waschen, putzen und in feine Streifen schneiden. Alles zusammen auf einem Salatteller anrichten.
• Den Essig, das Öl, das Wasser, den Zitronensaft, Salz und Pfeffer zu einer Marinade anrühren und über dem Salat verteilen.

Salat Lollo rosso mit Spezialdressing

Schnell

Zutaten für 2–4 Personen:

1 Kopf Lollo-rosso-Salat
100 g saure Sahne
2 Eßl. Olivenöl
1 Eßl. Aceto balsamico
1 Eßl. Tapenade Provençale
1 Prise Salz
1 Prise schwarzer Pfeffer, frisch gemahlen
Zum Garnieren: · 2 kleine Tomaten
etwa 50 g schwarze Oliven

Bei 4 Personen pro Portion etwa 580 kJ/140 kcal
2 g Eiweiß · 13 g Fett · 4 g Kohlenhydrate ·
2 g Ballaststoffe

Zubereitungszeit: etwa 15 Minuten

- Den Salat zerpflücken, unter fließendem Wasser gründlich abspülen und in einem Sieb abtropfen lassen.
- In einer kleinen Schale die saure Sahne mit dem Olivenöl, dem Aceto balsamico und der Tapenade zu einem glatten Dressing verquirlen und mit dem Salz und dem Pfeffer abschmecken.
- Den Lollo rosso auf eine Salatplatte geben. Die Blätter entweder ganz darauf legen oder vorher in mundgerechte Stücke zerteilen. Die Tomaten waschen, vierteln oder in Scheiben schneiden und den Salat damit garnieren. Die Oliven ebenfalls dekorativ darauf legen und zum Schluß das Dressing über den Salat gießen.

Champignonsalat

Schnell · Für Singles

Weil Vollwertköche ihr Gemüse möglichst frisch einkaufen wollen, sind Champignons ideal, denn sie haben das ganze Jahr Saison.

Zutaten für 1 Person:

100 g frische Champignons
2 Teel. Zitronensaft
3 Teel. Olivenöl
1 Messerspitze Salz
etwas weißer Pfeffer, frisch gemahlen
1/2 Teel. getrocknete, gerebelte Salatkräuter (Fertigmischung)
1 Eßl. Sahne
2 Teel. Schnittlauch, frisch fein geschnitten

Etwa 570 kJ/140 kcal
3 g Eiweiß · 12 g Fett · 5 g Kohlenhydrate ·
3 g Ballaststoffe

Zubereitungszeit: etwa 10 Minuten

- Die Pilze waschen, putzen und feinblättrig schneiden.
- Die vorbereiteten Pilze mit dem Zitronensaft, dem Öl, dem Salz, dem Pfeffer, den Salatkräutern, der Sahne und dem Schnittlauch mischen. Den Salat einige Minuten durchziehen lassen.

Beim Salat Lollo rosso mit Spezialdressing leuchten einem die italienischen Nationalfarben entgegen. Er ist besonders schnell zubereitet.

Rotkohl-Weißkohl-Salat

Preiswert

Zutaten für 4 Personen:

Für den Salat:
200 g Rotkohl
200 g Weißkohl
2 große säuerliche Äpfel
12 ungeschwefelte Backpflaumen ohne Stein
Für die Sauce:
Saft von 1/2 Zitrone
1–2 Teel. Honig oder Zuckerrohrgranulat
Salz
sehr viel schwarzer Pfeffer, frisch gemahlen
4 Eßl. Sonnenblumenöl
Zum Garnieren:
4 Eßl. Sonnenblumenkerne

Pro Portion etwa 1075 kJ/260 kcal
5 g Eiweiß · 16 g Fett · 25 g Kohlenhydrate · 6 g Ballaststoffe

Zubereitungszeit: etwa 20 Minuten
Ruhezeit: etwa 20 Minuten

• Die beiden Kohlsorten waschen, gegebenenfalls vom Strunk und von sehr dicken Rippen befreien und auf der Rohkostreibe fein raspeln.
• Die Kohlraspel in eine große stabile Schüssel geben und mit dem Fleischklopfer oder der Faust stampfen, bis der Kohl glasig und mürbe wird.
• Die Äpfel gründlich waschen, vierteln, vom Kerngehäuse befreien und in schmale Schnitze schneiden. Die Backpflaumen in dünne Streifen schneiden.
• Die Apfelschnitze und die Backpflaumenstreifen zum Kohl geben.
• Für die Sauce den Zitronensaft, den Honig oder das Zuckerrohrgranulat, Salz und den Pfeffer mit einem Schneebesen verschlagen.
• Das Sonnenblumenöl hinzufügen und rühren, bis die Sauce leicht cremig ist.
• Die Sauce über die Kohlraspel gießen und alles gut vermengen. Den Salat etwa 20 Minuten ziehen lassen.
• Den Salat auf Teller verteilen und mit den Sonnenblumenkernen bestreuen.

● **Tip:** Der Salat schmeckt auch mit Rosinen oder Walnußkernen bestreut sehr gut.

Fenchel-Apfel-Salat

Für Kinder

Zutaten für 4 Personen:

Für die Sauce:
3 Eßl. Obstessig
2 Eßl. naturtrüber Apfel- oder Orangensaft
1 Teel. flüssiger Honig oder Zuckerrohrgranulat
Salz
einige Prisen Currypulver
weißer Pfeffer, frisch gemahlen
3 Eßl. Sonnenblumenöl
Für den Salat:
1 Fenchelknolle (etwa 250 g)
2 mittelgroße, säuerliche Äpfel (Boskop oder Glockenäpfel)
100 g Mangold oder Chinakohl
70 g Haselnußkerne

Pro Portion etwa 1100 kJ/260 kcal
5 g Eiweiß · 19 g Fett · 17 g Kohlenhydrate · 5 g Ballaststoffe

Zubereitungszeit: etwa 20 Minuten

• Den Obstessig, den Apfel- oder Orangensaft, den Honig oder das Zuckerrohrgranulat, Salz, den Curry und Pfeffer mit einem Schneebesen verschlagen. Das Sonnenblumenöl hinzufügen und rühren, bis die Sauce leicht cremig ist.
• Den Fenchel waschen und putzen, den Wurzelansatz und die Stengel mit dem Fenchelgrün abschneiden. Das Fenchelgrün zur Seite legen. Die Fenchelknolle quer zur Faser in ganz feine Scheiben schneiden. Die Äpfel gründlich waschen, vierteln, vom Kerngehäuse befreien und in kleine Würfel schneiden. Den Mangold oder Chinakohl in sehr feine Streifen schneiden.
• Die Haselnußkerne auf einem Holzbrett mit einem großen Messer grob hacken.
• Das Fenchelgrün ebenfalls hacken.
• Alle Zutaten in der Schüssel vermengen.

Chinakohlsalat mit Champignons

Ganz einfach · Raffiniert

Zutaten für 4 Personen:

200 g saure Sahne
2–3 Eßl. Obstessig
1 Eßl. milder Senf
1–2 Teel. flüssiger Honig oder Zuckerrohrgranulat
knapp 1/2 Teel. Salz
schwarzer Pfeffer, frisch gemahlen
4 Eßl. Olivenöl
250 g Chinakohl · 2 kleine Zwiebeln
2 kleine süßliche Äpfel (zum Beispiel Cox Orange)
100 g Champignons · 40 g Haselnußkerne

Pro Portion etwa 1300 kJ/310 kcal
5 g Eiweiß · 27 g Fett · 13 g Kohlenhydrate · 4 g Ballaststoffe

Zubereitungszeit: etwa 25 Minuten

• Für die Sauce die saure Sahne, den Essig, den Senf, den Honig oder das Zuckerrohrgranulat, das Salz und Pfeffer in einer großen Schüssel mit einem Schneebesen verschlagen.
• Das Olivenöl gründlich unterrühren.
• Für den Salat den Chinakohl waschen oder von den äußeren Blättern befreien und längs halbieren. Den Strunk keilförmig herausschneiden, den Chinakohl in feine Streifen schneiden. Die Zwiebeln schälen und würfeln.
• Die Äpfel sehr gründlich waschen, vierteln, vom Kerngehäuse befreien und ungeschält in kleine Würfel schneiden. Die Champignons unter kaltem Wasser abbrausen, Schmutzteilchen mit einer weichen Bürste entfernen, eventuell braune Stellen herausschneiden. Die Champignons in feine Scheiben schneiden.
• Die Haselnußkerne auf ein Brett schütten und mit einem großen Messer grob hacken.
• Diese Salatzutaten in die Schüssel geben und vorsichtig mit der Sauce vermengen.

Tip: Noch besser schmeckt der Salat, wenn Sie ihn vor dem Servieren mit Kresse bestreuen. Dazu die Kresse von 1 Kästchen mit einer Küchenschere abschneiden.

Feldsalat mit Schafkäse

Für Gäste

Feldsalat (Rapunzel) ist ein sehr vitaminreicher Salat, der in unseren Breitengraden überwintert.

Zutaten für 4 Personen:

250 g Feldsalat (Rapunzel)
70 g Schafkäse
4 mittelgroße Tomaten oder 2 Fleischtomaten
1 rote Zwiebel
1 Eigelb · 5 Eßl. Olivenöl
2 Eßl. Obstessig
1/2–1 Teel. flüssiger Honig oder 1 Teel. Zuckerrohrgranulat
Salz · schwarzer Pfeffer, frisch gemahlen

Pro Portion etwa 830 kJ/200 kcal
5 g Eiweiß · 18 g Fett · 4 g Kohlenhydrate · 2 g Ballaststoffe

Zubereitungszeit: etwa 25 Minuten

• Den Feldsalat gründlich waschen und gut abtropfen lassen. Die kleinen Wurzeln so abschneiden, daß die Rosetten nicht auseinanderfallen.
• Den Schafkäse würfeln oder zerbröseln. Die Tomaten gründlich waschen, halbieren, den Stengelansatz herausschneiden und die Tomaten achteln. Die Zwiebel schälen und in Ringe schneiden oder klein würfeln.
• Diese Salatzutaten in einer großen Schüssel sehr vorsichtig vermengen.
• Für die Sauce das Eigelb und das Olivenöl mit einem Schneebesen cremig schlagen. Den Obstessig und den Honig oder das Zuckerrohrgranulat hineinrühren.
• Die Sauce mit Salz und Pfeffer abschmecken und über den Salat gießen.

Chicoréesalat mit Sesam

Ganz einfach · Für Singles · Kalorienarm

Zutaten für 1 Person:

100 g Magerjoghurt
1 Teel. Zitronensaft
1 Teel. Honig
1 Teel. Sesamsamen
100 g Chicorée

Etwa 380 kJ/90 kcal
6 g Eiweiß · 3 g Fett · 11 g Kohlenhydrate · 2 g Ballaststoffe

Zubereitungszeit: 15–20 Minuten

• Den Joghurt mit dem Zitronensaft und dem Honig in einer kleinen Schüssel glattrühren.
• Den Sesam in einer Pfanne ohne Fettzugabe bei mittlerer Hitze unter Rühren hell bräunen, anschließend auskühlen lassen.
• Den Chicorée gründlich waschen, welke Blätter entfernen. Die Stauden der Länge nach halbieren. Den Strunk und das bittere Ende kegelförmig herausschneiden. Den Chicorée in 2 cm breite Stücke schneiden und auf ein Glasschälchen verteilen.
• Sofort die Joghurtmarinade darüber gießen, damit die Chicoréestücke nicht braun werden. Vor dem Servieren mit dem Sesam bestreuen.

Ein frühlingsfrischer, bunter Salat wie der Feldsalat mit Schafkäse gibt neuen Schwung.

Zucchinisalat mit Möhren und Tomaten

Für Kinder · Schnell

Zutaten für 4 Personen:

2 Eßl. Obstessig
2 Eßl. Joghurt
1 Teel. milder Senf
1/2 Teel. flüssiger Honig oder Zuckerrohrgranulat
Salz
weißer oder schwarzer Pfeffer, frisch gemahlen
1 Knoblauchzehe
1 kleine Zwiebel
3 Eßl. Sonnenblumenöl
je 10 g Melisse und Petersilie
1 Zucchino (etwa 200 g)
2 kleine zarte Möhren (etwa 100 g)
je 1/2 rote und grüne Paprikaschote
2 Tomaten

Pro Portion etwa 480 kJ/110 kcal
3 g Eiweiß · 8 g Fett · 7 g Kohlenhydrate · 3 g Ballaststoffe

Zubereitungszeit: etwa 20 Minuten

- Für die Sauce den Obstessig, den Joghurt, den Senf, den Honig oder das Zuckerrohrgranulat, Salz und Pfeffer in einer großen Salatschüssel mit einem Schneebesen verschlagen.
- Die Knoblauchzehe schälen, kleinschneiden und mit einer Messerklinge zerdrücken. Die Zwiebel schälen und würfeln.
- Die Knoblauchzehe, die Zwiebel und das Öl in die Sauce geben und unterrühren.
- Die Melisse und die Petersilie waschen, trockenschütteln, von den groben Stengeln befreien, fein hacken und unterrühren.
- Für den Salat den Zucchino waschen, vom Blüten- und Stengelansatz befreien und ungeschält in dünne Scheiben schneiden. Die Möhren waschen, schälen und in hauchdünne Scheiben schneiden. Die Paprikahälften eventuell vom Stielansatz und von den Trennwänden mit den Kernen befreien und in sehr schmale Streifen schneiden. Die Tomaten gründlich waschen und halbieren. Den Stengelansatz entfernen und die Tomaten achteln.
- Diese Salatzutaten unter die Sauce mengen.

Tomatensalat mit Sauerampfer

Raffiniert

Für diesen Salat brauchen Sie Sauerampfer vor der Blüte; die beste Zeit zum Pflücken ist März und April – selbstverständlich nur auf unbelasteten Wiesen. Doch auch auf vielen Wochenmärkten wird im Frühling Sauerampfer angeboten. Wenn Sie keinen Sauerampfer bekommen, können Sie auch die gleiche Menge Spinat verwenden.

Zutaten für 4 Personen:

2 Fleischtomaten oder 4 kleine Tomaten
2 kleine Zwiebeln
200 g Eissalat
50 g Sauerampfer oder Spinat
20 g ungehäutete Mandeln
2 Eßl. Obstessig
1 Eßl. Sojasauce
1/2 Teel. flüssiger Honig oder 1/2–1 Teel. Zuckerrohrgranulat
Salz
schwarzer Pfeffer, frisch gemahlen
3 Eßl. Olivenöl

Pro Portion etwa 550 kJ/130 kcal
3 g Eiweiß · 11 g Fett · 6 g Kohlenhydrate ·
4 g Ballaststoffe

Zubereitungszeit: etwa 25 Minuten

• Die Tomaten gründlich waschen, halbieren, den Stengelansatz entfernen und die Tomaten in Scheiben oder mundgerechte Stücke schneiden. Die Zwiebeln schälen, halbieren und in Ringe schneiden. Den Eissalat in die einzelnen Blätter teilen, waschen, trockentupfen und in feine Streifen schneiden.
• Den Sauerampfer oder den Spinat gründlich waschen, von den groben Stengeln befreien und abtropfen lassen.
• Die Mandeln mit einem scharfen Messer halbieren.
• Diese Salatzutaten vorsichtig in einer großen Schüssel vermengen.
• Den Obstessig, die Sojasauce, den Honig oder das Zuckerrohrgranulat; Salz und Pfeffer mit einem Schneebesen verschlagen.
• Das Olivenöl hinzufügen und rühren, bis die Sauce leicht cremig ist.
• Die Sauce über den Salat gießen. Den Salat nicht nochmals vermengen, sondern am besten sofort servieren, sonst wird der Sauerampfer schlaff und unansehnlich.

● **Tip:** Wenn Sie keine Sojasauce haben, nehmen Sie statt dessen je 1/2 Eßlöffel Obstessig und Olivenöl.

Nussiger Kohlrabiraspelsalat

Für Kinder · Preiswert

Zutaten für 4 Personen:

2 Eßl. Obstessig
1/2–1 Teel. flüssiger Honig oder Zuckerrohrgranulat
Salz · weißer Pfeffer, frisch gemahlen
2 Eßl. Sonnenblumenöl · 1 Bund Petersilie
2 große Kohlrabiknollen (etwa 400 g)
100 g Haselnüsse

Pro Portion etwa 1000 kJ/240 kcal
6 g Eiweiß · 20 g Fett · 8 g Kohlenhydrate ·
4 g Ballaststoffe

Zubereitungszeit: etwa 20 Minuten
Ruhezeit: etwa 15 Minuten

• Für die Sauce den Obstessig, den Honig oder das Zuckerrohrgranulat, Salz und Pfeffer in einer großen Salatschüssel verschlagen.
• Das Sonnenblumenöl hinzufügen und gründlich rühren, bis die Sauce leicht cremig ist.
• Die Petersilie waschen, trockenschütteln, fein hacken und unter die Sauce rühren.
• Für den Salat die Kohlrabiknollen dünn schälen, von holzigen Stellen befreien und grob raspeln. Sofort in die Sauce geben. Die zarten Blätter des Kohlrabis waschen, trockentupfen, grob hacken und zur Seite legen.
• Die Haselnüsse mit einem großen Messer grob hacken. Ebenfalls zur Sauce geben.
• Alle Salatzutaten außer den Kohlrabiblättern gut mit der Sauce vermischen.
• Den Salat mit den gehackten Kohlrabiblättern bestreuen und etwa 15 Minuten durchziehen lassen.

Weizen-Sojabohnen-Salat

Läßt sich gut vorbereiten

Zutaten für 4 Personen:

80 g Weizen · 40 g Sojabohnen
1/2 l Gemüsebrühe
4 Eßl. Obstessig
Salz · Pfeffer, frisch gemahlen
1 Eßl. Sonnenblumenöl
200 g rote Paprikaschote
400 g Salatgurke
400 g Radieschen · 1 Eßl. Petersilie oder Rucola, frisch gehackt

Pro Portion etwa 840 kJ/200 kcal
9 g Eiweiß · 9 g Fett · 19 g Kohlenhydrate · 7 g Ballaststoffe

Quellzeit: 12 Stunden (über Nacht)
Zubereitungszeit: etwa 2 1/2 Stunden

• Die Weizenkörner und die Sojabohnen getrennt in Schüsseln in wenig Wasser über Nacht einweichen.
• Die Sojabohnen gut waschen und mit der Gemüsebrühe zum Kochen bringen. Die Sojabohnen zugedeckt bei schwacher Hitze etwa 1 1/2 Stunden garen, dabei gegebenenfalls noch etwas Wasser hinzufügen. Die Weizenkörner hinzufügen und zusammen nochmals etwa 30 Minuten garen.
• Die Körner und Sojabohnen mit dem Essig, Salz, Pfeffer und dem Sonnenblumenöl mischen und auskühlen lassen.
• Inzwischen die Paprikaschote waschen, von Kernen und weißen Rippen befreien und in feine Streifen schneiden. Die Gurke schälen und in dünne Scheiben schneiden. Die Radieschen putzen, waschen und ebenfalls in dünne Scheiben schneiden.
• Das Gemüse zu den Sojabohnen und den Weizenkörnern geben. Den Salat gut vermischen und mit der Petersilie bestreuen.

Apfel-Sellerie-Salat

Preiswert · Für Singles

Zutaten für 1 Person:

50 g Magerquark
50 g Joghurt
1/2 Apfel
40 g Knollensellerie
1 Teel. Zitronensaft

Etwa 490 kJ/120 kcal
10 g Eiweiß · 2 g Fett · 16 g Kohlenhydrate · 5 g Ballaststoffe

Zubereitungszeit: 20–25 Minuten

• Den Quark mit dem Joghurt in einer kleinen Schüssel glattrühren.
• Den Apfel und den Sellerie waschen und schälen. Den Apfel vom Kernhaus befreien und in sehr kleine Würfel schneiden. Sofort mit dem Zitronensaft beträufeln, damit sich die Apfelwürfel nicht braun färben. Den Sellerie in sehr feine Streifen schneiden.
• Die Selleriestreifen zusammen mit den Apfelwürfeln vorsichtig unter die vorbereitete Joghurt-Quark-Masse heben. Den Salat in ein Glasschälchen füllen und sofort servieren.

Der Weizen-Sojabohnen-Salat ist eine komplette Mahlzeit, die Sie gut mit zur Arbeit nehmen können.

Bananen-Paprika-Salat

Für Kinder · Schnell

Zutaten für 4 Personen:

100 g Joghurt
1/2 Teel. abgeriebene unbehandelte Zitronenschale
2 Eßl. Zitronensaft
1 Teel. Senf
1/2–1 Teel. flüssiger Honig oder Zuckerrohrgranulat
Salz
weißer Pfeffer, frisch gemahlen
2 Eßl. Sonnenblumenöl
1 kleine Handvoll Liebstöckel oder Petersilie
2 Bananen
je 1 rote, grüne und gelbe Paprikaschote

Pro Portion etwa 600 kJ/140 kcal
3 g Eiweiß · 7 g Fett · 18 g Kohlenhydrate · 4 g Ballaststoffe

Zubereitungszeit: etwa 20 Minuten

• Für die Sauce den Joghurt, die Zitronenschale, den Zitronensaft, den Senf, den Honig oder das Zuckerrohrgranulat, Salz und Pfeffer in einer großen Salatschüssel mit einem Schneebesen verschlagen.
• Das Sonnenblumenöl hinzufügen und gut unterrühren.
• Für den Salat die Bananen schälen und in dünne Scheiben schneiden. Die Bananen sofort in die Salatsauce geben und unterheben.
• Die Paprikaschoten gründlich waschen, längs halbieren, die Stielansätze herausschneiden und die Kerne und Trennhäute entfernen. Die halbierten Paprikaschoten zuerst in schmale Streifen, dann in kleine Würfel schneiden.
• Von jeder Paprikasorte 1 Eßlöffel zum Garnieren aufbewahren. Die anderen bunten Paprikawürfel zu den Bananenscheiben in die Sauce geben.
• Den Liebstöckel oder die Petersilie waschen, trockenschütteln, von den groben Stengeln und Blättern befreien und fein hacken. Die gehackten Kräuter zur Sauce geben. Die Salatzutaten mit der Sauce vermengen. Die restlichen Paprikawürfel auf den Salat streuen.

● **Tip:** Sollte Ihnen der Liebstöckel im Salat etwas merkwürdig erscheinen, probieren Sie ihn einfach erst mal ohne.

Kopfsalat mit Möhren-Joghurt-Sauce

Schnell · Ganz einfach

Zutaten für 4 Personen:

150 g Joghurt
6–8 Eßl. Möhrensaft
2 Eßl. Zitronensaft
1/2–1 Eßl. flüssiger Honig oder Zuckerrohrgranulat
Salz
1 Eßl. Sonnenblumenöl
2 Kopfsalate (300–350 g)
3–4 kleine Möhren (etwa 200 g)
Zum Bestreuen:
2 Eßl. ungesalzene Erdnußkerne

Pro Portion etwa 520 kJ/120 kcal
5 g Eiweiß · 8 g Fett · 9 g Kohlenhydrate · 3 g Ballaststoffe

Zubereitungszeit: etwa 20 Minuten

• Für die Sauce den Joghurt, den Möhrensaft, den Zitronensaft, den Honig oder das Zuckerrohrgranulat und Salz in einer großen Salatschüssel mit einem Schneebesen verschlagen.
• Das Sonnenblumenöl gut unterrühren.
• Für den Salat die welken und unansehnlichen Blätter vom Kopfsalat entfernen. Die übrigen Blätter vom Strunk lösen, sehr gründlich waschen und trockenschleudern.
• Die Möhren waschen, schälen, in sehr dünne Scheiben schneiden und in die Sauce geben.
• Den Kopfsalat in mundgerechte Stücke reißen und ebenfalls zur Sauce geben.
• Die Salatzutaten vorsichtig mit der Sauce vermengen. Die Erdnüssen darüber streuen.

Rotkohlsalat mit Walnüssen

Schnell · Ganz einfach

Zutaten für 4 Personen:

350 g Rotkohl
2 Orangen
50 g ungeschwefelte Rosinen
100 g Walnußkerne
je 2 Eßl. Zitronen- und Orangensaft
1 Eßl. Akazienhonig
2 Eßl. Walnußöl
je 1 Messerspitze Salz und Pfeffer, frisch gemahlen

Pro Portion etwa 1300 kJ/310 kcal
7 g Eiweiß · 20 g Fett · 27 g Kohlenhydrate · 6 g Ballaststoffe

Zubereitungszeit: etwa 20 Minuten

• Den Rotkohlkopf putzen und den Strunk herausschneiden. Den Kohl sehr fein hobeln.
• Die Orangen schälen und filetieren. Die Orangenfilets mit den Kohlstreifen und den Rosinen mischen.
• Die Nüsse bis auf einige Kerne für die Garnierung grob hacken.
• Aus dem Zitronen- und Orangensaft, dem Honig, dem Öl, dem Salz und dem Pfeffer eine Marinade rühren. Die gehackten Nüsse dazugeben.
• Die Marinade über den Salat gießen und untermischen. Mit den restlichen Nüssen garnieren.

Die Orange schälen, dabei auch die weiße Haut entfernen. Danach die einzelnen Orangenfilets herausschneiden.

Frischkostteller mit Käse

Für Singles · Mengen lassen sich vervielfachen

Wenn Sie mal keinen Appetit auf ein »richtiges« Essen, sondern nur auf etwas Frisches haben, ist dieses Rezept ideal, denn Sie müssen ja nicht auf den Appetit anderer Rücksicht nehmen.

Zutaten für 1 Person:

250 g Chinakohl
1 Eßl. Sesamöl
1 Eßl. Zitronensaft (etwa 1/2 Zitrone)
1/2 Teel. Kräutersalz
1 Teel. Ahornsirup, Apfel- oder Birnendicksaft
1 Eßl. ungeschwefelte Rosinen
1 Eßl. Haselnußkerne
1 Teel. Petersilie, Dill oder Schnittlauch, frisch fein geschnitten
1 Orange
50 g körniger Frischkäse
2 Scheiben beliebiger Schnittkäse, zum Beispiel Gouda, Emmentaler oder Tilsiter (50–75 g)

Etwa 3000 kJ/710 kcal
30 g Eiweiß · 40 g Fett · 55 g Kohlenhydrate · 11 g Ballaststoffe

Zubereitungszeit: 15–20 Minuten

- Den Chinakohl in die einzelnen Blätter teilen, waschen, gut abtropfen lassen und quer in feine Streifen schneiden.
- In einer Schüssel die Salatstreifen mit dem Öl, dem Zitronensaft, dem Kräutersalz und dem Ahornsirup oder Dicksaft mischen. Mit einem Kartoffelstampfer oder der glatten Seite eines Fleischhammers kurz stampfen, so daß der Salat etwas zusammenfällt und zart wird.
- Die Rosinen waschen und abtropfen lassen, die Nüsse grob reiben. Beides zusammen mit den frischen Kräutern unter den Salat mischen.
- Die Orange schälen (auch die weiße pelzige Innenhaut entfernen) und in Spalten teilen. Den Salat auf einem großen Teller anrichten, die Orangenspalten als »Blume« daneben anordnen, den körnigen Frischkäse in die Mitte der Orangenspalten häufen. Die Schnittkäsescheiben zusammenrollen und den Salat damit garnieren.

Für den Frischkostteller mit Käse (von links nach rechts) alle Zutaten bereitstellen, den Chinakohl waschen, putzen und in feine Streifen schneiden, mit dem Kartoffelstampfer geschmeidig stampfen, mit Rosinen, Nüssen und Kräutern mischen, Orange filetieren und auf einem Teller mit dem Frischkäse, den Käsescheiben und dem Salat anrichten.

Gemischte Rohkost mit Avocadosauce

Raffiniert · Für Gäste

Zutaten für 4 Personen:

200 g Steckrübe
3–4 kleine Möhren (etwa 200 g)
100 g Stangensellerie mit Grün
1 Avocado
Saft von 1/2 Zitrone
150 g Joghurt
1–2 Teel. flüssiger Honig oder Zuckerrohrgranulat
knapp 1/2 Teel. gemahlener Koriander
Salz
schwarzer Pfeffer, frisch gemahlen
eventuell 2 Eßl. Milch

Pro Portion etwa 750 kJ/180 kcal
4 g Eiweiß · 14 g Fett · 10 g Kohlenhydrate · 6 g Ballaststoffe

Zubereitungszeit: etwa 25 Minuten

• Für den Salat die Steckrübe schälen und auf der Rohkostreibe sehr fein reiben. Die Möhren gründlich waschen, mit dem Sparschäler schälen und auf der Rohkostreibe grob reiben. Den Sellerie waschen, das Selleriegrün und die Wurzelverdickung abschneiden. Das Grün grob hacken. Den Sellerie in hauchfeine Scheibchen schneiden.

• Für die Sauce die Avocado mit einem scharfen Messer halbieren und den Kern herauslösen. Das Fruchtfleisch mit einem scharfkantigen Löffel herauskratzen und in eine hohe Rührschüssel geben. Das Avocadofleisch sofort mit dem Zitronensaft begießen.

• Den Joghurt, den Honig oder das Zuckerrohrgranulat, den Koriander, Salz und Pfeffer hinzufügen und diese Zutaten mit dem Stabmixer gründlich pürieren. Sollte die Masse noch zu zäh sein, die Milch hinzufügen.

• Die Salatzutaten nebeneinander als kleine Häufchen auf flache Teller verteilen. In die Mitte jeweils einen Klecks der Avocadosauce geben und diese mit dem gehackten Selleriegrün bestreuen.

Tip: Dieser Salat läßt sich vielfältig variieren: Für 4 Personen brauchen Sie immer etwa 500 g Salatzutaten. Sie können auch einmal 4 Gemüsesorten mischen oder auch gekochtes Getreide nehmen. Was noch zur Avocadosauce paßt: roher, grob geraspelter Blumenkohl, in Scheiben geschnittene Champignons, Chinakohl in feinen Streifen, Fenchel in feinen Scheiben oder Würfeln, grob geraspelter Kohlrabi, Paprikaschoten in feinen Streifen, Lauch in hauchzarten Ringen, fein geraspelter Weißkohl, Zucchini in Scheiben oder gestiftelt.

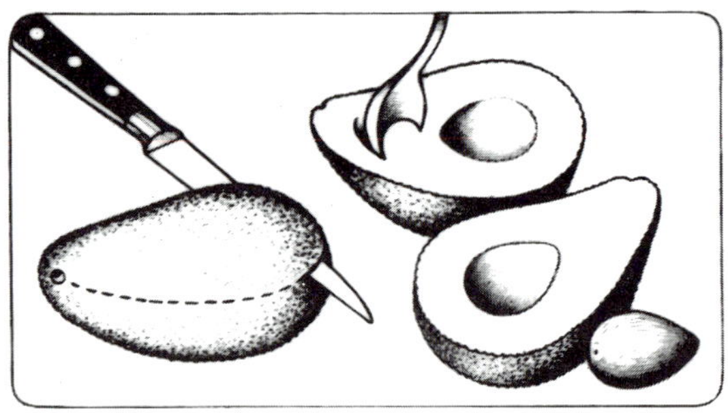

Die Avocado rundherum bis zum Stein einschneiden. Die obere Hälfte entfernen und das Fruchtfleisch mit einem Löffel aus den Schalen lösen.

Frischer Rohkostteller

Ganz einfach · Für Singles

Zutaten für 1 Person:

1 Bund Radieschen
1/4 Salatgurke (etwa 100 g)
50 g frischer Spinat oder Kresse
150 g Joghurt
1/2 Teel. flüssiger Honig
2 Teel. Sesamöl
je 1 Messerspitze Kräutersalz und Delikata
etwas schwarzer Pfeffer, frisch gemahlen
2 Teel. Schnittlauch, frisch fein geschnitten

Etwa 890 kJ/210 kcal
10 g Eiweiß · 12 g Fett · 16 g Kohlenhydrate · 7 g Ballaststoffe

Zubereitungszeit: 10 – 15 Minuten

- Die Radieschen waschen, putzen, kleine zarte Exemplare halbieren, große schärfere in Scheiben schneiden. Die Gurke waschen, eventuell schälen (falls nicht aus biologischem Anbau) und in dünne Scheiben schneiden oder hobeln. Den Spinat oder die Kresse waschen, putzen und gut abtropfen lassen.
- Auf einem Teller die vorbereiteten Gemüse abwechselnd anordnen.
- Aus dem Joghurt, dem Honig, dem Öl, den Gewürzen und dem Schnittlauch mit dem Schneebesen eine Salatsauce rühren und über dem Gemüse verteilen.

Tip: Das übriggebliebene Stück Gurke können Sie in Frischhaltefolie im Kühlschrank bis zum nächsten Tag aufbewahren und für einen anderen Salat verwenden.

Weißkohl-Möhren-Rohkost

Preiswert

Zutaten für 4 Personen:

3 Eßl. Sonnenblumenkerne
500 g Weißkohl · 250 g Möhren
2 Orangen · 150 g saure Sahne
150 g Joghurt · 1 Messerspitze Kräutersalz
Saft von 1/2 Zitrone
1 Messerspitze Ingwerpulver
3 Eßl. gemischte Kräuter (Petersilie, Kerbel, Dill), frisch gehackt
Zum Garnieren: etwas Zitronenmelisse

Pro Portion etwa 950 kJ/230 kcal
9 g Eiweiß · 11 g Fett · 22 g Kohlenhydrate · 9 g Ballaststoffe

Zubereitungszeit: etwa 30 Minuten

- Die Sonnenblumenkerne in einer trockenen Pfanne unter Rühren bei mittlerer Hitze rösten, bis sie angenehm duften; dann beiseite stellen.
- Vom Weißkohl die äußeren Blätter entfernen, den Kohlkopf halbieren und den Strunk herausschneiden. Den Kohl waschen, gründlich abtropfen lassen und fein hobeln.
- Die Möhren unter fließendem Wasser gründlich bürsten und auf einer Rohkostreibe grob raspeln. Die Orangen sorgfältig schälen und das Fruchtfleisch in kleine Würfel schneiden.
- Für die Marinade die saure Sahne mit dem Joghurt, dem Kräutersalz, dem Zitronensaft und dem Ingwerpulver verrühren. Die gehackten Kräuter daruntermischen.
- Die Marinade über den Salat gießen und darunterheben. Den Salat mit den Sonnenblumenkernen und der Zitronenmelisse garnieren.

Möhrensalat mit Sesamsauce

Spezialität aus Japan

Zutaten für 4 Personen:

etwa 500 g Möhren
3 Eßl. Sonnenblumenöl
1 1/2 Eßl. Reisessig
1 Eßl. Tahini
Salz
1 Bund Petersilie, frisch fein gehackt
Zum Garnieren: 1 gehäufter Eßl. schwarzer Sesam

Pro Portion etwa 550 kJ/130 kcal
3 g Eiweiß · 10 g Fett · 7 g Kohlenhydrate ·
5 g Ballaststoffe

Zubereitungszeit: etwa 20 Minuten

• Die Möhren gründlich bürsten, kalt abspülen und zum Abtropfen auf einem Tuch beiseite legen.
• In einer Schale das Öl mit dem Reisessig, dem Tahini und Salz zu einer cremigen Sauce rühren. 1–2 Eßlöffel Wasser unterziehen und die Petersilie hineinrühren.
• Die Möhren nach japanischer Art in feine, dünne Stifte schneiden, oder nach heimischer, zeitsparender Manier grob raspeln. Ein geschmacklicher Unterschied ist tatsächlich spürbar! Dann die Möhren mit der Sauce vermengen und vor dem Servieren mit schwarzem Sesam bestreuen.

Rote-Bete-Rohkost

Schnell · Für Singles

Zutaten für 1 Person:

1 kleine rote Bete (etwa 150 g)
100 g saure Sahne
1 Teel. Meerrettich, frisch gerieben oder ungeschwefelt aus dem Glas
1 Teel. Sojasauce
1 Teel. Petersilie oder Schnittlauch, frisch fein geschnitten

Etwa 770 kJ/180 kcal
6 g Eiweiß · 10 g Fett · 19 g Kohlenhydrate ·
6 g Ballaststoffe

Zubereitungszeit: etwa 15 Minuten

• Die rote Bete dünn schälen, waschen und fein reiben.
• Die Raspel mit der sauren Sahne, dem Meerrettich, der Sojasauce und den Kräutern mischen.

Den Möhrensalat mit Sesamsauce können Sie auf japanische Art getrennt servieren, oder Sie mischen die Möhren gleich mit der Sauce.

男

Bananen-Curry-Dip

Schnell · Ganz einfach

Zutaten für 4 Personen:

1/2 l Schwedenmilch oder 500 g Joghurt
3 Eßl. Walnußöl
1 Eßl. Zitronensaft
je 1 Messerspitze Salz und Pfeffer, frisch gemahlen
1 Teel. Currypulver
1 Banane

Pro Portion etwa 760 kJ/180 kcal
6 g Eiweiß · 11 g Fett · 15 g Kohlenhydrate · 2 g Ballaststoffe

Zubereitungszeit: etwa 5 Minuten

• Die Schwedenmilch oder den Joghurt mit dem Öl, dem Zitronensaft, dem Salz, dem Pfeffer und dem Curry verrühren.
• Die Banane schälen, mit einer Gabel zerdrücken und in den Dip mischen. Den Dip zu rohem Gemüse wie Stangensellerie und Paprika servieren.

Leichte Remouladensauce

Schnell

Zutaten für 2 Personen:

100 g Magerquark
150 g Joghurt
Salz
2 Teel. natriumarmer Senf
1 hartgekochtes Ei (Gewichtsklasse 4)
2 Teel. Kapern
2 Gewürzgurken
2 Teel. Schnittlauch, frisch kleingeschnitten

Pro Portion etwa 550 kJ/130 kcal
14 g Eiweiß · 5 g Fett · 8 g Kohlenhydrate · 0 g Ballaststoffe

Zubereitungszeit: etwa 10 Minuten

• Den Quark mit dem Joghurt, etwas Salz und dem Senf in einer kleinen Schüssel glattrühren.
• Das hartgekochte Ei, die Kapern und die Gewürzgurke kleinschneiden und unter die Quark-Joghurt-Sauce heben.
• Die Remouladensauce in ein Glasschälchen füllen und mit dem Schnittlauch garnieren.

Buttermilch-Dip

Preiswert · Ganz einfach

Zutaten für 4 Personen:

250 g Sahnequark
1/4 l Buttermilch
1 Eßl. mittelscharfer Senf
2 Knoblauchzehen
Salz
1 Zwiebel
100 g Salatgurke
5 Eßl. gemischte Kräuter (Schnittlauch, Petersilie, Dill, Kerbel, Estragon), frisch geschnitten
1 Messerspitze weißer Pfeffer, frisch gemahlen
1 Borretschblüte

Pro Portion etwa 610 kJ/150 kcal
10 g Eiweiß · 8 g Fett · 8 g Kohlenhydrate · 1 g Ballaststoffe

Zubereitungszeit: etwa 15 Minuten

• Den Quark mit der Buttermilch und dem Senf verrühren.

• Die Knoblauchzehen schälen und auf einem Brett in kleine Würfel schneiden. Salz darüber streuen und den Knoblauch mit der flachen Messerklinge zerdrücken.
• Die Zwiebel schälen und in kleine Würfel schneiden. Die Gurke heiß waschen und mit der Schale in winzig kleine Würfel schneiden.
• Die Kräuter mit dem Pfeffer, dem Knoblauch mit Salz, den Zwiebel- und Gurkenwürfeln in die Quarkmasse geben und alles verrühren.
• Den Buttermilch-Dip in eine Schüssel füllen und die Borretschblüte in die Mitte setzen.

Tip: Der Dip paßt gut zu Blattsalaten, schmeckt aber auch als Vorspeise mit Brot.

Avocado-Dip mit Sesamsamen

Ganz einfach

Zutaten für 4 Personen:

4 Eßl. Sesamsamen
1 reife Avocado
1 Eßl. Zitronensaft
250 g Magerquark
je 1 Messerspitze Salz und weißer Pfeffer, frisch gemahlen
1 Zwiebel

Pro Portion etwa 1200 kJ/290 kcal
13 g Eiweiß · 25 g Fett · 6 g Kohlenhydrate · 5 g Ballaststoffe

Zubereitungszeit: etwa 15 Minuten

• Die Sesamsamen in einer trockenen Pfanne bei mittlerer Hitze unter Rühren rösten.
• Die Avocado halbieren, entkernen, das Fruchtfleisch aus der Schale lösen, mit dem Zitronensaft beträufeln und mit einer Gabel zerdrücken.
• Die Avocadomasse mit dem Quark verrühren, dann mit dem Salz und dem Pfeffer würzen.
• Die Zwiebel schälen und in kleine Würfel schneiden. Die Zwiebelwürfel und die Sesamsamen unter den Avocadodip rühren.

Joghurt-Mandel-Dip

Raffiniert

Zutaten für 2–4 Personen:

250 g Joghurt
3 gehäufte Eßl. Mandelmus
1 Eßl. Akazienhonig
1/2 Teel. abgeriebene unbehandelte Zitronenschale
1/2 Teel. Piment
1/2 Teel. Zimtpulver
Zum Garnieren:
1 Eßl. gehackte Mandeln

Bei 4 Personen pro Portion etwa 540 kJ/130 kcal
5 g Eiweiß · 9 g Fett · 7 g Kohlenhydrate · 1 g Ballaststoffe

Zubereitungszeit: etwa 20 Minuten

• Den Joghurt mit dem Mandelmus und dem Akazienhonig in einer Schale verrühren. Die Zitronenschale, den Piment und den Zimt unterziehen und den Dip glattrühren.
• Die Mandeln in einer Pfanne bei mittlerer Hitze ohne Fett anrösten. Den Dip in ein Schälchen umfüllen und mit den gerösteten Mandeln bestreuen.

Paßt gut zu: Fladenbrot und als Sauce für süßliche Gemüse- und Obstsalate.

Kalte Joghurtsuppe

Ganz einfach · Schnell

Zutaten für 4 Personen:

100 g gemischte frische Kräuter (Petersilie, Estragon, Basilikum, Melisse, Dill und Bohnenkraut)
1 Knoblauchzehe
3 kleine Möhren (150–200 g)
800 g Joghurt · 200 g Sahne
2–4 Eßl. Zitronensaft
1 Teel. flüssiger Honig oder Zuckerrohrgranulat
Salz · weißer Pfeffer, frisch gemahlen
2 Eßl. Sonnenblumenöl

Pro Portion etwa 1500 kJ/360 kcal
11 g Eiweiß · 29 g Fett · 17 g Kohlenhydrate · 2 g Ballaststoffe

Zubereitungszeit: etwa 20 Minuten

• Die Kräuter waschen, trockenschütteln und sehr fein hacken. Die Knoblauchzehe schälen, in Stücke schneiden und mit einer Messerklinge zerdrücken. Die Möhren waschen, schälen und grob raspeln.
• Den Joghurt in einer großen Schüssel mit der Sahne, dem Zitronensaft, dem Honig oder dem Zuckerrohrgranulat, Salz, Pfeffer und dem Sonnenblumenöl verschlagen.
• Die Kräuter, den Knoblauch und die Möhrenraspel in die Joghurtsuppe rühren.

Tip: Besonders gut schmeckt die Suppe, wenn Sie sie etwa 30 Minuten kühl stellen. Falls Sie nicht so viele Kräuter bekommen, verwenden Sie nur Petersilie. Statt der Möhren schmeckt auch Salatgurke oder Paprikaschote.

Quark-Dip mit Kräutern

Ganz einfach · Für Gäste

Zutaten für 4 Personen:

je 50 g rote und grüne Paprikaschote
100 g Möhren
50 g gemischte Kräuter (Petersilie, Kerbel, Estragon, Kresse)
3 Eßl. Olivenöl
je 1 Messerspitze Salz und weißer Pfeffer, frisch gemahlen
250 g Magerquark

Pro Portion etwa 500 kJ/120 kcal
10 g Eiweiß · 7 g Fett · 6 g Kohlenhydrate · 2 g Ballaststoffe

Zubereitungszeit: etwa 15 Minuten

• Die Paprikaschoten von den Kernen und weißen Trennwänden befreien und waschen. Die Möhren putzen und waschen. Die Kräuter waschen und trockenschütteln.
• Das Öl, das Salz, den Pfeffer und die Kräuter im Mixer pürieren. Den Quark zum Schluß hinzufügen und den Mixer noch kurz laufen lassen, bis die Masse sich gut vermischt hat.
• Die Paprikaschoten in kleine Würfel schneiden. Die Möhren fein raspeln und beides unter den Quark-Dip heben.

Kalte Joghurtsuppe schmeckt vor allem an heißen Tagen köstlich. Lassen Sie beim Garnieren Ihre Phantasie spielen.

Mandel-Orangen-Mix

Schnell

Zutaten für 4 Personen:

2 Eßl. Mandelmus
1 Messerspitze gemahlene Vanille
2 Eßl. Akazienhonig oder Ahornsirup
1/4 l Orangensaft, frisch gepreßt
1/8 l Sahne · 1/8 l Milch
4 Scheiben von 1 unbehandelten Orange

Pro Portion etwa 790 kJ/190 kcal
4 g Eiweiß · 16 g Fett · 6 g Kohlenhydrate · 1 g Ballaststoffe

Zubereitungszeit: etwa 10 Minuten

• Das Mandelmus, die Vanille, den Honig oder Ahornsirup und den Orangensaft mixen. Die Sahne und die Milch langsam dazugießen.
• Das Getränk in Gläser füllen und je 1 Orangenscheibe an den Glasrand stecken.

Erdbeermix

Ganz einfach · Preiswert

Zutaten für 4 Personen:

250 g Erdbeeren · 1 l Milch
1 Eßl. flüssiger Honig
1 Messerspitze gemahlene Vanille
100 g Sahne · 1 kleiner Zweig Zitronenmelisse

Pro Portion etwa 1100 kJ/260 kcal
10 g Eiweiß · 17 g Fett · 20 g Kohlenhydrate · 2 g Ballaststoffe

Zubereitungszeit: etwa 20 Minuten

• Die Erdbeeren waschen, die Stiele abzupfen. Die Beeren mit 1/4 l Milch im Mixer pürieren.
• Den Honig, die Vanille und die restliche Milch dazugeben. Das Getränk in Gläser füllen.
• Die Sahne steif schlagen, in einen Spritzbeutel mit gezackter Tülle füllen und auf jedes Glas eine Rosette spritzen. Mit Melisse garnieren.

Fruchtbowle

Ganz einfach · Für Gäste

Zutaten für 4 Personen:

1 l Wasser · 1 Zimtstange
2 Gewürznelken
8 getrocknete Hibiskusblüten (als Tee zu kaufen)
Saft von 1 Zitrone
4 Eßl. Orangenlikör oder Orangensaft
2 Eßl. Akazienhonig
250 g Erdbeeren oder Himbeeren oder 1/2 Melone

Pro Portion etwa 250 kJ/60 kcal
1 g Eiweiß · 1 g Fett · 13 g Kohlenhydrate · 2 g Ballaststoffe

Zubereitungszeit: etwa 15 Minuten
Kühlzeit: 2–3 Stunden

• Das Wasser mit der Zimtstange und den Nelken zum Kochen bringen. Die Hibiskusblüten damit überbrühen. Den Tee etwa 10 Minuten ziehen lassen; dann absieben.
• Den Zitronensaft, den Orangenlikör oder Orangensaft und den Honig mit dem Tee verrühren und 2–3 Stunden zugedeckt kalt stellen.
• Die Beeren verlesen und putzen oder die Melone schälen und würfeln. Die Früchte in die Bowle geben.

Grüner Flip

Für Gäste

Zutaten für 4 Personen:

1 Zwiebel · 200 g Salatgurke
je 1 Messerspitze Salz und Pfeffer
1 Eßl. Petersilie, frisch gehackt
2 Eßl. Alfalfasprossen · 3/4 l Buttermilch
Für die Gläser: 2 Eßl. Petersilie, frisch gehackt

Pro Portion etwa 320 kJ/75 kcal
8 g Eiweiß · 2 g Fett · 10 g Kohlenhydrate ·
1 g Ballaststoffe

Zubereitungszeit: etwa 15 Minuten

- Die Zwiebel schälen. Die Salatgurke und die Zwiebel in Stücke schneiden und mit dem Salz, dem Pfeffer, der Petersilie, den Alfalfasprossen sowie der Buttermilch im Mixer fein pürieren.
- Die Petersilie auf einen Teller streuen. Die Ränder von vier Longdrinkgläsern mit Wasser anfeuchten und in die Petersilie tauchen.
- Den Flip vorsichtig in die Gläser füllen.

Eisiger Tomatenshake

Schnell

Zutaten für 6 Personen:

500 g Tomaten · 1 Sellerieblatt
2 Zweige Kerbel · 2 Zweige Petersilie
1 Zweig Estragon
1 Teel. gekörnte Gemüsebrühe
1 Messerspitze schwarzer Pfeffer, frisch gemahlen, oder Cayennepfeffer
100 g Crème fraîche
6 kleine Zweige Basilikum

Pro Portion etwa 330 kJ/80 kcal
2 g Eiweiß · 7 g Fett · 3 g Kohlenhydrate ·
2 g Ballaststoffe

Zubereitungszeit: etwa 10 Minuten

- Die Tomaten waschen und vierteln.
- Das Sellerieblatt und die Kräuter mit 1 l Wasser, der Gemüsebrühe, den Tomatenvierteln sowie dem Pfeffer oder Cayennepfeffer in den Mixer geben und fein pürieren.
- Das Getränk in sechs Gläser füllen, mit je 1 Teelöffel Crème fraîche und den Basilikumzweigen garnieren.

Säuerlicher Milch-Drink

Spezialität aus Indien

Dieses erfrischende Getränk, das es in Indien an jeder Ecke gibt, läßt sich auf die unterschiedlichste Weise zubereiten. Die Bandbreite reicht von säuerlich-salzig bis fruchtig-süß.

Zutaten für 2–4 Personen:

500 g kalte Dickmilch
1/2 l kohlensäurehaltiges Mineralwasser
Salz

Bei 4 Personen pro Portion etwa 320 kJ/76 kcal
4 g Eiweiß · 4 g Fett · 5 g Kohlenhydrate ·
0 g Ballaststoffe

Zubereitungszeit: etwa 10 Minuten

- Die Dickmilch und das Mineralwasser mit dem Schneebesen verquirlen. Mit Salz abschmecken.
- In Gläser verteilen und nach Belieben mit je 1 Orangen- oder Zitronenscheibe garnieren.

Aufläufe, Quiche & Co.

Bei Backofengerichten lassen sich Lebensmittel von unterschiedlichstem Geschmack so ideal kombinieren, daß sie vollwertige Mahlzeiten ergeben. Und gerade mit knusprig-duftenden Aufläufen können Sie auch Skeptiker von den Vorzügen dieser sinnvollen Ernährungsform leicht überzeugen. Bedenken sollten Sie bei der Planung Ihres Speisezettels aber immer, daß die meisten Aufläufe relativ fettreich sind und deshalb nicht zu häufig auf den Tisch kommen sollten!

Buchweizen-Spinatauflauf mit Cashewkernen

Ganz einfach · Raffiniert

Zutaten für 4 Personen:

400 g Spinat oder Mangoldblätter
1 große Stange Lauch (etwa 400 g)
100 g Cashewkerne
40 g Butter
100 g Buchweizen
50 g Weizenvollkornmehl
1/4 l Milch
1 gestrichener Teel. gekörnte Gemüsebrühe
Kräutersalz
Streuwürze
Muskatnuß, frisch gerieben
2 Eier
1–2 Teel. Hefeflocken
Für die Form: Butter

Pro Portion etwa 2100 kJ/500 kcal
19 g Eiweiß · 27 g Fett · 46 g Kohlenhydrate · 16 g Ballaststoffe

Zubereitungszeit: etwa 1 1/4 Stunden

- Den Spinat beziehungsweise die Mangoldblätter waschen, verlesen und in etwa 1 cm breite Streifen schneiden. Vom Lauch die dunkelgrünen Blattspitzen und die Wurzeln abschneiden. Den Lauch längs durchschneiden, unter fließendem Wasser gründlich waschen und quer in 3–5 mm dünne Streifen schneiden.
- Die Cashewkerne grob hacken und in wenig Butter bei mittlerer Hitze goldbraun rösten. Dann auf einen Teller geben.
- Die restliche Butter in den Topf geben und aufschäumen lassen. Die Buchweizenkörner dazugeben und bei mittlerer Hitze unter Rühren 2–3 Minuten anrösten. Dann das Weizenmehl dazugeben und kurz anschwitzen. Den Topf vom Herd nehmen, die Milch, die Gemüsebrühe, Salz, Streuwürze und Muskat hineinrühren. Den Topf wieder auf die Kochstelle zurückstellen und den Buchweizen und den Weizen bei schwacher Hitze zugedeckt etwa 15 Minuten quellen lassen. Dabei ein- bis zweimal umrühren, damit die Sauce nicht anbrennt.
- Den Spinat oder Mangold und die Lauchstreifen dazugeben und 3–5 Minuten mitgaren.
- Inzwischen den Backofen auf 200° vorheizen, eine hohe oder halbhohe Auflaufform fetten.
- Den Topf von der Kochstelle ziehen, den Deckel abnehmen und die Masse etwas abkühlen lassen. Eventuell abschmecken. Die Eier mit einer Gabel verquirlen. Drei Viertel der Cashewkerne, die Hefeflocken und die Eier in die Getreide-Gemüsemasse einrühren und alles in die Form füllen.
- Den Auflauf im Backofen (Mitte; Gas Stufe 3) 30–35 Minuten backen, bis die Masse fest geworden ist.
- Mit den restlichen Cashewkernen bestreut servieren.

Tip: Zu diesem Auflauf paßt auch sehr gut etwas frisch geriebener Hartkäse, den Sie vor dem Backen unter die Masse rühren können.

Wirsingauflauf mit Reis und Pilzen

Ganz einfach

Zutaten für 4 Personen:

2 Knoblauchzehen
1/2 l Wasser
1 Gemüsebrühwürfel
2 Gewürznelken
2 Pimentkörner
1 Kopf Wirsing (etwa 1 kg)
250 g Champignons
1 große Zwiebel
50 g Butter
500 g gegarter Langkorn-Naturreis (200 g ungegart)
1 Bund Petersilie, frisch gehackt
50 g Appenzeller oder Emmentaler, frisch gerieben
2 Eier
4 Eßl. Sahne
2 Eßl. Hefeflocken
Kräutersalz
1/2 Teel. Currypulver
Streuwürze
2 Eßl. Gomasio
Für die Form: Butter

Pro Portion etwa 1900 kJ/450 kcal
22 g Eiweiß · 29 g Fett · 46 g Kohlenhydrate · 14 g Ballaststoffe

Zubereitungszeit: etwa 1 1/4 Stunden

- Die Knoblauchzehen schälen.
- In einem Topf das Wasser mit dem Gemüsebrühwürfel, den Knoblauchzehen, den Nelken und den Pimentkörnern zum Kochen bringen.
- Von dem Wirsingkopf die äußeren Blätter entfernen und den Strunk keilförmig herausschneiden. Den Kopf vierteln, in das kochende Wasser geben und im geschlossenen Topf bei mittlerer Hitze in 5–8 Minuten halbgar kochen lassen. Dann in einem Sieb abtropfen lassen.
- Die Champignons unter fließendem Wasser abwaschen und das Stielende abschneiden. Die Pilze in etwa 1/2 cm dicke Scheiben schneiden.
- Die Zwiebel schälen, kurz abspülen, halbieren und in kleine Würfel schneiden. Die Hälfte der Butter in einer großen Pfanne erhitzen. Die Zwiebel dazugeben, bei schwacher Hitze goldbraun braten und auf einen Teller legen.
- Die restliche Butter erhitzen, die Champignons dazugeben und bei anfangs starker Hitze in 2–3 Minuten ebenfalls leicht anbräunen. Vom Herd nehmen und den Reis und die Zwiebelwürfel untermischen. So viel vom Wirsingkochwasser hinzufügen, daß die Masse geschmeidig wird. Die Petersilie und den Käse bis auf einen kleinen Rest unterrühren.
- Den Backofen auf 200° vorheizen und eine hohe Auflaufform fetten.
- Die Eier mit der Sahne verrühren. Die Hefeflocken, Salz, das Currypulver und Streuwürze einrühren und die Sauce mit der Reismasse verrühren. Die Masse noch einmal abschmecken; sie sollte kräftig schmecken.
- Die Wirsingblätter abwechselnd mit der Pilz-Reis-Masse in die Form einschichten, die letzte Schicht sollte aus Reis bestehen. Den restlichen Käse mit dem Gomasio vermischen und darüber streuen.
- Die Form in den Backofen (Mitte; Gas Stufe 3) stellen und den Auflauf 20–25 Minuten backen, bis die Oberfläche leicht gebräunt ist.

Dinkel-Möhrenauflauf

Ganz einfach · Braucht etwas Zeit

Zutaten für 4 Personen:

200 g Dinkel
400 ml Wasser
Kräutersalz
750 g Möhren
200 g Crème fraîche oder 20%ige saure Sahne
1 gestrichener Teel. Streuwürze
weißer Pfeffer, frisch gemahlen
2 Eigelb · 3 Eßl. Petersilie, frisch gehackt
2 Eiweiß · Salz
1–2 Eßl. Sesamsamen oder Sonnenblumenkerne
20 g Butter
Für die Form: Butter
Zum Bestreuen: 1 Eßl. Petersilie, frisch gehackt

Pro Portion etwa 1900 kJ/450 kcal
14 g Eiweiß · 21 g Fett · 50 g Kohlenhydrate · 19 g Ballaststoffe

Quellzeit: 3 Stunden oder über Nacht
Zubereitungszeit: etwa 1 1/4 Stunden

- Den Dinkel in dem Wasser mindestens 3 Stunden oder über Nacht einweichen.
- Dann im Einweichwasser mit 1/2 Teelöffel Salz bei schwacher Hitze in einem Topf zugedeckt in 30–40 Minuten weich kochen lassen.
- In der Zwischenzeit die Möhren gründlich waschen, abbürsten oder dünn schälen. Dicke Möhren längs durchschneiden und in wenig Wasser halbweich garen. Die Möhren mit dem Mixstab fein zerkleinern oder mit einer Gabel zerdrücken und mit dem Dinkel mischen.
- Den Backofen auf 200° vorheizen und eine flache oder hohe Auflaufform fetten.
- Die Crème fraîche oder saure Sahne mit Salz, der Streuwürze und Pfeffer, den Eigelben und der Petersilie verrühren und mit der Dinkel-Möhren-Mischung verrühren.
- Die Eiweiße mit 1 Prise Salz steif schlagen und mit einem Schneebesen vorsichtig unterheben. Die Masse sofort in die vorbereitete Form füllen. Die Sesamsamen oder Sonnenblumenkerne darüber streuen und die Butter in Stückchen auf der Masse verteilen.
- Den Auflauf im Backofen (Mitte; Gas Stufe 3) 25–30 Minuten backen.
- Mit der Petersilie bestreut servieren.

Variante: In dieses mild schmeckende Gericht können Sie auch noch etwa 50 g grob gehackte Haselnuß- oder Sonnenblumenkerne mischen, die Sie vorher kurz ohne Fett in einer Pfanne angeröstet haben.

Für die Zubereitung von Aufläufen mit ganzen Getreidekörnern wie dem Dinkel-Möhrenauflauf müssen Sie etwas Zeit einplanen. Das Einweichen und Garen des Getreides können Sie aber auch schon am Vortag erledigen.

Grüne Sahnenudeln mit Broccoli

Ganz einfach · Raffiniert

Zutaten für 4 Personen:

750 g Broccoli
Kräutersalz
250 g Spinat-Vollkornnudeln
1 Eßl. Öl · Salz
40 g Butter
40 g Weizenvollkornmehl
200 g süße oder saure Sahne
Streuwürze
1 Prise Muskatnuß, frisch gerieben
1 gestrichener Teel. gekörnte Gemüsebrühe
4 Knoblauchzehen
2 Eßl. Gomasio
2 Eßl. Petersilie und Basilikum, frisch gehackt

Pro Portion etwa 2700 kJ/640 kcal
21 g Eiweiß · 35 g Fett · 60 g Kohlenhydrate · 16 g Ballaststoffe

Zubereitungszeit: etwa 1 1/4 Stunden

- Den Broccoli von den größeren Blättern befreien und gründlich waschen. Die Stielenden kreuzweise einschneiden.
- Inzwischen für die Nudeln 1 1/2–2 l Wasser zum Kochen bringen. Das Öl und 1 Prise Salz dazugeben. Die Nudeln auf einmal hineinschütten und im offenen Topf in 7–10 Minuten nicht zu weich kochen. Die Nudeln sollen noch Biß haben. Danach in ein Sieb gießen, mit kaltem Wasser überbrausen und abtropfen lassen.
- Den Broccoli mit 1/2 l Wasser etwa 5 Minuten zugedeckt vorgaren. Dann abtropfen lassen und das Kochwasser auffangen.
- Den Backofen auf 200° vorheizen und eine flache Auflaufform bereitstellen.
- Für die Sauce in einem kleinen Topf die Butter aufschäumen lassen, das Weizenmehl dazugeben und bei mittlerer Hitze unter Rühren 1–2 Minuten leicht anschwitzen. Den Topf vom Herd nehmen, das Broccoli-Kochwasser und die Sahne angießen. Den Topf wieder auf den Herd zurückstellen und die Sauce so lange kochen lassen, bis sie leicht sämig wird. Die Gewürze und die Gemüsebrühe einrühren und die Sauce abschmecken. Sie soll kräftig schmecken, da sie Nudeln und Broccoli würzen muß. Die Knoblauchzehen schälen, fein zerdrücken und ebenfalls einrühren.
- Lagenweise abwechselnd Nudeln und Broccoli in die Form schichten, dabei mit einer Lage Nudeln abschließen. Die Sauce darüber gießen, das Gomasio darüber streuen.
- Die Nudeln im Backofen (Mitte; Gas Stufe 3) 20–25 Minuten überbacken, bis die Oberfläche leicht gebräunt ist.
- Die Kräuter darüber streuen und die Nudeln servieren.

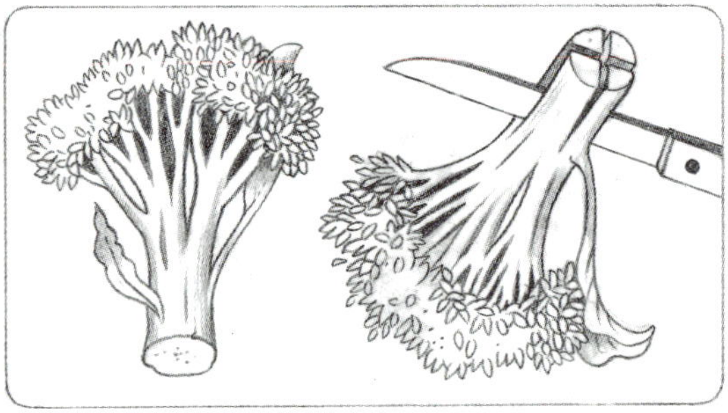

Wenn Sie Broccolistiele kreuzweise einschneiden, werden sie genauso schnell gar wie die Röschen.

Nudelauflauf mit Champignons und Tomaten

Ganz einfach · Für Kinder

Zutaten für 4 Personen:

250 g Vollkornnudeln, zum Beispiel Spiralen oder Hörnchen
3–4 Eßl. Olivenöl
Kräutersalz · 2 große Zwiebeln
400 g Champignons · 40 g Butter
1/4 –1/2 Teel. Fenchelsamen
1–2 Knoblauchzehen
Pfeffer, frisch gemahlen
3/4 Bund Petersilie, frisch gehackt
4–6 Tomaten
100–150 g Emmentaler und Parmesan gemischt, frisch gerieben oder in dünne Scheiben geschnitten
1 Teel. getrockneter oder 2 Teel. frischer Thymian
2–4 Eßl. Gomasio
Für die Form: Butter
Zum Garnieren:
1 Tomate · 1/4 Bund Petersilie, frisch gehackt

Pro Portion etwa 2700 kJ/640 kcal
23 g Eiweiß · 36 g Fett · 53 g Kohlenhydrate · 11 g Ballaststoffe

Zubereitungszeit: etwa 1 Stunde

• Für die Nudeln 1 1/2–2 l Wasser in einem großen Topf zum Kochen bringen. 1 Eßlöffel Öl und 1 Prise Salz dazugeben. Die Nudeln darin bei mittlerer Hitze in 7–10 Minuten nicht zu weich kochen, sie sollen noch »Biß« haben. Die Nudeln in ein Sieb gießen, kalt abschrecken und abtropfen lassen.
• Die Zwiebeln schälen, kurz abspülen und in kleine Würfel schneiden. In einer Pfanne das restliche Öl erhitzen und die Zwiebelwürfel darin goldbraun braten; beiseite stellen.
• Die Champignons kurz unter fließendem Wasser abreiben, dann die Stielenden und unschöne Stellen abschneiden. Die Pilze in 1/2 cm dünne Scheiben schneiden.
• 30 g Butter in der Pfanne aufschäumen lassen, die Fenchelsamen dazugeben und kurz anbraten. Die Pilze hinzufügen und 1–2 Minuten bei starker Hitze anbraten. Danach die Hitze zurückschalten und die Pilze noch etwa 5 Minuten weiterbraten. Die Knoblauchzehen schälen und sehr fein schneiden oder durch die Knoblauchpresse drücken, zu den Pilzen geben und 1 Minute mitbraten. Die Champignons leicht salzen und pfeffern, die Petersilie dazugeben.
• Den Backofen auf 200° vorheizen und eine flache Auflaufform fetten.
• Die Tomaten waschen, halbieren und in Scheiben schneiden.
• Abwechselnd lagenweise die Nudeln, die Zwiebeln, den Käse, die Pilze und die Tomaten in die Form schichten, dabei etwas Käse zurückbehalten und mit einer Nudelschicht enden. Die Nudeln dabei leicht salzen und die Tomatenscheiben mit dem Thymian bestreuen. Den restlichen Käse darüber streuen und die restliche Butter in Stückchen darauf setzen. Das Gomasio darüber streuen.
• Den Auflauf im Backofen (Mitte, Gas Stufe 3) in 25–30 Minuten hellbraun backen.
• Die Tomate waschen und achteln. Den Auflauf mit der Petersilie und den Tomatenachteln garniert servieren.

● **Tip:** Wenn Sie es etwas cremiger mögen, schichten Sie noch etwas Crème fraîche mit ein oder gießen etwa 50 g Sahne über den Auflauf.

Nudelauflauf mit Tofu und Paprika

Ganz einfach · Preiswert

Zutaten für 4 Personen:

300 g Tofu
4 Eßl. Olivenöl
5 Eßl. Weißwein oder Gemüsebrühe
Kräutersalz
je 1/4 Teel. getrockneter Oregano und Thymian
Pfeffer, frisch gemahlen
1 Knoblauchzehe · Salz
250 g Vollkornnudeln
2 mittelgroße Zwiebeln
je 1 rote und grüne Paprikaschote
250 g Tomaten
20 g Butter
2 Eßl. Gomasio
Zum Bestreuen:
1 Eßl. beliebige Kräuter, frisch gehackt oder Sprossen

Pro Portion etwa 2500 kJ/600 kcal
19 g Eiweiß · 33 g Fett · 54 g Kohlenhydrate · 10 g Ballaststoffe

Zubereitungszeit: etwa 1 Stunde

• Den Tofu in etwa 1 cm große Würfel schneiden. Die Hälfte des Olivenöls und den Weißwein oder die Gemüsebrühe in eine kleine Schüssel geben. Kräutersalz, den Oregano, den Thymian und Pfeffer einrühren. Die Knoblauchzehe schälen, sehr fein schneiden und einrühren. Die Tofuwürfel in die Marinade legen. Mindestens 20 Minuten ziehen lassen, dabei gelegentlich umrühren.

• Inzwischen 1 1/2–2 l Wasser in einem großen Topf zum Kochen bringen. 1 Eßlöffel Öl und Salz dazugeben. Die Nudeln darin in 7–10 Minuten nicht zu weich kochen. Die Nudeln kalt abschrecken und abtropfen lassen.

• Die Zwiebeln schälen und in feine Streifen oder Würfel schneiden. Das restliche Olivenöl in einer Pfanne erhitzen und die Zwiebeln darin bei mittlerer Hitze in etwa 5 Minuten leicht anbräunen lassen.

• Inzwischen die Paprikaschoten waschen, längs aufschneiden und den Stielansatz und die Kerne entfernen. Die Schoten in etwa 1 cm große Stücke schneiden, zu den angebräunten Zwiebeln geben und noch 1–2 Minuten bei schwacher Hitze mitgaren.

• Den Backofen auf 200° vorheizen und eine flache Auflaufform bereitstellen.

• Lagenweise abwechselnd die Nudeln, das Gemüse und die Tofustücke in die Form einschichten, dabei mit einer Nudelschicht enden. Die Tomaten waschen und in Scheiben schneiden, dabei den Stielansatz keilförmig herausschneiden. Die Tomatenscheiben obenauf legen und die restlichen Tofustücke mit der Marinade darauf verteilen. Die Butter in Stückchen darauf setzen und das Gomasio darüber streuen.

• Die Form in den Backofen (Mitte; Gas Stufe 3) stellen und den Auflauf 20–25 Minuten überbacken.

• Den Auflauf mit den Kräutern oder Sprossen bestreuen und servieren.

Ob Sie die Nudeln für den Nudelauflauf mit Tofu und Paprika selbst zubereiten oder fertig kaufen – er schmeckt in beiden Fällen ausgezeichnet.

Kartoffel-Käseauflauf

Ganz einfach · Schnell

Zutaten für 4 Personen:

1 kg mehlige oder mehlig-festkochende Kartoffeln
1/4 l warme Milch oder Sahne
2–3 Eigelb
40–50 g Weizenvollkornmehl
Kräutersalz
weißer Pfeffer, frisch gemahlen
1 Prise Muskatnuß, frisch gerieben
100 g Parmesan, frisch gerieben
50 g Emmentaler, frisch gerieben
1 Bund Petersilie oder Schnittlauch, frisch geschnitten · 2–3 Eiweiß · Salz
20 g Butter
Für die Form: Butter

Pro Portion etwa 2100 kJ/500 kcal
25 g Eiweiß · 21 g Fett · 51 g Kohlenhydrate · 6 g Ballaststoffe

Zubereitungszeit: etwa 1 1/4 Stunden

• Die Kartoffeln waschen und mit der Schale in wenig Wasser garen. Abgießen, leicht abkühlen lassen und schälen. Die Kartoffeln noch warm mit einer Kartoffelpresse zerdrücken.
• Den Backofen auf 200° vorheizen und eine hohe Auflaufform fetten.
• Die Milch oder Sahne, die Eigelbe, das Weizenmehl, Salz, Pfeffer und die Muskatnuß unter das Kartoffelpüree rühren. Den Käse und die Kräuter bis auf einen kleinen Rest ebenfalls unterrühren. Die Masse soll geschmeidig sein; gegebenenfalls noch etwas Milch einrühren.
• Die Eiweiße mit 1 Prise Salz steif schlagen und vorsichtig unterheben. Die Kartoffelmasse in die Form geben und glattstreichen. Die Butter in Stückchen auf dem Auflauf verteilen.
• Den Auflauf im Backofen (Mitte; Gas Stufe 3) in 30–35 Minuten goldbraun backen.
• Den Auflauf mit den restlichen Kräutern bestreut servieren.

● Tip: In der Vollwertküche werden Kartoffeln möglichst mit der Schale gegart, um Auslaugverluste so gering wie möglich zu halten. Daher sollte wenig Kochwasser verwendet werden, wie es bei dicht schließenden Töpfen möglich ist. Auch Garen im Dampf (nicht im Dampfdruckkochtopf!) ist empfehlenswert.

Kartoffelgratin

Ganz einfach · Preiswert

Zutaten für 4 Personen:

1 kg festkochende oder mehlig-festkochende Kartoffeln
200 g Sahne · 200 ml Milch
Kräutersalz
weißer Pfeffer, frisch gemahlen
Muskatnuß, frisch gerieben
1 Knoblauchzehe
100 g Emmentaler oder Greyerzer, frisch gerieben
20 g Butter
Für die Form: Butter
Zum Bestreuen: 1 Eßl. beliebige Kräuter, frisch gehackt

Pro Portion etwa 2200 kJ/520 kcal
15 g Eiweiß · 30 g Fett · 45 g Kohlenhydrate · 5 g Ballaststoffe

Zubereitungszeit: etwa 1 1/4 Stunden

• Die Kartoffeln waschen, dünn schälen und in etwa 3–4 mm dünne Scheiben schneiden.
• Die Sahne mit der Milch verrühren und mit Salz, Pfeffer und Muskat würzen. Die Knoblauchzehe schälen, fein hacken und unterrühren.
• Den Backofen auf 200° vorheizen und eine flache Auflaufform fetten.
• Die Kartoffeln dachziegelartig in 2–3 Schichten in die Form legen. Jede Schicht mit etwas Käse bestreuen und etwas Sahnemischung darüber gießen. Den restlichen Käse mit der übrigen Sahnemischung verrühren, über die Kartoffelscheiben gießen und die Butter in Stückchen darauf setzen.
• Den Gratin im Backofen (Mitte; Gas Stufe 3) 40–50 Minuten garen.
• Den Auflauf mit den frisch gehackten Kräutern bestreut servieren.

Kartoffelauflauf mit Rosenkohl und Nußsauce

Schnell · Preiswert

Zutaten für 4 Personen:

600 g festkochende oder mehlig-festkochende Kartoffeln
600 g Rosenkohl · 1 Tasse Wasser
1 Teel. Zitronensaft · 40 g Butter
80 g Haselnüsse, frisch gerieben
1/4 l Milch · Streuwürze
Kräutersalz
50–60 g milder Hartkäse, frisch gerieben
2–3 Eßl. Gomasio
Zum Bestreuen:
1 Eßl. Petersilie, frisch gehackt
Für die Form: Butter

Pro Portion etwa 2300 kJ/550 kcal
21 g Eiweiß · 33 g Fett · 42 g Kohlenhydrate · 14 g Ballaststoffe

Zubereitungszeit: etwa 1 Stunde

• Die Kartoffeln waschen und mit der Schale in wenig Wasser nicht ganz weich garen. Danach abgießen und etwas auskühlen lassen.
• Inzwischen die Rosenkohlröschen putzen und waschen. Wenn die Röschen gleich groß sind, den Rosenkohl ganz lassen. Ansonsten große Röschen einmal halbieren oder den Strunk etwa 1 cm tief kreuzweise einschneiden, damit der Rosenkohl gleichmäßig gart. Den Rosenkohl in dem Wasser und dem Zitronensaft in 3–7 Minuten (je nach Größe) nicht ganz weich garen.
• Inzwischen für die Sauce die Hälfte der Butter aufschäumen lassen und die geriebenen Nüsse darin kurz anrösten. Die Milch einrühren und die Sauce leicht einkochen lassen. Sollte sie zu fest geworden sein, mit etwas Gemüsekochwasser wieder verdünnen. Die Sauce mit Streuwürze und Salz abschmecken. Den Käse einrühren und schmelzen lassen.
• Den Backofen auf 200° vorheizen und eine hohe Auflaufform fetten.
• Die Kartoffeln schälen, in Scheiben oder Stücke schneiden und abwechselnd mit den Rosenkohlröschen in die Auflaufform schichten. Die Nußsauce darüber gießen, die restliche Butter in Stückchen darauf setzen.
• Das Gomasio darüber streuen und den Auflauf im Backofen (Mitte; Gas Stufe 3) 20–25 Minuten überbacken.
• Mit der Petersilie bestreut servieren.

Getreide-Gemüse-Auflauf

Ganz einfach

Zutaten für 4 Personen:

1/2 l Wasser
Salz · gekörnte Gemüsebrühe
1/2 Teel. Currypulver
Muskatnuß, frisch gerieben
140 g Grünkern, Nacktgerste, Roggen, Weizen oder Dinkel, eine Sorte oder gemischt, mittelgrob geschrotet
1 große Zwiebel (100 g)
1 Knoblauchzehe · 200 g Möhren
100 g Knollensellerie · 400–500 g Broccoli
40 g Butter
1 Bund Petersilie
100 g Sonnenblumen-, Kürbis- oder Pinienkerne
4 Eßl. Gomasio
150–200 g saure Sahne oder Crème fraîche
nach Belieben 100 g Emmentaler, frisch gerieben
einige Butterflöckchen
Für die Form: Butter

Pro Portion etwa 2400 kJ/580 kcal
24 g Eiweiß · 46 g Fett · 32 g Kohlenhydrate · 11 g Ballaststoffe

Zubereitungszeit: etwa 1 Stunde

- Das Wasser mit 1 Prise Salz, Gemüsebrühe nach Geschmack, dem Curry und Muskat in einem Topf zum Kochen bringen. Den Schrot hineinrühren und zugedeckt bei schwacher Hitze etwa 20 Minuten quellen lassen. Dabei ab und zu umrühren, damit nichts anbrennt.
- Die Zwiebel und die Knoblauchzehe schälen und fein schneiden. Die Möhren waschen und dünn schälen. Das Selleriestück schälen und abspülen. Die Möhren und den Sellerie in etwa 1/2 cm große Würfel schneiden.
- Den Broccoli waschen, in kleine Röschen zerteilen und die Stiele kleinschneiden. Die Petersilie waschen und fein hacken.
- Die Butter erhitzen. Die Zwiebel- und die Knoblauchwürfel darin leicht anbraten.
- Die Möhren- und die Selleriewürfel zu den Zwiebeln geben und mit 1/2–1 Tasse Wasser zugedeckt etwa 3 Minuten garen. Dann den Broccoli hinzufügen und alles weitere 5 Minuten garen. Das Gemüse sollte nicht ganz weich sein.
- Die Sonnenblumen-, Kürbis- oder Pinienkerne in einer Pfanne ohne Fett unter ständigem Bewegen bei mittlerer Hitze leicht anrösten. Unter den Schrotbrei rühren. Sollte die Masse zu fest sein, etwas Gemüseflüssigkeit dazugeben. Das Gomasio, die saure Sahne oder Crème fraîche, die Petersilie bis auf einen kleinen Rest und nach Belieben die Hälfte des Käses einrühren, abschmecken.
- Den Backofen auf 200° vorheizen. Eine Auflaufform fetten.
- Mit einem nassen Löffel die Hälfte der Getreidemasse in die Form streichen. Das Gemüse darauf geben und die restliche Getreidemasse darüber streichen. Eventuell den restlichen Käse darüber streuen und einige Butterflöckchen darauf setzen.
- Den Auflauf im Backofen (Mitte; Gas Stufe 3) 15–20 Minuten backen. Mit der übrigen Petersilie bestreut servieren.

Der Getreide-Gemüse-Auflauf wurde mit Roggen und Broccoli zubereitet. Er schmeckt aber, je nach Geschmack und Saison, auch mit anderem Getreide oder Gemüse hervorragend.

Curryauflauf mit Gemüse und Cashewkernen

Raffiniert

Zutaten für 4 Personen:

2 Kohlrabi (etwa 500 g)
250 g Zuckerschoten, ersatzweise ausgepalte grüne Erbsen
500 g gegarter Langkorn-Naturreis (200 g ungegart)
100 g Cashewkerne
1 Eßl. Öl · 2 mittelgroße Bananen
2–3 Eßl. Gomasio
1 mittelgroße Zwiebel
40 g Butter
30 g Weizenvollkornmehl
1/2 l Milch
2 gestrichene Eßl. Currypulver
1 gestrichener Teel. gekörnte Gemüsebrühe
Kräutersalz · Streuwürze
100 g saure Sahne
4–5 Eßl. Weißwein oder Wasser
Für die Form: Butter

Pro Portion etwa 2800 kJ/670 kcal
23 g Eiweiß · 38 g Fett · 76 g Kohlenhydrate · 13 g Ballaststoffe

Zubereitungszeit: etwa 1 Stunde

• Die Kohlrabi dünn schälen und in etwa 1/2 cm breite Streifen schneiden. Mit etwa 1/2 Tasse Wasser zugedeckt in etwa 8 Minuten nicht ganz weich garen.
• Die Zuckerschoten waschen und in Stücke schneiden. Die Schoten oder die Erbsen zu den Kohlrabistreifen geben und zugedeckt noch 1–2 Minuten mitgaren.
• Die Zwiebel schälen und in sehr feine Würfel schneiden. Die Butter aufschäumen lassen und die Zwiebel darin goldgelb braten. Das Mehl dazugeben und bei mittlerer Hitze unter Rühren etwa 1 Minute leicht anschwitzen. Den Topf vom Herd nehmen und die Milch einrühren. Wieder auf den Herd zurückstellen und die Sauce kochen lassen, bis sie leicht dickflüssig wird. Die Gewürze, die saure Sahne und den Wein oder das Wasser einrühren, abschmecken.
• Den Backofen auf 200° vorheizen. Eine flache Auflaufform fetten und den Reis am Rand der Form ringförmig einschichten.
• Die Cashewkerne grob hacken und in dem Öl bei mittlerer Hitze unter Rühren goldgelb rösten. Die Bananen schälen und in 1/2 cm dicke Scheiben schneiden.
• Das Gemüse, zwei Drittel der Cashewkerne und die Bananen in die Mitte der Form füllen. Die Currysauce über den Reis und das Gemüse verteilen. Das Gomasio darüber streuen.
• Den Auflauf im Backofen (Mitte; Gas Stufe 3) 25–30 Minuten überbacken. Mit den restlichen Cashewkernen bestreut servieren.

Mangold mit Parmesankruste

Für Singles · Raffiniert

Zutaten für 1 Person:

200 g Mangold
150 g Champignons
1 Teel. Butter
2 Teel. Zwiebel, fein gehackt
Salz · Pfeffer, frisch gemahlen
1/2 Knoblauchzehe
10 g Parmesan, frisch gerieben

Etwa 620 kJ/150 kcal
12 g Eiweiß · 8 g Fett · 8 g Kohlenhydrate · 8 g Ballaststoffe

Zubereitungszeit: etwa 45 Minuten

- Den Mangold waschen und vierteln. Die Champignons putzen und in Scheiben schneiden.
- Die Butter erhitzen. Die Zwiebel darin glasig braten. Die Mangoldblätter und die Champignonscheiben dazugeben und leicht anbraten, dann zugedeckt etwa 7 Minuten dünsten.
- Den Backofen auf 220° vorheizen.
- Das Gemüse mit Salz, Pfeffer und dem gepreßten Knoblauch abschmecken und in eine Auflaufform geben. Mit dem Parmesan bestreuen.
- Das Gericht im heißen Ofen (oben; Gas Stufe 4) 15–20 Minuten überbacken.

Gemüseauflauf mit Tofu

Ganz einfach

Zutaten für 4 Personen:

250 g Tofu · 250–300 ml Wasser
2 gestrichene Teel. gekörnte Gemüsebrühe
2–3 Teel. Sojasauce
1 Messerspitze getrockneter Thymian
Pfeffer, frisch gemahlen · Kräutersalz
1 Lorbeerblatt, fein zerrieben
750 g gekochte Pellkartoffeln
2 mittelgroße Möhren
2 mittelgroße Stangen Lauch (etwa 500 g)
2 Eßl. Sonnenblumen- oder Olivenöl
100 g Emmentaler, frisch gerieben
1/2 Bund Petersilie, frisch gehackt
200 g Sahne · 10 g Butter

Pro Portion etwa 2600 kJ/620 kcal
20 g Eiweiß · 39 g Fett · 45 g Kohlenhydrate · 20 g Ballaststoffe

Zubereitungszeit: etwa 1 Stunde

- Den Tofu in Würfel von etwa 1 cm Größe schneiden. Das Wasser mit der Gemüsebrühe, der Sojasauce, dem Thymian, Pfeffer, Salz und dem Lorbeerblatt in einem kleinen Topf erhitzen. Die Tofuwürfel hineingeben und etwa 5 Minuten leicht köcheln lassen. Dann beiseite stellen und etwa 30 Minuten ziehen lassen.
- Die Kartoffeln schälen und in etwa 1/2 cm dünne Scheiben schneiden. Die Möhren waschen, schälen und in 2–3 mm dünne Scheiben hobeln. Die Lauchstangen putzen, gründlich waschen und in 1 cm breite Streifen schneiden.
- 1 Eßlöffel Öl erhitzen und die Möhren darin mit 1/2 Tasse Wasser zugedeckt bei schwacher Hitze 5–7 Minuten dünsten. Den Lauch dazugeben und noch 2–3 Minuten mitgaren.
- Den Backofen auf 200° vorheizen und eine hohe Auflaufform bereitstellen.
- Die Tofuwürfel abtropfen lassen, die Marinade auffangen. Das restliche Öl erhitzen und die Tofuwürfel darin etwa 5 Minuten von allen Seiten anbraten.
- Lagenweise Kartoffelscheiben, Gemüse, Tofuwürfel, drei Viertel des Käses und die Hälfte der Petersilie in die Form schichten. Die letzte Schicht soll aus Kartoffeln bestehen. Die Sahne mit der Marinade und dem restlichen Käse vermischen und über den Auflauf gießen. Die Butter in Stückchen darauf setzen.
- Den Auflauf im Backofen (Mitte; Gas Stufe 3) 20–25 Minuten überbacken, bis sich die Kartoffelschicht goldbraun färbt.
- Mit der restlichen Petersilie bestreut servieren.

Grünkernauflauf mit Möhren

Für Kinder

Zutaten für 4 Personen:

1/4 l Wasser · Salz
120 g Grünkern · 200 g Quark
1 kleine Zwiebel · 1 Knoblauchzehe
300 g Möhren · 300 g Kartoffeln
150 g mittelalter Gouda · 4 Eier
1 Bund Petersilie
weißer oder schwarzer Pfeffer, frisch gemahlen
Für die Form: 1 Eßl. Butter

Pro Portion etwa 2100 kJ/500 kcal
28 g Eiweiß · 26 g Fett · 40 g Kohlenhydrate · 6 g Ballaststoffe

Zubereitungszeit: etwa 1 1/2 Stunden

- Das Wasser mit 1/2 Teelöffel Salz aufkochen. Den Grünkern hineinschütten und zugedeckt etwa 10 Minuten bei schwacher Hitze kochen. Dann 15–20 Minuten auf dem abgeschalteten Herd nachquellen lassen.
- Den Quark in einem Sieb abtropfen lassen.
- Die Zwiebel und den Knoblauch schälen und würfeln. Die Möhren und die Kartoffeln waschen, schälen und raspeln. Den Käse grob reiben.
- Die Eier mit den vorbereiteten Zutaten verrühren.
- Die Petersilie waschen und fein hacken. Die Petersilie, den Quark und Salz und Pfeffer zu den Eiern geben.
- Den Backofen auf 200° vorheizen. Eine große Auflaufform gründlich mit der Butter ausfetten.
- Den Grünkern abtropfen lassen, zu der Auflaufmasse geben und alles gut verrühren.
- Die Auflaufmasse in die gefettete Form füllen, in den heißen Backofen (Mitte; Gas Stufe 3) geben und 50–55 Minuten backen.

Lauch-Tofu-Auflauf

Für Singles · Kalorienarm · Ganz einfach

Zutaten für 1 Person:

200 g Lauch · 1 Teel. Butter
Salz · Pfeffer, frisch gemahlen
50 g Tofu · 1 Ei · 2 Eßl. Magerjoghurt
etwas Muskatnuß, frisch gerieben
Zitronenmelisse, frisch gehackt

Etwa 740 kJ/180 kcal
12 g Eiweiß · 10 g Fett · 10 g Kohlenhydrate · 4 g Ballaststoffe

Zubereitungszeit: etwa 50 Minuten

- Den Lauch putzen, waschen und in 3 cm lange Stücke schneiden.
- Die Butter in einer Pfanne erhitzen. Die Lauchstücke darin anbraten. Mit Salz und Pfeffer würzen, mit 1/8 l Wasser aufgießen und bei schwacher Hitze etwa 5 Minuten garen.
- Den Lauch in eine feuerfeste Form umfüllen.
- Den Backofen auf 200° vorheizen.
- Den Tofu, das Ei und den Joghurt im Mixer glatt pürieren und mit etwas Muskat und Zitronenmelisse pikant abschmecken. Die Masse auf dem Lauch verteilen.
- Den Auflauf im heißen Backofen (Mitte; Gas Stufe 3) etwa 30 Minuten backen, bis er goldbraun ist.

Der Grünkernauflauf mit Möhren schmeckt so gut, daß er sicher zu einem Lieblingsgericht wird.

Moussaka

Preiswert · Braucht etwas Zeit

Zutaten für 4 Personen:

1 kg Auberginen · Kräutersalz
4 mittelgroße Zwiebeln · 2–3 Tomaten
500 g mehlig-festkochende Kartoffeln
6–7 Eßl. Olivenöl · 40 g Butter
40 g Weizenvollkornmehl
400–500 ml Milch
1 Teel. getrockneter Oregano
1 Teel. frischer oder getrockneter Thymian
Salz · 1 Gemüsebrühwürfel
1/4 Teel. Zimtpulver
je 50 g Parmesan und Emmentaler, frisch gerieben
Für die Form: Butter
Zum Bestreuen:
etwas frischer Thymian oder Petersilie, frisch gehackt

Pro Portion etwa 3000 kJ/710 kcal
20 g Eiweiß · 47 g Fett · 52 g Kohlenhydrate · 13 g Ballaststoffe

Zubereitungszeit: etwa 1 1/2 Stunden

• Die Auberginen putzen, waschen und zur Hälfte in 1 cm dicke Scheiben, die andere Hälfte in 1 cm kleine Würfel schneiden und alle Stücke leicht salzen. Die Zwiebeln schälen, kurz abspülen und in kleine Würfel schneiden. Die Tomaten mit einem Messer kreuzförmig einritzen, mit kochendheißem Wasser überbrühen und die Haut abziehen. Die Kartoffeln dünn schälen und zugedeckt beiseite stellen.
• Die Auberginen mit einem Küchentuch abtupfen. Möglichst in zwei Pfannen 4 Eßlöffel Olivenöl erhitzen und die Auberginenscheiben bei mittlerer Hitze etwa 3 Minuten von jeder Seite anbraten. Auf einem Teller beiseite legen.
• Für die Sauce die Butter aufschäumen lassen, das Mehl dazugeben und bei mittlerer Hitze unter Rühren 1–2 Minuten anschwitzen. Den Topf vom Herd nehmen, die Milch angießen, den Topf wieder zurückstellen und die Sauce etwa 1 Minute leicht einkochen lassen.
• In der Pfanne 2 Eßlöffel Olivenöl erhitzen und die Zwiebeln darin leicht anbräunen. Die Auberginenwürfel dazugeben und anbraten. Die Tomaten würfeln, dabei den Stielansatz entfernen. Die Tomatenwürfel dazugeben und kurz andünsten. Den Oregano, den Thymian, Salz, den Gemüsebrühwürfel und das Zimtpulver einrühren. 2 Eßlöffel Sauce untermischen.
• Den Backofen auf 225° vorheizen und eine flache oder hohe Auflaufform fetten.
• Die Kartoffeln in 2–3 mm dünne Scheiben hobeln und auf dem Boden der Form verteilen. Jetzt abwechselnd lagenweise die Zwiebel-Auberginen-Tomatenmasse, drei Viertel des Käses und die Auberginenscheiben in die Form schichten. Jede Lage mit etwas Sauce begießen. Zum Schluß die restliche Sauce darüber gießen und den übrigen Käse darüber streuen.
• Den Auflauf im Backofen (unten; Gas Stufe 4) 30–35 Minuten backen, bis die Oberfläche goldbraun ist und die Kartoffeln weich sind. Eventuell die Hitze gegen Ende der Backzeit zurückstellen oder die Form abdecken.
• Mit den Kräutern bestreut servieren.

Tip: Wenn Sie gekochte Kartoffeln verwenden, verkürzt sich die Garzeit auf 10–12 Minuten. In dieses südländische Gericht passen natürlich auch Zucchini. Diese können Sie mit der Zwiebel-Auberginenmasse vorgaren.

Roggen-Spinat-Auflauf

Preiswert · Ganz einfach

Anstelle des Spinats können Sie auch Mangold- oder Brennesselblätter verwenden. Der Roggen läßt sich durch Gerste, Weizen oder Buchweizen ersetzen.

Zutaten für 4 Personen:

200 g Roggen, mittelgrob geschrotet
500–600 ml kaltes Wasser
1 große Zwiebel
1–2 Knoblauchzehen
250 g Champignons
20 g Butterschmalz oder Öl
Salz
2 Teel. gekörnte Gemüsebrühe
Pfeffer, frisch gemahlen
1 Teel. frische Thymianblättchen
500–600 g Spinat
2 Eier
100 g Quark
50–100 g Hartkäse, frisch gerieben
knapp 1/4 l Milch oder Sahne
Muskatnuß, frisch gerieben
2 Eßl. Kürbiskerne, grob gehackt
Für die Form: Butter

Pro Portion etwa 1700 kJ/410 kcal
23 g Eiweiß · 20 g Fett · 36 g Kohlenhydrate · 12 g Ballaststoffe

Zubereitungszeit: etwa 1 Stunde

- Den Roggenschrot mit dem Wasser in einer Schüssel verrühren.
- Die Zwiebel und die Knoblauchzehe schälen, abspülen und fein würfeln. Die Pilze putzen, eventuell unter fließendem Wasser abspülen und in etwa 1 cm große Stücke schneiden.
- In einem Topf das Butterschmalz oder das Öl erhitzen. Die Zwiebel- und die Knoblauchwürfel darin leicht anbräunen. Die Pilze dazugeben und ebenfalls kurz anbraten.
- Die Temperatur zurückschalten. Den Getreidebrei mit dem Wasser dazugeben und aufkochen lassen. Mit Salz, der Gemüsebrühe, Pfeffer und dem Thymian würzen. Die Mischung bei schwacher Hitze zugedeckt in etwa 20 Minuten zu einer festen Masse ausquellen lassen.
- Inzwischen den Spinat verlesen und gründlich waschen. Die Blätter noch tropfnaß in einen großen Topf geben und zugedeckt 4–5 Minuten dünsten. Den Spinat auf ein Brett legen, leicht abkühlen lassen und grob hacken.
- Die Eier mit dem Quark, dem Käse und der Milch oder der Sahne verrühren. Mit Muskat und Salz abschmecken.
- Den Backofen auf 200° vorheizen. Eine flache Auflaufform fetten.
- Mit einem in Wasser getauchten Löffel aus der Getreidemasse Klößchen abstechen und in die Form setzen. Den Spinat zwischen den Klößchen verteilen. Die Quarksauce darüber gießen. Die Kürbiskerne darauf streuen.
- Den Auflauf im Backofen (Mitte; Gas Stufe 3) und etwa 20 Minuten backen, bis die Quarksauce gestockt und goldbraun ist.

Hirsesoufflé mit grünen Erbsen

Schnell · Ganz einfach

Zutaten für 4 Personen:

400 g gegarte Hirse (160 g ungegart)
Kräutersalz · Muskatnuß, frisch gerieben
1/2 Teel. Currypulver
200 g Sahne oder Milch
100 g Emmentaler, frisch gerieben
3 Eigelb
100–150 g frische ausgepalte Erbsen
1–2 Eßl. Petersilie, frisch gehackt
3 Eiweiß
Zum Bestreuen: 1 Eßl. Petersilie, frisch gehackt
Für die Form: Butter

Pro Portion etwa 2100 kJ/500 kcal
19 g Eiweiß · 30 g Fett · 35 g Kohlenhydrate · 5 g Ballaststoffe

Zubereitungszeit: etwa 45 Minuten

• Die Hirse, die Gewürze, die Sahne oder Milch, den Käse und die Eigelbe verrühren. Die Erbsen und die Petersilie unterheben.
• Den Backofen auf 200° vorheizen, eine hohe Auflaufform darin 5 Minuten anwärmen. Etwas Butter auf dem Boden der Form zerlaufen lassen.
• Die Eiweiße mit 1 Prise Salz steif schlagen und mit einem Schneebesen vorsichtig unter die Hirsemasse heben. Die Masse in die vorbereitete Form gleiten lassen und glattstreichen.
• Das Soufflé im Backofen (Mitte; Gas Stufe 3) 25–30 Minuten backen, bis die Oberfläche goldbraun ist.
• Das Soufflé mit der Petersilie bestreut servieren.

Sonnenblumensoufflé

Für Singles · Raffiniert

Zutaten für 1 Person:

2 Teel. Sonnenblumenkerne
1/2 Teel. Butter · 1 Ei
Salz · Pfeffer, frisch gemahlen
Muskatnuß, frisch gerieben
Für die Form: 1/2 Teel. Butter

Etwa 610 kJ/150 kcal
6 g Eiweiß · 13 g Fett · 1 g Kohlenhydrate · 1 g Ballaststoffe

Zubereitungszeit: etwa 40 Minuten

• Die Sonnenblumenkerne fein mahlen.
• Die Butter in einer kleinen Schüssel schaumig rühren und die Sonnenblumenkerne darunterheben.
• Den Backofen auf 250° vorheizen.
• Das Ei trennen. Das Eiweiß steif schlagen. Das Eigelb zur Sonnenblumenkernmischung geben. Mit etwas Salz, Pfeffer und Muskat pikant würzen, den Eischnee darunterheben.
• Ein kleines Förmchen mit der Butter auspinseln und die Soufflémasse einfüllen.
• Das Förmchen in eine mit Wasser gefüllte Bratenpfanne stellen und im Backofen (Mitte; Gas Stufe 5) in etwa 20 Minuten goldbraun backen.
• Das fertige Soufflé aus dem Wasserbad nehmen, kurz stehenlassen, auf einen vorgewärmten Teller stürzen und sofort servieren.

Das Sonnenblumensoufflé ist ein ausgefallenes Single-Gericht, das mit gemischtem Schmorgemüse besonders gut schmeckt.

Zucchinisoufflé

Ganz einfach · Raffiniert · Für Gäste

Zutaten für 4 Personen:

50 g Butter
30 g Weizenvollkornmehl
200 ml Milch
1/2 Gemüsebrühwürfel
Salz
weißer Pfeffer, frisch gemahlen
1/4 Teel. Streuwürze
400 g Zucchini
50–100 g Emmentaler oder Appenzeller, frisch gerieben
2–3 Eigelb
1–2 Eßl. frischer oder 1 Teel. getrockneter Thymian
2–3 Eiweiß
Für die Form: Butter

Pro Portion etwa 1300 kJ/310 kcal
13 g Eiweiß · 23 g Fett · 13 g Kohlenhydrate · 1 g Ballaststoffe

Zubereitungszeit: etwa 45 Minuten

• Die Hälfte der Butter in einem Topf aufschäumen lassen. Das Weizenmehl dazugeben und bei mittlerer Hitze 1–2 Minuten leicht anschwitzen. Den Topf vom Herd nehmen, die Milch angießen und die Gewürze dazugeben. Den Topf auf die Kochstelle zurückstellen und die Masse unter Rühren leicht kochen lassen, bis sie dickflüssig wird. Dann zum Abkühlen beiseite stellen.
• Die Zucchini waschen, von Blüten- und Stielansätzen befreien und mittelgrob raspeln. Die restliche Butter schmelzen lassen. Die Zucchinistifte dazugeben und bei mittlerer Hitze etwa 5 Minuten offen dünsten lassen, bis die Flüssigkeit, die sich dabei bildet, wieder verdunstet ist.
• Den Backofen auf 200° (Gas Stufe 3) vorheizen und eine hohe Auflaufform darin etwa 5 Minuten anwärmen.
• Den Käse, die Eigelbe und den Thymian in die Masse rühren. Die vorgegarten Zucchini abtropfen lassen und ebenfalls dazugeben.
• Die Form aus dem Ofen nehmen und etwas Butter darin zerlaufen lassen.
• Die Eiweiße mit 1 Prise Salz zu steifem Schnee schlagen und mit einem Schneebesen vorsichtig unter die Masse heben. Die Soufflémasse in die Form füllen und glattstreichen.
• Die Form in den Backofen (Mitte) stellen und das Soufflé in 20–25 Minuten goldbraun backen. Dabei während der ersten 15 Minuten die Backofentüre keinesfalls öffnen. Das Soufflé sofort servieren.

Wirsingsoufflé

Ganz einfach · Raffiniert

Zutaten für 4 Personen:

300–400 g Wirsing · 1 Teel. Zitronensaft
40 g Butter · 40 g Weizenvollkornmehl
1/4 l Milch oder Sahne · 1/2 Gemüsebrühwürfel
Salz · 1 Prise Muskatnuß, frisch gerieben
1 Prise weißer Pfeffer, frisch gemahlen
50 g Emmentaler oder Appenzeller, frisch gerieben
3–4 Eigelb · 3–4 Eiweiß
Für die Form: Butter

Pro Portion etwa 1200 kJ/290 kcal
14 g Eiweiß · 20 g Fett · 12 g Kohlenhydrate · 3 g Ballaststoffe

Zubereitungszeit: etwa 50 Minuten

- Den Wirsing putzen, in feine Streifen schneiden. Mit etwa 1 Tasse Wasser und dem Zitronensaft in 5–7 Minuten nicht ganz weich kochen, abgießen und leicht auskühlen lassen.
- Die Butter aufschäumen lassen. Das Weizenmehl darin 1–2 Minuten leicht anschwitzen. Die Milch oder die Sahne dazugießen, den Brühwürfel, etwas Salz, den Muskat und den Pfeffer hinzufügen. Die Masse unter Rühren dickflüssig köcheln lassen. Abkühlen lassen.
- Den Backofen auf 200° einschalten (Gas Stufe 3). Eine hohe Souffléform 5 Minuten darin anwärmen.
- Den Wirsing fein zerkleinern und in die Sauce rühren. Den Käse und die Eigelbe daruntermischen und das Ganze abschmecken.
- Die Form aus dem Ofen nehmen. Etwas Butter auf dem Boden der Form zerlaufen lassen.
- Die Eiweiße mit 1 Prise Salz steif schlagen und unter die Wirsingmasse heben. Die Masse in der Form glattstreichen.
- Das Soufflé im Backofen (Mitte) 20–25 Minuten backen.

Käsesoufflé

Ganz einfach · Schnell

Zutaten für 4 Personen:

30 g Butter · 30 g Weizenvollkornmehl
200 ml Milch · Kräutersalz
1 Prise weißer Pfeffer, frisch gemahlen
1 Prise Muskatnuß, frisch gerieben
100 g Appenzeller oder Gouda, frisch gerieben
3 Eigelb · 3 Eiweiß
Für die Form: Butter

Pro Portion etwa 1200 kJ/290 kcal
13 g Eiweiß · 21 g Fett · 7 g Kohlenhydrate · 1 g Ballaststoffe

Zubereitungszeit: etwa 45 Minuten

- Die Butter in einem Topf aufschäumen lassen. Das Weizenmehl dazugeben und 1–2 Minuten bei mittlerer Hitze leicht anschwitzen. Den Topf vom Herd nehmen, die Milch dazuschütten und die Gewürze dazugeben. Den Topf auf den Herd zurückstellen und die Masse unter Rühren leicht kochen lassen, bis sie dickflüssig wird. Zum Abkühlen beiseite stellen.
- Den Backofen auf 200° (Gas Stufe 3) einstellen und eine hohe Auflaufform 5 Minuten darin anwärmen.
- Den Käse in die Masse einrühren. Die Eigelbe dazugeben und gut verrühren. Die Eiweiße mit 1 Prise Salz steif schlagen und vorsichtig unter die Käsemasse heben.
- Die Form aus dem Ofen nehmen. Ein kleines Stück Butter auf dem Boden der Form zerlaufen lassen.
- Die Masse in die Form füllen und glattstreichen.
- Die Form in den Backofen (Mitte) stellen und das Soufflé 15 – 25 Minuten backen, bis sich die Oberfläche goldbraun färbt. Dabei die Backofentür in den ersten 15 Minuten auf keinen Fall öffnen. Das Soufflé sofort servieren.

Tip: Der Rand der Form darf bei Soufflés nicht gefettet werden, damit die Masse gut haften kann.

Reismehl-Olivenplätzchen

Braucht etwas Zeit · Aus einer Pfanne

Zutaten für 4 Personen:

160 g Reismehl (Langkorn)
80 g Magerquark · 1/2 Eßl. Olivenöl
200 ml kaltes alkohol- und kohlensäurehaltiges Bier
1/2 Bund Petersilie · 160 g Hartkäse
20 schwarze Oliven (knapp 100 g)
etwa 1/4 Teel. Salz
1/2 Teel. gemahlener Koriander
1/2 Teel. Paprikapulver, rosenscharf
2–3 Eßl. Sonnenblumenkerne oder gehackte Mandeln
Für die Pfanne: Butter

Pro Portion etwa 1700 kJ/400 kcal
20 g Eiweiß · 28 g Fett · 26 g Kohlenhydrate · 6 g Ballaststoffe

Zubereitungszeit: etwa 50 Minuten

• Das Mehl, den Quark, das Öl und das Bier schnell verrühren, etwa 30 Minuten quellen lassen.
• Die Petersilie waschen und fein hacken. Den Käse reiben. Die Oliven entkernen und kleinschneiden.
• Eine Pfanne von 28 cm ø einfetten.
• Die vorbereiteten Zutaten, das Salz, die Gewürze und die Sonnenblumenkerne oder Mandeln mit dem Reisteig verrühren.
• Den Teig in 8 Portionen in die Pfanne geben und etwas glattstreichen.
• Die Plätzchen zugedeckt bei mittlerer bis schwacher Hitze in etwa 15 Minuten beidseitig bräunen, dabei nach dem Umdrehen eventuell offen backen.

Soja-Spinatpudding

Aus einer Pfanne

Zutaten für 4 Personen:

750 g Spinat (vorbereitet gewogen)
2 Zwiebeln · 1–2 getrocknete Chilischoten, ersatzweise etwas Cayennepfeffer
1 Eßl. Oliven- oder Sonnenblumenöl
40 g Butter · 200 g Sahne
80 g Vollsojamehl
Salz · 1 Prise geriebene Muskatnuß
Für die Pfanne: Butter

Pro Portion etwa 1750 kJ/425 kcal
16 g Eiweiß · 33 g Fett · 18 g Kohlenhydrate · 10 g Ballaststoffe

Zubereitungszeit: etwa 1 1/2 Stunden

• Den Spinat putzen, mehrmals gründlich waschen, gut abtropfen lassen und eventuell etwas ausdrücken. Die Zwiebeln schälen und mit den Chilis kleinschneiden.
• Das Öl erhitzen und die Zwiebeln und die Chilis darin glasig braten. Den Spinat dazugeben und etwa 5 Minuten dünsten. Die Masse etwas abkühlen lassen, dann pürieren. Die Butter und die Sahne dazugeben. Das Sojamehl einrühren und alles mit Salz und dem Muskat abschmecken.
• Eine Pfanne von 24 cm ø einfetten. Die Masse hineingeben und glattstreichen.
• Den Pudding zugedeckt bei mittlerer bis schwacher Hitze in 35–40 Minuten backen, bis er von unten leicht gebräunt ist.

Die Reismehl-Olivenplätzchen schmecken sowohl als Beilage wie auch als kleiner Imbiß.

Hirse-Lauch-Auflauf

Aus einer Pfanne · Für Kinder

Zutaten für 4 Personen:

200 g Hirse
400 ml Wasser
600 g Lauch (geputzt gewogen)
1–2 Eßl. Sonnenblumenöl oder Butter
80 g Hartkäse
80 g Magerquark
1 Ei · etwa 1 Teel. Salz
1 Teel. Paprikapulver, rosenscharf
etwas Muskatblüte
Für die Pfanne: Butter

Pro Portion etwa 1625 kJ/375 kcal
18 g Eiweiß · 15 g Fett · 45 g Kohlenhydrate · 20 g Ballaststoffe

Zubereitungszeit: etwa 1 Stunde

• Die Hirse heiß und kalt waschen, in dem Wasser 10 Minuten kochen und ausquellen lassen.
• Inzwischen den Lauch waschen, putzen und kleinschneiden (auch das zarte Grün), dann in dem Öl bei mittlerer Hitze in etwa 10 Minuten weich braten.
• Den Käse reiben. Eine Pfanne von 24 cm ø einfetten.
• Die ausgequollene Hirse mit dem Quark, dem Ei, dem Salz, den Gewürzen und dem Käse verrühren, dann den Lauch daruntermischen.
• Die Masse in die Pfanne geben und glattstreichen.
• Den Auflauf zugedeckt bei mittlerer bis schwacher Hitze in etwa 30 Minuten von unten braun backen.

● Tip: Anstelle von 80 g Quark, geriebenem Käse und Ei können Sie auch 100 g Quark und 100 g Doppelrahm-Frischkäse verwenden.

Käse-Reis-Auflauf

Aus einer Pfanne

Zutaten für 4 Personen:

250 g Hartkäse
600 g gegarter Naturreis vom Vortag (etwa 220 g)
2 Eßl. Sonnenblumenöl
250 g Magerquark
75 g Weizenvollkorn- oder Buchweizenmehl
etwas Salz
1 Teel. Rosenpaprikapulver
etwas getrockneter Rosmarin und Oregano
Für die Pfanne: Butter

Pro Portion etwa 2400 kJ/570 kcal
30 g Eiweiß · 25 g Fett · 54 g Kohlenhydrate · 4 g Ballaststoffe

Zubereitungszeit: etwa 50 Minuten

• Den Käse reiben.
• Den Reis mit dem Öl, dem Quark, dem Mehl und dem Käse verrühren, dann mit dem Salz und den Gewürzen abschmecken.
• Eine Pfanne von 24 cm ø einfetten. Die Masse hineingeben und glattstreichen.
• Den Auflauf zugedeckt bei mittlerer bis schwacher Hitze in etwa 30 Minuten von unten braun backen.

● Tip: Wenn Sie frisch gekochten Reis verwenden, genügen 200 g Quark.

Käseauflauf

Aus einer Pfanne · Raffiniert

Zutaten für 4 Personen:

100 g geröstete gesalzene Erdnüsse
200 g Weizenvollkornmehl
200 g Magerquark
230 ml kaltes kohlensäurehaltiges Mineralwasser
200 g Lauch oder 2–3 kleine Zwiebeln
1–2 Eßl. Sonnenblumen- oder Olivenöl
230–250 g Hartkäse · 1/2 Bund Petersilie
Salz · 1 Teel. Paprikapulver, rosenscharf
etwas geriebene Muskatnuß, getrockneter Rosmarin und Oregano
Für die Pfanne: Butter

Pro Portion etwa 2500 kJ/600 kcal
37 g Eiweiß · 33 g Fett · 37 g Kohlenhydrate · 9 g Ballaststoffe

Zubereitungszeit: etwa 1 1/4 Stunden

- Die Erdnüsse fein reiben, mit dem Mehl, dem Quark und dem Mineralwasser verrühren. Den Teig 20–30 Minuten quellen lassen.
- Den Lauch oder die Zwiebeln waschen, putzen, sehr fein schneiden und in dem Öl bei mittlerer Hitze in etwa 10 Minuten weich braten.
- Den Käse reiben. Die Petersilie waschen, trockenschwenken und fein hacken. Eine Pfanne von 24 cm ø einfetten.
- Den Lauch oder die Zwiebeln und den Käse mit dem Teig verrühren und alles mit den Gewürzen und den Kräutern abschmecken. Den Teig in die Pfanne geben und glattstreichen.
- Den Auflauf zugedeckt bei mittlerer bis schwacher Hitze in 30–35 Minuten von unten braun backen.

Käsepolenta

Aus einer Pfanne · Ganz einfach

Die Käsepolenta können Sie mit einem Salat als leichtes Abendessen servieren.

Zutaten für 4 Personen:

40–50 g Butter
180 g Maisgrieß
540 ml Wasser
180 g Hartkäse
360 g Magerquark
etwa 1 Teel. Salz
1 Teel. gemahlener Koriander
1 Teel. Cayennepfeffer oder Paprikapulver, rosenscharf
Für die Pfanne: Butter

Pro Portion etwa 2175 kJ/500 kcal
28 g Eiweiß · 25 g Fett · 40 g Kohlenhydrate · 0 g Ballaststoffe

Zubereitungszeit: etwa 1 Stunde

- Die Butter in einem größeren Topf schmelzen. Den Grieß darin kurz anbraten. Das Wasser dazugießen und alles unter ständigem Umrühren bei mittlerer Hitze etwa 5 Minuten kochen lassen, bis die Masse etwas gebunden ist. Dann etwas abkühlen lassen.
- Den Käse reiben, mit dem Quark, dem Salz und den Gewürzen an die Grießmasse geben.
- Eine Pfanne von 24 cm ø einfetten, die Masse hineingeben und glattstreichen.
- Die Polenta zugedeckt bei mittlerer bis schwacher Hitze in etwa 40 Minuten von unten braun backen.

Bunte Gemüsequiche

Ganz einfach · Kalt zum Mitnehmen geeignet

Zutaten für 4–6 Personen:

200 g Weizenvollkornmehl
100 g kühle Butter
100 g Magerquark · Salz
etwa 700 g gemischtes Gemüse wie Möhren, Sellerie, Erbsen und Lauch
2 mittelgroße Zwiebeln
2–3 Eßl. Sonnenblumen- oder Olivenöl
1/2 Tasse Wasser
4–5 Eßl. gemischte Kräuter (Petersilie, Schnittlauch, Basilikum und Ysop), frisch gehackt
2 Eier
200 g saure Sahne
1 Eßl. vollfettes Sojamehl
100 g Emmentaler, Appenzeller oder Gouda, frisch gerieben · 1/2 Teel. gekörnte Gemüsebrühe
Für die Form: Butter

Bei 6 Personen pro Portion etwa 1800 kJ/430 kcal
17 g Eiweiß · 28 g Fett · 28 g Kohlenhydrate · 8 g Ballaststoffe

Zubereitungszeit: etwa 1 1/2 Stunden

- Für den Teig das Mehl mit der in Stückchen geteilten Butter, dem Quark und 1 gestrichenen Teelöffel Salz verkneten. Den Teig mindestens 20 Minuten kühl ruhen lassen.
- Das Gemüse waschen, putzen und in etwa 1/2 cm kleine Würfel oder Streifen schneiden. Dabei die härteren Sorten, wie zum Beispiel Möhren oder Sellerie, nicht mit den weichen Sorten vermischen.
- Den Backofen auf 200° vorheizen.
- Die Zwiebeln schälen und fein würfeln, im erhitzten Öl leicht anbräunen. Dann zuerst die harten Gemüsesorten (Möhren und Sellerie) dazugeben, das Wasser hinzufügen und das Gemüse zugedeckt bei mittlerer Hitze in 7–10 Minuten nicht ganz weich dünsten.
- Inzwischen eine Spring- oder Quicheform von 26 cm ø leicht fetten und den Teig darin mit den Fingern zu einem gleichmäßigen Boden ausdrücken. Dabei einen etwa 3 cm breiten Rand hochziehen. Den Boden mehrmals mit einer Gabel einstechen und im Backofen (Mitte; Gas Stufe 3) etwa 10 Minuten vorbacken.
- Die weichen Gemüsesorten (Lauch, Erbsen) zu dem anderen Gemüse in den Topf geben und 2–3 Minuten mitgaren. Die Kräuter dazugeben.
- Für den Guß die Eier, die saure Sahne, das Sojamehl, den Käse, Salz und die Gemüsebrühe verrühren.
- Die Form aus dem Backofen nehmen, die Gemüsemischung auf den Teig geben und den Guß darüber gießen. Dabei den Guß mit einer Gabel leicht in die Gemüsemasse einrühren.
- Die Form wieder in den Backofen stellen und die Quiche 20–25 Minuten backen, bis die Masse gestockt und die Oberfläche goldgelb ist.

Variante: Für den Belag Zucchini, Auberginen, Paprikaschoten und Tomaten verwenden. Als Kräuter passen dann Oregano und Thymian besonders gut.

Die bunte Gemüsequiche schmeckt ofenwarm am besten. Servieren Sie sie in der Form oder auf einer großen runden Platte.

Paprikaquiche

Aus einer Pfanne · Für Kinder

Zutaten für 4 Personen:

Für den Teig:
120 g Weizenvollkornmehl · 55 g Butter
1/4 Teel. Salz · 80 g Joghurt
Für die Füllung:
3 Paprikaschoten (450–500 g, geputzt gewogen)
2 kleine Zwiebeln · 1–2 Eßl. Olivenöl
200 g Hartkäse · 1/2 Bund Petersilie
150 g Joghurt · 2 Eier
Salz · 1 Teel. Rosenpaprikapulver
etwa 1 Eßl. getrocknete Kräuter (zum Beispiel Basilikum, Thymian und etwas Rosmarin)
Für die Pfanne: Butter

Pro Portion etwa 2825 kJ/675 kcal
27 g Eiweiß · 44 g Fett · 38 g Kohlenhydrate · 6 g Ballaststoffe

Zubereitungszeit: etwa 1 1/2 Stunden

• Für den Teig das Mehl mit der Butter, dem Salz und dem Joghurt verkneten. Den Teig 20–30 Minuten in den Kühlschrank stellen.
• Die Paprikaschoten waschen und kleinschneiden. Die Zwiebeln schälen und fein hacken.
• Das Öl erhitzen und die Zwiebeln darin glasig braten. Die Paprikaschoten dazugeben und bei schwacher Hitze in 5–10 Minuten weich dünsten.
• Den Käse fein reiben. Die Petersilie waschen, trockenschleudern und klein hacken. Den Joghurt mit den Eiern verrühren. Den Käse und die Schoten untermischen und alles mit Salz, dem Paprikapulver, den Kräutern würzen.
• Eine Pfanne von 24 cm ø einfetten. Den Teig leicht kneten, darin verteilen und einen hohen Rand bilden, mehrmals einstechen.
• Die Paprikafüllung auf dem Teig verteilen.
• Die Quiche zugedeckt bei mittlerer bis schwacher Hitze 30–40 Minuten von unten braun backen.

Zwiebelkuchen mit Pilzen

Preiswert · Kalt zum Mitnehmen geeignet

Zutaten für 4–6 Personen:

Für den Hefeteig:
150 ml lauwarmes Wasser · 10 g frische Hefe
1 gestrichener Teel. Salz
200 g Weizenvollkornmehl
20 g weiche Butter oder Sonnenblumenöl
Für den Belag:
600 g Zwiebeln · 2 Eßl. Sonnenblumenöl
200 g Champignons · 50 g Butter
100 g Crème fraîche · 3 Eßl. Sahne
1 Ei · Kräutersalz
1/2 Teel. Streuwürze · 1/4 Teel. Currypulver
1/2 Teel. gekörnte Gemüsebrühe
1/2 Teel. Kümmelkörner
Für die Form: Butter

Bei 6 Personen pro Portion etwa 1730 kJ/415 kcal
8 g Eiweiß · 27 g Fett · 31 g Kohlenhydrate · 5 g Ballaststoffe

Zubereitungszeit: etwa 1 1/4 Stunden

• Für den Teig das Wasser, die Hefe und das Salz verrühren. Das Mehl unterrühren. Die Butter oder das Öl hinzufügen und alles zu einem geschmeidigen Teig verkneten. Den Teig zugedeckt etwa 20 Minuten gehen lassen.

- Die Zwiebeln schälen und fein hobeln. Das Öl erhitzen und die Zwiebeln darin bei mittlerer Hitze in 5–7 Minuten glasig braten.
- Die Pilze putzen und in etwa 1/2 cm dünne Scheiben schneiden. Die Hälfte der Butter erhitzen, die Pilze darin bei starker Hitze in 2–3 Minuten braun braten und beiseite stellen.
- Den Teig kurz zusammenkneten und in der Form gleichmäßig auseinanderdrücken, dabei einen etwa 3 cm breiten Rand hochziehen.
- Den Backofen auf 50° (Gas 1/2) einstellen, den Teig hineinstellen und etwa 5 Minuten gehen lassen.
- Die Crème fraîche und die Sahne, das Ei und die Gewürze verrühren und über die Zwiebeln gießen. Die Champignons untermischen.
- Den Backofen auf 200° vorheizen.
- Die Zwiebel-Champignonmasse auf den gegangenen Teigboden geben und die restliche Butter in Stückchen darauf verteilen. Den Zwiebelkuchen im Backofen (Mitte; Gas Stufe 3) in 25–30 Minuten goldbraun backen.

Spinatquiche

Schmeckt auch kalt

Zutaten für 4–6 Personen:

Für den Teig:
200 g Weizenvollkornmehl
100 g Butter · 1 Ei
Salz · Pfeffer, frisch gemahlen
abgeriebene Schale von 1/2 unbehandelten Zitrone
Für den Belag:
500 g Spinat · 1 Zwiebel
200 g Möhren · 1 Teel. Sonnenblumenöl
Salz · Pfeffer, frisch gemahlen · Knoblauchpulver
150 g fettarmer Joghurt · 50 g saure Sahne · 2 Eier

Bei 6 Personen pro Portion etwa 1365 kJ/335 kcal
10 g Eiweiß · 20 g Fett · 25 g Kohlenhydrate · 7 g Ballaststoffe

Zubereitungszeit: etwa 1 1/4 Stunden

- Das Mehl auf eine Arbeitsfläche schütten. Die Butter, das Ei, Salz und Pfeffer sowie die Zitronenschale hinzufügen. Alles rasch zu einem glatten Teig verarbeiten, im Kühlschrank zugedeckt etwa 15 Minuten ruhen lassen.
- Den Spinat verlesen, waschen und in einem Topf ohne Flüssigkeitszugabe bei starker Hitze 2–3 Minuten dünsten, dann beiseite stellen.
- Die Zwiebel schälen und kleinhacken. Die Möhren gut waschen und bürsten.
- Das Öl erhitzen und die Zwiebel darin glasig braten. Die Möhren raspeln, zur Zwiebel geben, mit 1/8 l Wasser aufgießen und in etwa 5 Minuten zugedeckt bei schwacher Hitze weich dünsten.
- Den Backofen auf 220° vorheizen.
- Den Teig in Größe einer Springform von etwa 30 cm ø ausrollen. Den Boden der Form damit auslegen und den Rand ebenfalls mit Teig auskleiden. Den Boden mehrmals mit einer Gabel einstechen und im heißen Backofen (Mitte; Gas Stufe 4) etwa 15 Minuten vorbacken.
- Die Möhren mit dem Spinat vermengen und den Gemüsesaft abgießen. Mit Salz, Pfeffer und Knoblauchpulver würzen. Den Joghurt, die saure Sahne und die Eier verquirlen.
- Das Gemüse auf den vorgebackenen Boden verteilen, mit der Joghurt-Eier-Mischung übergießen und in etwa 30 Minuten goldbraun backen.

Quiche Lorraine mit Seitan

Spezialität aus Frankreich

Galt der Speckkuchen, der traditionell mit Käse und Schinken zubereitet wird, vor einigen Jahren noch als Spezialität aus dem Elsaß, so ist er heute auf den Speisekarten von Boulevard-Cafés und besseren Bistros zu finden. Bei dieser Quiche wird statt Schinken Seitan verwendet. Da könnte selbst ein »eingefleischter Gourmet« zum Vegetarier werden.

Zutaten für 4–6 Personen:

Für den Teig:
200 g Weizen oder Weizenvollkornmehl
80 g kalte Butter
200 g Magerquark · Salz
Für den Belag:
200 g Seitan · 1 mittelgroße Zwiebel
2 Eßl. Olivenöl
1 Teel. getrockneter Oregano
1 Teel. getrocknetes Basilikum
1 Teel. getrockneter Thymian
3 Eier · 250 g saure Sahne
1/4 Teel. schwarzer Pfeffer, frisch gemahlen
150 g Hartkäse, am besten französischer Bergkäse
Für die Form: Butter

Bei 6 Personen pro Portion etwa 2200 kJ/520 kcal
28 g Eiweiß · 34 g Fett · 28 g Kohlenhydrate ·
6 g Ballaststoffe

Zubereitungszeit: etwa 1 1/4 Stunden

- Den Weizen möglichst frisch fein mahlen und in einer Schüssel mit der Butter in Stücken, dem Quark und Salz zu einem glatten Teig kneten. Den Teig etwa 20 Minuten kühl stellen.
- Für den Belag den Seitan in etwa 1/2 cm kleine Stücke schneiden. Die Zwiebel schälen und fein hacken.
- In einer Pfanne das Olivenöl erhitzen und darin den Seitan und die Zwiebel unter ständigem Rühren anbraten. Mit je 1/2 Teelöffel Oregano, Basilikum und Thymian würzen, durchrühren und von der Kochstelle nehmen.
- Den Backofen auf 200° (Gas Stufe 3) vorheizen. In eine Spring- oder Quicheform von 28 cm ø etwas Butter geben und diese im Ofen schmelzen lassen.
- Die Eier mit der sauren Sahne, den restlichen Kräutern und dem Pfeffer zu einer Sauce verquirlen.
- Die Form aus dem Ofen nehmen und mit der zerlassenen Butter ausstreichen. Den Teig hineindrücken, dabei einen etwa 2 cm hohen Rand formen. Mit einer Gabel den Boden mehrmals leicht einstechen. Den Boden im Backofen (Mitte) etwa 10 Minuten vorbacken.
- In der Zwischenzeit den Käse fein raspeln.
- Die Form aus dem Backofen nehmen und den Boden mit dem Seitan und der Zwiebel belegen. Die Sauce gleichmäßig darüber gießen und die Masse mit dem Käse bestreuen.
- Die Quiche im Backofen (Mitte) 20–25 Minuten überbacken, bis sie schön gebräunt ist.

Bei der Quiche Lorraine mit Seitan werden Sie den Speck, der im Originalrezept verwendet wird, bestimmt nicht vermissen.

Bunte Gemüse-Pizza

Spezialität aus Italien

Zutaten für 4 Personen:

Für den Teig:
250 g Weizen oder Weizenvollkornmehl
1/8 l lauwarmes Wasser
50 g Olivenöl
20 g frische Hefe · Salz
Für den Belag:
3 Tomaten · 1 kleiner Zucchino
1 grüne Paprikaschote
1 Zwiebel · 1 Knoblauchzehe
etwa 125 g Hartkäse
1–2 Eßl. Olivenöl · 1 Teel. Kräutersalz
1/2 Teel. Cayennepfeffer
etwa 50 g schwarze Oliven
Für die Form: Öl

Pro Portion etwa 1275 kJ/620 kcal
22 g Eiweiß · 30 g Fett · 45 g Kohlenhydrate · 11 g Ballaststoffe

Zubereitungszeit: etwa 1 1/2 Stunden

- Für den Teig den Weizen fein mahlen. Das Mehl mit dem Wasser, dem Öl, der Hefe und Salz in einer Schüssel mischen und so lange kräftig verkneten, bis der Teig geschmeidig und elastisch ist.
- Den Teig zugedeckt bei Zimmertemperatur etwa 15 Minuten ruhen lassen.
- Während der Teig ruht, die anderen Zutaten vorbereiten. Die Tomaten, den Zucchino und die Paprikaschote abspülen und trockentupfen. Dann die Tomaten und den Zucchino in dünne Scheiben, die Paprikaschote in Streifen schneiden. Die Zwiebel schälen und in dünne Ringe schneiden. Die Knoblauchzehe ebenfalls schälen und fein hacken.
- Den Backofen auf 225° vorheizen.
- Jetzt den Teig nochmals gut kneten und so in eine gefettete Springform von 28 cm ø drücken, daß ein etwa 2,5 cm hoher Rand stehenbleibt. Den Boden mit einer Gabel mehrmals leicht einstechen und im Backofen (Mitte; Gas Stufe 4) etwa 10 Minuten vorbacken.
- In der Zwischenzeit den Käse reiben.
- Dann den vorgebackenen Boden mit Olivenöl einpinseln und die Tomaten, den Zucchino, die Paprika, die Zwiebel und die Knoblauchzehe darauf verteilen. Mit dem Kräutersalz und dem Cayennepfeffer bestreuen. Die Oliven gleichmäßig darüber verteilen und mit dem geriebenen Käse bedecken. Zum Schluß einige Spritzer Olivenöl darübergeben.
- Die Pizza im Backofen (Mitte) 20–25 Minuten backen.

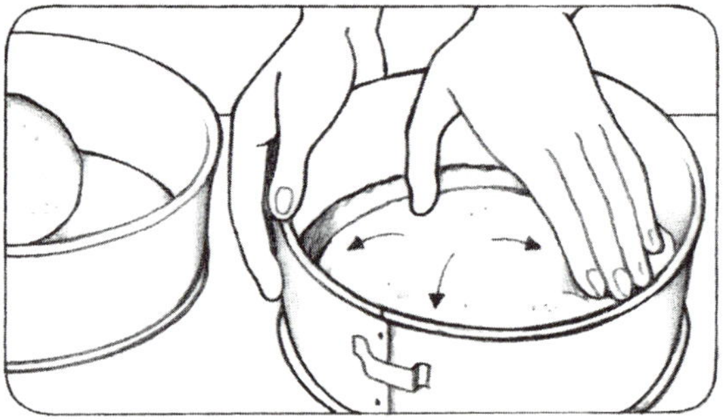

Am besten läßt sich der Teig von der Mitte her in der Form verteilen, indem Sie die Teigkugel flachdrücken und zum Rand hin verteilen. So auch den Teigrand an der Innenseite der Form hochdrücken.

Lauchkuchen

Preiswert · Kalt zum Mitnehmen geeignet

Zutaten für 4–6 Personen:

Für den Teig:
150 ml lauwarmes Wasser
10 g frische Hefe
1 gestrichener Teel. Salz
200 g Weizenvollkornmehl
20 g weiche Butter
Für den Belag:
750 g Lauch
40 g Butter
3 Eßl. Weißwein oder Wasser
Kräutersalz
1/2 Teel. gekörnte Gemüsebrühe
1 gestrichener Teel. Currypulver
1 Bund Petersilie, frisch gehackt
3 Eßl. Tomatenketchup (Reformhaus)
2 Eier
100 g Crème fraîche oder saure Sahne
1–2 Eßl. Hefeflocken
100 g Emmentaler, frisch gerieben
Für die Form: Butter

Bei 6 Personen pro Portion etwa 1100 kJ/260 kcal
11 g Eiweiß · 12 g Fett · 23 g Kohlenhydrate · 13 g Ballaststoffe

Zubereitungszeit: etwa 1 1/4 Stunden

- Für den Teig das Wasser, die Hefe und das Salz in einer Rührschüssel verrühren. Das Weizenmehl unterrühren. Die Butter hinzufügen und alles mit den Knethaken des Rührgeräts oder von Hand zu einem geschmeidigen Teig verkneten. Sollte er zu fest sein, noch 1–2 Eßlöffel Wasser dazugeben. Sollte er zu klebrig sein, noch 1–2 Eßlöffel Mehl einarbeiten. Den Teig zugedeckt etwa 20 Minuten gehen lassen, bis er etwas aufgegangen ist und sich weich anfühlt.
- Den Lauch putzen, längs durchschneiden und gründlich waschen. Den Lauch in etwa 1 cm breite Streifen schneiden.
- Die Butter in einem Topf erhitzen, die Lauchstreifen mit dem Wein oder dem Wasser dazugeben und in 3–5 Minuten bei mittlerer Hitze halbweich dünsten. Die Flüssigkeit sollte dann verdampft sein. Die Gewürze und die Petersilie einrühren und den Topf beiseite stellen.
- Eine Spring- oder Quicheform von 26 cm ø fetten, den gegangenen Teig kurz zusammenkneten und in der Form gleichmäßig mit den Fingern auseinanderdrücken. Dabei einen etwa 3 cm breiten Rand hochziehen.
- Den Backofen auf 50° (Gas Stufe 1/2) einstellen und den Teig in der Form noch etwa 5 Minuten gehen lassen.
- Die Eier, die Crème fraîche oder saure Sahne, die Hefeflocken und den Käse verrühren.
- Die Form aus dem Backofen nehmen und den Backofen auf 200° (Gas Stufe 3) vorheizen.
- Den Ketchup auf dem Teigboden verstreichen. Die Lauchmasse daraufgeben und den Guß darüber gießen. Mit einem Löffel vorsichtig in die Lauchmasse einrühren.
- Die Form in den Backofen (Mitte) stellen und den Lauchkuchen 30–35 Minuten backen, bis die Oberfläche goldbraun und die Masse gestockt ist.
- Den Lauchkuchen noch warm servieren.

Tip: Durch Bestreuen mit gerösteten Sonnenblumenkernen, Erdnüssen oder Cashewnüssen bekommt dieser Kuchen eine besondere Note!

Überbackene Pfannkuchenröllchen

Braucht etwas Zeit · Raffiniert

Zutaten für 4–6 Personen:

Für den Teig:
100 g Weizenvollkornmehl
50 g Buchweizenmehl · 1 Ei
je 175 ml Milch und Mineralwasser gemischt
Kräutersalz · 3–4 Eßl. Öl
Für die Füllung:
500 g Spinat · 100 g Emmentaler, frisch gerieben
1 Bund Petersilie, frisch gehackt
Für die Sauce:
1 mittelgroße Zwiebel · 60 g Butter
60 g Weizenvollkornmehl · etwa 1/2 l Milch
1 gestrichener Teel. gekörnte Gemüsebrühe
Kräutersalz · 1 Prise Muskatnuß, frisch gerieben
1 Knoblauchzehe · 3–4 Eßl. Tomatenmark
Für die Form: Butter
Zum Garnieren: 1/4 Bund Petersilie, frisch gehackt
2 Tomaten

Bei 6 Personen pro Portion etwa 1800 kJ/430 kcal
16 g Eiweiß · 27 g Fett · 31 g Kohlenhydrate ·
6 g Ballaststoffe

Zubereitungszeit: etwa 1 1/4 Stunden

- Die beiden Mehlsorten mit dem Ei, der Milch, dem Wasser und Kräutersalz verrühren und 15–30 Minuten quellen lassen. Der Teig soll relativ flüssig sein.
- Den Spinat putzen, sehr gründlich waschen und in einen Topf geben. Bei starker Hitze etwa 5 Minuten zugedeckt dünsten, bis er zusammengefallen ist, offen abkühlen lassen.
- Für die Sauce die Zwiebel schälen und klein würfeln. Die Butter aufschäumen lassen. Die Zwiebelwürfel leicht anbräunen. Das Weizenmehl dazugeben und bei mittlerer Hitze unter Rühren 1–2 Minuten leicht anschwitzen. Den Topf vom Herd nehmen, die Milch angießen. Den Topf auf den Herd zurückstellen und die Sauce unter Rühren leicht kochen lassen, bis sie dickflüssig wird. Die Gemüsebrühe, Kräutersalz und den Muskat einrühren. Die Knoblauchzehe schälen, sehr fein schneiden und in die Sauce einrühren.
- Für die Pfannkuchen das Öl erhitzen, mit einer Schöpfkelle etwas Teig in die schräg gehaltene Pfanne hineinfließen und unter leichtem Drehen auseinanderfließen lassen. Die Pfannkuchen goldbraun braten. Die Teigmenge ergibt etwa 8 dünne Pfannkuchen.
- Den Backofen auf 200° vorheizen und eine flache Auflaufform fetten.
- Den Spinat klein hacken, wieder in den Topf geben und mit zwei Dritteln der Sauce, des Käses und der Petersilie vermischen. Jeweils etwa 2 Eßlöffel der Spinatmasse auf die Pfannkuchen setzen, diese einrollen und nebeneinander in die Form setzen. In die restliche Sauce das Tomatenmark und eventuell etwas Milch einrühren, dann über die Pfannkuchen gießen und den restlichen Käse darüber streuen.
- Die Pfannkuchenröllchen im Backofen (Mitte; Gas Stufe 3) 15–20 Minuten backen, bis der Käse leicht gebräunt ist. Mit der Petersilie und Tomatenachteln garniert servieren.

Die überbackenen Pfannkuchenröllchen schmecken köstlich, machen aber etwas Arbeit. Wenn Sie einmal wenig Zeit haben, kochen Sie 250 g Nudeln und schichten sie mit der Spinatmasse in die Form.

Gefüllte Teigtaschen

Spezialität aus Indien

Samosa heißen die überall in Indien beliebten, mit Gemüse gefüllten Teigtaschen. Traditionell werden sie mit einer speziellen Curry-Mischung und Chili gewürzt, was schon verrät, daß sie sehr pikant sind.

Zutaten für 4–6 Personen:

Für den Teig:
250 g Dinkel · 125 g Weizen
1/4 l Wasser
2 Eßl. Sonnenblumenöl
1 Teel. Kurkuma · 1 Teel. Salz

Für die Füllung:
300 g mehligkochende Kartoffeln
1 kleiner Blumenkohl (etwa 300 g)
2 Eßl. Sonnenblumenöl
1/2 Teel. Kurkuma
1/2 Teel. Currypulver
1/4 Teel. Muskatnuß, frisch gerieben
1/4 Teel. Chilipulver
1 Teel. Salz · 1/2 Tasse Wasser
Zum Fritieren: etwa 3/4 l Pflanzenöl

Bei 6 Personen pro Portion etwa 1900 kJ/450 kcal
9 g Eiweiß · 25 g Fett · 47 g Kohlenhydrate · 4 g Ballaststoffe

Zubereitungszeit: etwa 1 Stunde

- Für den Teig den Dinkel und den Weizen möglichst frisch fein mahlen und in einer Schüssel mit dem Wasser, dem Öl, dem Kurkuma und dem Salz zu einem glatten, geschmeidigen Teig kneten. Der Teig ist optimal, wenn er weich und elastisch ist, jedoch weder an der Hand noch an der Schüssel klebt. Den Teig etwa 5 Minuten kräftig kneten und dann zugedeckt etwa 20 Minuten ruhen lassen.
- Für die Füllung die Kartoffeln schälen und abspülen. Den Blumenkohl säubern und ebenfalls abspülen. Die Kartoffeln klein würfeln, den Blumenkohl in kleine, mundgerechte Stücke brechen, den Strunk kleinschneiden.
- In einem Topf das Öl erhitzen und die Kartoffeln und den Blumenkohl darin unter Rühren andünsten. Das Kurkuma, den Curry, den Muskat, das Chilipulver und das Salz darunterrühren. Mit dem Wasser ablöschen und zugedeckt bei mittlerer Hitze etwa 10 Minuten dünsten. Dann auf der ausgeschalteten Herdplatte weitere 10 Minuten garen.
- Den Teig nochmals gut kneten und auf einer bemehlten Fläche zu einem Rechteck von etwa 30 x 30 cm ausrollen. Mit dem Teigrädchen in 9 gleich große (10 x 10 cm) Quadrate teilen.
- Das Gemüse mit einem Holzlöffel durchrühren, so daß es zerfällt und die Kartoffeln sich gut mit dem Blumenkohl vermischen lassen. Das Gemüse hat dann eine breiartige Konsistenz und läßt sich mit dem Eßlöffel gut auf die einzelnen Quadrate verteilen.
- Zwischendurch das Öl in einem schweren Topf oder einer Friteuse erhitzen. Den Backofen auf 50° (Gas Stufe 1) vorheizen.
- Die Teigstücke über der Füllung zu Dreiecken falten und die Ränder andrücken. Dann mit dem Teigrädchen oder der Teigkarte den Rand abtrennen, so daß ein prall gefülltes Dreieck übrigbleibt. Die abgetrennten Teigränder zusammenkneten, ausrollen und mit dem restlichen Gemüse füllen.
- Die Samosa portionsweise in dem heißen Öl etwa 2 Minuten knusprig braun backen.
- Im Backofen bis zum Servieren warm halten.

Hirse-Mangold-Röllchen mit grüner Sauce

Für Gäste · Glutenfrei

Zutaten für 3–4 Personen:

Für die Röllchen:
1 mittelgroße Zwiebel · 40 g Butter
150 g Hirse · etwa 400 ml Wasser
1 Gemüsebrühwürfel · Salz
1 Mangoldstaude mit etwa 8 großen Blättern
250 g frische Champignons oder Mischpilze
180–200 g Mungobohnensprossen (50 g ungekeimt)
2 Eßl. Olivenöl oder Butterschmalz
Streuwürze · 1/2 Teel. Currypulver
Pfeffer, frisch gemahlen
Für die Sauce:
je 1 Bund Petersilie, Sauerampfer, Borretsch, Pimpinelle, Schnittlauch und Kerbel
1 Kästchen Kresse · 200 g Crème fraîche
100 g Joghurt · 2 Teel. Senf
Salz · Pfeffer, frisch gemahlen
1–2 Eßl. Sonnenblumenöl
1–2 Teel. milder Essig oder Zitronensaft
2 hartgekochte Eier oder 1 weiche Avocado
eventuell Milch oder Wasser

Bei 4 Personen pro Portion etwa 2250 kJ/535 kcal
15 g Eiweiß · 39 g Fett · 33 g Kohlenhydrate · 5 g Ballaststoffe

Zubereitungszeit: etwa 1 Stunde

• Die Zwiebel schälen und fein würfeln, dann in der Butter glasig braten.

• Die Hirse heiß abspülen, abtropfen lassen und zu den Zwiebeln geben. Mit dem Wasser aufgießen. Den Brühwürfel und etwas Salz hineinrühren. Die Hirse zugedeckt 5–7 Minuten kochen lassen, dann bei schwacher Hitze in 20–30 Minuten ausquellen lassen.

• Inzwischen 1–2 l Wasser mit Salz zum Kochen bringen. Den Mangold waschen. Die Stiele abschneiden und anderweitig verwenden. Die Mangoldblätter in dem kochenden Wasser 3–4 Minuten blanchieren, herausheben und auf der Arbeitsfläche ausbreiten. Das Blanchierwasser aufheben.

• Die Champignons putzen und kleinschneiden. Die Sprossen abspülen und verlesen.

• Das Öl oder Butterschmalz erhitzen und die Pilze darin anbraten. Die Sprossen dazugeben und mit 1/8 l vom Mangoldblanchierwasser aufgießen. Die Pilze und die Sprossen etwa 4 Minuten dünsten. Dann zur Hirse geben und die Mischung mit etwas Streuwürze, dem Curry und Pfeffer abschmecken.

• Jeweils etwas Hirsefüllung an der Stielseite auf die Mangoldblätter setzen. Die Blätter aufrollen, leicht zusammendrücken und nebeneinander in die Pfanne setzen. Etwa 1/8 l Mangoldkochwasser auf den Boden der Pfanne gießen. Den Deckel auflegen und die Rollen bei schwacher Hitze etwa 5 Minuten dünsten.

• Für die Sauce die Kräuter gründlich waschen, und grob zerschneiden.

• Die Crème fraîche, den Joghurt, die Kräuter, den Senf, Salz und Pfeffer, das Öl sowie den Essig oder Zitronensaft im Mixer fein pürieren.

• Die hartgekochten Eier schälen. Oder die Avocado halbieren, entkernen und das Fruchtfleisch herauslösen. Die Eier oder die Avocadostücke in den Mixer geben und daruntermixen. Die Sauce mit etwas Wasser oder Milch verdünnen und abschmecken, zu den Mangoldröllchen reichen.

Gefüllte Teigröllchen

Spezialität aus Mexiko

Auch diese Enchiladas bestehen aus Tortillas, die gefüllt und zusammengerollt werden. Die Röllchen können entweder in heißem Öl oder in einer Auflaufform im Backofen gebacken werden. Dazu gehört eine pikante Sauce. Hier ist das Fleisch durch Seitan ersetzt.

Zutaten für 4–6 Personen:

1 Ei · 1 Teel. Akazienhonig
1 Eßl. Wasser · 1 Prise Zimtpulver
6 rohe mexikanische Tortillas (Rezept Seite 164)
2 Fleischtomaten · 1 Zwiebel
1 rote Paprikaschote · 1 Knoblauchzehe
4 Eßl. Olivenöl
1/2 Teel. Cumin (Kreuzkümmel)
Cayennepfeffer · Salz
etwa 200 g Seitan · 50 g Pinienkerne
1–2 Eßl. ungeschwefelte Rosinen
1–2 Eßl. Speisequark
Für die Form: Butter
Zum Garnieren: 1 Bund Petersilie, frisch gehackt
Pinienkerne

Bei 6 Personen pro Portion etwa 1220 kJ/310 kcal
10 g Eiweiß · 19 g Fett · 28 g Kohlenhydrate ·
4 g Ballaststoffe

Zubereitungszeit: etwa 1 1/4 Stunden

• Das Ei auf einem Teller mit dem Honig, dem Wasser und dem Zimt verquirlen. Die Tortillas nacheinander durch die Eimasse ziehen und auf einen Teller legen.
• Für die Sauce die Tomaten und die Paprikaschote abspülen und trockentupfen. Die Tomaten und die geputzte Paprikaschote fein hacken. Die Zwiebel und die Knoblauchzehe schälen und fein hacken.
• In einer Pfanne 2 Eßlöffel Öl erhitzen und die Zwiebel und den Knoblauch unter Rühren kurz anbraten. Die Tomaten und die Paprikaschote hineinrühren. Mit dem Cumin, Cayennepfeffer und Salz abschmecken und zugedeckt bei mittlerer Hitze in etwa 5 Minuten weich dünsten. Dann die Sauce in ein kleines Gefäß füllen und die Pfanne ausspülen.
• Für die Füllung den Seitan sehr fein hacken. In der Pfanne das übrige Öl erhitzen und den Seitan unter Rühren 2–3 Minuten anbraten. Die Pinienkerne und die Rosinen unterrühren und weitere 2–3 Minuten braten.
• Den Backofen auf 200° vorheizen. Eine Auflaufform einfetten.
• Den Quark unter den Seitan ziehen und die Masse so auf die Mitte der Tortillas verteilen, daß sich diese gut zusammenrollen lassen.
• Die aufgerollten Tortillas nebeneinander in die Form legen und die Sauce darüber gießen. Mit der Petersilie und den Pinienkernen garnieren. Nach Belieben noch etwas geriebenen Hartkäse darüber streuen.
• Die Enchiladas im Backofen (Mitte, Gas Stufe 3) etwa 30 Minuten überbacken.

Für die gefüllten Teigröllchen werden rohe Tortillas mit einer Füllung aus Seitan und Pinienkernen gefüllt und knusprig überbacken. Dazu paßt eine pikante Tomatensauce.

Gefüllte mexikanische Teigtaschen

Raffiniert · Für Gäste

Zutaten für 4–6 Personen:

Für den Quark-Öl-Teig:
250 g Dinkel
250 g Speisequark
100 g Oliven- oder Sonnenblumenöl
1 gestrichener Teel. Salz
Für die Füllung:
1 mittelgroße Zwiebel
etwa 250 g Seitan
250 g Tomaten
5 grüne Oliven
2 Eßl. Olivenöl
2 Eßl. ungeschwefelte Rosinen
1–2 Teel. Cayennepfeffer
1/2 Teel. Paprikapulver, edelsüß
1 Teel. getrockneter Oregano
Salz
2 hartgekochte Eier
1 Eßl. Speisequark
1 Bund Petersilie, frisch gehackt
eventuell 1 Ei zum Glasieren
Für das Blech: Butter
Zum Garnieren: einige Salatblätter
1 Tomate, in Scheiben geschnitten
einige Oliven

Bei 6 Personen pro Portion etwa 2000 kJ/480 kcal
17 g Eiweiß · 29 g Fett · 34 g Kohlenhydrate · 5 g Ballaststoffe

Zubereitungszeit: etwa 1 Stunde

• Für den Teig den Dinkel möglichst frisch fein mahlen und in einer Schüssel mit dem Quark, dem Öl und dem Salz verkneten. Der Teig sollte glatt sein und nicht kleben. Den Teig etwa 20 Minuten kalt stellen.
• In der Zwischenzeit die Zwiebel schälen und fein hacken. Den Seitan etwas ausdrücken und abtropfen lassen, dann sehr fein hacken. Die Tomaten waschen und würfeln. Die Oliven entkernen und fein schneiden.
• In einer schweren Pfanne das Olivenöl erhitzen. Die Zwiebel mit dem Seitan darin unter Rühren 2–3 Minuten anbraten. Dann die Tomaten, die Oliven und die Rosinen dazugeben und verrühren. Mit dem Cayennepfeffer, dem Paprikapulver, dem Oregano und Salz abschmecken und zugedeckt bei mittlerer Hitze etwa 5 Minuten dünsten.
• Die Masse auf der abgestellten Herdplatte weitere 3–5 Minuten ziehen lassen.
• Den Teig auf einer bemehlten Arbeitsfläche kräftig durchkneten. Dann in 6 gleich große Stücke teilen und diese zu Kugeln formen. Die Teigkugeln mit einem Nudelholz zu runden Fladen von etwa 14 cm ø ausrollen.
• Den Backofen auf 200° vorheizen. Das Backblech fetten.
• Von der Füllung die überschüssige Flüssigkeit abgießen. Die Masse in eine Schale geben. Die hartgekochten Eier kleinschneiden und mit dem Quark und der Hälfte der Petersilie untermengen. Sollte die Masse noch etwas feucht sein, mit 1–2 Eßlöffeln Dinkelmehl binden.
• Dann die Füllung gleichmäßig auf die Mitte der 6 Fladen verteilen und die Ränder mit Wasser befeuchten. Die Teigstücke zusammenklappen und die Ränder fest zusammendrücken.
• Die Empanadas auf das Backblech legen und eventuell mit dem verquirlten Ei bestreichen.

• In den Backofen (Mitte; Gas Stufe 3) schieben und in etwa 30 Minuten goldbraun backen.
• Die Empanadas auf Salatblättern servieren und mit Tomatenscheiben und Oliven garnieren.

● Tip: Wenn Sie für den Teig Sonnenblumenöl nehmen, wird er milder.

Paprikaschoten mit Gemüse-Frischkäsefüllung

Ganz einfach

Zutaten für 4 Personen:

4 große Paprikaschoten (etwa 750 g)
500 g Zucchini
1 große Zwiebel
4 Eßl. Sonnenblumenöl
2 Knoblauchzehen
Kräutersalz
Streuwürze
1/4 Teel. getrockneter Oregano
1/2 Teel. getrockneter oder 1 Teel. frischer Thymian
1/2 Bund Petersilie, frisch gehackt
150 g Kräuter-Frischkäse
1 Ei
1/2 Tasse Wasser
Für die Form: Butter oder Öl
Zum Bestreuen: 1/2 Bund Petersilie, frisch gehackt

Pro Portion etwa 1700 kJ/400 kcal
11 g Eiweiß · 33 g Fett · 18 g Kohlenhydrate · 3 g Ballaststoffe

Zubereitungszeit: etwa 1 Stunde

• Von den Paprikaschoten an der Stielseite einen Deckel abschneiden und die Kerne herausnehmen. Die Schoten innen und außen abspülen und das Fruchtfleisch des Deckels kleinschneiden. Die Zucchini waschen, von Stiel- und Blütenansatz befreien und in mittelfeine Stifte schneiden oder raffeln. Dann zugedeckt beiseite stellen. Die Zwiebel schälen und in feine Streifen schneiden.
• Das Öl erhitzen und die Zwiebel darin 2–3 Minuten andünsten. Die Zucchinistifte und die Paprikastücke dazugeben, bei schwacher Hitze etwa 5 Minuten vorgaren und dabei die Flüssigkeit verdunsten lassen. Die Knoblauchzehen schälen, sehr fein schneiden oder durch die Knoblauchpresse drücken und zum Gemüse geben. Den Topf von der Kochstelle nehmen. Die Masse mit Kräutersalz, Streuwürze, dem Oregano, dem Thymian und der Petersilie würzen. Den Frischkäse und das Ei untermischen.
• Den Backofen auf 225° vorheizen. Eine hohe Auflaufform bereitstellen.
• Die Paprikaschoten außen mit etwas Öl einreiben, mit der Gemüsemasse füllen und in die Form stellen. Das Wasser auf den Boden der Form gießen.
• Die Form in den Backofen (Mitte; Gas Stufe 4) stellen und die Schoten 30–35 Minuten garen lassen; sie sind dann noch bißfest.
• Mit der Petersilie bestreut servieren.

Pilzpastete

Raffiniert · Aus einer Pfanne

Zutaten für 4–6 Personen:

Für den Teig:
135 g Weizenvollkornmehl
110 g Butter
1/4 Teel. Salz
110 g Magerquark
Für die Füllung:
400 g Mischpilze
2 kleine Zwiebeln
1/2 Eßl. Butter
Salz
Pfeffer, frisch gemahlen
250 g Hartkäse
1 Bund Petersilie
100 g Sahne
2 Eier
1 Teel. Paprikapulver, rosenscharf
etwa 1 Eßl. Vollkornzwiebackmehl oder -grieß

Bei 6 Personen pro Portion etwa 2000 kJ/480 kcal
22 g Eiweiß · 37 g Fett · 16 g Kohlenhydrate · 5 g Ballaststoffe

Zubereitungszeit: etwa 1 1/2 Stunden

• Für den Teig das Mehl zuerst mit der Butter vermischen. Das Salz und den Quark dazugeben und alles gut miteinander vermengen. Den Teig 30–40 Minuten in den Kühlschrank stellen.
• Die Pilze putzen, gegebenenfalls ganz kurz waschen und in Scheibchen oder größere Stückchen schneiden. Die Zwiebeln schälen und fein hacken.
• Die Butter zerlassen und die Zwiebeln darin glasig braten. Die Pilze dazugeben und etwa 5 Minuten unter Rühren bei mittlerer Hitze mitbraten. Die Pilze in ein Sieb geben und die Flüssigkeit, die sich beim Braten gebildet hat, in einer Schüssel auffangen. Die Pilze mit Salz und Pfeffer würzen.
• Den Käse fein reiben. Die Petersilie waschen, trockenschleudern und fein hacken. Die Pilzsauce mit der Sahne, den Eiern, dem Paprikapulver und der Petersilie verrühren. Den Käse daruntermischen. Eventuell nachsalzen.
• Den Teig leicht kneten, dann in einer ungefetteten Pfanne von 28 cm ø verteilen, sehr gut andrücken und einen Rand bilden. Den Teigboden mehrmals einstechen, damit er gleichmäßig backen kann.
• Den Teig mit dem Zwiebackmehl oder dem Grieß bestreuen. Die Pilze darauf verteilen und mit der Käsemasse bedecken.
• Die Pastete zugedeckt bei mittlerer bis schwacher Hitze in etwa 30 Minuten von unten schön braun backen.

Auch in der Pfanne kann man Raffiniertes zubereiten, das an Backofengerichte erinnert, wie diese Pilzpastete beweist.

Buntes Polentagratin

Ganz einfach · Preiswert

Zutaten für 4 Personen:

1 l Wasser
1 gestrichener Teel. gekörnte Gemüsebrühe
Kräutersalz · 250 g Polenta (Maisgrieß)
200 g Möhren · 1/2 Tasse Wasser
200 g frische ausgepalte oder tiefgefrorene Erbsen
1 Eßl. Sojasauce · 2–3 Eßl. Gomasio
150 g Knollensellerie · 50–100g Parmesan, frisch gerieben · 1 Ei · 1 Bund Petersilie, frisch gehackt
40 g Butter · 100 g Sahne · Für die Form: Butter

Pro Portion etwa 2300 kJ/550 kcal
17 g Eiweiß · 25 g Fett · 65 g Kohlenhydrate · 8 g Ballaststoffe

Zubereitungszeit: etwa 1 1/4 Stunden

• Das Wasser mit der Brühe und Salz aufkochen. Die Polenta darin bei schwacher Hitze zugedeckt in etwa 20 Minuten quellen lassen.
• Die Möhren schälen, würfeln und mit dem Wasser in etwa 5 Minuten nicht ganz weich garen. Die Erbsen 2–3 Minuten mitdünsten. Mit der Sojasauce und der Hälfte des Gomasios würzen.
• Den Backofen auf 180° vorheizen und eine flache Auflaufform fetten.
• Den Sellerie schälen, fein reiben und mit dem Käse, dem Ei, der Petersilie und der Hälfte der Butter unter den Maisbrei rühren.
• Abwechselnd Maismasse und Gemüse in die Form schichten. Mit einer Maisschicht enden. Die Sahne gleichmäßig darüber gießen. Mit dem restlichen Gomasio und der übrigen Butter belegen.
• Das Gratin im Backofen (Mitte; Gas Stufe 2) 25–30 Minuten backen.

Zucchini-Kartoffel-Gratin

Ganz einfach · Für Kinder

Zutaten für 4 Personen:

600 g mehlig-festkochende Kartoffeln
600 g Zucchini · 300 g Tomaten
2–3 Eier · 100 g saure Sahne · 100 g süße Sahne
200 g Emmentaler, frisch gerieben
Kräutersalz · Streuwürze
1/4 Teel. Currypulver · 2 Knoblauchzehen
1 Eßl. frischer oder 1/2 Teel. getrockneter Thymian
Für die Form: Butter

Pro Portion etwa 2300 kJ/550 kcal
26 g Eiweiß · 30 g Fett · 38 g Kohlenhydrate · 5 g Ballaststoffe

Zubereitungszeit: etwa 1 1/4 Stunden

• Die Kartoffeln in der Schale in wenig Wasser halbweich garen, etwas auskühlen lassen.
• Die Zucchini und die Tomaten waschen, putzen und in 1/2 cm dicke Scheiben schneiden.
• Den Backofen auf 200° vorheizen. Eine flache runde oder eckige Auflaufform fetten.
• Die Kartoffeln schälen und in 1/2 cm dünne Scheiben schneiden.
• Die Eier mit der sauren und süßen Sahne verquirlen. Die Hälfte des Käses, Salz, Streuwürze, Curry, den durchgepreßten Knoblauch und die abgestreiften Thymianblättchen untermischen.
• Die Zucchini- und Kartoffelscheiben schuppenartig in die Form legen. Die Sauce darüber gießen.

• Das Gratin im Backofen (Mitte; Gas Stufe 3) etwa 25 Minuten überbacken. Die Tomatenscheiben und den übrigen Käse auf dem Gratin verteilen, alles nochmals etwa 5 Minuten backen.

Grünkern-Chicorée-Gratin

Ganz einfach · Raffiniert

Zutaten für 4 Personen:

200 g Grünkern · 400 ml Wasser
1/2 Teel. Salz · 4 große Stauden Chicorée (600–700 g)
2 Tassen Gemüsebrühe
2 Fleischtomaten (300 g) · 200 g Sahne
100 g Emmentaler oder Parmesan, in Stücken
80 g Mandeln · 2 Eier · 1 Prise Streuwürze
1 Prise weißer Pfeffer, frisch gemahlen
2–3 Eßl. Petersilie, frisch gehackt
Für die Form: Öl oder Butter

Pro Portion etwa 2500 kJ/600 kcal
24 g Eiweiß · 39 g Fett · 41 g Kohlenhydrate · 10 g Ballaststoffe

Quellzeit: etwa 1 Stunde
Zubereitungszeit: etwa 1 1/4 Stunden

• Den Grünkern mit dem Wasser und dem Salz in einem Kochtopf etwa 1 Stunde einweichen.
• Den Grünkern mit dem Wasser etwa 5 Minuten zugedeckt kochen lassen. Dann bei schwacher Hitze etwa 40 Minuten ausquellen lassen.
• Von den Chicoréestauden schlechte Blätter entfernen. Die Stauden längs halbieren und den Strunk keilförmig herausschneiden.
• Die Gemüsebrühe in einem Topf erhitzen. Die Chicoréehälften darin bei mittlerer Hitze zugedeckt in 10–15 Minuten nicht zu weich kochen.
• Die Tomaten waschen, den Stielansatz kegelförmig herausschneiden. Die Tomaten 2–3 Minuten in den Topf auf den Chicorée legen.
• Den Backofen auf 200° vorheizen. Eine Auflaufform fetten.
• Die Tomaten aus dem Topf heben, leicht abkühlen lassen und die Haut abziehen. Die Tomaten in Scheiben schneiden.
• Die Sahne, den Käse, die Mandeln, die Eier, die Streuwürze und den Pfeffer in einem Mixer pürieren, abschmecken.
• Den Chicorée, die Tomatenscheiben, den Grünkern und die Petersilie abwechselnd mit der Hälfte der Sauce in die Form schichten. Die restliche Sauce darüber gießen.
• Das Gratin im Backofen (Mitte; Gas Stufe 3) 15–20 Minuten überbacken, bis die Oberfläche leicht gebräunt ist.

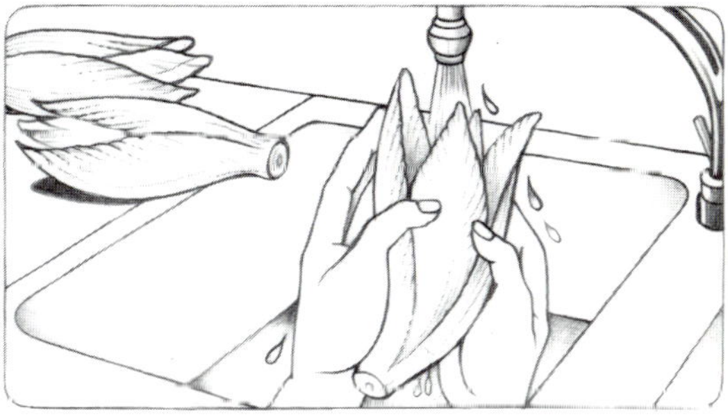

Beim Waschen von Chicorée halten Sie die Stauden am besten mit der Spitze nach oben unter den Wasserstrahl und biegen die Blätter leicht auseinander.

Rosenkohlgratin mit Maronen

Ganz einfach · Raffiniert

Zutaten für 4 Personen:

500 g Maronen (Eßkastanien)
500 g Rosenkohl · 2 große Zwiebeln
40 g Butter · 1/2 Teel. Zitronensaft
Kräutersalz · Muskatnuß, frisch gerieben
150 g Appenzeller und Parmesan gemischt, frisch gerieben · 100 g saure Sahne oder Crème fraîche
Für die Form: Butter

Pro Portion etwa 2600 kJ/620 kcal
24 g Eiweiß · 26 g Fett · 71 g Kohlenhydrate · 11 g Ballaststoffe

Zubereitungszeit: etwa 1 1/4 Stunden

- Die Maronen an der Spitze kreuzweise einschneiden und in kochendem Wasser in etwa 20 Minuten weich garen. Dann kalt abschrecken und die äußere Schale und das innere Häutchen entfernen. Den Rosenkohl waschen und putzen. Die Zwiebeln schälen und würfeln.
- Die Hälfte der Butter aufschäumen lassen, die Zwiebeln darin goldbraun braten. Den Rosenkohl, etwa 1 Tasse Wasser, den Zitronensaft, Salz und Muskat dazugeben und den Rosenkohl zugedeckt bei mittlerer Hitze in etwa 5 Minuten nicht ganz weich kochen.
- Den Backofen auf 200° vorheizen und eine hohe Auflaufform fetten.
- Abwechselnd Rosenkohl, Maronen und Käse in die Form schichten. Die saure Sahne oder Crème fraîche mit 3–4 Eßlöffeln Gemüsekochwasser verrühren, mit der restlichen Butter auf dem Gratin verteilen. Das Gratin im Ofen (Mitte; Gas Stufe 3) 25–30 Minuten überbacken.

Schichtkartoffeln

Preiswert · Ganz einfach · Für Singles

Zutaten für 1 Person:

100 g Kartoffeln · 100 g Tomaten
Salz · 1 Prise Pfeffer, frisch gemahlen
1/2 Teel. Butter · 1 Teel. Sesamsamen
1 Eßl. Magerquark · 2 Eßl. saure Sahne
1 Ei · 1/2 Bund Schnittlauch

Etwa 960 kJ/230 kcal
12 g Eiweiß · 11 g Fett · 21 g Kohlenhydrate · 6 g Ballaststoffe

Zubereitungszeit: etwa 1 Stunde 5 Minuten

- Die Kartoffeln schälen, waschen und in Scheiben schneiden. Die Tomaten waschen, halbieren und ebenfalls in Scheiben schneiden.
- Die Kartoffel- und die Tomatenscheiben fächerförmig in eine feuerfeste Form schichten. Mit Salz und dem Pfeffer würzen.
- Die Butter in einer Pfanne erhitzen, den Sesam darin bräunen und über die Kartoffeln und Tomaten geben.
- Den Backofen auf 220° vorheizen.
- Den Quark mit der sauren Sahne und dem Ei verquirlen und über die Kartoffeln gießen.
- Die Form mit Alufolie abdecken und das Gericht im heißen Backofen (unten; Gas Stufe 4) etwa 45 Minuten garen.
- Den Schnittlauch waschen, kleinschneiden und über die Schichtkartoffeln streuen.

Der Rosenkohlgratin mit Maronen ist ein ungewöhnliches Herbstgericht, das auch Ungeübten problemlos gelingt.

Lauch-Käse-Toast

Für Singles · Mengen lassen sich vervielfachen

Unten knusprig, oben saftig, so soll ein guter Toast sein. Als leichte Zwischenmahlzeit oder leichtes Abendessen sind Toasts sehr beliebt, und man kann auch unerwartete Gäste damit verwöhnen, denn die Mengen lassen sich problemlos verdoppeln oder vervierfachen.

Zutaten für 1 Person:

100 g Lauch (1 kleine Stange), geputzt gewogen
1 Scheibe Vollkorntoastbrot · etwa 1 Teel. Butter
1 Eßl. Crème fraîche
1/4 Teel. Paprikapulver, edelsüß
1 Messerspitze Kräutersalz
2 Scheiben Emmentaler (50–75 g)

Etwa 1500 kJ/360 kcal
19 g Eiweiß · 22 g Fett · 18 g Kohlenhydrate · 11 g Ballaststoffe

Zubereitungszeit: etwa 25 Minuten

• Den Lauch vom Wurzelansatz sowie von schlechten Blättern befreien, längs halbieren und gründlich waschen (auch zwischen den Blättern), dann in knapp 10 cm lange Stücke schneiden (so lang wie die Toastscheibe). Die Lauchstücke in einem kleinen Topf, eben mit Wasser bedeckt, etwa 5 Minuten garen. Auf einem Sieb abtropfen lassen.
• Inzwischen das Brot beidseitig toasten und mit Butter bestreichen. Die Crème fraîche mit dem Paprikapulver (etwas zum Bestreuen zurückbehalten) und dem Kräutersalz verrühren.
• Die abgetropften Lauchstücke auf dem Toastbrot verteilen. Die gewürzte Crème fraîche darüber streichen und mit dem Käse abdecken.
• Den Toast überbacken, bis der Käse zu zerlaufen beginnt. Mit dem restlichen Paprikapulver bestreuen.

Tip: Für das Überbacken bietet sich der Grill an, auch der Backofen ist geeignet. Es gibt außerdem Grilltoaster, Tischgrills und Kontaktgrills. Ist das alles nicht vorhanden, tut es auch eine Pfanne mit Deckel. Unter dem Grill, am besten etwa 15 cm von den Grillstäben entfernt, braucht ein Toast nur 2–3 Minuten, bis der Käse zu zerlaufen beginnt, in der Pfanne (mit Deckel) geht es ebenso schnell, beim Kontaktgrill noch etwas schneller. Im Backofen jedoch (obere Schiene) braucht der Toast 5–10 Minuten bei 200° (Gas Stufe 3), je nachdem, wie schnell der Ofen auf volle Hitze kommt; deshalb immer etwas vorheizen.

Erdnußtoast

Preiswert · Schnell

Zutaten für 1 Person:

1 sehr kleine Möhre (etwa 25 g)
50 g geröstete, gesalzene Erdnußkerne
1 Scheibe Emmentaler (25 g)
1 Eßl. Sahne
etwas schwarzer Pfeffer, frisch gemahlen
1 Scheibe Vollkorntoastbrot
etwa 1 Teel. Butter

Etwa 2300 kJ/550 kcal
22 g Eiweiß · 40 g Fett · 24 g Kohlenhydrate · 8 g Ballaststoffe

Zubereitungszeit: etwa 15 Minuten

• Die Möhre waschen und putzen. Die Möhre,

die Hälfte der Erdnußkerne und den Käse grob reiben, mit der Sahne und etwas Pfeffer mischen.
• Das Brot beidseitig toasten und mit der Butter bestreichen. Die Möhrenmischung dick darauf häufen und etwas andrücken. Die restlichen Erdnußkerne darüber verteilen und andrücken.
• Den Toast überbacken, bis der Käse zu zerlaufen beginnt.

Toast mit Sojasprossen

Für Singles · Ganz einfach

Zutaten für 1 Person:

50 g Sojasprossen
etwa 2 Teel. Butter · 1 Teel. Sojasauce
etwas schwarzer Pfeffer, frisch gemahlen
1 Scheibe Vollkorntoastbrot
2 Scheiben mittelalter Gouda (50–75 g)
1 Teel. Schnittlauchröllchen

Etwa 1500 kJ/360 kcal
17 g Eiweiß · 26 g Fett · 11 g Kohlenhydrate · 1 g Ballaststoffe

Zubereitungszeit: etwa 20 Minuten

• Die Sojasprossen gründlich waschen und auf einem Sieb gut abtropfen lassen. 1 Teelöffel Butter in einer kleinen Pfanne zerlaufen lassen, die Sojakeimlinge mit der Sojasauce und etwas Pfeffer darin knapp 5 Minuten unter Wenden bei mittlerer Hitze braten.
• Das Brot beidseitig toasten und mit der restlichen Butter bestreichen. Die gebratenen Sojasprossen darauf verteilen und mit dem Käse abdecken.
• Den Toast überbacken, bis der Käse zu zerlaufen beginnt. Mit dem Schnittlauch bestreuen.

Toast mit Zwetschgen und Edelpilzkäse

Schnell · Für Singles

Zutaten für 1 Person:

1 Scheibe Vollkorntoastbrot
25 g Doppelrahm-Frischkäse
etwas Zitronenpfeffer (Fertigmischung)
2–3 Spätzwetschgen, je nach Größe, ersatzweise
4 eßfertige Trockenpflaumen ohne Stein
50 g Edelpilzkäse, zum Beispiel Bavaria blu oder Gorgonzola

Etwa 1600 kJ/380 kcal
17 g Eiweiß · 25 g Fett · 19 g Kohlenhydrate · 4 g Ballaststoffe

Zubereitungszeit: etwa 20 Minuten

• Das Brot beidseitig toasten. Mit dem Frischkäse dick bestreichen und mit etwas Zitronenpfeffer bestreuen.
• Die Zwetschgen waschen, längs vierteln, vom Stein befreien und mit der Schnittfläche nach oben auf den Frischkäse legen. Oder die gequollenen Trockenpflaumen abtropfen lassen und ebenfalls längs vierteln. Den Edelpilzkäse in dicke Scheiben schneiden und die Zwetschgen damit abdecken.
• Den Toast überbacken, bis der Käse zu zerlaufen beginnt.

Internationales

Vollwertiges aus fremden Ländern – von der Vorspeise bis zum Dessert. Sie finden Vertrautes wie gefüllte Weinblätter aus Griechenland oder Ratatouille mit Wildreis aus Frankreich bis hin zu eher ungewöhnlichen Spezialitäten wie Couscous-Käse-Stäbchen aus Arabien. Über die besonderen Zutaten finden Sie wichtige Informationen in der Warenkunde (Seite 18–21).

Provenzalische Gemüsesuppe

Für Kinder · Ganz einfach

Mit einem Stück (selbstgebackenem) Brot und einem kleinen Rohkostsalat vorher ist diese Suppe ein komplettes Hauptgericht.

Zutaten für 4 Personen:

2–3 Kartoffeln
1 mittelgroße Möhre
1 Stange Lauch
1 rote Paprikaschote
100 g grüne Bohnen
3–4 Tomaten
1 Stange Sellerie
1 mittelgroße Zwiebel
3 Eßl. Sonnenblumenöl
2–3 Knoblauchzehen
2 gehäufte Eßl. gekörnte Gemüsebrühe
1 Teel. getrockneter Oregano
1 Teel. getrocknetes Basilikum
1 Teel. getrockneter Thymian
1/2 Teel. schwarzer Pfeffer, frisch gemahlen
4 Scheiben Vollkornbrot
2 Eßl. Butter

Pro Portion etwa 1100 kJ/260 kcal
7 g Eiweiß · 11 g Fett · 30 g Kohlenhydrate · 10 g Ballaststoffe

Zubereitungszeit: etwa 45 Minuten

• Die Kartoffeln schälen und waschen. Die Möhre, den Lauch, die Paprikaschote, die Bohnen, die Tomaten und den Sellerie ebenfalls waschen und putzen. Die Zwiebel schälen und in dünne Ringe schneiden. Die Kartoffeln würfeln, die Möhre längs teilen und in Scheiben schneiden. Den Lauch in etwa 1/2 cm dicke Scheiben, die Paprikaschote in Streifen schneiden. Die Bohnen in 2–3 cm lange Stücke schneiden. Die Tomaten würfeln. Den Sellerie fein schneiden.

• In einem großen Topf von mindestens 3 l Fassungsvermögen das Sonnenblumenöl erhitzen. Zuerst die Zwiebel, die Kartoffeln, die Möhre, den Lauch und die Bohnen hineingeben. Unter ständigem Rühren bei mittlerer Hitze 2–3 Minuten andünsten.

• Dann die Paprikaschote, die Tomaten und den Sellerie hinzugeben und weitere 2–3 Minuten dünsten.

• Die Knoblauchzehen schälen und durch die Presse hineindrücken. Die Gemüsebrühe, den Oregano, das Basilikum, den Thymian und den Pfeffer unterrühren. Dann mit 1 l Wasser ablöschen. Die Suppe zum Kochen bringen und zugedeckt bei mittlerer Hitze etwa 20 Minuten köcheln lassen. Die Suppe auf der ausgeschalteten Herdplatte weitere 5–10 Minuten ziehen lassen.

• Das Vollkornbrot würfeln. In einer Pfanne die Butter erhitzen und das Brot darin unter Rühren knusprig anrösten.

• Die Suppe in Portionsschälchen füllen. Die Brotwürfel darübergeben und die Suppe sofort servieren.

Tip: Wenn Sie frische Kräuter zur Verfügung haben, verwenden Sie diese anstelle der getrockneten. Ganz nach Belieben können Sie auch noch einen Schuß französischen Landwein hinzugeben.

Knoblauchsuppe

Spezialität aus Spanien

Zutaten für 4 Personen:

4–5 Knoblauchzehen
2 Eßl. Olivenöl
1 kleine Pfefferschote
2 gehäufte Eßl. gekörnte Gemüsebrühe
1–2 Eßl. trockener Landwein
Salz · Pfeffer, frisch gemahlen
1 kleines Bund Petersilie, fein gehackt

Pro Portion etwa 160 kJ/38 kcal
0 g Eiweiß · 4 g Fett · 0 g Kohlenhydrate ·
0 g Ballaststoffe

Zubereitungszeit: etwa 20 Minuten

• Die Knoblauchzehen schälen und in sehr dünne Scheiben schneiden.
• Die Pfefferschote waschen und mit den Kernen sehr fein schneiden, den Stielansatz dabei entfernen.
• In einem großen Topf das Öl erhitzen und den Knoblauch darin andünsten. Dann die Pfefferschote kurz mitdünsten.
• Mit 1 l Wasser ablöschen. Die Gemüsebrühe und den Wein unterrühren und mit Salz und Pfeffer abschmecken. Die Suppe aufkochen, dann zugedeckt bei mittlerer Hitze etwa 10 Minuten köcheln lassen. Die Kochstelle ausschalten, und die Suppe auf der noch warmen Herdplatte etwa 5 Minuten ziehen lassen. Mit der Petersilie bestreut servieren.

Tip: Zu diesem feurigen Süppchen schmeckt ofenfrisches, knuspriges Weizenvollkornbrot besonders gut.

Feurige Tortillasuppe

Raffiniert · Braucht etwas Zeit

Zutaten für 4 Personen:

1 Zwiebel
je 1 frische grüne und rote Pfefferschote (Chilis)
250 g Tomaten · 1 kleiner Zucchino · 3 Eßl. unraffiniertes Olivenöl · 2 gehäufte Eßl. gekörnte Gemüsebrühe · 1 Teel. Paprikapulver, edelsüß · Salz
4 altbackene Tortillas (Rezept Seite 164)
Zum Garnieren: 1 Bund Petersilie, fein gehackt
1 Zitrone

Pro Portion etwa 810 kJ/190 kcal
5 g Eiweiß · 10 g Fett · 21 g Kohlenhydrate ·
3 g Ballaststoffe

Zubereitungszeit: etwa 1 Stunde

• Die Zwiebel schälen und fein hacken. Die Pfefferschoten, die Tomaten und den Zucchino abspülen. Die Pfefferschoten in Ringe schneiden. Die Tomaten und den Zucchino würfeln.
• In einem großen Topf das Olivenöl erhitzen, die Zwiebel darin glasig dünsten. Dann die Pfefferschoten dazugeben und zugedeckt bei mittlerer Hitze etwa 5 Minuten andünsten.
• Die Tomaten, den Zucchino und die Brühe dazugeben und mit 1–1 1/4 l Wasser ablöschen. Zum Kochen bringen, mit dem Paprikapulver und Salz abschmecken. Zugedeckt bei schwacher Hitze etwa 15 Minuten leise köcheln lassen.
• Die Suppe auf der abgeschalteten Herdplatte weitere 10–15 Minuten ziehen lassen. Die Tortillas in etwa 2 cm breite Streifen schneiden.
• In die Suppe geben, geben, mit der Petersilie und Zitronenkeilen garnieren und servieren.

Gefüllte Weinblätter

Braucht etwas Zeit · Gut vorzubereiten

Zutaten für 4 Personen:

Für die Füllung:
1 große Zwiebel · etwa 50 g Olivenöl
150 g Naturreis · 2 Eßl. Pinienkerne
300 ml heiße Gemüsebrühe
1 Eßl. Tomatenmark · 1 Eßl. Korinthen
1/2 Eßl. Salbei, frisch gehackt
1 Eßl. Minze, frisch gehackt
1 Eßl. Honig · Salz
Pfeffer, frisch gemahlen
Außerdem: etwa 25 frische Weinblätter (oder etwa 150 g eingelegte)
3/8 l heiße Gemüsebrühe · 1 Eßl. Tomatenmark
Saft von 1/2 Zitrone · 2 Eßl. Olivenöl

Pro Portion etwa 1500 kJ/360 kcal
4 g Eiweiß · 22 g Fett · 36 g Kohlenhydrate · 3 g Ballaststoffe

Zubereitungszeit: etwa 2 1/2 Stunden

• Die Zwiebel schälen und fein würfeln.
• Das Olivenöl erhitzen und die Zwiebel darin goldgelb dünsten. Den Reis und die Pinienkerne hinzugeben und alles etwa 10 Minuten bei mittlerer Hitze dünsten, dabei gelegentlich umrühren.
• Dann die Gemüsebrühe, das Tomatenmark, die Korinthen, den Salbei, die Minze und den Honig unterrühren. Salzen und pfeffern. Bei schwacher Hitze etwa 50 Minuten zugedeckt garen.
• Den Reis auf der abgeschalteten Herdplatte weitere 5–10 Minuten ziehen lassen, bis die Flüssigkeit aufgesogen ist.
• Die frischen oder die eingelegten Weinblätter gut abspülen und in kochendem Wasser etwa 10 Minuten blanchieren. Dann gut abtropfen lassen. 3 Blätter herausnehmen, die beschädigten aussortieren. Den Boden einer Kasserolle mit den 3 Blättern oder einer dünnen Schicht der aussortierten Weinblätter auslegen.
• Die restlichen Weinblätter mit der matten Seite nach oben auf die Arbeitsfläche legen. Auf jedes Blatt in die Mitte je 1 Eßlöffel Füllung geben. Das Weinblatt rechts und links einschlagen, dann die Stielseite des Blattes über die Füllung klappen und das Blatt wie ein Paket zur Spitze hin nicht zu eng zusammenrollen.
• Die Weinblätter nebeneinander in die Kasserolle geben. Bei mehreren Schichten dazwischen jeweils eine Lage aussortierte Blätter geben. Die Gemüsebrühe, das Tomatenmark, den Zitronensaft und das Öl verrühren und über die Weinblätter gießen.
• Den Backofen auf 180° vorheizen.
• Die Weinblätter in den Backofen (Mitte; Gas Stufe 2) schieben und etwa 30 Minuten backen.
• Die Weinblätter mit Zitronenkeilen und frisch gehackter Petersilie garnieren.

● **Tip:** Ob heiß oder kalt serviert, zu Weinblättern (Dolmathes) passen ofenfrisches Fladenbrot und Tzatziki am besten.

Selbstgemacht, mit frischem Fladenbrot und Oliven serviert, schmecken gefüllte Weinblätter noch besser.

Pipérade mit Seitan

Schnell · Ganz einfach

Unter Pipérade verstehen die Franzosen Provenzalische Eier, die dem englischen breakfast mit ham & eggs ähneln. Dieses einfache, schnell zubereitete Gericht besteht aus verschiedenen Gemüsesorten (meist Tomaten, Zwiebeln und Paprika), die in einer hohen Pfanne mit Eiern und Schinken gebraten werden. Der Schinken kann weggelassen, oder – wie in diesem Rezept – durch Seitan ersetzt werden.

Zutaten für 2 Personen:

2 mittelgroße Tomaten
1 grüne Paprikaschote
1 Zwiebel · 1 Knoblauchzehe
75 g Seitan · 4 Eier
1/2 Teel. getrocknetes Basilikum
1/2 Teel. schwarzer Pfeffer, frisch gemahlen
Salz · 2 Eßl. Olivenöl · 1 Bund Schnittlauch

Pro Portion etwa 1400 kJ/330 kcal
19 g Eiweiß · 23 g Fett · 12 g Kohlenhydrate · 6 g Ballaststoffe

Zubereitungszeit: etwa 25 Minuten

• Die Tomaten und die Paprikaschote waschen und trockentupfen. Die Tomaten halbieren und in Scheiben schneiden, die Paprikaschote entkernen und in Streifen schneiden. Die Zwiebel und die Knoblauchzehe schälen und fein hacken. Den Seitan würfeln.
• Die Eier mit dem Basilikum, dem Pfeffer und Salz verquirlen.
• In einer Pfanne das Öl erhitzen. Zuerst die Zwiebel, den Knoblauch und den Seitan darin anbraten. Die Tomaten und die Paprikaschote dazugeben und unter ständigem Rühren bei mittlerer Hitze 5–7 Minuten braten.
• Die Eier darüber gießen und unter Rühren so lange braten, bis die Eier gestockt sind.
• Den Schnittlauch fein schneiden, die Pipérade damit bestreuen und in der Pfanne servieren.

Gemüse-Kasserolle

Spezialität aus Griechenland

Zutaten für 4 Personen:

1 große Aubergine (etwa 300 g)
1 Zucchino (etwa 200 g)
1 grüne Paprikaschote
1 große Zwiebel · 400 g Tomaten
3–4 Eßl. Olivenöl
2 Knoblauchzehen
1 Lorbeerblatt
1 Teel. getrocknetes Basilikum
1/2 Teel. getrockneter Thymian
Salz · Pfeffer, frisch gemahlen
Zum Garnieren: 1 Bund Petersilie, frisch gehackt
Für die Form: Butter

Pro Portion etwa 560 kJ/130 kcal
4 g Eiweiß · 9 g Fett · 10 g Kohlenhydrate · 5 g Ballaststoffe

Zubereitungszeit: etwa 40 Minuten

• Die Aubergine und den Zucchino waschen und in etwa 2 cm dicke Würfel schneiden. Die Paprikaschote abspülen, entkernen und in etwa 2 cm große Stücke schneiden. Die Zwiebel schälen und grob würfeln. Die Tomaten abspülen und ebenfalls grob würfeln.
• Den Backofen auf 225° vorheizen.

• In einem Topf das Olivenöl erhitzen und zuerst die Aubergine, den Zucchino und den Paprika unter Rühren andünsten. Nach etwa 2 Minuten die Zwiebel hinzugeben und mitdünsten. Nach weiteren 2 Minuten die Tomaten unterrühren. Die Knoblauchzehen schälen und durch die Presse auf das Gemüse drücken. Das Lorbeerblatt, das Basilikum und den Thymian unterziehen, mit Salz und Pfeffer abschmecken.
• Das Gemüse zugedeckt auf der ausgeschalteten Herdplatte etwa 5 Minuten ziehen lassen.
• Eine Kasserolle einfetten und das Gemüse hineingeben. Die Kasserolle zugedeckt in den Backofen (Mitte; Gas Stufe 4) schieben und das Gemüse etwa 20 Minuten backen.
• Die Gemüsekasserolle mit der Petersilie bestreuen und servieren.

Mazedonische Bohnen

Läßt sich gut vorbereiten

Zutaten für 4 Personen:

250 g getrocknete weiße Bohnen
1 Lorbeerblatt · 250 g Kürbis (ersatzweise Zucchini)
etwa 60 g Butter · 1 große Zwiebel
1 grüne Paprikaschote · Salz
Pfeffer, frisch gemahlen
50 g saure Sahne · 1 Eßl. feiner Weizenschrot
etwa 50 g Kasseri (ersatzweise junger Gouda)
Zum Garnieren: 1 Bund Petersilie, fein gehackt
4 Zitronenscheiben
Für die Form: Butter

Pro Portion etwa 1700 kJ/400 kcal
19 g Eiweiß · 19 g Fett · 37 g Kohlenhydrate · 14 g Ballaststoffe

Quellzeit: etwa 10 Stunden
Zubereitungszeit: etwa 2 Stunden

• Die Bohnen in einem Topf mit reichlich Wasser über Nacht einweichen.
• Die Bohnen in ein Sieb gießen und unter fließend heißem Wasser abspülen. Mit 3/4 l Wasser und dem Lorbeerblatt aufkochen und zugedeckt bei mittlerer Hitze etwa 1 Stunde garen. Die Bohnen auf der abgeschalteten Herdplatte weitere 20–30 Minuten nachquellen lassen.
• Den Kürbis putzen und kleinschneiden.
• In einem Topf die Hälfte der Butter erhitzen. Den Kürbis darin unter Rühren 2–3 Minuten andünsten. Zugedeckt bei schwacher Hitze weitere 5–7 Minuten dünsten.
• Die Zwiebel schälen und fein hacken. Die Paprikaschote waschen, entkernen und fein würfeln.
• In einem anderen Topf die restliche Butter erhitzen und darin die Zwiebel und die Paprikaschote andünsten. Das Gemüse mit Salz und Pfeffer abschmecken und zugedeckt etwa 5 Minuten garen.
• Den gedünsteten Kürbis pürieren und in einer Schüssel mit den weichgekochten Bohnen, der Zwiebel und der Paprikaschote vermengen. Die saure Sahne und den Weizenschrot unterziehen.
• Den Backofen auf 225° vorheizen.
• Eine Auflaufform einfetten und die Masse hineinfüllen. Den Käse darüber reiben und die Bohnen in den Backofen (Mitte; Gas Stufe 4) schieben. Etwa 15 Minuten überbacken.
• Die Bohnen mit der Petersilie bestreuen und mit den Zitronenscheiben garnieren.

Kretische Spinat-Taschen

Braucht etwas Zeit · Für Gäste

Zutaten für 4 Personen:

Für den Teig:
200 g Weizen oder Weizenvollkornmehl
50 g Buchweizen oder Buchweizenmehl
250 g Speisequark
100 ml Olivenöl · 1 Teel. Salz
Für die Füllung:
etwa 500 g Spinat · 1 große Zwiebel
2 Eßl. Olivenöl
1/2 Teel. getrockneter Oregano
1/2 Teel. getrocknetes Basilikum
1/4 Teel. Muskatnuß, frisch gerieben
Salz · Pfeffer, frisch gemahlen
Für das Blech: Butter
Zum Garnieren: 1 Tomate
1 unbehandelte Zitrone, in Scheiben geschnitten
frische Minze

Pro Portion etwa 2300 kJ/550 kcal
19 g Eiweiß · 34 g Fett · 44 g Kohlenhydrate · 10 g Ballaststoffe

Zubereitungszeit: etwa 1 1/2 Stunden

• Für den Teig Weizen und Buchweizen möglichst frisch fein mahlen und mit dem Quark, dem Olivenöl und dem Salz verkneten. Der Teig soll glatt sein und darf nicht kleben. Den Teig etwa 30 Minuten kühl stellen.
• In der Zwischenzeit für die Füllung den Spinat verlesen und gründlich waschen. Die Zwiebel schälen und fein hacken.
• In einem Topf das Olivenöl erhitzen, die Zwiebel darin glasig dünsten. Den Spinat dazugeben und zugedeckt bei mittlerer Hitze 3–5 Minuten dünsten. Dann mit dem Oregano, dem Basilikum, dem Muskat, Salz und Pfeffer abschmecken.
• Den gekühlten Teig auf der bemehlten Arbeitsfläche mit beiden Händen dynamisch kneten, so daß er wieder warm und geschmeidig wird. Den Teig mit einem Nudelholz zu einem Rechteck ausrollen, mit den Händen mehrmals übereinanderschlagen und wieder ausrollen. Diese Prozedur einige Male wiederholen, dadurch wird der Teig noch elastischer und bekommt eine blätterteigähnliche Konsistenz.
• Den Backofen auf 200° vorheizen.
• Jetzt den Teig zu einem Quadrat von etwa 20 x 20 cm ausrollen und in 4 gleich große Quadrate teilen. Die Füllung auf die Mitte der Teigstücke gleichmäßig verteilen. Die Teigränder mit Wasser befeuchten. Dann jeweils eine Ecke des Teigstücks diagonal über die Füllung schlagen. Die Ränder mit den Fingern gut andrücken. Die anderen Teigstücke auf die gleiche Weise zubereiten und alle auf ein gefettetes Backblech legen.
• Die Spinat-Taschen mit Wasser einpinseln, in den Backofen (oben; Gas Stufe 3) schieben und in etwa 25 Minuten goldbraun backen.
• Die fertigen Teigtaschen auf einen Teller legen und mit geviertelten Tomaten, Zitronenkeilen und frischer Minze garnieren.

Das paßt dazu: ein griechischer Bauernsalat und Tzatziki, eine Quark-Joghurtcreme mit Knoblauch und Gurkenraspeln.

Spinat, umhüllt von einem Teig aus Weizen, Buchweizen und Quark. Die Kretischen Spinat-Taschen schmecken besonders gut mit einer frischen Beilage wie Salat oder Tzatziki.

Ratatouille mit Wildreis

Spezialität aus Frankreich · Für Gäste

Zutaten für 4 Personen:

2 Tassen Wildreis (100 g)
3 Tassen Wasser · Salz
1 mittelgroße Aubergine
je 1 grüne und rote Paprikaschote
4 mittelgroße Tomaten
500 g Zucchini · 1 Zwiebel
2 Knoblauchzehen
3 Eßl. Sonnenblumenöl
1 Teel. getrockneter Oregano
1/2 Teel. getrockneter Thymian
1/4 Teel. Cayennepfeffer · 2 Eßl. Butter
1/2 Bund Petersilie, frisch gehackt

Pro Portion etwa 1200 kJ/290 kcal
9 g Eiweiß · 14 g Fett · 31 g Kohlenhydrate · 7 g Ballaststoffe

Zubereitungszeit: etwa 1 Stunde

• Den Wildreis mit dem Wasser zum Kochen bringen, salzen und zugedeckt bei mittlerer Hitze etwa 35 Minuten garen.
• Die Aubergine, die Paprikaschoten, die Tomaten und die Zucchini waschen und trockentupfen. Die Aubergine und die geschälte Zwiebel in dünne Scheiben schneiden. Die Knoblauchzehen schälen und fein hacken.
• In einem großen Topf das Öl erhitzen und darin die Aubergine, die Zwiebel und die Knoblauchzehen 4–5 Minuten andünsten.
• Die Paprikaschoten, die Tomaten und die Knoblauchzehen 4–5 Minuten andünsten.
• Die Paprikaschoten, die Tomaten und Zucchini kleinschneiden und zu der Aubergine geben. Den Oregano, den Thymian, den Cayennepfeffer und Salz unterrühren. Das Gemüse zugedeckt bei mittlerer Hitze 8–10 Minuten garen.
• Den Reis mit einem Holzlöffel durchrühren. Die Butter darübergeben und den Reis noch etwa 5 Minuten auf der ausgeschalteten Kochstelle stehenlassen.
• Den Reis nochmals umrühren, dann in eine vorher befeuchtete Schale geben, die er genau füllt, und mit dem Löffel etwas andrücken. Einen großen, flachen und vorgewärmten Teller darüber legen und die Schale so stürzen, daß der Reis in der Mitte des Tellers ist. Das Gemüse darum verteilen, mit Petersilie garnieren.

Tacos mit frischem Gemüse

Spezialität aus Mexiko

Zutaten für 4–6 Personen:

1 kleiner Eisbergsalat · 3 Tomaten
1 Zwiebel · 1 grüne Paprikaschote
etwa 100 g schwarze Oliven
250 g saure Sahne · 3 Eßl. Olivenöl
1 Eßl. Essig
1–2 Eßl. Sambal Badjak (siehe Tip)
1/2 Teel. Koriandersamen, frisch zerstoßen
1 Teel. Akazienhonig
6 rohe mexikanische Tortillas (Rezept Seite 164)
Zum Ausbacken: Pflanzenöl
Zum Garnieren: 6 Radieschen
Alfalfasprossen oder Kresse

Bei 6 Personen pro Portion etwa 1190 kJ/280 kcal
6 g Eiweiß · 18 g Fett · 24 g Kohlenhydrate · 4 g Ballaststoffe

Zubereitungszeit: etwa 1 Stunde

• Den Eisbergsalat halbieren, abspülen und in feine Streifen schneiden. Die Tomaten waschen und in Scheiben, die Zwiebel schälen und in Ringe schneiden. Die Paprikaschote waschen, halbieren, entkernen und in dünne Streifen schneiden.
• Das Gemüse in einer Schale vermengen. Die Oliven darunterheben.
• Den Backofen auf 50° (Gas Stufe 1) vorheizen.
• Für die Sauce die saure Sahne in einer kleinen Schale mit dem Olivenöl, dem Essig und dem Sambal Badjak verrühren. Den Koriander und den Honig dazugeben und die Sauce mit Salz abschmecken.
• Die Tacos zubereiten. Dazu eine schwere Pfanne etwa 1 cm hoch mit Öl füllen und erhitzen. Eine Tortilla vorsichtig hineinlegen, kurz anbacken und dann mit einer Gabel eine Seite zur anderen klappen. Dabei dürfen sich die Teigränder aber nicht berühren, sondern es soll eine Art Tasche entstehen.
• Den Taco behutsam wenden und von der anderen Seite knusprig braun backen. Zum Abtropfen auf Küchenpapier legen und im Backofen bis zum Füllen warm halten.
• Wenn alle Tacos gebacken sind, die Salatmischung hineinfüllen und mit der nochmals durchgerührten Sauce übergießen. Mit den geschnittenen Radieschen und Alfalfasprossen garnieren.

Tip: Sambal Badjak ist eine feurig scharfe Mischung aus Pfefferschoten, Zwiebeln, Sonnenblumenöl, Paprika und Salz. Sie bekommen es im Naturkostladen.

Linsen-Reis mit Möhren-Nituké

Spezialität aus Japan

Zutaten für 4 Personen:

1 Tasse Naturreis (etwa 150 g)
4 Tassen Wasser (etwa 640 ml)
Salz · 1 Tasse grüne Linsen (etwa 125 g)
1 mittelgroße Möhre · 1 Zwiebel
2–3 Eßl. Sesamöl · 1 Teel. Miso
1 Teel. Tamari

Pro Portion etwa 1500 kJ/360 kcal
15 g Eiweiß · 10 g Fett · 47 g Kohlenhydrate · 6 g Ballaststoffe

Zubereitungszeit: etwa 1 Stunde

• Den Reis waschen und mit 2 Tassen Wasser und 1/2 Teelöffel Salz in 40–45 Minuten zugedeckt weich garen.
• Die Linsen waschen und ebenfalls in 2 Tassen Wasser und 1/2 Teelöffel Salz aufkochen. Zugedeckt bei schwacher Hitze etwa 20 Minuten garen. Dann die Linsen auf der abgeschalteten Herdplatte 10–15 Minuten ziehen lassen.
• Die Möhre waschen, bürsten und der Länge nach halbieren. Die Hälften, je nach Dicke, noch zwei- bis dreimal von oben nach unten aufschneiden und zweimal quer durchschneiden. Die Zwiebel schälen und fein hacken.
• In einer schweren Pfanne das Öl erhitzen und die Möhre und die Zwiebel unter Rühren andünsten. Bei mittlerer Hitze zugedeckt 2–3 Minuten garen
• Dann den Reis und die Linsen dazugeben und alles gut miteinander vermengen. Mit dem Miso und dem Tamari abschmecken und weitere 2–3 Minuten braten.

Ravioli mit Käse-Seitan-Füllung

Braucht etwas Zeit · Raffiniert

Zutaten für 4–6 Personen:

250 g Dinkel oder Dinkelmehl
50 g Buchweizen oder Buchweizenmehl
3 Eier · Salz
1 Eßl. Sonnenblumenöl
2 Eßl. Wasser · 400 g Seitan
1 mittelgroße Zwiebel · 1 Knoblauchzehe
2 Eßl. Olivenöl
1/2 Teel. schwarzer Pfeffer, frisch gemahlen
1/2 Teel. getrockneter Oregano
1/2 Teel. getrockneter Thymian
1 Eßl. Petersilie, frisch gehackt
125 g Ricotta oder Frischkäse
1 Eßl. Sonnenblumenöl

Pro Portion etwa 1900 kJ/450 kcal
20 g Eiweiß · 16 g Fett · 56 g Kohlenhydrate · 7 g Ballaststoffe

Zubereitungszeit: etwa 1 1/2 Stunden

• Für den Teig den Dinkel und den Buchweizen eventuell fein mahlen. Die leicht verquirlten Eier mit 1/4 Teelöffel Salz und dem Öl hinzufügen. Die Zutaten sehr gründlich verkneten, dabei das Wasser nach und nach hinzufügen. Den Teig zugedeckt etwa 10 Minuten ruhen lassen.
• Den Seitan, die geschälte Zwiebel und die Knoblauchzehe sehr fein hacken.
• In einer Pfanne das Olivenöl erhitzen und den Seitan, die Zwiebel und die Knoblauchzehe darin unter Rühren 3–5 Minuten anbraten. Mit Salz, dem Pfeffer, dem Oregano und dem Thymian abschmecken.
• Die Masse in einer großen Schüssel mit der Petersilie und dem Ricotta vermengen.
• In einem großen Topf etwa 3 l Wasser mit 1 Eßlöffel Salz und dem Sonnenblumenöl zum Kochen bringen.
• Den Nudelteig nochmals gut kneten und halbieren. Die eine Hälfte mit dem Nudelholz auf der bemehlten Arbeitsfläche zu einem Quadrat von etwa 30 x 30 cm ausrollen.
• Im Abstand von etwa 5 cm je 1 Teelöffel der Füllung auf den Teig geben.
• Die andere Teighälfte genauso ausrollen und über die erste legen.
• Die obere Teighälfte mit den Fingern zwischen den einzelnen Füllungen auf die untere Hälfte drücken. Dann mit dem Teigrad die Füllungen so voneinander trennen, daß lauter kleine Dreiecke übrigbleiben. Die Ravioli in das sprudelnd kochende Wasser geben und 10–15 Minuten garen.

Für die Ravioli mit Käse-Seitan-Füllung (von links nach rechts) Seitan, Zwiebeln und Knoblauch kleinschneiden, anbraten und mit Ricotta und Petersilie mischen. Den bereits vorbereiteten Nudelteig ausrollen und mit Füllung belegen. Eine zweite Teigplatte darauf legen und zwischen den Füllungen gut festdrücken. Mit dem Teigrad Dreiecke ausschneiden und diese in Salzwasser garen.

Makkaroni mit Rosenkohl in Gorgonzola-Salbei-Sauce

Ganz einfach

Zutaten für 4 Personen:

Salz · 500 g Vollkorn-Makkaroni
500 g Rosenkohl
2 Eßl. Sonnenblumenöl · 1 Tasse Wasser
250 g Seitan · 200 g Gorgonzola
125 g Sahne · 1/8 l Gemüsebrühe
7 frische Salbeiblätter
1/4 Teel. schwarzer Pfeffer, frisch gemahlen
Für die Form: Butter

Pro Portion etwa 3560 kJ/850 kcal
40 g Eiweiß · 37 g Fett · 88 g Kohlenhydrate · 16 g Ballaststoffe

Zubereitungszeit: etwa 40 Minuten

- 1 1/2 l Wasser mit Salz zum Kochen bringen, die Makkaroni darin in 8–10 Minuten »al dente« (bißfest) garen, dann abgießen.
- Inzwischen den Rosenkohl sorgfältig putzen.
- Das Öl in einem Topf erhitzen und den Rosenkohl unter ständigem Rühren darin 2–3 Minuten andünsten. Salz dazugeben und mit dem Wasser ablöschen. Zugedeckt bei mittlerer Hitze 8–10 Minuten garen. Der Rosenkohl darf nicht zu weich werden.
- Den Seitan und den Käse in kleine Stücke schneiden.
- Den Backofen auf 220° vorheizen. Eine Auflaufform fetten.
- Den Rosenkohl vom Herd nehmen. Das Kochwasser abgießen und in einer Schüssel mit Sahne und der Gemüsebrühe verrühren.
- 4–5 Salbeiblätter beiseite legen. Den übrigen Salbei fein hacken und unter die Sauce ziehen. Mit Salz und dem Pfeffer abschmecken.
- Die Makkaroni, den Seitan, die Hälfte vom Käse und den Rosenkohl hinzugeben und gut miteinander vermengen.
- Die Masse in die Form geben und mit dem übrigen Käse belegen und mit den ganzen Salbeiblättern garnieren.
- Die Form in den Backofen (Mitte; Gas Stufe 4) schieben und etwa 20 Minuten backen.

Kartoffel-Gnocchi mit Pecorino

Spezialität aus Italien

Zutaten für 4 Personen:

Salz · 1 kg mehligkochende Kartoffeln
1–2 Eier · 5–7 Eßl. Maismehl
1 Bund Petersilie, frisch gehackt
1 gehäufter Teel. gekörnte Gemüsebrühe
1/2 Teel. Cayennepfeffer
1/4 Teel. Muskatnuß, frisch gerieben
125 g Pecorino, frisch gerieben
2 gehäufte Eßl. Butter
Für die Form: Butter

Pro Portion etwa 1800 kJ/430 kcal
20 g Eiweiß · 20 g Fett · 44 g Kohlenhydrate · 6 g Ballaststoffe

Zubereitungszeit: etwa 1 1/2 Stunden

- Die Kartoffeln waschen und ungeschält zugedeckt in Salzwasser etwa 20 Minuten kochen lassen. Dann abgießen und etwas abkühlen lassen. Die Kartoffeln schälen und durch eine Presse drücken.
- Die Eier, das Maismehl, die Hälfte der Peter-

silie, die Gemüsebrühe, den Cayennepfeffer und den Muskat mit den Kartoffeln zu einem glatten Teig kneten. Der Teig sollte eine Konsistenz haben, aus der sich gut mit befeuchteten Händen kleine Gnocchi (Klößchen) formen lassen, ohne zu kleben. Eventuell erst 1 Ei und nur 5 Eßlöffel Mehl untermischen. Sollte der Teig zu feucht sein, etwas mehr Mehl hinzugeben.

- In einem großen Topf 3–4 l Wasser mit 1 Teelöffel Salz zum Kochen bringen.
- Von dem Teig Gnocchi formen. Diese in das Wasser geben und etwa 10 Minuten garen, bis sie an der Oberfläche schwimmen.
- Eine flache feuerfeste Form einfetten. Den Backofen auf 200° vorheizen.
- Die Gnocchi nebeneinander in die Form legen und mit dem Pecorino bestreuen. Die Butter flöckchenweise darübergeben und die Form in den Backofen (Mitte; Gas Stufe 3) schieben. Die Gnocchi in etwa 30 Minuten knusprig braun backen.

● Tip: Sie können die Kartoffeln auch mit dem Handrührgerät (auf keinen Fall aber im Mixer!) zerquetschen. Jedoch nur ganz kurz rühren, da sonst die Kartoffeln klebrig werden.

Mit einer dieser Pressen macht es keine Mühne, Teig aus gekochten Kartoffeln herzustellen.

Adzuki-Bratlinge

Raffiniert

Zutaten für 4 Personen:
250 g Adzuki-Bohnen · 1 Zwiebel
1 gehäufter Teel. Miso · 250 g Dinkel · 1 Eßl. Tahin
1 Eßl. Tamari · 1 Teel. gekörnte Gemüsebrühe
1/4 Teel. Chilipulver
1 Bund Petersilie, frisch gehackt
2–4 Eßl. Sonnenblumenöl

Pro Portion etwa 2900 kJ/690 kcal
26 g Eiweiß · 32 g Fett · 71 g Kohlenhydrate · 19 g Ballaststoffe

Quellzeit: etwa 10 Stunden
Zubereitungszeit: etwa 1 1/4 Stunden

- Die Adzuki-Bohnen etwa 10 Stunden in reichlich Wasser einweichen. Dann in einem Sieb kalt abspülen.
- Die Zwiebel fein hacken und mit den Bohnen und dem Miso in 325 ml Wasser aufkochen. Bei mittlerer Hitze etwa 30 Minuten zugedeckt köcheln. Die Bohnen auf der abgeschalteten Herdplatte weitere 10–15 Minuten quellen lassen.
- Den Dinkel möglichst frisch fein schroten.
- 1/2 l Wasser zum Kochen bringen und den geschroteten Dinkel hineinrühren. So lange weiterrühren, bis sich die Masse vom Topfboden zu lösen beginnt. Das Tahini, das Tamari, die Gemüsebrühe und das Chilipulver unterziehen.
- Die Bohnen und die Petersilie dazugeben und nochmals gut durchrühren.
- Mit befeuchteten Händen aus der Masse etwa 1 1/4 cm dicke Bratlinge formen.
- Das Öl erhitzen. Die Bratlinge darin von beiden Seiten bei mittlerer Hitze braun braten.

Zucchini mit Avocado-Pistazien-Füllung

Raffiniert

Zutaten für 4 Personen:

4 Zucchini (etwa 1 kg)
3 Eßl. Olivenöl
2 mittelgroße Avocados
Salz
Cayennepfeffer
75 g Pistazien
2 Eßl. Magerquark
etwa 75 g Hartkäse
Für die Form: Butter
Zum Garnieren:
8 Zitronenscheiben
1 kleines Bund Petersilie, frisch gehackt

Pro Portion etwa 2000 kJ/480 kcal
16 g Eiweiß · 42 g Fett · 10 g Kohlenhydrate · 6 g Ballaststoffe

Zubereitungszeit: etwa 40 Minuten

• Die Zucchini waschen, vom Stielansatz befreien und der Länge nach halbieren. Mit einem Teelöffel das Fruchtfleisch so herausschälen, daß ein knapp 1 cm dicker Rand stehenbleibt. Das ausgelöste Fruchtfleisch sehr fein hacken.
• In einer Pfanne das Olivenöl erhitzen und das Fruchtfleisch darin unter Rühren bei mittlerer Hitze 5–7 Minuten andünsten.
• Die Avocados schälen, halbieren und vom Kern befreien. Mit einer Gabel zerdrücken und in einer Schüssel mit dem Zucchini-Fruchtfleisch verrühren. Mit Salz und Cayennepfeffer abschmecken.
• Die Pistazien aus der Schale lösen und nach Belieben entweder ganz oder gehackt unter die Zucchini-Avocado-Masse mengen. Den Magerquark unterrühren.
• Den Backofen auf 225° vorheizen. Eine Auflaufform fetten.
• Die Masse in die ausgehöhlten Zucchini füllen. Den Käse fein reiben und darüber streuen. Die gefüllten Zucchini nebeneinander in die Form legen, in den Backofen (oben; Gas Stufe 4) schieben und etwa 20 Minuten überbacken.
• Vor dem Servieren jede Zucchinihälfte mit 1 Zitronenscheibe garnieren und mit der Petersilie bestreuen.

Tip: Wenn Sie dieses Gericht deftiger wünschen, geben Sie doch noch 1–2 zerdrückte Knoblauchzehen an die Füllung.

Zucchini mit Avocado-Pistazien-Füllung schmecken nicht nur als Hauptgericht, sondern auch als pikante Vorspeise. Das Rezept reicht dann für 8 Personen.

Paprika mit Hirsefüllung

Spezialität aus Arabien

Zutaten für 4 Personen:

200 g Hirse
3 Tassen Wasser
Salz
4 grüne Paprikaschoten
1 Zwiebel
2 Knoblauchzehen
3 Eßl. Sonnenblumenöl
2 Eßl. Sonnenblumenkerne
2 Tomaten
1 gestrichener Teel. Paprikapulver, rosenscharf
1/4 Teel. Muskatnuß, frisch gerieben
1/4 Teel. Koriandersamen, frisch zerstoßen
1 Prise Zimtpulver
etwa 100 g Käse (junger Gouda oder Edamer)
Zum Garnieren:
1 Zitrone, in Scheiben geschnitten
4 Eßl. Joghurt
Paprikapulver, rosenscharf
1 Tomate, in Scheiben geschnitten
4 Stengel frische Petersilie
Für die Form: Butter

Pro Portion etwa 1800 kJ/430 kcal
18 g Eiweiß · 20 g Fett · 41 g Kohlenhydrate · 12 g Ballaststoffe

Zubereitungszeit: etwa 1 Stunde

- Die Hirse in ein Sieb geben und unter fließendem Wasser gut abspülen. In einen Topf schütten und mit dem Wasser und Salz aufkochen lassen. Zugedeckt bei schwacher Hitze etwa 15 Minuten garen. Die Hirse dann auf der abgeschalteten Herdplatte weitere 5–10 Minuten quellen lassen.
- Den Backofen auf 180° vorheizen.
- Die Paprikaschoten abspülen und trockentupfen. Den Stielansatz ausschneiden und das Kerngehäuse herausnehmen. Die Zwiebel und die Knoblauchzehen fein hacken.
- Die Paprikaschoten mit etwas Öl einpinseln und im Backofen (Mitte; Gas Stufe 2) etwa 10 Minuten vorbacken.
- In der Pfanne das übrige Öl erhitzen und die Zwiebel und den Knoblauch darin andünsten. Die Sonnenblumenkerne 1–2 Minuten mitrösten. Dann die Pfanne beiseite stellen.
- Die Tomaten abspülen und fein würfeln.
- Die Hirse in eine Schüssel geben und mit der Zwiebel-Sonnenblumen-Masse vermengen. Die Tomaten unterrühren und mit dem Paprikapulver, dem Muskat, dem Koriander, dem Zimt und Salz abschmecken.
- Den Backofen auf 200° (Gas Stufe 3) hochschalten. Die Auflaufform fetten. Den Käse reiben.
- Die Masse in die Paprikaschoten füllen und diese in die Form setzen. Den Käse darüber streuen. Die Paprikaschoten in den Ofen (oben) schieben und etwa 15 Minuten überbacken.
- Die Paprikaschoten mit Zitronenscheiben, dem Joghurt, dem Paprika, den Tomatenscheiben und der Petersilie garniert servieren.

Gefüllte Aubergine

Braucht etwas Zeit

Dieses pikante Gericht können Sie problemlos auch für 4 Personen zubereiten. Sie brauchen die Mengen nur zu verdoppeln.

Zutaten für 2 Personen:

250 g Bulgur
3/8 l Wasser
Salz
1 große Aubergine
1 mittelgroße Möhre
1 Zwiebel
1 Knoblauchzehe
2 Eßl. Olivenöl
1 kleiner Zucchino
250 g Speisequark
2 Stengel frischer Oregano, fein gehackt
1/2 Teel. Cayennepfeffer
1 Teel. gekörnte Gemüsebrühe
1 Tomate
50 g Parmesan, frisch gerieben

Pro Portion etwa 3400 kJ/810 kcal
43 g Eiweiß · 23 g Fett · 100 g Kohlenhydrate · 15 g Ballaststoffe

Zubereitungszeit: etwa 1 1/2 Stunden

• Den Bulgur in einem Topf mit dem Wasser und 1/2 Teelöffel Salz aufkochen lassen und zugedeckt bei mittlerer Hitze etwa 15 Minuten garen. Dann auf der ausgeschalteten Herdplatte noch etwa 20 Minuten quellen lassen.
• Die Aubergine waschen, trockentupfen und der Länge nach halbieren. Mit einem spitzen, scharfen Messer das Fruchtfleisch so herausschneiden, daß ein etwa 1 cm dicker Rand stehenbleibt. Das ausgelöste Fruchtfleisch fein hacken.
• Die Möhre bürsten, abspülen und sehr fein schneiden. Die Zwiebel schälen und in dünne Ringe schneiden, die geschälte Knoblauchzehe fein hacken.
• In einer Pfanne das Olivenöl erhitzen und darin die Möhre, die Zwiebel und den Knoblauch unter Rühren 2–3 Minuten andünsten. Das Auberginenfleisch dazurühren und zugedeckt bei mittlerer Hitze etwa 5 Minuten dünsten.
• Den Zucchino waschen und sehr fein würfeln. Den Quark in einer Schüssel mit dem Zucchino, dem gedünsteten Gemüse und dem gegarten Bulgur verrühren. Den Oregano, den Cayennepfeffer und die Gemüsebrühe darunterziehen.
• Den Backofen auf 200° vorheizen.
• Die Masse auf die beiden Auberginenhälften verteilen. Die Tomate waschen und in Scheiben schneiden. Die Füllung mit den Tomatenscheiben garnieren und mit dem Parmesan bestreuen.
• Die Auberginen in eine feuerfeste flache Form legen und in den Backofen (Mitte; Gas Stufe 3) schieben, etwa 45 Minuten backen.
• Die gefüllten Auberginen auf vorgewärmten Tellern mit frischem Blattsalat servieren.

Gemüsepaella

Für Gäste

Diese bekannte spanische Gemüse-Reis-Pfanne eignet sich hervorragend, um mit Freunden und Bekannten in geselliger Runde zu speisen. Die Paella ist – trotz der relativ vielen Zutaten – eine einfache Speise. In Spanien gibt es oft geröstetes Knoblauchbrot vorweg und natürlich einen herben roten oder auch weißen Landwein dazu.

Zutaten für 4–6 Personen:

500 g Langkorn-Naturreis
2 gehäufte Eßl. gekörnte Gemüsebrühe
1 l Wasser
je 1 grüne und rote Paprikaschote
1 Stange Lauch
1 mittelgroße Möhre
1 kleiner Zucchino
1 Zwiebel
3–4 Knoblauchzehen
6 Eßl. Olivenöl
Salz
Cayennepfeffer
3 mittelgroße Tomaten
1 unbehandelte Zitrone
etwa 100 g Pistazien

Bei 6 Personen pro Portion etwa 2000 kJ/480 kcal
12 g Eiweiß · 16 g Fett · 71 g Kohlenhydrate · 9 g Ballaststoffe

Zubereitungszeit: etwa 1 Stunde

• Den Reis in einem Sieb unter fließendem Wasser gut abspülen. Dann in einem schweren Topf bei mittlerer Hitze trocknen. Ab und zu umrühren. Sobald der Reis trocken ist, die Gemüsebrühe hinzugeben, mit dem Wasser auffüllen und zum Kochen bringen. Den Reis zugedeckt bei schwacher Hitze etwa 20 Minuten köcheln lassen.

• Den Reis auf der abgeschalteten Herdplatte etwa 10 Minuten nachquellen lassen.

• In der Zwischenzeit das Gemüse säubern und waschen. Die Paprikaschoten halbieren, entkernen und in etwa 1 cm große Stücke, den Lauch in dünne Scheiben schneiden. Die Möhre der Länge nach vierteln und fein schneiden. Den Zucchino würfeln. Die Zwiebel und den Knoblauch schälen und fein hacken.

• In einer Paellapfanne (ersatzweise 2 schwere Gußpfannen, in denen jeweils eine Hälfte zubereitet wird) 3 Eßlöffel Öl erhitzen und zuerst die Zwiebel und die Knoblauchzehen kurz andünsten. Dann das vorbereitete Gemüse hinzugeben und unter Rühren 2–3 Minuten dünsten.

• Das restliche Öl in die Pfanne geben und den Reis unter das Gemüse mengen. Mit Salz und Cayennepfeffer abschmecken. Zugedeckt bei mittlerer Hitze noch etwa 10 Minuten garen.

• Die Tomaten waschen, 2 davon würfeln und etwa 5 Minuten mitdünsten. Die dritte Tomate in Scheiben schneiden. Die Zitrone in dünne Halbmonde schneiden.

• Die Paella mit den Tomatenscheiben, den Zitronenstücken und den Pistazien garnieren und heiß in der Pfanne servieren.

Die Gemüsepaella erinnert an Ferientage in Spanien. Die Gemüsesorten sind so vielfältig, daß Sie Fleisch oder Fisch sicher nicht vermissen werden.

Tofu in Teig gebacken

Spezialität aus Japan

Das Gericht, auch Tofu-Tempura genannt, ist mit Rohkostsalat oder etwas gedünstetem Gemüse eine sättigende Zwischenmahlzeit. Zu den unterschiedlichsten Hauptspeisen serviert, ist Tofu-Tempura eine abwechslungsreiche Beilage.

Zutaten für 4 Personen:

150 g Buchweizen
100 g Dinkel
300 ml Sojamilch
1 Eßl. Tamari
1 Teel. Salz
1 Zwiebel
1 Knoblauchzehe
300 g Tofu
Zum Ausbacken: Pflanzenöl

Pro Portion etwa 3100 kJ/740 kcal
15 g Eiweiß · 55 g Fett · 47 g Kohlenhydrate · 4 g Ballaststoffe

Zubereitungszeit: etwa 45 Minuten

• Den Buchweizen und den Dinkel möglichst frisch fein mahlen und in einer Schüssel mit der Sojamilch, dem Tamari und dem Salz zu einem zähflüssigen Teig verrühren. Die Zwiebel schälen und sehr fein hacken, die Knoblauchzehe ebenfalls schälen, zerdrücken und unter den Teig ziehen. Den Teig 15–20 Minuten quellen lassen.
• Den Tofu auf einem Brett so aufschneiden, daß etwa 12 gleich große Scheiben entstehen.
• Den Backofen auf 50° (Gas Stufe 1/2) vorheizen.
• Eine schwere Pfanne etwa 1/2 cm hoch mit Öl füllen und erhitzen.
• Den Teig nochmals durchrühren. Dann die Tofustücke vorsichtig in den Teig tauchen und mit einer Gabel in das heiße Öl legen. Eventuell noch etwas Teig obenauf geben, falls der Tofu nicht ganz bedeckt ist. Die Tofustücke von beiden Seiten knusprig braun backen.
• Einen Teller mit saugfähigem Küchenpapier bereitstellen und die gebackenen Tofustücke darauf abtropfen lassen. Im Backofen bis zum Servieren warm halten.

● **Tip:** Tofu bekommen Sie in Reformhäusern und Naturkostläden in unterschiedlicher Qualität. Es lohnt sich, verschiedene Sorten zu probieren, denn manche sind weicher als andere, einige schmecken säuerlich, manche besonders mild.
Die verschiedenen Hersteller bieten auch unterschiedliche Mengen, in Folie verschweißt, an. Wenn Sie einmal Tofu übrig behalten, können Sie ihn im Kühlschrank einige Tage aufbewahren. Geben Sie ihn dazu in ein gut verschließbares Gefäß und füllen mit klarem Wasser auf. Das Wasser sollten Sie dann auch täglich auswechseln.

Couscous-Käse-Stäbchen

Spezialität aus Arabien

Die pikanten Stäbchen, mit einem erfrischenden Rohkostsalat und einem delikaten Dip serviert, ergeben eine wohlschmeckende und sättigende Hauptmahlzeit. Reizvolle Rezepte für Dips finden Sie auf Seite 78–80.

Zutaten für 4 Personen:

1 Tasse Couscous (etwa 125 g)
2 Tassen Wasser
1 Teel. Salz
125 g Schichtkäse
1 Teel. Muskatnuß, frisch gerieben
1/4 Teel. getrocknetes Basilikum
1/4 Teel. Chilipulver
etwa 100 g Sesam
Zum Ausbacken: Olivenöl

Pro Portion etwa 2100 kJ/500 kcal
12 g Eiweiß · 38 g Fett · 23 g Kohlenhydrate · 5 g Ballaststoffe

Zubereitungszeit: etwa 40 Minuten

• Den Couscous mit dem Wasser in einen Topf geben und kurz aufkochen. Das Salz dazugeben und den Couscous zugedeckt bei schwacher Hitze etwa 15 Minuten quellen lassen. Dann den Topf von der Herdplatte nehmen.
• Den Schichtkäse, den Muskat, das Basilikum und das Chilipulver zum Couscous geben und alles gut miteinander verkneten. Die Masse 10–15 Minuten abkühlen lassen.
• Dann jeweils 1 Eßlöffel davon abnehmen und auf ein Brett geben. Mit zwei nassen breiten Messern oder feuchten Brettchen zusammendrücken und rechteckige Stäbchen (etwa 10 cm lang) formen daraus. Wenn die Masse klebt, weiter abkühlen lassen.
• Den Sesam auf einen Teller geben, die Couscous-Stäbchen darin wenden und die Sesamkörnchen mit einer flachen Messerseite etwas andrücken. Dadurch haften die Körner beim Braten besser.
• Eine schwere Pfanne etwa 1/2 cm hoch mit Olivenöl füllen und die Stäbchen bei mittlerer Hitze in etwa 5 Minuten von beiden Seiten goldbraun braten.

Tip: Drücken Sie die Sesamkörner auf den Stäbchen vor dem Braten richtig fest, sonst fallen sie in der Pfanne wieder ab.

Mit Hilfe von zwei angefeuchteten breiten Messern gelingt es gut, aus der Couscous-Käse-Masse Stäbchen zu formen. Perfektion in der »Formgebung« ist dabei nicht nötig.

Buchweizen-Tofu-Kroketten

Braucht etwas Zeit · Preiswert

Zutaten für 4 Personen:

250 g Buchweizen
1/2 l Wasser
etwa 200 g Tofu
1 kleine Zwiebel
1 Knoblauchzehe
1 Eßl. Tamari
1 Messerspitze Chilipulver
100 g Weizengrieß
Zum Ausbacken: etwa 3/4 l Pflanzenöl

Pro Portion etwa 2300 kJ/550 kcal
13 g Eiweiß · 28 g Fett · 63 g Kohlenhydrate · 4 g Ballaststoffe

Zubereitungszeit: etwa 1 Stunde

- Den Buchweizen in dem Wasser aufkochen lassen und zugedeckt bei mittlerer Hitze etwa 15 Minuten garen.
- Den Buchweizen auf der abgeschalteten Herdplatte noch etwa 10 Minuten nachquellen lassen. Zum Abkühlen beiseite stellen.
- In der Zwischenzeit in einer Schale den Tofu zerdrücken. Die Zwiebel schälen und sehr fein hacken, die geschälte Knoblauchzehe zerdrücken und beides mit dem Tofu vermengen. Dann die Tofu-Masse mit dem Buchweizen verrühren und mit dem Tamari und dem Chilipulver abschmecken.
- Eine Friteuse oder einen schweren Topf mit Öl füllen und langsam erhitzen.
- Den Backofen auf 50° (Gas Stufe 1/2) vorheizen.
- Die Tofu-Buchweizen-Masse eßlöffelweise abnehmen und daraus mit befeuchteten Händen kleine, runde oder längliche Kroketten formen. Die Kroketten in dem Weizengrieß wälzen und in dem heißen Öl portionsweise knusprig braun backen.
- Die Kroketten bis zum Servieren im Backofen warm halten.

Variante: Gut schmecken auch Reiskroketten. Dazu 300 g Langkorn-Naturreis garen, etwas abkühlen lassen und mit 3 Eßlöffeln Weizenvollkornmehl, 2 feingehackten Zwiebeln und 2 Eßlöffeln Tamari mischen. Zu Kroketten formen, in Maisgrieß wälzen und wie beschrieben garen.

Buchweizen-Tofu-Kroketten sind angenehm sättigend. Mit knapp gegartem Gemüse oder Salat sind sie eine bekömmliche Hauptmahlzeit.

Schafkäse-Frikadellen

Spezialität aus Griechenland

Eine Delikatesse für alle, die Feta, Knoblauch und Oliven lieben.

Zutaten für 4 Personen:

150 g Buchweizen
etwa 300 ml Wasser
Salz
1/2 rote Paprikaschote (etwa 100 g)
etwa 50 g Lauch
2 Knoblauchzehen
10 schwarze Oliven
150 g Feta (griechischer Schafkäse)
1 feingeriebenes Vollkornbrötchen
2 gestrichene Teel. Paprikapulver, edelsüß
2 gestrichene Teel. getrockneter Oregano
Zum Ausbacken: unraffiniertes Olivenöl
Zum Garnieren: 1 Bund Petersilie, frisch gehackt

Pro Portion etwa 1400 kJ/330 kcal
10 g Eiweiß · 19 g Fett · 30 g Kohlenhydrate · 2 g Ballaststoffe

Zubereitungszeit: etwa 1 Stunde

• Den Buchweizen in einem Sieb mit heißem Wasser abspülen. Dann mit dem Wasser aufkochen lassen und zugedeckt bei mittlerer Hitze etwa 20 Minuten garen.
• Den Buchweizen auf der abgeschalteten Herdplatte etwa 10 Minuten ziehen lassen.
• In der Zwischenzeit die Paprikaschote und den Lauch abspülen und fein würfeln. Die Knoblauchzehen schälen und fein hacken. Die Oliven entkernen und ebenfalls fein hacken.
• Den Buchweizen in eine Schüssel geben und mit der Paprikaschote, dem Lauch, dem Knoblauch und den Oliven vermengen. Den Feta mit der Hand hineindrücken, das Brötchen dazugeben und mit dem Paprika, dem Oregano und eventuell (Käse und Oliven sind salzig) Salz abschmecken. Alle Zutaten mit der Hand so lange zusammenkneten, bis eine feste, gut formbare Masse entsteht.
• Mit leicht befeuchteten Händen etwa 12 gleich große Bratlinge formen.
• Den Backofen auf 100° (Gas Stufe 1) vorheizen.
• Etwa 1/2 cm hoch Olivenöl in einer schweren Pfanne erhitzen und die Bratlinge darin von beiden Seiten knusprig braun braten.
• Die Bratlinge zum Abtropfen auf saugfähiges Papier legen und anschließend in einer feuerfesten Form im Backofen bis zum Verzehr warm halten.
• Kurz vor dem Servieren mit der Petersilie bestreuen.

● Tip: Wenn Sie zu den Schafkäse-Frikadellen einen Rohkostsalat und Tzatziki (Quark-Joghurtcreme mit Knoblauch und Gurkenraspeln) mit frischem Fladenbrot reichen, erhalten Sie mit relativ wenig Aufwand eine delikate und sättigende Hauptmahlzeit, mit der Sie Ihre Familie oder Freunde so richtig auf den griechischen Geschmack bringen können.

Spiegeleier auf Tortillas

Raffiniert

Zutaten für 2–4 Personen:

4 rohe, frische Tortillas (Rezept Seite 164)
1 mittelgroße Zwiebel · 2 Knoblauchzehen
3 Eßl. Olivenöl · 2 Fleischtomaten
1–2 kleine grüne Pfefferschoten (Chilis)
Salz · 4 Eier
Pfeffer, frisch gemahlen
1 kleines Bund Schnittlauch
1/4 Teel. Koriandersamen, frisch zerstoßen
etwa 100 g Hartkäse, frisch gerieben
1 gehäufter Eßl. zerlassene Butter
Zum Ausbacken: Pflanzenöl

Bei 4 Personen pro Portion etwa 2920 kJ/730 kcal
27 g Eiweiß · 40 g Fett · 73 g Kohlenhydrate ·
6 g Ballaststoffe

Zubereitungszeit: etwa 40 Minuten

• Die Tortillas nach dem Grundrezept (Seite 164) zubereiten, jedoch nicht trocknen, sondern in reichlich Öl von beiden Seiten knusprig braun backen. Die Tortillas auf saugfähigem Papier abtropfen lassen, dann symmetrisch in einer runden, feuerfesten Form verteilen.
• Die Zwiebel und die Knoblauchzehen schälen und fein hacken. Die Tomaten und die Pfefferschoten waschen. Die Tomaten sehr fein würfeln, die Pfefferschoten fein hacken.
• Das Öl erhitzen und zuerst die Zwiebel und den Knoblauch darin anbraten. Die Tomaten und die Pfefferschoten 2–3 Minuten mitbraten. Salzen. Diese Mischung auf die Tortillas verteilen. Dann auf jede Tortilla 1 Ei schlagen.
• Den Backofen auf 200° vorheizen.
• Den Schnittlauch waschen, nicht allzu fein hacken und mit dem Koriander über die Tortillas streuen. Den Käse darüber verteilen und die zerlassene Butter darüber gießen.
• Die Tortillas im Backofen (oben; Gas Stufe 3) etwa 10 Minuten überbacken.

● Tip: Bei der Wahl der Tortilla-Menge empfiehlt es sich, das Grundrezept zu halbieren, so daß Sie 6 Tortillas erhalten. Von den restlichen 2 Tortillas können Sie Tortilla-Chips backen.

Tortilla-Chips

Braucht etwas Zeit

Die Menge reicht als Vorspeise, mit einem Dip, für 4 Personen.

Zutaten für 4 Personen:

6 rohe, frische Tortillas (Rezept Seite 164)
Zum Ausbacken: 5–6 Eßl. Oliven- oder Sonnenblumenöl

Pro Portion etwa 1000 kJ/240 kcal
4 g Eiweiß · 13 g Fett · 26 g Kohlenhydrate ·
2 g Ballaststoffe

Zubereitungszeit: etwa 1 Stunde

• In einer schweren Pfanne 1–2 Eßlöffel Öl erhitzen.
• Die Tortillas nach Belieben in 6–8 Segmente teilen und nacheinander im heißen Öl von beiden Seiten knusprig braun backen. Die fertigen Chips auf Küchenpapier abtropfen lassen.

● Tip: Tortilla-Chips, leicht gesalzen, schmecken auch als Cracker pur sehr gut.

Die mexikanische Tortilla

Für Gäste

Das Problem bei der Tortilla-Zubereitung ist der Teig. Das bei uns handelsübliche Maismehl (auch das aus Bioläden) ist mit dem mexikanischen Maismehl nicht vergleichbar, denn das ist feiner und zudem mit Kalk vermischt, wodurch es wesentlich besser bindet.
Um nun nicht allen Mexiko-Freunden den Mut zu nehmen, ist der Teig in diesem Rezept mit Buchweizen und Dinkel zubereitet. Besonders Dinkel ist ja wegen seines höheren Klebergehalts zu einem beliebten Getreide für Kuchen und Kleingebäck geworden. Und Buchweizen eignet sich in erster Linie wegen der Feinheit seines Mehls.

Zutaten für 12 Tortillas:

125 g Dinkel · 50 g Buchweizen
125 g Maismehl · 1/8 l Wasser
5 Eßl. Sonnenblumenöl · 1 Teel. Salz

Pro Tortilla etwa 480 kJ/110 kcal
3 g Eiweiß · 4 g Fett · 17 g Kohlenhydrate · 1 g Ballaststoffe

Zubereitungszeit: etwa 40 Minuten

• Den Dinkel und den Buchweizen möglichst frisch sehr fein mahlen. Das Maismehl in einer glatten Schüssel mit dem Dinkel- und dem Buchweizenmehl vermengen. Das Wasser, das Öl und das Salz hinzugeben und daraus mit einer Hand (die andere dreht den Schüsselrand), einen festen Teig kneten. Wenn der Teig Risse aufweist, ist er zu trocken. In diesem Fall noch etwas Wasser zugeben. Der fertige Teig wiegt genau 480 g, woraus sich 12 Tortillas von jeweils 40 g ergeben (zu Anfang ist es hilfreich, wenigstens die ersten einzeln auszuwiegen).
• Den Teig in 12 gleiche Stücke teilen. Die einzelnen Teigstücke durch Drehen zwischen beiden Händen zu Kugeln formen, diese dann zu runden Fladen zusammendrücken und mit dem Nudelholz dünn ausrollen.
• Den Backofen auf 50° (Gas Stufe 1/2) vorheizen.
• Eine schwere Pfanne ohne Fett erhitzen und die Tortillas darin nacheinander bei mittlerer bis starker Hitze 1–1 1/2 Minuten von beiden Seiten leicht braun backen. Die Tortilla muß bereits auf der noch rohen Seite Blasen werfen.
• Die fertigen Tortillas bis zum Servieren im Backofen warm halten.

Tip: Es ist wirklich einfacher, die Fladen in den Händen vorzuformen und sie erst dann auf einer mit Maismehl bestreuten Arbeitsfläche mit dem Nudelholz auszurollen. Bei genauer Einhaltung der Mengenangaben lassen sich die Fladen problemlos zu einer Tortilla-Größe von 14–15 cm ø ausrollen.

Wenn Sie sich genau an das Rezept halten, gelingt die mexikanische Tortilla garantiert. Von links nach rechts: Maismehl, Dinkel und Buchweizen vermengen und mit Öl und Wasser zu einem Teig verkneten. Diesen teilen, die Portionen zu Bällchen formen, zu Fladen drücken und dünn ausrollen. In einer Pfanne ohne Fett von beiden Seiten backen.

Spanische Kartoffel-Tortilla

Preiswert · Schnell

Zutaten für 2–4 Personen:

2–3 Kartoffeln (etwa 250 g)
1 Zwiebel
Eßl. Olivenöl
Salz · schwarzer Pfeffer, frisch gemahlen
5 Eier
Zum Garnieren: 2 Salatblätter
1 Tomate · schwarze Oliven

Bei 4 Personen pro Portion etwa 970 kJ/230 kcal
10 g Eiweiß · 16 g Fett · 12 g Kohlenhydrate ·
3 g Ballaststoffe

Zubereitungszeit: etwa 20 Minuten

• Die Kartoffeln schälen, abspülen und würfeln. Die Zwiebel schälen und fein hacken.
• In einer mittelgroßen Pfanne 3 Eßlöffel Öl erhitzen. Die Kartoffeln und die Zwiebel darin 2–3 Minuten anbraten. Salzen, pfeffern und zugedeckt bei mittlerer Hitze etwa 5 Minuten garen, bis die Kartoffeln weich sind.
• Die Eier mit einem Schneebesen verquirlen, salzen und gleichmäßig über die Kartoffeln verteilen. Bei mittlerer Hitze 2–3 Minuten braten, bis die Eier gestockt sind. Dabei mit dem Pfannenwender ab und zu die Tortilla von dem Pfannenboden lösen, damit das noch flüssige Ei nachfließen kann.
• Dann die Pfanne mit einem randlosen Deckel oder einem Springformeinsatz von 28 cm ø abdecken, mit einer Hand festhalten und mit der anderen die Pfanne stürzen. Das restliche Öl in die Pfanne geben und die Tortilla wieder hineingleiten lassen. Die Tortilla auf der abgeschalteten Herdplatte 1–2 Minuten braten.
• Die Tortilla auf einen großen Teller geben und mit den Salatblättern, der geviertelten oder in Scheiben geschnittenen Tomate und schwarzen Oliven schön garnieren und sofort servieren.

● Tip: Sollte Ihnen die Aktion mit dem Stürzen nicht so liegen, können Sie die Tortilla auch kleiner machen und nacheinander braten oder die große Tortilla in der Pfanne vierteln und jedes Viertel mit dem Pfannenwender umdrehen.

Überbackene Polenta mit Blumenkohl

Preiswert · Für Kinder

Zutaten für 4 Personen:

4 Eßl. Sonnenblumenöl
250 g Polenta (Maisgrieß)
1/2 l Wasser
1 kleiner Blumenkohl (etwa 500 g)
2 Eier
250 g Sahnequark
1/4 Teel. schwarzer Pfeffer, frisch gemahlen
1/4 Teel. Muskatnuß, frisch gerieben
Salz
1 Tomate
grüne Oliven
150 g Hartkäse, frisch gerieben
Für die Form: Butter

Pro Portion etwa 2600 kJ/620 kcal
33 g Eiweiß · 32 g Fett · 52 g Kohlenhydrate ·
4 g Ballaststoffe

Zubereitungszeit: etwa 1 Stunde

• In einem Topf 2 Eßlöffel Öl erhitzen. Den Maisgrieß hineinschütten und unter ständigem Rühren etwa 5 Minuten anbräunen. Wenn der Maisgrieß beginnt, einen angenehmen Duft zu verströmen, das Wasser unter ständigem Rühren dazugeben. Bei schwacher Hitze 10–15 Minuten kochen lassen, dabei ständig weiterrühren, da der Grieß leicht ansetzt. Dann den Grieß von der Herdplatte nehmen und zugedeckt bis zum Weiterverarbeiten quellen lassen.
• Den Blumenkohl gründlich putzen, abspülen und in mundgerechte Stücke teilen. In einem Topf das restliche Öl erhitzen. Den Blumenkohl darin unter Rühren 2–3 Minuten andünsten. Mit 1 Tasse Wasser ablöschen und zugedeckt bei mittlerer Hitze 8–10 Minuten garen. Der Blumenkohl sollte nicht ganz weich, sondern bißfest sein.
• Den Backofen auf 200° vorheizen.
• Die Polenta in eine große Schale geben. Die Eier mit dem Quark, dem Pfeffer, dem Muskat und Salz verquirlen, über die Polenta gießen und mit einem Löffel unterheben.
• Eine Auflaufform fetten und mit der Hälfte der Polentamasse den Boden bedecken. Darauf eine Lage Blumenkohl verteilen. Dann die restliche Polenta darübergeben und die letzten Blumenkohlröschen in den Mais drücken.
• Die Tomate waschen und in Scheiben schneiden. Den Auflauf mit den Tomatenscheiben und Oliven garnieren und zum Abschluß mit dem Käse bestreuen.
• In den Backofen (Mitte; Gas Stufe 3) schieben und etwa 30 Minuten backen.

Kartoffel-Plätzchen Delhi

Braucht etwas Zeit · Ganz einfach

Diese typisch indische Spezialität zeigt, daß sich Kartoffeln auch auf ganz andere Weise zubereiten lassen.

Zutaten für 4–6 Personen:

1 kg mehligkochende Kartoffeln
Salz
1 Teel. Cumin, frisch zerstoßen
1 Teel. Currypulver
1/4 Teel. Ingwerpulver
Chilipulver
Zum Braten: Pflanzenöl

Bei 6 Personen pro Portion etwa 1700 kJ/400 kcal
3 g Eiweiß · 33 g Fett · 26 g Kohlenhydrate · 4 g Ballaststoffe

Zubereitungszeit: etwa 1 Stunde

• Die Kartoffeln waschen und in reichlich kochendem Salzwasser zugedeckt bei mittlerer Hitze in etwa 20 Minuten weich garen.
• Dann die Kartoffeln schälen und zerdrücken. Mit der Hand das Cumin, den Curry, den Ingwer, das Chilipulver und Salz unterkneten.
• Mit befeuchteten Händen aus der Masse kleine Plätzchen von 3–4 cm ø Größe formen. Dies geht am leichtesten, indem Sie zuerst mit den Händen kleine Kugeln formen, die Sie dann auf einer bemehlten Fläche zu etwa 1 cm dicken Plätzchen zusammendrücken.
• In einer Pfanne Öl erhitzen und die Plätzchen darin von beiden Seiten schön braun braten.

Kokosbällchen

Braucht etwas Zeit · Läßt sich gut vorbereiten

Die Kokosbällchen (Prassad) sind die klassische indische Süßigkeit, die Tempelbesuchern als heilige Gabe gegeben wird und mit dem christlichen Abendmahl vergleichbar ist. Servieren Sie sie zu besonderen Anlässen, als Nachspeise zur Indischen Reistafel oder zum traditionell zubereiteten indischen Gewürztee Tschai.

Zutaten für 6–8 Personen:

2 gehäufte Eßl. Ghee (geklärte Butter) oder Butterschmalz
200 g Maisgrieß
etwa 600 ml Wasser
50 g getrocknete ungeschwefelte Datteln
50 g Mandeln
50 g Honigmarzipan
2 Eßl. Honig
1/4 Teel. Zimtpulver
1 Messerspitze Ingwerpulver
1 Messerspitze Kardamom
1 Prise Salz
Zum Wälzen: Kokosraspel

Bei 8 Personen pro Portion etwa 1000 kJ/240 kcal
4 g Eiweiß · 11 g Fett · 32 g Kohlenhydrate · 1 g Ballaststoffe

Zubereitungszeit: etwa 1 Stunde
Kühlzeit: etwa 1 Stunde

• Das Ghee oder das Butterschmalz in einen Topf geben und erhitzen. Den Maisgrieß hineinschütten und unter ständigem Rühren so lange anbräunen, bis er einen angenehmen Duft verströmt. Dann den Topf von der Herdplatte nehmen und unter ständigem Rühren etwa 400 ml Wasser dazugeben. Den Topf wieder auf die Herdplatte stellen und den Grieß bei mittlerer Hitze so lange köcheln lassen, bis er das Wasser aufgesogen hat. Den Grieß zum Nachquellen beiseite stellen.
• Die Datteln in 200 ml Wasser zum Kochen bringen und auf der ausgeschalteten Kochstelle etwa 10 Minuten zugedeckt quellen lassen. Danach die Datteln im Mixer pürieren.
• Die Mandeln fein mahlen, das Honigmarzipan zerbröseln und mit den Datteln unter den Grieß rühren.
• Den Honig und die Gewürze erst dazugeben, wenn die Masse nur noch handwarm ist. Dann nochmals gut durchrühren und weitere 10–15 Minuten abkühlen lassen.
• In der Zwischenzeit ein Schälchen mit Kokosraspeln füllen und einen schönen Teller bereitstellen.
• Nun mit den befeuchteten Händen aus dem Grieß etwa 5 cm große Bällchen formen und diese nacheinander in Kokosraspeln wälzen. Der Grieß muß noch etwas weich sein, da sonst die Kokosraspel nicht kleben bleiben.
• Die Bällchen schön auf dem Teller plazieren und etwa 1 Stunde kühl stellen.

Die indischen Kokosbällchen werden aus Maisgrieß, Mandeln, Datteln und Marzipan zubereitet. Dazu paßt der traditionelle Gewürztee mit Milch.

Crêpes mit Nougatfüllung

Spezialität aus Frankreich

Diese unwiderstehliche Verführung kann als süßer Snack zum Kaffee oder Tee gereicht werden oder als Dessert nach nicht allzu reichhaltigen Gerichten.

Zutaten für 4 Personen:

150 g Dinkel
150 g Buchweizen
1/4 l kohlensäurehaltiges Mineralwasser
1/4 l Milch
2 Eier
Salz
100 g Haselnußkerne
1 gehäufter Eßl. Weizenvollkornmehl
1 1/2 Eßl. ungesüßtes Kakaopulver oder Carob
1 Messerspitze Zimtpulver
1 Messerspitze gemahlene Vanille
2 Eßl. Honig
2 Eßl. weiche Butter
Zum Braten: 2–3 Eßl. Butter

Pro Portion etwa 2600 kJ/620 kcal
18 g Eiweiß · 32 g Fett · 63 g Kohlenhydrate · 7 g Ballaststoffe

Zubereitungszeit: etwa 45 Minuten

- Den Dinkel und Buchweizen nach Möglichkeit frisch fein mahlen.
- Das Mineralwasser, die Milch, die Eier und Salz mit dem Handrührgerät verquirlen. Das Dinkel- und Buchweizenmehl nach und nach hineinrühren.
- Den Teig zudecken und 20–30 Minuten in den Kühlschrank stellen.
- In der Zwischenzeit für die Nougatcreme die Haselnüsse fein mahlen.
- Die Haselnüsse mit dem Weizenvollkornmehl, dem Kakao, dem Zimt und der Vanille vermengen. Den Honig und die weiche Butter dazugeben und zu einer streichfähigen Creme rühren. Ist die Masse zu fest, können Sie noch etwas süße Sahne oder Wasser hinzugeben.
- Den Crêpe-Teig nochmals gut durchschlagen. Eine möglichst schwere Pfanne mit wenig Butter ausstreichen. Die Pfanne erhitzen und den Teig mit einer Schöpfkelle hineingeben. Den Teig entweder mit einem Pfannenwender dünn ausstreichen oder durch Hin- und Herschwenken der Pfanne gleichmäßig verteilen. Die Crêpes bei mittlerer Hitze von beiden Seiten gut anbräunen.
- Den Backofen auf 50° (Gas Stufe 1/2) vorheizen.
- Die fertigen Crêpes mit der Nougatcreme bestreichen, zweimal übereinander schlagen und bis zum Servieren im Ofen warm halten.

● Tip: Halten Sie die Crêpes auf keinen Fall zu lange warm, sondern servieren Sie sie möglichst frisch, dann schmecken sie am besten und werden nicht zu weich.

Variante: Statt mit der Nougatfüllung können Sie die Crêpes auch mit Aprikosencreme füllen. Dazu 150 g getrocknete, ungeschwefelte Aprikosen in 100 ml Wasser kurz aufkochen lassen. Auf der ausgeschalteten Herdplatte 8–10 Minuten quellen lassen. 75 g gemahlene Mandeln, 1 Eßlöffel Honig, 1/4 Teelöffel Zimtpulver und 1 Prise Salz im Mixer mit den Aprikosen pürieren. Sollte die Masse noch zu fest sein, noch etwas Wasser oder auch flüssige süße Sahne hinzugeben.

Buchweizen-Pfannkuchen

Preiswert

Zutaten für 4 Personen:

250 g Buchweizen · 100 g Dinkel
1/2 l Sojamilch · 1 Teel. Salz
1 Eßl. Mandelmus · Öl zum Braten

Pro Portion etwa 1900 kJ/450 kcal
15 g Eiweiß · 14 g Fett · 64 g Kohlenhydrate · 6 g Ballaststoffe

Zubereitungszeit: etwa 25 Minuten

- Den Buchweizen und den Dinkel nach Möglichkeit frisch fein mahlen und mit der Sojamilch, dem Salz und dem Mandelmus zu einem zähflüssigen Teig verrühren. Der Teig sollte vom Löffel »fließen«. Den Teig etwa 10 Minuten quellen lassen.
- 2–3 Eßlöffel Öl in einer schweren Pfanne erhitzen.
- Den Teig mit dem Schneebesen nochmals gut durchschlagen und mit einem Eßlöffel eine Portion in die Pfanne geben. Die Pfannkuchen nur etwa so groß machen, daß jeweils 3 in eine Pfanne passen.
- Die Pfannkuchen von beiden Seiten knusprig braun backen.
- Den Backofen auf 50° vorheizen und die fertigen Pfannkuchen darin bis zum Servieren warm halten.

Tip: Dieses Gericht eignet sich hervorragend für eigene Kreationen. Durch die Zugabe von Bananenscheiben, Kokosraspeln, Rosinen, gehackten Mandeln oder Leinsamen in den Teig läßt sich dieses Rezept schnell in Ihr individuelles Lieblings-Gericht verwandeln.

Mandel-Reiscreme

Schnell · Für Kinder

Zutaten für 2–4 Personen:

1 Tasse Naturreis (etwa 150 g)
3/4 l Wasser, Sojamilch oder Milch
2 Eßl. Mandelmus
2–3 Eßl. Akazienhonig
1/4 Teel. Zimtpulver
1 Prise Salz
Zum Garnieren:
etwa 50 g Mandeln, gehackt
Zimtpulver

Bei 4 Personen pro Portion etwa 1300 kJ/310 kcal
8 g Eiweiß · 14 g Fett · 36 g Kohlenhydrate · 4 g Ballaststoffe

Zubereitungszeit: etwa 15 Minuten

- Den Reis möglichst frisch fein mahlen und in einem Topf zunächst mit etwas kaltem Wasser, Sojamilch oder Milch anrühren. Die Masse unter ständigem Rühren erhitzen und die restliche Flüssigkeit nach und nach hineinrühren.
- Die Reiscreme zwei- bis dreimal aufwallen lassen, dann zum Abkühlen beiseite stellen.
- Die Mandeln ohne Fett in einer Pfanne bei mittlerer Hitze unter Rühren 2–3 Minuten anrösten.
- Die Mandeln, das Mandelmus, den Honig, den Zimt und das Salz unter die etwas abgekühlte Creme ziehen und diese in Portionsschälchen füllen.
- Mit den gehackten Mandeln garnieren und mit Zimt bestreuen.

Wenn's schnell gehen soll

Obwohl die Vollwertküche bei vielen noch immer in dem Ruf steht, kompliziert und vor allem zeitaufwendig zu sein, gibt es eine ganze Reihe von Gerichten, für die Sie nur ganz wenig Zeit aufwenden müssen: Suppen, Pfannkuchen und Kartoffeln, Nudeln, Gemüse und Knuspriges aus dem Ofen, die im Handumdrehen vorbereitet sind.

Dinkelcremesuppe mit Gemüse

Ganz einfach · Für Kinder

Zutaten für 4 Personen:

1 Bund Suppengrün
60 g Dinkel oder Weizen, mittelfein (grießartig) gemahlen · 1 l Wasser
1 Gemüsebrühwürfel
Salz · 1 Prise Muskatnuß, frisch gerieben
50 g Sahne und/oder 20 g Butter
eventuell 1 Ei · 2–3 Eßl. Schnittlauch oder Petersilie, frisch kleingeschnitten

Pro Portion etwa 630 kJ/150 kcal
4 g Eiweiß · 10 g Fett · 11 g Kohlenhydrate · 2 g Ballaststoffe

Zubereitungszeit: etwa 25 Minuten

- Das Suppengrün putzen, waschen und sehr fein schneiden.
- In einem großen Topf das Mehl unter ständigem Rühren bei mittlerer Hitze 2–3 Minuten ohne Fett rösten, bis es würzig duftet.
- Das Suppengrün dazugeben. Mit dem Wasser aufgießen. Den Gemüsebrühwürfel, 1 Prise Salz und den Muskat dazugeben. Alles gründlich verrühren und zugedeckt bei mittlerer Hitze 7–10 Minuten kochen lassen.
- Den Topf von der Kochstelle nehmen. Die Sahne und/oder die Butter und nach Belieben das Ei hineinrühren. Mit dem Schnittlauch oder der Petersilie bestreuen.

● **Tip:** Sie können den Geschmack durch das Rösten beeinflussen. Wird das Getreide kurz geröstet, schmeckt die Suppe mild und fein, wird es länger geröstet, schmeckt sie kräftiger.

Kartoffelsuppe mit Kresse

Preiswert · Für Singles

Zutaten für 1 Person:

200 g mehligkochende Kartoffeln · 1/4 l Wasser
1 gestrichener Teel. gekörnte Gemüsebrühe
1 Teel. getrocknetes Suppengrün
je 1 Messerspitze Kümmel und getrockneter, gerebelter Majoran · 1/2 Kästchen Kresse (etwa 25 g)
1 Eßl. Crème fraîche

Etwa 750 kJ/180 kcal
6 g Eiweiß · 3 g Fett · 34 g Kohlenhydrate · 4 g Ballaststoffe

Zubereitungszeit: etwa 20 Minuten

- Die Kartoffeln schälen, waschen und würfeln. Die Kartoffelwürfel mit dem Wasser, der gekörnten Brühe, dem Suppengrün, dem Kümmel und dem Majoran in einem Topf zum Kochen bringen, dann zugedeckt bei mittlerer Hitze in etwa 15 Minuten weich kochen.
- Die Kresse mit einer Küchenschere von den Wurzeln schneiden, waschen und grob hacken. Die Suppe mit der Crème fraîche mischen und mit der gehackten Kresse bestreuen.

Variante: Kartoffelcremesuppe
Die fertige Suppe im Mixer mit der Crème fraîche fein mixen. Noch so viel heißes Wasser hinzufügen, daß eine cremige dicke Suppe entsteht. Eventuell noch mit Salz abschmecken. Die Hälfte der gehackten Kresse unter die Cremesuppe mischen, die restliche Kresse obenauf streuen und mit gekochten, geschälten und halbierten Wachteleiern oder geviertelten Hühnerei garnieren.

Cremige Erbsensuppe

Ganz einfach · Für Singles

Zutaten für 1 Person:

200 g tiefgefrorene Erbsen
1/4 l Wasser
25 g Hirsegrütze (grobgemahlene Hirse)
50 g Doppelrahm-Frischkäse
etwa 1/2 Teel. Kräutersalz
etwas weißer Pfeffer, frisch gemahlen
2 Teel. Dill, frisch gehackt

Etwa 1800 kJ/430 kcal ·
21 g Eiweiß · 18 g Fett · 43 g Kohlenhydrate ·
12 g Ballaststoffe

Zubereitungszeit: etwa 15 Minuten

• Die Erbsen mit dem Wasser in einem kleinen Topf aufkochen lassen. Die Hirsegrütze langsam und gleichmäßig hineinstreuen, dabei umrühren. Alles etwa 5 Minuten zugedeckt bei schwacher Hitze garen.
• Den Topf vom Herd nehmen. Den Frischkäse in Flöckchen zur Suppe geben. Den Deckel wieder schließen und die Suppe 2–3 Minuten stehenlassen, bis der Käse weich geworden ist.
• Die Suppe gründlich umrühren, bis sich der Käse ganz aufgelöst hat und keine Klümpchen mehr vorhanden sind. Mit dem Kräutersalz und etwas Pfeffer abschmecken. Den Dill daruntermischen.

Tip: Die Tiefkühlpackung mit den restlichen Erbsen entweder sofort wieder gut verschlossen (mit Klebeband) ins Tiefkühlfach zurücklegen, oder die Erbsen in ein verschließbares Gefäß umfüllen und bis zum nächsten Tag im Kühlschrank aufbewahren.

Feuertopf

Für Singles · Mengen lassen sich vervielfachen

Zutaten für 1 Person:

1 kleine Zwiebel
1 Knoblauchzehe
1 kleine grüne Paprikaschote (etwa 100 g)
1 kleiner Zucchino (etwa 100 g)
1 Tomate · 1 Eßl. Olivenöl
gut 1/8 l Wasser
2 gehäufte Teel. grober Maisgrieß
etwa 1/2 Teel. gekörnte Gemüsebrühe
1/2 Teel. Paprikapulver, edelsüß
1 Messerspitze Picata
etwas schwarzer Pfeffer, frisch gemahlen
2 Teel. Petersilie oder Schnittlauch, frisch gehackt

Etwa 950 kJ/230 kcal
7 g Eiweiß · 10 g Fett · 30 g Kohlenhydrate ·
4 g Ballaststoffe

Zubereitungszeit: etwa 25 Minuten

• Die Zwiebel und die Knoblauchzehe schälen und fein würfeln. Die Paprikaschote waschen und in schmale Streifen schneiden. Den Zucchino und die Tomate waschen und würfeln.
• Das Olivenöl erhitzen und die Zwiebel- und Knoblauchwürfel darin glasig braten. Das zerkleinerte Gemüse dazugeben und unter häufigem Wenden knapp 1 Minute mitbraten.
• Das Wasser dazugießen, aufkochen, den Grieß einstreuen. Die gekörnte Brühe hinzufügen und alles zugedeckt bei schwacher Hitze in etwa 10 Minuten bißfest garen
• Den Eintopf mit dem Paprikapulver, dem Picata und etwas Pfeffer abschmecken, die Petersilie oder den Schnittlauch daruntermischen.

Minestra

Für Singles

Zutaten für 1 Person:

1 kleine Zwiebel · 1 Knoblauchzehe
1 kleine Möhre · 1 Kartoffel (etwa 100 g)
1 kleiner Zucchino (etwa 100 g)
1 Eßl. Olivenöl · 1 Fleischtomate (etwa 150 g)
1/4 l Wasser
1 gestrichener Teel. gekörnte Gemüsebrühe
50 g Vollkornnudeln (Hörnchen)
1/4 Teel. getrocknetes, gerebeltes Basilikum
2 Eßl. Parmesan, frisch gerieben
2 Teel. Petersilie, frisch geschnitten

Etwa 2200 kJ/520 kcal
23 g Eiweiß · 16 g Fett · 69 g Kohlenhydrate · 14 g Ballaststoffe

Zubereitungszeit: etwa 30 Minuten

• Die Zwiebel und die Knoblauchzehe schälen und fein würfeln. Die Möhre und die Kartoffel schälen, waschen und würfeln. Den Zucchino waschen und ebenfalls in Würfel schneiden.
• Das Öl erhitzen, die Zwiebel- und Knoblauchwürfel darin glasig braten. Das Gemüse hinzufügen und etwa 2 Minuten mitbraten.
• Die Tomate waschen, vom grünen Stielansatz befreien, würfeln und mit dem Wasser und der gekörnten Brühe in den Topf geben. Alles aufkochen lassen. Die Nudeln hineinschütten, umrühren und den Eintopf zugedeckt bei schwacher Hitze etwa 10 Minuten garen, bis das Gemüse und die Nudeln bißfest sind.
• Das Basilikum unter die Minestra mischen. In einem Suppenteller anrichten. Den Parmesan und die Petersilie darüber streuen.

Gurken-Reis-Suppe

Für Singles · Preiswert

Zutaten für 1 Person:

300 g Salat- oder Schmorgurke
1 Eßl. Naturreis · 2 Teel. Butter
150 ml Wasser · 1/2 Teel. Kräutersalz
1 Eßl. Sahne · 1 Teel. Zitronensaft
1–2 Teel. Sojasauce
je 1 Prise Currypulver und Zitronenpfeffer (Fertigmischung) · 2 Teel. Dill, frisch gehackt

Etwa 770 kJ/180 kcal
4 g Eiweiß · 12 g Fett · 16 g Kohlenhydrate · 12 g Ballaststoffe

Zubereitungszeit: etwa 30 Minuten

• Die Gurke waschen, eventuell schälen (falls nicht aus biologischem Anbau) und grob würfeln. Den Reis grob mahlen.
• Die Butter in einem kleinen Topf zerlaufen lassen, den Reisschrot darin unter Rühren bei schwacher Hitze knapp 1 Minute anbraten. Das Wasser dazugießen. Die Gurkenwürfel und das Kräutersalz hinzufügen und alles zugedeckt bei schwacher Hitze etwa 10 Minuten garen; dabei gelegentlich umrühren.
• Den Topf vom Herd nehmen und die Sahne unter die Suppe mischen. Mit dem Zitronensaft, der Sojasauce, dem Currypulver und dem Zitronenpfeffer abschmecken. Den Dill darüber streuen.

Die Minestra ist ein schnelles Gericht für 1 Person, läßt sich aber auch für Gäste in einer größeren Menge zubereiten.

Reiscremesuppe

Glutenfrei · Ganz einfach

Zutaten für 4 Personen:

300–400 g Tomaten oder Möhren
40 g Butter
40 g Naturreis, fein gemahlen
1 l Wasser · 1 Gemüsebrühwürfel
Salz · Streuwürze
Muskatnuß, frisch gerieben · 50 g Sahne
4 Eßl. beliebige frische Sprossen oder Petersilie oder Basilikum, frisch gehackt

Pro Portion etwa 690 kJ/160 kcal
3 g Eiweiß · 13 g Fett · 10 g Kohlenhydrate · 2 g Ballaststoffe

Zubereitungszeit: etwa 30 Minuten

- Die Tomaten häuten und würfeln, dabei die Stielansätze herausschneiden. Oder die Möhren schälen und mittelgrob raspeln oder in ganz feine Stifte schneiden.
- Die Butter aufschäumen lassen. Die Tomaten oder die Möhren darin 2–3 Minuten andünsten.
- Das Reismehl hineinrühren und das Wasser dazugießen. Die Suppe bei schwacher Hitze etwa 10 Minuten kochen lassen.
- Die Suppe mit dem zerdrückten Brühwürfel, etwas Salz, Streuwürze und Muskatnuß abschmecken und mit einem Mixstab pürieren.
- Die Reiscremesuppe in Teller verteilen. Die Sahne kreisförmig einlaufen lassen. Die Sprossen oder die Kräuter darauf streuen.

Varianten: Diese Suppe schmeckt auch mit Spargel, Champignons, Blumenkohl, Broccoli, Lauch oder Zucchini ausgezeichnet.

Roggencremesuppe mit Kresse

Preiswert

Eine rustikale Suppe, für die sich auch gut Quark-, Joghurt- oder Sahnereste gemischt verwenden lassen. Wenn Sie gerade beim Brotbacken sind, sollten Sie für die leichte Säuerung der Suppe Sauerteigansatz nehmen.

Zutaten für 4 Personen:

80 g Roggen · 3 Teel. Kümmel
3–4 Eßl. Sonnenblumenöl
1 l Wasser · 2 Gemüsebrühwürfel
100 g saure Sahne oder Quark oder Joghurt oder 50 g Sauerteig · 1 Kästchen Kresse
20 g Butter
Salz

Pro Portion etwa 750 kJ/180 kcal
4 g Eiweiß · 13 g Fett · 12 g Kohlenhydrate · 3 g Ballaststoffe

Zubereitungszeit: etwa 30 Minuten

- Den Roggen mit dem Kümmel fein mahlen.
- Den Schrot mit dem Öl in einen großen Topf geben, unter Rühren bei mittlerer Hitze leicht anrösten, dann mit dem Wasser aufgießen. Die zerdrückten Gemüsebrühwürfel hineinrühren und die Suppe etwa 10 Minuten bei schwacher Hitze kochen lassen; dabei ab und zu umrühren.
- Die saure Sahne, den Quark, den Joghurt oder den Sauerteig hineinrühren und die Cremesuppe noch etwa 5 Minuten kochen lassen.
- Die Kresse mit der Schere abschneiden, kurz kalt abspülen und abtropfen lassen.
- Die Roggencremesuppe mit der Butter verfeinern, mit Salz abschmecken, in Teller füllen und mit der Kresse bestreuen.

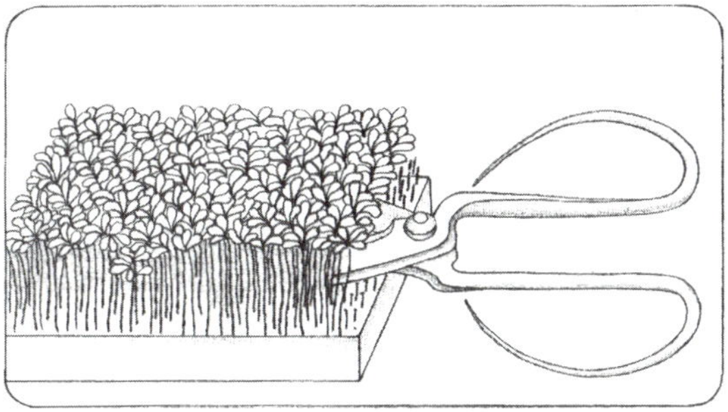

Kresse schneidet man am besten mit einer Küchenschere vom »Beet«.

Hirsesuppe mit Frühlingsgemüse

Preiswert · Glutenfrei

Auch mit Amaranth oder Quinoa statt mit Hirse schmeckt diese schnelle Suppe hervorragend.

Zutaten für 4 Personen:

80 g Hirse · 40 g Butter
1–1 1/4 l Wasser
2 Gemüsebrühwürfel
Salz · 1 Prise Currypulver
1 Kohlrabi · 1 Möhre
50 g frische oder tiefgefrorene Erbsen
50 g Sahne
1 Bund Schnittlauch

Pro Portion etwa 890 kJ/210 kcal
5 g Eiweiß · 13 g Fett · 19 g Kohlenhydrate · 4 g Ballaststoffe

Zubereitungszeit: etwa 30 Minuten

- Die Hirse verlesen und in einem Sieb heiß abspülen.
- Die Hälfte der Butter in einem großen Topf erhitzen und die Hirse darin unter Rühren leicht anrösten.
- Das Wasser dazugießen. Die zerdrückten Brühwürfel, etwas Salz und das Currypulver hineinrühren. Den Deckel auflegen und die Suppe bei mittlerer Hitze leicht kochen lassen.
- Inzwischen vom Kohlrabi die Blätter abschneiden. Die Herzblättchen beiseite legen. Die Knolle dünn schälen, in 1/2 cm große Würfel schneiden und zur Suppe geben.
- Die Möhre waschen und schaben oder dünn schälen, in 3–5 mm dicke Scheiben schneiden und ebenfalls zur Suppe geben. Alles noch etwa 7 Minuten kochen lassen.
- Wenn die Hirsekörner fast ganz aufgequollen sind, die Erbsen hinzufügen und noch 2–3 Minuten mitkochen lassen. Falls inzwischen zuviel Flüssigkeit verdampft sein sollte, noch etwas Wasser oder Gemüsebrühe angießen.
- Den Topf vom Herd nehmen und die Hirsesuppe abschmecken. Die restliche Butter und die Sahne hinzufügen.
- Den Schnittlauch und die Kohlrabiherzblättchen abspülen, trockenschütteln, fein schneiden und in die Suppe rühren.

Buchweizenpfannkuchen mit Schafkäse

Zum Mitnehmen geeignet · Für Singles

Hefepfannkuchen sind eine schmackhafte Alternative zu Eipfannkuchen. Diese Pfannkuchen gelingen problemlos ohne Ei.

Zutaten für 1 Person:

50 g Buchweizenmehl
1 gestrichener Teel. Trockenhefe
100 ml lauwarme Milch, Sojamilch oder Wasser
1 Teel. Sojasauce
50 g Schafkäse
1–2 Eßl. Sonnenblumenöl
eventuell 1 Eßl. Schnittlauch (frisch geschnitten) und
1–2 Tomaten

Etwa 2100 kJ/500 kcal
17 g Eiweiß · 29 g Fett · 44 g Kohlenhydrate · 3 g Ballaststoffe

Zubereitungszeit: etwa 35 Minuten

• Das Mehl mit der Hefe mischen. Mit dem Schneebesen die Flüssigkeit und die Sojasauce darunterquirlen. Den Teig an einem warmen Platz mindestens 15 Minuten gehen lassen.
• Inzwischen den Käse mit einer Gabel zerdrücken oder in kleine Stücke schneiden. Den Käse unter den gegangenen Teig mischen.
• Das Öl in einer Pfanne von 28 cm ø erhitzen, den Teig hineingießen und mit einem Löffel oder Teigschaber glattstreichen, so daß der Pfannenboden bedeckt ist. Den Pfannkuchen von beiden Seiten bei mittlerer Hitze in je etwa 5 Minuten knusprig goldbraun braten.
• Nach Belieben mit Schnittlauch bestreuen und mit Tomatenvierteln anrichten.

Sojacrêpes

Für Singles · Preiswert

Zutaten für 1 Person:

25 g Weizenvollkornmehl
1/2 Eßl. vollfettes Sojamehl
1 Prise Salz · 1 Ei · etwa 70 ml Sojamilch
1 kleines Bund Frühlingszwiebeln
1 Eßl. Olivenöl · 2 Teel. Butter

Etwa 1800 kJ/430 kcal
17 g Eiweiß · 25 g Fett · 34 g Kohlenhydrate · 5 g Ballaststoffe

Zubereitungszeit: etwa 20 Minuten

• Das Weizen- und das Sojamehl mit dem Salz mischen. Das Ei in einen Meßbecher aufschlagen, mit Sojamilch auf 1/8 l auffüllen, die Mehlmischung darunterquirlen.
• Die Zwiebeln waschen und quer in Stücke schneiden. Das Olivenöl erhitzen und die Zwiebelstücke darin bei mittlerer Hitze etwa 5 Minuten braten.
• Die Hälfte der Butter in einer zweiten Pfanne von 28 cm ø erhitzen. Die Hälfte des Teiges hineingießen und durch Drehen so verteilen, daß der Pfannenboden bedeckt ist. Die Crêpe in 1–2 Minuten goldbraun backen, wenden und fertig backen. Den zweiten Pfannkuchen genauso backen. Die Crêpes auf einen Teller gleiten lassen und jede mit gebratenen Zwiebeln füllen.

Für Buchweizenpfannkuchen mit Schafkäse (von links nach rechts) alle Zutaten bereitstellen, die Flüssigkeit unter das Mehl quirlen, den zerkleinerten Käse dazugeben, den Teig in die Pfanne gießen, auf einer Seite backen, wenden und den fertigen Pfannkuchen mit Tomate und Schnittlauch garnieren.

Eipfannkuchen

Für Singles · Ganz einfach

Neben Bratkartoffeln sind Pfannkuchen Favoriten im Ein-Personen-Haushalt. Mit Vollkornmehl hergestellt, sind sie eine ausgewogene Mahlzeit: Als Ergänzung eignet sich am besten Rohkost.

Zutaten für 1 Person:

1 Ei · knapp 200 ml Milch · etwa 1/4 Teel. Salz
1 Prise Muskatnuß, frisch gerieben
75 g Weizenvollkornmehl · 2 Eßl. Sonnenblumenöl

Etwa 2500 kJ/600 kcal
22 g Eiweiß · 30 g Fett · 55 g Kohlenhydrate · 7 g Ballaststoffe

Zubereitungszeit: etwa 10 Minuten

- Das Ei in einen Meßbecher aufschlagen, mit Milch auf 1/4 Liter auffüllen, mit dem Salz, dem Muskat und dem Mehl verquirlen.
- 1 Eßlöffel Öl in einer Pfanne von 28 cm ø erhitzen. Die Hälfte des Teiges hineingießen und bei mittlerer Hitze von jeder Seite in 1 1/2–2 Minuten knusprig goldbraun backen. Aus dem restlichen Teig mit dem übrigen Öl einen zweiten Pfannkuchen backen.

● **Tip:** Sollte Ihr Appetit einmal klein sein und 1 Pfannkuchen ausreichen, den zweiten fest zusammenrollen und, in Folie gewickelt, im Kühlschrank aufbewahren. Am nächsten Tag aus 1 Päckchen (50 g) tiefgefrorenem Suppengrün, 1/4 l Wasser und 1 gestrichenen Teelöffel gekörnter Gemüsebrühe eine Gemüsesuppe kochen und den in dünne Streifen geschnittenen Pfannkuchen darin erwärmen.

Pfannkuchen mit Kräuterquark

Preiswert

Zutaten für 2 Personen:

Für den Teig:
2 Eßl. Gerste, fein gemahlen
2 Eßl. Roggen, fein gemahlen
Salz
etwa 6 Eßl. Mineralwasser
1 Ei (Gewichtsklasse 4)
2 Teel. Sonnenblumenöl
200 g Magerquark
2 Eßl. saure Sahne
1 Bund Kräuter (Petersilie, Dill, Basilikum)
Pfeffer, frisch gemahlen

Pro Portion etwa 1200 kJ/290 kcal
21 g Eiweiß · 10 g Fett · 28 g Kohlenhydrate · 5 g Ballaststoffe

Zubereitungszeit: etwa 35 Minuten

- Das Gersten- und das Roggenmehl mit 1 Prise Salz in eine Schüssel geben. Das Mineralwasser und das Ei hinzufügen und mit einem Schneebesen zu einem glatten Teig verrühren.
- In einer beschichteten Pfanne das Öl erhitzen. Aus dem Teig darin nacheinander in je etwa 5 Minuten zwei Pfannkuchen backen.
- Inzwischen für die Füllung den Quark und die saure Sahne in einer Schüssel verrühren.
- Die Kräuter waschen, trockenschütteln und klein hacken.
- Den Quark mit Salz und Pfeffer pikant würzen und die Kräuter darunterheben. Die Pfannkuchen damit füllen, zusammenklappen und heiß servieren.

Bratkartoffeln nach Allgäuer Art

Ganz einfach · Für Singles

Zutaten für 1 Person:

250 g Pellkartoffeln, möglichst am Vortag gekocht
1 Zwiebel
15 g Butterschmalz oder 20 g Butter
etwa 1/4 Teel. Salz
etwas schwarzer Pfeffer, frisch gemahlen
50 g Emmentaler
je 1/2 Teel. Kümmel und getrockneter, gerebelter Majoran
2 Teel. Schnittlauch oder Petersilie, frisch geschnitten

Etwa 2300 kJ/550 kcal
20 g Eiweiß · 30 g Fett · 47 g Kohlenhydrate · 6 g Ballaststoffe

Zubereitungszeit: etwa 25 Minuten

• Die Kartoffeln schälen und in dünne Scheiben schneiden. Die Zwiebel schälen und fein würfeln.
• Das Butterschmalz oder die Butter in einer Pfanne zerlaufen lassen und die Zwiebelwürfel darin glasig braten. Die Kartoffelscheiben hinzufügen, nach Geschmack salzen, pfeffern und unter öfterem Wenden in 10–15 Minuten bei mittlerer Hitze knusprig braun braten.
• Den Käse grob reiben. Die Pfanne vom Herd nehmen und die Bratkartoffeln mit dem Käse, dem Kümmel, dem Majoran und dem Schnittlauch oder der Petersilie mischen.

Parmesankartoffeln

Für Singles · Mengen lassen sich vervielfachen

Zutaten für 1 Person:

250 g Pellkartoffeln, möglichst am Vortag gekocht
1 gestrichener Eßl. Edelhefeflocken
1 gestrichener Teel. Pastaroma (Fertigmischung)
1 Messerspitze Salz
1 Eßl. Butter
1 Ei
etwa 70 ml Milch
2 Eßl. Parmesan, frisch gerieben
1 Eßl. Schnittlauch, frisch geschnitten

Etwa 2400 kJ/570 kcal
29 g Eiweiß · 29 g Fett · 47 g Kohlenhydrate · 6 g Ballaststoffe

Zubereitungszeit: etwa 15 Minuten

• Die Kartoffeln schälen, in dünne Scheiben schneiden und mit den Hefeflocken, dem Pastaroma und dem Salz mischen.
• Die Butter in einer Pfanne zerlaufen lassen und die gewürzten Kartoffelscheiben darin bei schwacher Hitze etwa 5 Minuten unter gelegentlichem Wenden anbraten.
• Inzwischen das Ei in einen Meßbecher aufschlagen, mit Milch auf 1/8 l füllen, den Käse und den Schnittlauch hinzufügen und alles miteinander verquirlen. Das Verquirlte über die Kartoffeln gießen und zugedeckt in etwa 5 Minuten bei schwacher Hitze stocken lassen; dabei einmal umrühren.

Pilzsteak

Raffiniert · Für Singles · Kalorienarm

Zutaten für 1 Person:

150 g Egerlinge oder Champignons
1/2 kleine Zwiebel · 1 Teel. Butter
Salz · 1 Prise Pfeffer, frisch gemahlen
Knoblauchpulver · 1/2 Vollkornbrötchen
1 Teel. Petersilie, frisch gehackt
1 Teel. Weizenvollkornmehl
1 Teel. Weizenkeime
1/2 Teel. Sonnenblumenöl

Etwa 800 kJ/190 kcal
9 g Eiweiß · 9 g Fett · 20 g Kohlenhydrate · 6 g Ballaststoffe

Zubereitungszeit: etwa 35 Minuten

• Die Pilze putzen, waschen und in dünne Scheiben schneiden. Die Zwiebel schälen und klein hacken.
• Die Butter erhitzen und die Zwiebel darin glasig braten. Die Pilze dazugeben. Mit Salz, dem Pfeffer sowie Knoblauchpulver pikant würzen und etwa 10 Minuten bei mittlerer Hitze dünsten. Die Pilze anschließend erkalten lassen.
• Inzwischen das Brötchen in Wasser etwa 5 Minuten einweichen.
• Das eingeweichte Brötchen gut ausdrücken und zusammen mit der Petersilie, dem Weizenmehl und den Weizenkeimen zu den Pilzen geben. Die Masse gut vermengen und zu einem oder mehreren flachen Steaks formen.
• In einer beschichteten Pfanne das Sonnenblumenöl erhitzen. Das Pilzsteak von beiden Seiten bei mittlerer bis schwacher Hitze unter Wenden etwa 10 Minuten goldbraun braten.

Nußküchlein

Zum Mitnehmen geeignet · Für Singles

Zutaten für 1 Person:

1 Eßl. Mandeln, Haselnußkerne, Walnußkerne, Sonnenblumenkerne oder Sesamsamen
2 Eßl. feine Haferflocken
1 Eßl. Vollkornbrösel
25 g Emmentaler, frisch gerieben
1 Messerspitze Salz
etwas schwarzer Pfeffer, frisch gemahlen
1 Ei · 4–5 Teel. Sonnenblumenöl

Etwa 2100 kJ/500 kcal
21 g Eiweiß · 33 g Fett · 28 g Kohlenhydrate · 3 g Ballaststoffe

Zubereitungszeit: etwa 15 Minuten

• Die Nüsse grob reiben (Sesamsamen unzerkleinert verwenden) und mit den Haferflocken, den Bröseln, dem Käse, dem Salz und Pfeffer verrühren. Das Ei gründlich daruntermengen. 2–3 Teelöffel Öl hinzufügen und ebenfalls gründlich untermischen.
• Das restliche Öl in einer Pfanne erhitzen. Aus dem Teig mit nassen Händen eine große, flache Frikadelle formen. Bei schwacher Hitze von jeder Seite in etwa 5 Minuten knusprig goldbraun braten.

Pilzsteaks sind eine raffinierte Alternative zu Fleisch. Besonders gut schmecken sie mit einem pikant angemachten Salat.

Brotauflauf mit Käse

Ganz einfach · Preiswert

Zutaten für 4 Personen:

4 altbackene Vollkornbrötchen oder Vollkornbrotscheiben (etwa 200 g)
etwa 600 ml heiße Gemüsebrühe
3–4 Eier
100 g Sahne oder Milch
1 Prise Muskatnuß, frisch gerieben
2 Eßl. Hefeflocken
etwas Streuwürze
1 Knoblauchzehe, nach Belieben
etwa 100 g Hartkäse, frisch gerieben
1 Bund Petersilie, frisch gehackt
1 Eßl. Sesamsamen
Für die Form: Butter

Pro Portion etwa 1600 kJ/380 kcal
18 g Eiweiß · 23 g Fett · 24 g Kohlenhydrate · 4 g Ballaststoffe

Zubereitungszeit: etwa 45 Minuten

• Die Brötchen oder Brotscheiben in einer Schüssel mit der Gemüsebrühe übergießen und 5–10 Minuten quellen lassen. Dabei ab und zu wenden.
• Inzwischen die Eier mit der Sahne oder der Milch, dem Muskat, den Hefeflocken und Streuwürze verquirlen. Nach Belieben die Knoblauchzehe schälen, sehr fein schneiden oder durch die Presse drücken und unterrühren.
• Den Backofen auf 200° vorheizen. Eine flache Auflaufform fetten.
• Die eingeweichten Brötchen zerpflücken und mit dem Käse und drei Vierteln der Petersilie locker vermischt in die Form geben.
• Die Eiermilch darüber gießen. Die Oberfläche mit einem Löffel glattstreichen und die Sesamsamen darüber streuen.
• Den Auflauf im Backofen (Mitte; Gas Stufe 4) 20–25 Minuten backen, bis die Eimasse gestockt ist.
• Den Brotauflauf mit der restlichen Petersilie bestreut servieren.

Wirsinggratin mit Champignons und Safranreis

Raffiniert · Für Gäste

Zutaten für 4 Personen:

1 mittelgroßer Kopf Wirsing (etwa 700 g)
500 g Champignons
10 frische kleine Salbeiblättchen
100 g Butter
Kräutersalz
1/2 Tasse Wasser
1 Kapsel oder 1 Briefchen Safranpulver
500 g gegarter Langkorn-Naturreis (200 g ungegart)
100 g Sahne
50 g Greyerzer oder Emmentaler, frisch gerieben
Zum Bestreuen: 2 frische Salbeiblättchen, fein gehackt

Pro Portion etwa 1900 kJ/450 kcal
16 g Eiweiß · 34 g Fett · 40 g Kohlenhydrate · 10 g Ballaststoffe

Zubereitungszeit: etwa 40 Minuten

• Von dem Wirsing die äußeren Blätter ablösen. Den Wirsingkopf waschen und achteln, ohne dabei den Strunk herauszuschneiden. Die Pilze unter fließendem Wasser abreiben, wenn nötig putzen und in 1/2 cm dicke Scheiben schneiden. Die Salbeiblättchen waschen.

- Die Hälfte der Butter in einem breiten Topf aufschäumen lassen. Die Salbeiblättchen und die Wirsingachtel in die Butter legen und leicht salzen. Das Wasser dazugeben und den Wirsing zugedeckt bei mittlerer Hitze 7–8 Minuten dünsten.
- Die Hälfte der restlichen Butter aufschäumen lassen und die Pilze darin bei starker Hitze etwa 5 Minuten leicht anbräunen, dann salzen und auf einen Teller legen.
- Jetzt die Wirsingachtel wenden, wenn nötig noch etwas Wasser dazugeben und weitere 5–7 Minuten dünsten lassen. Darauf achten, daß etwas Flüssigkeit übrigbleibt.
- Den Backofen auf 200° vorheizen.
- In einer zweiten Pfanne die restliche Butter schmelzen lassen, das Safranpulver und etwas Kräutersalz einrühren und den Reis so lange darin wenden, bis er eine gleichmäßig gelbe Farbe angenommen hat.
- Den Reis auf dem Boden einer flachen Auflaufform verteilen. Die Wirsingachtel mit etwas Abstand darauf legen und die Pilze dazwischen verteilen.
- Die noch im Topf befindliche Salbeibutter mit der Sahne und dem Käse verrühren und mit einem Löffel auf die Wirsingstücke träufeln.
- Das Gratin im Backofen (Mitte; Gas Stufe 3) 5–10 Minuten überbacken.
- Mit dem Salbei bestreut servieren.

Gratinierte Knoblauchnudeln

Ganz einfach · Raffiniert · Preiswert

Zutaten für 4 Personen:

250 g Vollkornnudeln · Kräutersalz
1 Eßl. Pflanzenöl
1/4 l Gemüsebrühe
1–2 Knoblauchknollen
200 g Crème fraîche oder saure Sahne
50 g Butter
1 Ei
2–4 Eßl. Basilikum, frisch geschnitten

Pro Portion etwa 2000 kJ/480 kcal
13 g Eiweiß · 28 g Fett · 44 g Kohlenhydrate · 6 g Ballaststoffe

Zubereitungszeit: etwa 45 Minuten

- Für die Nudeln reichlich Wasser in einem großen Topf mit 1 Teelöffel Salz und dem Öl zum Kochen bringen. Die Nudeln darin in 7–12 Minuten nicht zu weich kochen. Die Nudeln kalt abschrecken und abtropfen lassen.
- Die Gemüsebrühe zum Kochen bringen. Die einzelnen Knoblauchzehen schälen und in der Gemüsebrühe in etwa 4 Minuten weich kochen, die Brühe leicht abkühlen lassen.
- Kräutersalz, die Crème fraîche oder saure Sahne, die Butter, das Ei und drei Viertel des Basilikums in die Brühe geben. Mit einem Mixstab alles pürieren.
- Den Backofen auf 200° vorheizen.
- Die Nudeln in eine flache Auflaufform füllen. Die Sauce darüber gießen und leicht einrühren.
- Das Gratin im Backofen (Mitte; Gas Stufe 3) 20–25 Minuten überbacken.
- Das Gratin mit dem restlichen Basilikum bestreut servieren.

Buchweizenküchlein mit Tomaten und Käse

Preiswert · Glutenfrei · Für Kinder

Zutaten für 4 Personen:

200 g Buchweizen, mittelgrob (grießartig) geschrotet
2 Eier
1 gestrichener Teel. Salz
50–75 ml Milch oder Sahne
1 Zwiebel
250 g frische Champignons oder Zucchini
1 Bund Schnittlauch
1 Bund Petersilie
eventuell 50 g Emmentaler, frisch gerieben
1 Teel. Tomatenmark oder Senf
½ Teel. Currypulver
2–3 Tomaten
2 große Scheiben Emmentaler
Zum Braten: Butterschmalz oder Öl

Pro Portion etwa 1740 kJ/420 kcal
24 g Eiweiß · 21 g Fett · 39 g Kohlenhydrate · 6 g Ballaststoffe

Zubereitungszeit: etwa 30 Minuten

• Den Buchweizenschrot mit den Eiern und dem Salz verrühren. Dann so viel Milch oder Sahne hineinrühren, daß ein geschmeidiger, nicht zu weicher Teig entsteht. Den Teig etwa 15 Minuten quellen lassen.
• Inzwischen die Zwiebel schälen und achteln. Die Pilze putzen und eventuell unter fließendem Wasser abspülen; eventuell grob zerkleinern. Oder die Zucchini putzen und in grobe Stücke schneiden.
• Die Zwiebelachtel und die Pilz- oder Zuchinistücke im Mixer fein zerkleinern und in den Teig rühren.
• Den Schnittlauch und die Petersilie waschen, trockenschütteln, einige Petersilienblättchen zum Garnieren beiseite legen, die übrige Petersilie und den Schnittlauch fein schneiden. Die Kräuter, nach Belieben den Käse und das Tomatenmark oder den Senf unter den Teig rühren. Mit dem Currypulver würzen.
• Möglichst in zwei Pfannen gleichzeitig etwas Butterschmalz oder Öl erhitzen. Mit einem Löffel kleine Portionen Teig in die Pfanne setzen und bei mittlerer Hitze auf beiden Seiten goldbraun braten.
• Inzwischen die Tomaten waschen, abtrocknen und in Scheiben schneiden, dabei den Stielansatz entfernen. Die Käsescheiben in kleine Streifen oder Quadrate schneiden.
• Auf jedes gebratene Küchlein 1 Tomatenscheibe und darüber 1 Stück Käse legen. Einen Deckel auf die Pfanne legen und den Käse in 2–3 Minuten schmelzen lassen.
• Mit den Petersilienblättchen garnieren.

● **Tip:** Zum Braten von Pfannkuchen oder Getreidebratlingen eignen sich am besten Pfannen mit Antihaftbeschichtung. Wenn Sie eine Edelstahl- oder Gußeisenpfanne verwenden, ist es wichtig, daß die Brathitze nicht zu hoch ist.

Buchweizenküchlein mit Tomaten und Käse sind schnell zubereitet und schmecken am besten mit Salat und einer Quarksauce mit Kräutern.

Tofucurry

Ganz einfach · Für Singles

Zutaten für 1 Person:

150 g Tofu · etwa 1 Teel. Sojasauce
1 Eßl. Sesamsamen · 4 Teel. Butter
200 g Salatgurke · 1/2 Tasse Wasser
2 gestrichene Teel. Weizenvollkornmehl
je 2 Eßl. Sahne und Wasser
je 1 Messerspitze Kräutersalz, Delikata und Currypulver
1 Teel. Zitronensaft
2 Teel. Dill, frisch gehackt

Etwa 1900 kJ/450 kcal
17 g Eiweiß · 36 g Fett · 18 g Kohlenhydrate · 12 g Ballaststoffe

Zubereitungszeit: etwa 30 Minuten

• Den Tofu in 1/2 cm große Würfel schneiden und in einer kleinen Schüssel mit 1 Teelöffel Sojasauce und den Sesamsamen mischen.
• Die Butter in einer Pfanne zerlaufen lassen. Die Tofuwürfel mit den Sesamsamen darin etwa 5 Minuten bei mittlerer Hitze anbraten.
• Inzwischen die Gurke waschen, eventuell schälen, in 1/2 cm große Würfel schneiden, mit dem Wasser zum Tofu geben und alles zugedeckt bei schwacher Hitze etwa 10 Minuten dünsten.
• Das Mehl mit der Sahne, 2 Eßlöffeln Wasser, dem Kräutersalz, dem Delikata und dem Currypulver anrühren, in die Pfanne gießen und das Curry noch etwa 1 Minute garen.
• Den Topf vom Herd nehmen. Das Gericht mit dem Zitronensaft und eventuell noch mit Sojasauce abschmecken. Den Dill untermischen.

Tofuschnitzel

Für Singles · Ganz einfach

Zutaten für 1 Person:

150 g Tofu · 1 Teel. Sojasauce
etwas schwarzer Pfeffer, frisch gemahlen
1 Eßl. Sonnenblumenöl

Etwa 780 kJ/190 kcal
11 g Eiweiß · 14 g Fett · 5 g Kohlenhydrate · 0 g Ballaststoffe

Zubereitungszeit: etwa 25 Minuten

• Den Tofu quer halbieren.
• Ein sauberes Küchentuch dreimal längs falten, auf eine Arbeitsfläche legen. Die Tofuscheiben auf die eine Hälfte des Tuches legen, die andere Hälfte darüberschlagen und mit einem Gewicht von etwa 1 kg etwa 5 Minuten beschweren. So entweicht überschüssige Feuchtigkeit.
• Die Tofuscheiben aus dem Tuch nehmen, auf einer Seite mit 1/2 Teelöffel Sojasauce beträufeln und mit etwas Pfeffer übermahlen.
• Das Öl in einer Pfanne (wenn möglich beschichtet) erhitzen. Die Tofuscheiben mit der gewürzten Seite nach unten hineinlegen. Die ungewürzte Seite ebenfalls mit 1/2 Teelöffel Sojasauce beträufeln und mit Pfeffer bestreuen. Die Scheiben bei mittlerer Hitze knapp 5 Minuten braten. Mit einem Bratenwender umdrehen und auf der anderen Seite genauso braten. Dazu paßt Kartoffelsalat oder gekochter Naturreis.

● **Tip:** Manche Tofu-Sorten sind so fest, daß die Prozedur mit dem Tuch entfallen kann; in diesem Fall die Scheiben nur abtrocknen.

Geröstete Tofuwürfel

Ganz einfach · Preiswert

Zutaten für 4 Personen:

250 g Tofu · 2–3 Eßl. Sesamöl

Pro Portion etwa 420 kJ/100 kcal
4 g Eiweiß · 9 g Fett · 2 g Kohlenhydrate ·
0 g Ballaststoffe

Zubereitungszeit: etwa 10 Minuten

• Den Tofu in etwa 1 cm große Würfel schneiden. Das Öl in einer schweren Pfanne erhitzen und die Tofuwürfel darin bei mittlerer Hitze in 5–7 Minuten knusprig braun rösten. Dabei öfter umrühren.

● Tip: Sie können die Tofuwürfel vor dem Braten in beliebigen Gewürzen wälzen.

Vollkornnudeln mit Gemüse-Tofu-Sauce

Ganz einfach · Für Singles

Zutaten für 1 Person:

Für die Sauce:
50 g rote Paprikaschote · 1/4 Salatgurke
1 Tomate · 1/2 kleine Zwiebel
1 Teel. Butter · 30 g Tofu
Salz · Pfeffer, frisch gemahlen
Knoblauchpulver
1 Teel. getrockneter Oregano · 1/8 l Wasser
1 Teel. Petersilie, frisch gehackt
Für die Nudeln: 1/2 l Wasser
Salz · 50 g Vollkornnudeln

Etwa 1200 kJ/290 kcal
12 g Eiweiß · 8 g Fett · 42 g Kohlenhydrate ·
9 g Ballaststoffe

Zubereitungszeit: etwa 30 Minuten

• Für die Sauce das Gemüse waschen. Die Paprikaschote von Kernen und weißen Rippen befreien und in dünne Streifen schneiden. Die Salatgurke schälen, der Länge nach halbieren und die Kerne herauskratzen. Die Gurke in dünne Scheiben schneiden. Die Tomate vom Stielansatz befreien und kleinschneiden. Die Zwiebel schälen und fein hacken.
• Die Butter in einem flachen Topf erhitzen. Die Zwiebel darin glasig braten.
• Den Tofu in kleine Würfel schneiden und zusammen mit dem vorbereiteten Gemüse zur Zwiebel geben. Unter mehrmaligem Wenden von allen Seiten leicht anbraten. Mit Salz, Pfeffer, Knoblauchpulver und dem Oregano pikant würzen und mit dem Wasser aufgießen. Die Sauce bei schwacher Hitze zugedeckt etwa 15 Minuten köcheln lassen.
• Inzwischen für die Nudeln das Wasser mit etwas Salz zum Kochen bringen. Die Nudeln hineingeben und im sprudelnden Wasser in 7–10 Minuten bißfest kochen.
• Die Nudeln in einem Sieb abtropfen lassen und auf einem vorgewärmten Teller anrichten. Die Sauce über die Vollkornnudeln verteilen und mit der Petersilie bestreuen.

Spaghetti mit Zwiebelbolognese

Für Singles

Zutaten für 1 Person:

1 mittelgroße Zwiebel · 1 Knoblauchzehe
1 Eßl. Olivenöl · 200 g Tomaten
je 1 Messerspitze getrocknetes, gerebeltes Basilikum und Oregano
etwas schwarzer Pfeffer, frisch gemahlen
1/2 Teel. gekörnte Gemüsebrühe
50 ml Wasser · 1 Eßl. Crème fraîche
1 Eßl. Schnittlauch, frisch geschnitten · 1 l Wasser
1 gestrichener Teel. Salz · 75 g Vollkornspaghetti
25 g Parmesan, frisch gerieben

Etwa 2300 kJ/550 kcal
23 g Eiweiß · 25 g Fett · 70 g Kohlenhydrate · 6 g Ballaststoffe

Zubereitungszeit: etwa 35 Minuten

• Die Zwiebel und die Knoblauchzehe schälen und fein würfeln. Im erhitzten Öl goldgelb braten.
• Die Tomaten waschen und würfeln. Die Tomatenwürfel, das Basilikum und den Oregano, etwas Pfeffer, die gekörnte Brühe und das Wasser hinzufügen. Alles zugedeckt bei schwacher Hitze etwa 20 Minuten kochen lassen.
• Nach der halben Garzeit für die Nudeln das Wasser mit dem Salz zum Kochen bringen. Die Spaghetti in etwa 8 Minuten bißfest garen, abtropfen lassen. Die Crème fraîche und den Schnittlauch unter die Sauce mischen. Die Nudeln auf einem Teller anrichten, die Sauce in die Mitte geben und den Käse darüber streuen.

Nudeln nach Florentiner Art

Preiswert · Für Singles

Zutaten für 1 Person:

1/2 l Wasser · 1/2 Teel. Salz
50 g Vollkornbandnudeln
1 kleine Zwiebel · 125 g Spinat
2 Teel. Butter
1 gestrichener Teel. gekörnte Gemüsebrühe
etwas schwarzer Pfeffer, frisch gemahlen
2 Eßl. Sahne
2 Eßl. Parmesan, frisch gerieben

Etwa 1900 kJ/450 kcal
19 g Eiweiß · 22 g Fett · 45 g Kohlenhydrate · 6 g Ballaststoffe

Zubereitungszeit: etwa 25 Minuten

• Das Wasser mit dem Salz zum Kochen bringen. Die Nudeln darin in etwa 8 Minuten bißfest garen; dann in einem Sieb abtropfen lassen.
• Die Zwiebel schälen und fein würfeln. Den Spinat putzen, waschen und abtropfen lassen.
• Die Butter schmelzen lassen und die Zwiebelwürfel darin goldgelb braten. Unterdessen den Spinat in feine Streifen schneiden, mit der gekörnten Brühe und etwas Pfeffer zu den Zwiebeln geben und das Gemüse zugedeckt bei schwacher Hitze in knapp 5 Minuten zusammenfallen lassen und garen; dabei gelegentlich wenden.
• Die Nudeln und die Sahne unter den Spinat haben. Zum Schluß den Käse daruntermischen.

Die Spaghetti mit Zwiebelbolognese nach italienischer Art schmecken durch die Vollkornnudeln besonders würzig.

Grüne Nudeln mit Schafkäse und Salbei

Für Singles · Mengen lassen sich vervielfachen

Für dieses köstliche Gericht lohnt es sich, etwas frischen Salbei zu besorgen. Ein Bund Salbei hält sich in einem Glas mit Wasser an einem kühlen Platz etwa 2 Wochen. Salbei schmeckt, vorsichtig dosiert, auch an Rohkost, Salatsaucen, Suppen und Gemüsegerichten. Wenn die grünen Nudeln öfter auf den Tisch kommen sollen, können Sie sich auch einen Blumentopf mit Salbei für die Fensterbank, den Balkon oder Garten besorgen.

Zutaten für 1 Person:

3/4 l Wasser · 1/2 Teel. Salz
75 g grüne Vollkornnudeln
75 g Schafkäse
1 Eßl. Butter
8–10 frische Salbeiblättchen

Etwa 2400 kJ/570 kcal
22 g Eiweiß · 31 g Fett · 48 g Kohlenhydrate · 4 g Ballaststoffe

Zubereitungszeit: etwa 15 Minuten

- Das Wasser mit dem Salz zum Kochen bringen. Die Nudeln darin in etwa 8 Minuten bißfest garen; dann abtropfen lassen.
- Den Käse in kleine Stücke schneiden. Die Butter in den leeren, noch warmen Nudelkochtopf geben (nicht mehr auf den Herd stellen), die abgetropften Nudeln und den zerkleinerten Käse hinzufügen und alles mischen.
- Die Salbeiblättchen waschen, nicht zu fein schneiden und ebenfalls untermischen.

Nudeln mit Sojasprossen

Für Singles · Ganz einfach

Zutaten für 1 Person:

1 l Wasser · 1 gestrichener Teel. Salz
50 g Vollkorn-Suppennudeln (Schnittnudeln)
50 g Sojasprossen · 2 Teel. Sojasauce
etwas schwarzer Pfeffer, frisch gemahlen
2 Teel. Petersilie, frisch gehackt
1 Ei · 1 Eßl. Butter

Etwa 1900 kJ/450 kcal
22 g Eiweiß · 26 g Fett · 33 g Kohlenhydrate · 5 g Ballaststoffe

Zubereitungszeit: etwa 25 Minuten

- Das Wasser mit dem Salz zum Kochen bringen. Die Nudeln darin in etwa 5 Minuten bißfest garen; abtropfen lassen und das Kochwasser auffangen.
- Die Sojasprossen gründlich waschen, in dem Nudelkochwasser knapp 5 Minuten blanchieren und ebenfalls abtropfen lassen.
- Die abgetropften Nudeln und die Sojakeimlinge mit der Sojasauce, etwas Pfeffer, der Petersilie und dem Ei gründlich mischen.
- Die Butter in einer kleinen Pfanne zerlaufen lassen. Die Nudelmischung in der Pfanne verteilen und zugedeckt bei schwacher bis mittlerer Hitze in etwa 2 Minuten stocken lassen. Mit einem auf die Pfanne passenden Teller wenden, das heißt, den Teller umgedreht auf die Nudelmasse legen, eine Hand auf den Teller halten und zusammen mit der Pfanne umdrehen. Dann die Nudelmasse vom Teller wieder in die Pfanne gleiten lassen und die andere Seite ebenfalls zugedeckt in etwa 2 Minuten stocken lassen.

Bunte Nudelpfanne

Für Singles · Mengen lassen sich vervielfachen

Zutaten für 1 Person:

1 l Wasser · Salz
50 g Sojaspaghetti
1 Knoblauchzehe
1 Eßl. Olivenöl
1 Tomate
etwas schwarzer Pfeffer, frisch gemahlen
1 Ei · 1 Eßl. Sahne
2 Eßl. Parmesan, frisch gerieben
3 schwarze Oliven
1 Eßl. Schnittlauch, frisch geschnitten

Etwa 2100 kJ/500 kcal
23 g Eiweiß · 27 g Fett · 42 g Kohlenhydrate · 5 g Ballaststoffe

Zubereitungszeit: 30–35 Minuten

• Das Wasser mit 1 Teelöffel Salz zum Kochen bringen. Die Nudeln einmal durchbrechen und im sprudelnd kochenden Salzwasser in etwa 8 Minuten bißfest garen; abtropfen lassen.
• Die Knoblauchzehe schälen und fein würfeln. Das Olivenöl erhitzen und die Knoblauchwürfel darin glasig braten. Die Tomate waschen und würfeln. Die Tomatenwürfel mit 1 Messerspitze Salz und etwas Pfeffer in die Pfanne geben. Die Nudeln untermischen.
• Das Ei mit der Sahne und der Hälfte des Käses verquirlen, über die Nudelmischung gießen, verteilen und in knapp 5 Minuten zugedeckt bei schwacher Hitze stocken lassen.
• Die Oliven entkernen und fein würfeln. Die Nudelpfanne mit dem restlichen Käse, dem Schnittlauch und den Oliven bestreuen.

Vollkornnudeln mit Möhren-Käse-Sauce

Für Kinder · Ganz einfach

Zutaten für 4 Personen:

Für die Nudeln:
1/2 l Wasser · 1/2 Teel. Salz
1 Eßl. Sonnenblumenöl · 250 g Vollkornnudeln
Für die Sauce:
100 g Möhren · 100 g junger Gouda
50 g Frühlingskräuter · 40 g Butter
3 gehäufte Eßl. Weizenvollkornmehl · 1/4 l Milch
1/4 l Wasser · 1 Eßl. gekörnte Gemüsebrühe
Salz · Pfeffer, frisch gemahlen

Pro Portion etwa 2000 kJ/480 kcal
20 g Eiweiß · 21 g Fett · 52 g Kohlenhydrate · 8 g Ballaststoffe

Zubereitungszeit: etwa 20 Minuten

• Das Wasser mit dem Salz und dem Öl aufkochen. Die Nudeln darin in etwa 8 Minuten bißfest garen. Dann abtropfen lassen.
• Die Möhren schälen und raspeln. Den Gouda reiben. Die Kräuter fein hacken.
• Die Butter schmelzen lassen. Die Möhrenraspel und das Weizenvollkornmehl dazugeben und kräftig durchrühren.
• Mit der Milch und dem Wasser auffüllen, die Gemüsebrühe hineingeben. Die Sauce bei schwacher Hitze unter Rühren 2–3 Minuten kochen lassen, bis sie dicklich wird.
• Den Kochtopf vom Herd nehmen. Den Käse unter die Sauce mischen und schmelzen lassen. Die Kräuter unterrühren. Die Sauce mit Salz und Pfeffer abschmecken und zu den Nudeln reichen.

Glasierte Möhren

Für Singles · Preiswert

Zutaten für 1 Person:

250 g junge Möhren
1 Eßl. Butter
2 Teel. Honig
1 Teel. Sojasauce
1 Eßl. Sahne
etwas weißer Pfeffer, frisch gemahlen
2 Teel. Petersilie, frisch gehackt

Etwa 1200 kJ/290 kcal
4 g Eiweiß · 16 g Fett · 34 g Kohlenhydrate · 8 g Ballaststoffe

Zubereitungszeit: etwa 20 Minuten

• Die Möhren gründlich waschen oder bürsten, je nach Dicke längs halbieren oder vierteln und je nach Länge einmal quer durchschneiden.
• Die Butter, den Honig und die Sojasauce in einem kleinen Topf zerlaufen lassen, die Möhrenstücke hinzufügen und zugedeckt bei schwacher Hitze etwa 10 Minuten garen, dabei gelegentlich umrühren und bei Bedarf etwas Wasser angießen.
• Wenn die Möhren weich sind, die Flüssigkeit im Topf dicklich ist und etwas nach Karamel duftet, den Topf vom Herd nehmen (sollte die Flüssigkeit noch klar sein, ohne Deckel weitergaren, dabei öfter wenden). Die Sahne unter das Gemüse mischen, mit Pfeffer abschmecken und mit der Petersilie bestreuen.

Chinakohl mit Ei

Für Singles · Mengen lassen sich vervielfachen

Zutaten für 1 Person:

250 g Chinakohl (die untere weiße Hälfte von 1 mittelgroßen Kopf)
2 Teel. Butter
1 Teel. Sojasauce
etwas weißer Pfeffer, frisch gemahlen
1 Ei
2 Teel. Petersilie, frisch gehackt

Etwa 830 kJ/200 kcal
10 g Eiweiß · 15 g Fett · 6 g Kohlenhydrate · 1 g Ballaststoffe

Zubereitungszeit: etwa 15 Minuten

• Den Chinakohl waschen und quer in feine Streifen schneiden. 1 Teelöffel Butter in einem kleinen Topf zerlassen. Die Kohlstreifen, die Sojsauce und etwas Pfeffer hinzufügen und alles bei schwacher Hitze zugedeckt in gut 5 Minuten bißfest kochen lassen; dabei gelegentlich wenden.
• In einer kleinen Pfanne die restliche Butter zerlaufen lassen. Das Gemüse hineingeben. Das Ei aufschlagen, daruntermischen und unter Wenden in etwa 1 Minute leicht stocken lassen. Mit der Petersilie bestreuen.

Auch für eine Person lohnt sich eine reizvolle Gemüsebeilage, vor allem, wenn sie so einfach und schnell zubereitet ist wie die glasierten Möhren.

Blumenkohl oder Broccoli mit Mandelsauce

Ganz einfach · Für Singles

Zutaten für 1 Person:

250 g Blumenkohlröschen (1/2 mittelgroßer Kopf)
oder Broccoli
25 g Mandeln
25 g Emmentaler
je 1 Messerspitze Salz und Delikata
1 Ei
4 Eßl. Sahne
2 Teel. Schnittlauch, frisch geschnitten

Etwa 1800 kJ/430 kcal
18 g Eiweiß · 32 g Fett · 16 g Kohlenhydrate · 9 g Ballaststoffe

Zubereitungszeit: etwa 25 Minuten

• Die Blumenkohlröschen oder Broccolistengel gründlich waschen, dickere Stengel am Ende kreuzweise einschneiden. Das Gemüse in wenig Wasser in etwa 10 Minuten zugedeckt bei schwacher Hitze bißfest kochen; in einem Sieb abtropfen lassen und die Kochflüssigkeit auffangen.
• Die Mandeln und den Käse fein reiben, mit dem Salz, dem Delikata, dem Ei, der Sahne und 4 Eßlöffeln Kochflüssigkeit verquirlen. Die Mischung in den Topf gießen, unter Rühren mit einem Schneebesen einige Male aufkochen lassen, bis eine cremige Sauce entstanden ist.
• Den Blumenkohl oder Broccoli auf einem Teller anrichten, mit der Sauce übergießen und mit dem Schnittlauch bestreuen.

Rote-Bete-Nituké

Raffiniert · Preiswert

Zutaten für 4 Personen:

etwa 500 g rote Bete
1 Zwiebel · 2 Eßl. Sesamöl
Salz · 1 Bund Petersilie, frisch gehackt
1 Eßl. Gomasio

Pro Portion etwa 510 kJ/120 kcal
3 g Eiweiß · 7 g Fett · 12 g Kohlenhydrate · 4 g Ballaststoffe

Zubereitungszeit: etwa 30 Minuten

• Die roten Beten gründlich bürsten, abspülen, schälen und kleinschneiden. Die Zwiebel schälen und sehr fein hacken.
• In einem schweren Topf das Öl erhitzen und darin zuerst die Zwiebel kurz andünsten. Die roten Beten dazugeben und unter Rühren noch 2–3 Minuten dünsten. Salzen und zugedeckt bei mittlerer Hitze 8–10 Minuten bißfest garen. Die Petersilie unterziehen und das Gemüse vor dem Servieren mit dem Gomasio bestreuen.

Variante: Möhren-Nituké mit Leinsamen
500 g Möhren in feine Streifen schneiden und in 3 Eßlöffeln Sonnenblumenöl 2–3 Minuten anbraten, salzen und zugedeckt in 5–7 Minuten bißfest garen. Inzwischen in einem anderen Topf 1 Eßlöffel Butter erhitzen, 1 Tasse Weizenvollkornmehl darin anbräunen und 3 Tassen Wasser einrühren. 3 Eßlöffel Leinsamen hineinrühren und die Sauce auf der ausgeschalteten Herdplatte noch 1–2 Minuten ziehen lassen, dann die Möhren unterrühren.

Gebratene Zucchinischeiben

Schmeckt auch kalt · Für Singles

Zutaten für 1 Person:

200 g Zucchini
1 Teel. Zitronensaft
10 g Weizenvollkornmehl
1 Ei
Salz
1 Eßl. Wasser
1 Teel. Sonnenblumenöl

Etwa 830 kJ/200 kcal
11 g Eiweiß · 12 g Fett · 11 g Kohlenhydrate · 3 g Ballaststoffe

Zubereitungszeit: etwa 20 Minuten

• Die Zucchini waschen und in dünne Scheiben schneiden, mit dem Zitronensaft beträufeln.
• Das Weizenmehl auf einen Teller geben. Das Ei mit etwas Salz und dem Wasser auf einem zweiten Teller vermischen.
• Das Sonnenblumenöl in einer beschichteten Pfanne erhitzen.
• Die Zucchinischeiben zuerst im Mehl, anschließend im Eigemisch wenden und im heißen Öl bei mittlerer Hitze von beiden Seiten goldbraun braten.

● Tip: Die gebratenen Zucchinischeiben schmecken auch kalt sehr gut. Zusammen mit einer leichten Remouladensauce (Rezept Seite 78) eignet sich dieses Gericht hervorragend für ein kaltes Vollwertbuffet.

Variante: Verwenden Sie anstelle der Zucchini Auberginenscheiben.

Champignons mit Knoblauchfüllung

Ganz einfach · Imbiß

Zutaten für 4 Personen:

14 frische, möglichst große Champignons
3 Knoblauchzehen
100 g weiche Butter · 1 Teel. Tahini
1/2 Teel. getrocknetes Basilikum · 1/4 Teel. Salz
etwa 50 g Hartkäse, frisch gerieben
Zum Garnieren: 1/2 Bund Petersilie, frisch gehackt

Pro Portion etwa 1100 kJ/260 kcal
6 g Eiweiß · 26 g Fett · 1 g Kohlenhydrate · 1 g Ballaststoffe

Zubereitungszeit: etwa 30 Minuten

• Mit einem spitzen Messer die Stiele aus den Champignons heraustrennen. Die Köpfe gründlich waschen. Die Knoblauchzehen schälen.
• 90 g Butter in eine Schale geben und die Knoblauchzehen hineindrücken. Das Tahini, das Basilikum und das Salz dazugeben und alles cremig rühren.
• Den Backofen auf 200° vorheizen.
• Die übrige Butter schmelzen und die Champignons damit einpinseln. Mit einem Teelöffel die Butter-Knoblauch-Füllung auf die Pilze verteilen und diese in eine feuerfeste Form legen. Den Käse darübergeben und die Pilze im Backofen (Mitte; Gas Stufe 3) 8–10 Minuten überbacken. Mit der Petersilie garnieren.

● Tip: Sie können auch die Stiele der Champignons mitverwenden: fein hacken, um die Pilzköpfe in der Form verteilen und mitbacken.

Tomaten mit Kräuter-Knoblauchfüllung

Ganz einfach · Preiswert

Zutaten für 4 Personen:

8 kleine oder 4 große Tomaten (etwa 800 g)
50 g Hafer, frisch geschrotet (ersatzweise Haferflocken · 6–8 Eßl. Vollkornbrösel
50 g Hartkäse, frisch gerieben
50 g Frischkäse · 1 Bund Petersilie, frisch gehackt
1–2 Knoblauchzehen
Kräutersalz · Pfeffer, frisch gemahlen
20 g Butter

Pro Portion etwa 1200 kJ/290 kcal
11 g Eiweiß · 14 g Fett · 30 g Kohlenhydrate · 7 g Ballaststoffe

Zubereitungszeit: etwa 45 Minuten

- Die Tomaten waschen und einen Deckel abschneiden. Das Fruchtfleisch mit einem kleinen Löffel herauslösen, mit den Deckeln kleinschneiden. Den Haferschrot und etwa 5 Eßlöffel Vollkornbrösel einrühren, einige Minuten quellen lassen.
- Beide Käse, drei Viertel der Petersilie und den sehr fein gehackten Knoblauch dazugeben. Die Masse mit Salz und Pfeffer abschmecken. Wenn sie sehr weich ist, die restlichen Brösel dazugeben.
- Den Backofen auf 200° vorheizen.
- Die Tomaten mit der Käsemasse füllen, in eine Auflaufform setzen und auf jede Tomate ein kleines Butterstückchen setzen.
- Die Tomaten im Backofen (Mitte; Gas Stufe 3) 15–20 Minuten backen. Mit der restlichen Petersilie garniert servieren.

Griechische Tomaten

Für Singles · Kalorienarm

Zutaten für 1 Person:

2 Tomaten (200 g)
50 g Schafkäse
1/2 kleine Zwiebel
1/2 Knoblauchzehe
Salz
Pfeffer, frisch gemahlen
3 Basilikumblätter

Etwa 710 kJ/170 kcal
10 g Eiweiß · 11 g Fett · 7 g Kohlenhydrate · 4 g Ballaststoffe

Zubereitungszeit: etwa 25 Minuten

- Die Tomaten waschen und einen Deckel abschneiden.
- Den Grill oder den Backofen auf 250° vorheizen.
- Den Schafkäse fein hacken. Die Zwiebel und den Knoblauch schälen, fein zerkleinern und mit dem Käse, Salz und Pfeffer auf die Tomaten streuen. Den Deckel aufsetzen.
- Die Tomaten im heißen Grill oder Backofen (Gas Stufe 5) so lange garen, bis der Käse leicht goldbraun wird. Mit den Basilikumblättern anrichten.

Tomaten mit Kräuter-Knoblauchfüllung schmecken nicht nur frisch aus dem Ofen, sondern auch abgekühlt als raffinierte Vorspeise.

Hirsemöhren

Für Singles · Mengen lassen sich vervielfachen

Zutaten für 1 Person:

200 g Möhren
50 g Hirse
1/4 l Wasser
1 gestrichener Teel. gekörnte Gemüsebrühe
1 Prise gemahlener Anis
1 Eßl. Butter
1 Eßl. Petersilie, frisch gehackt

Etwa 1600 kJ/380 kcal
9 g Eiweiß · 15 g Fett · 54 g Kohlenhydrate · 18 g Ballaststoffe

Zubereitungszeit: etwa 30 Minuten

- Die Möhren waschen, putzen und grob würfeln. Die Möhrenwürfel mit der Hirse, dem Wasser, der gekörnten Brühe und dem Anis in einem Topf zum Kochen bringen und in 15–20 Minuten zugedeckt bei schwacher Hitze weich garen.
- Den Topf vom Herd nehmen. Die Butter und die Petersilie unter die Hirsemöhren mischen.

Variante: Hirse-Möhren-Küchlein
Die doppelte Portion kochen. Die übriggebliebene Hälfte bis zum nächsten Tag zugedeckt im Kühlschrank aufbewahren. 1 Ei, 50 g grob geriebenen Gouda, 1 Eßlöffel Schnittlauchröllchen und 1 Teelöffel getrocknetes, gerebeltes Basilikum daruntermischen. Aus dem Teig mit nassen Händen Frikadellen formen und in Butter oder Butterschmalz bei mittlerer Hitze knusprig goldbraun braten.

Naturreis mit Gemüse-Kapern-Sauce

Ganz einfach · Kalorienarm

Zutaten für 4 Personen:

1/2 l Wasser · Salz · 250 g Rundkorn-Naturreis
2 kleine Zwiebeln · 400 g Tomaten
1 grüne oder rote Paprikaschote
2 Eßl. Olivenöl · 4 Eßl. Kapern · 1 Bund Petersilie
schwarzer Pfeffer, frisch gemahlen

Pro Portion etwa 570 kJ/140 kcal
7 g Eiweiß · 6 g Fett · 41 g Kohlenhydrate · 4 g Ballaststoffe

Zubereitungszeit: etwa 35 Minuten

- Das Wasser mit 1/2 Teelöffel Salz zum Kochen bringen. Den Reis hineinrieseln lassen und zugedeckt in 25–30 Minuten bei schwacher Hitze weich garen. Dann abtropfen lassen.
- Die Zwiebeln schälen und würfeln. Die Tomaten waschen und kleinschneiden. Die Paprikaschote waschen und in kleine Würfel schneiden.
- Das Olivenöl in einem Topf erhitzen.
- Die Zwiebelwürfel dazugeben und glasig dünsten. Die Tomatenstücke hinzufügen und so lange unter Rühren dünsten, bis sie zerfallen. Das dauert 3–5 Minuten.
- Die gedünsteten Zwiebeln und Tomaten mit dem Stabmixer pürieren.
- Salz, die Paprikawürfel und die Kapern in das Tomatenpüree rühren und alles etwa 5 Minuten bei schwacher Hitze garen.
- Die Petersilie fein hacken und zur gegarten Sauce geben. Mit Pfeffer abschmecken.
- Den Reis mit der Sauce servieren.

Kohlrabi-Spinat-Gemüse mit Weizensprossen

Raffiniert · Ganz einfach

Zutaten für 4 Personen:

3 Kohlrabiknollen (etwa 750 g)
20 g Butter · 1/8 l Wasser
1/2 Teel. Salz
200 g Spinat
4 Eßl. Weizensprossen
Muskatnuß, frisch gerieben

Pro Portion etwa 520 kJ/120 kcal
9 g Eiweiß · 6 g Fett · 12 g Kohlenhydrate · 6 g Ballaststoffe

Zubereitungszeit: etwa 30 Minuten

- Die zarten Blätter der Kohlrabi abschneiden und zur Seite legen. Die Kohlrabi schälen und in dünne Scheiben schneiden.
- Die Butter schmelzen. Die Kohlrabischeiben dazugeben, mit dem Wasser auffüllen und das Salz hinzufügen. Die Kohlrabi bei schwacher Hitze zugedeckt 8–10 Minuten garen.
- Den Spinat gründlich waschen und verlesen. Den Spinat portionsweise auf einem großen Brett grob hacken.
- Den Spinat zum Kohlrabigemüse geben und alles zugedeckt etwa 5 Minuten weitergaren.
- Die Kohlrabiblätter waschen und fein hacken.
- Den Kochtopf vom Herd nehmen. Die Kohlrabiblätter und die Weizensprossen untermischen. Das Gericht mit Muskat abschmecken.

Tip: Haben Sie keine Weizensprossen? Dann schmeckt dieses zarte Sommergemüse auch mit der gleichen Menge Sonnenblumenkerne.

Tomatenhirse mit Champignons

Für Kinder · Preiswert

Zutaten für 4 Personen:

250 g Hirse · 1/2 l Tomatensaft
Salz · 1 kleine Zwiebel
150 g Champignons
1 Teel. getrockneter Majoran
schwarzer Pfeffer, frisch gemahlen
1 Bund Petersilie

Pro Portion etwa 1100 kJ/260 kcal
9 g Eiweiß · 3 g Fett · 49 g Kohlenhydrate · 4 g Ballaststoffe

Zubereitungszeit: etwa 35 Minuten

- Die Hirse in ein Sieb geben und gründlich waschen.
- Den Tomatensaft mit Salz in einem Topf zum Kochen bringen. Die Hirse hineinschütten, umrühren und bei schwacher Hitze im geschlossenen Kochtopf etwa 10 Minuten kochen lassen.
- Den Topf vom Herd nehmen und die Hirse weitere 10 Minuten quellen lassen.
- In der Zwischenzeit die Zwiebel schälen und würfeln. Die Champignons unter kaltem Wasser abbrausen und eventuell vorhandene braune Stellen herausschneiden. Die Champignons in feine Scheiben schneiden.
- Die Zwiebel, die Champignonscheiben und den getrockneten Majoran unter die heiße Tomatenhirse rühren. Mit Salz und Pfeffer abschmecken.
- Die Petersilie waschen, trockenschütteln, fein hacken und kurz vor dem Servieren unter die Tomatenhirse rühren.

Bauernfrühstück nach toskanischer Art

Aus einer Pfanne · Für Singles

Zutaten für 1 Person:

300 g mehligkochende Kartoffeln
1 Zwiebel · 1 Knoblauchzehe
1 Eßl. Olivenöl · 1 Teel. Butterschmalz
1/4 Teel. Salz
1/2 Teel. getrocknete, gerebelte Provence-Kräuter
1 Tomate · 1 Ei
3 schwarze Oliven
1 Eßl. Parmesan, frisch gerieben
1–2 Teel. Schnittlauch, frisch geschnitten

Etwa 2300 kJ/550 kcal
19 g Eiweiß · 26 g Fett · 60 g Kohlenhydrate · 11 g Ballaststoffe

Zubereitungszeit: etwa 35 Minuten

• Die Kartoffeln schälen, waschen und in Stifte schneiden. Die Zwiebel und die Knoblauchzehe schälen und fein würfeln.
• Das Olivenöl und das Butterschmalz erhitzen. Die Zwiebel- und Knoblauchwürfel hineingeben, mit dem Salz und den Provence-Kräutern bestreuen und etwa 5 Minuten bei mittlerer Hitze anbraten. In weiteren 10–15 Minuten zugedeckt bei schwacher Hitze weich garen.
• Die Tomate waschen und grob würfeln. Die Tomatenwürfel über die Kartoffeln verteilen. Das Ei verquirlen, gleichmäßig darüber gießen und unter Wenden in 1–2 Minuten stocken lassen.
• Die Oliven entkernen und fein hacken. Das Bauernfrühstück mit dem Käse, dem Schnittlauch und den gehackten Oliven bestreuen.

Kohlrabi-Kartoffel-Gemüse

Ganz einfach · Für Singles

Zutaten für 1 Person:

250 g mehligkochende Kartoffeln
1 kleiner junger Kohlrabi mit Grün
100 ml Wasser
je 1/2 Teel. Salz und Kümmel
1–2 Eßl. Sahne

Etwa 1100 kJ/260 kcal
9 g Eiweiß · 3 g Fett · 49 g Kohlenhydrate · 11 g Ballaststoffe

Zubereitungszeit: etwa 25 Minuten

• Die Kartoffeln schälen, waschen und in Stifte schneiden. Den Kohlrabi von den Blättern befreien (die zarten inneren Blättchen beiseite legen), schälen, waschen und ebenfalls in Stifte schneiden.
• Die Kohlrabi- und Kartoffelstifte mit dem Wasser in einen kleinen Topf füllen, mit dem Salz und dem Kümmel bestreuen. Die zarten Kohlrabiblättchen waschen, fein hacken und die Hälfte davon über das Gemüse streuen. Alles 10–15 Minuten zugedeckt bei schwacher Hitze garen.
• Die restliche Kochflüssigkeit abgießen. Das Gemüse auf einem Teller anrichten. Die Sahne darüber verteilen und die restlichen Kohlrabiblättchen darüber streuen.

Das Bauernfrühstück nach toskanischer Art ist ein sättigendes Hauptgericht, das besonders gut nach einem frischen Salat schmeckt.

Zum Abschluß des Kapitels noch einige schnelle Gerichte, die auch Ungeübteren ohne ausführliche Rezepte gelingen. Die Mengen sind jeweils für 1 Person berechnet.

Schnelle Suppen

Gemüsesuppe: 1 kleines Paket tiefgefrorenes Suppengrün mit 1/4 l Wasser gut 5 Minuten kochen, mit Sojasauce abschmecken, mit feingehackten Kräutern bestreuen.

Hafersuppe: 2 Eßlöffel feine Haferflocken in 1/4 l Wasser etwa 2 Minuten kochen, mit gekörnter Gemüsebrühe abschmecken, im Teller mit 1–2 Teelöffeln Butter verrühren.

Brotsuppe: 1 Zwiebel in Ringe schneiden, in 1 Eßlöffel Butter glasig braten, Brotwürfel aus 1 Scheibe Weizenvollkornbrot hinzufügen, beides goldbraun braten, mit 1/4 l heißem Wasser auffüllen, mit gekörnter Gemüsebrühe abschmecken, Petersilie darüber streuen.

Schrotsuppen: 1/4 l Wasser mit 1 Teelöffel gekörnter Gemüsebrühe aufkochen, 1 Eßlöffel Getreideschrot (Weizen-, Roggen-, Grünkern-, Gersten-, Buchweizen-, Reisschrot oder Maisgrieß) einstreuen, gleichzeitig mit dem Schneebesen rühren, 1–2 Minuten kochen lassen, 1 Teelöffel Butter und 1 Eßlöffel feingehackte Petersilie mit der fertigen Suppe im Teller verrühren.
Weizensuppe mit etwas frisch gemahlenem Pfeffer und etwa 1 Eßlöffel Sahne mischen.
Roggen- und Grünkernsuppe mit etwas gemahlenem Kümmel und Koriander abschmecken.
Gerstensuppe mit etwa 1/2 Teelöffel getrocknetem, gerebeltem Majoran, 1 Prise geriebener Muskatnuß und etwa 1 Eßlöffel Sahne mischen.
Buchweizensuppe mit etwa 1 Eßlöffel saurer Sahne oder Crème fraîche und feingehacktem Dill und/oder Schnittlauch mischen.
Reisschrotsuppe mit etwa 2 Teelöffeln Tomatenmark, 1 Teelöffel Sesamöl statt Butter und feingehacktem Dill verrühren.
Maissuppe mit je etwa 1 Messerspitze Knoblauchpulver und Currypulver abschmecken.

Warme Snacks

Würzkäse: Schichtkäse (quarkähnlicher Frischkäse) mit Sojasauce übergießen, mit Kümmelsamen und feingehackten Kräutern (Petersilie oder Schnittlauch) bestreuen; dazu passen Pellkartoffeln.

Tofu-Pfanne: 100 g Tofu zerdrücken, in 2 Teelöffeln Butter knapp 5 Minuten unter häufigem Wenden braten, mit je etwa 1 Messerspitze Kräutersalz und Currypulver abschmecken und mit 1 Eßlöffel feingeschnittenem Schnittlauch mischen; dazu passen Pellkartoffeln oder helles Vollkornbrot, mit Butter bestrichen.

Falsche Pizza: 1 Scheibe Weizenvollkornbrot toasten, dünn mit Butter und Tomatenmark bestreichen, mit 1/2 Teelöffel getrockneten Provence-Kräutern bestreuen, mit 50–75 g Emmentaler in Scheiben belegen, 1 Teelöffel Olivenöl darüber träufeln, bei 200° (Gas Stufe 3) überbacken, bis der Käse zerläuft.

Zwiebelbanane: 1 Zwiebel würfeln und in 2 Teelöffeln Butter glasig braten, 1 geschälte, in Stücke gebrochene Banane hinzufügen, zusammen braten, bis die Bananenstücke weich sind, mit frisch gemahlenem Pfeffer abschmecken; dazu schmeckt helles Vollkornbrot.

Kalte Imbisse

Pikante Waffeln: Vollreiswaffeln mit Butter bestreichen, mit feingehacktem Dill, Petersilie oder Schnittlauch bestreuen; dazu passen Tomaten- oder Gurkenscheiben.

Quarkschnitte: Helles Vollkornbrot mit Sahnequark dick bestreichen, mit Tomaten- oder Gurkenscheiben belegen, wenig Kräutersalz und viel feingeschnittenen Schnittlauch darüber streuen, etwas Pfeffer darüber mahlen.

Knoblauchbrot: Weizenschrotbrot beidseitig rösten, mit quer aufgeschnittener Knoblauchzehe gründlich einreiben, mit Butter bestreichen, mit feingehackter Petersilie bestreuen.

Apfelsalat: 1 säuerlichen Apfel und 75–100 g Gouda- oder Emmentaler grob würfeln, mit je 1 Eßlöffel Mayonnaise, Apfelsaft und feingeschnittenem Schnittlauch mischen, mit frisch gemahlenem schwarzem Pfeffer würzen.

Buntes Brötchen: Vollkornbrötchen mit Butter bestreichen, mit dicken Scheiben von Schafkäse oder Mozzarella und Tomatenscheiben fächerartig belegen, Basilikumblättchen dazwischenstecken.

Blitz-Desserts

Knabberschnitte: Vollkornzwieback dick mit Schichtkäse oder etwas dünner mit Doppelrahmfrischkäse bestreichen, aromatischen Honig darüber streichen.

Früchtetoast: Weizenvollkornbrot toasten, dünn mit Butter bestreichen, Doppelrahm-Frischkäse oder Sahnequark und Honig darüber streichen, mit halbierten Erdbeeren oder halbierten, entsteinten Aprikosen (Schnittfläche nach unten) dick belegen.

Knusperflocken: 2 Eßlöffel kernige Haferflocken mit je 2 Teelöffeln Butter und Honig 3–4 Minuten unter ständigem Wenden rösten, je 1 Eßlöffel Rosinen und beliebige grobgeriebene Nüsse hinzufügen.
Variante: 1–2 Teelöffel Kakao vor dem Rösten unter die Haferflocken mischen und die fertig geröstete Mischung mit 1 Tasse Milch oder Sojamilch übergießen.

Frischkäse mit Obst: 100 g körnigen Frischkäse mit 2 Teelöffeln flüssigem Honig und 1 Prise Zimtpulver verrühren, 50 g Himbeeren oder grob zerkleinerte Erdbeeren daruntermischen; dazu paßt eventuell Vollkornzwieback oder helles Vollkornbrot.

Fruchtjoghurt: 1 Becher Naturjoghurt (150 g) mit 2 Teelöffeln flüssigem Honig und 1 Teelöffel Mandelmus verrühren, 25 g vollreife schwarze Johannisbeeren oder 50 g Erdbeeren daruntermischen oder mit 2 Teelöffeln honigsüßem Sanddornsaft verrühren.

Quarkdessert: 100 g Sahnequark mit 2–3 Teelöffeln flüssigem Honig, 1 geschälten, gewürfelten Kiwi und einigen grobgeriebenen Walnüssen mischen, eventuell mit 1–2 Teelöffeln Zitronensaft abschmecken.

Desserts und süße Hauptgerichte

Sie möchten sich und andere mit Süßem verwöhnen und sich trotzdem gesund ernähren? Kein Problem, wenn Sie Desserts und süße Hauptgerichte mit naturbelassenen Zutaten und alternativen Süßungsmitteln zubereiten und nicht jeden Tag auf den Speisezettel setzen. In diesem Kapitel finden Sie Gerichte, die mit einem Salat vorweg eine komplette Mahlzeit sind, und schnelle, leichte Desserts für den Abschluß eines Menüs.

Kaiserschmarrn mit Früchten

Ganz einfach · Hauptgericht

Zutaten für 4 Personen:

2 Eßl. ungeschwefelte Sultaninen oder Rosinen
eventuell 2–3 Eßl. Rum
3–4 Eiweiß · 1 Prise Salz
3–4 Eigelb
20–30 g Zuckerrohrgranulat, Honig oder Ahornsirup · 1/4 l Milch
160 g Dinkel, Weizen oder Buchweizen, sehr fein gemahlen
1/2 Teel. gemahlene Vanille
etwa 500 g Kirschen, Aprikosen, Pfirsiche oder Bananen · 40 g Butter

Pro Portion etwa 1800 kJ/430 kcal
13 g Eiweiß · 17 g Fett · 54 g Kohlenhydrate · 7 g Ballaststoffe

Zubereitungszeit: etwa 45 Minuten

• Die Sultaninen oder Rosinen in einer Tasse mit kochendem Wasser überbrühen, einige Minuten ziehen lassen, dann abgießen. Mit dem Rum übergießen und aufquellen lassen.
• Die Eiweiße mit dem Salz steif schlagen.
• Die Eigelbe mit dem Granulat, dem Honig oder dem Ahornsirup, der Milch und dem Mehl verrühren. Etwa 15 Minuten quellen lassen.
• Die Früchte waschen, trockentupfen, putzen und gegebenenfalls kleinschneiden.
• Den Eischnee auf die Teigmasse geben und vorsichtig darunterheben.
• Möglichst in zwei Pfannen die Butter aufschäumen lassen. Den Teig hineingießen. Die eingeweichten Sultaninen oder Rosinen und die Hälfte der Früchte darauf verteilen. Die Pfannkuchen bei mittlerer Hitze 2–3 Minuten backen, dabei die Pfanne mehrfach rütteln.
• Dann die Pfannkuchen mit zwei Gabeln in Stücke zerteilen. Den Kaiserschmarrn zugedeckt 1–2 Minuten auf der abgeschalteten Platte ziehen lassen. Den Kaiserschmarrn mit den restlichen frischen Früchten bestreuen.

Ofenschlupfer

Ganz einfach · Für Kinder

Zutaten für 4–6 Personen:

5 altbackene Weizenvollkornbrötchen oder etwa 300 g trockene Rührkuchenreste oder Vollkornplätzchen · etwa 1/2 l Milch
500–600 g säuerliche Äpfel (zum Beispiel Boskop)
50 g ungeschwefelte Sultaninen oder Rosinen
etwa 50 g Zuckerrohrgranulat oder 60 g Honig
1/2 Teel. Zimtpulver
50 g Mandeln oder Haselnüsse, grob gehackt
2–3 Eßl. Rum oder Wasser und einige Tropfen Rumaroma · 100 g Sahne · 2–3 Eier
20 g Butter (nur bei Brötchen)
Für die Form: Butter

Bei 6 Personen pro Portion etwa 1865 kJ/445 kcal
11 g Eiweiß · 20 g Fett · 52 g Kohlenhydrate · 4 g Ballaststoffe

Zubereitungszeit: etwa 1 Stunde

• Die trockenen Brötchen, Kuchen oder Plätzchen in der Hälfte der Milch einweichen und etwa 10 Minuten quellen lassen.
• Die Äpfel waschen, vom Kerngehäuse befreien und mittelgrob raspeln. Die Sultaninen oder

Rosinen mit etwas kochendem Wasser überbrühen, 2–3 Minuten stehenlassen, abgießen und mit dem Granulat oder Honig, dem Zimt, drei Vierteln der Nüsse und dem Rum oder Wasser und Rumaroma unter die Äpfel mischen.
• Den Backofen auf 200° vorheizen. Eine flache oder hohe Auflaufform fetten.
• Die Brötchen oder Kuchenreste grob zerpflücken, mit der Apfelmasse vermischen und in die Form füllen. Die Sahne mit den Eiern verquirlen, gleichmäßig darüber verteilen und glattstreichen. Eventuell die Butter in Stückchen und die restlichen Nüsse darüber streuen.
• Den Ofenschlupfer im Backofen (unten; Gas Stufe 3) 30–35 Minuten backen, bis die Masse gestockt und gebräunt ist. Dann den Ofen abschalten und den Auflauf noch etwa 10 Minuten im Backofen stehenlassen.

Süße Hefepfannkuchen

Braucht etwas Zeit · Für Singles

Jede Getreideart hat ihr spezielles Aroma und sollte auch individuell gewürzt werden.

Zutaten für 1 Person:

50 g Weizenvollkorn-, Dinkel-, Gersten- oder Hafermehl
für das Weizen- oder Dinkelmehl 1 Prise gemahlene Vanille
für das Gerstenmehl 1 Messerspitze gemahlene Vanille
für das Hafermehl 1 Prise gemahlene Vanille und 1 Messerspitze Zimtpulver
1 gestrichener Teel. Trockenhefe
100 ml lauwarme Milch oder Sojamilch
1 Teel. flüssiger Honig · 1 Eßl. Butter

Etwa 1500 kJ/360 kcal
10 g Eiweiß · 17 g Fett · 41 g Kohlenhydrate · 5 g Ballaststoffe

Zubereitungszeit: etwa 35 Minuten

• Das Mehl mit dem jeweiligen Gewürz und der Hefe mischen. Mit einem Schneebesen die Milch und den Honig darunterquirlen. Den Teig an einem warmen Platz mindestens 15 Minuten gehen lassen.
• Die Butter in einer Pfanne zerlaufen lassen. Den Teig hineingießen und mit einem Löffel oder Teigschaber glattstreichen, so daß der Pfannenboden bedeckt ist. Den Pfannkuchen von beiden Seiten bei mittlerer Hitze in je etwa 5 Minuten knusprig goldbraun backen. Dazu schmeckt Apfelmus oder beliebiges Fruchtkompott oder Ahornsirup.

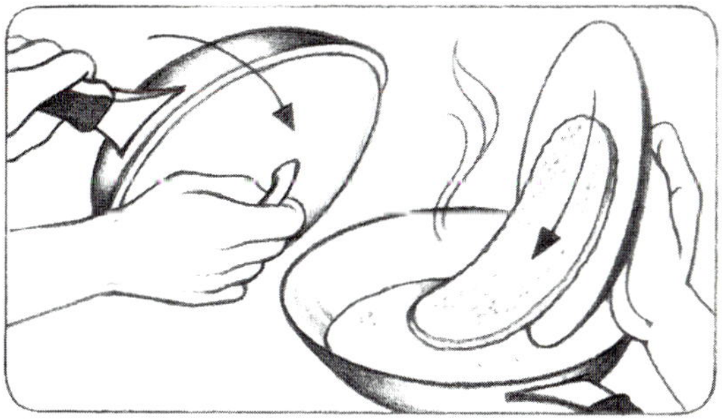

Mit Hilfe eines Topfdeckels, den man auf die Pfanne legt, läßt sich ein Pfannkuchen ganz leicht wenden.

Blaubeerauflauf

Aus einer Pfanne · Raffiniert

Zutaten für 4 Personen:

2–3 Eier (je nach Größe)
60 g Butter · 150 g Honig
abgeriebene Schale von 1/2 unbehandelten Zitrone
1/4 Teel. gemahlene Vanille · 100 g Buchweizenmehl
100 g Weizenvollkornmehl · 200 g Kefir
500 g Blaubeeren (Heidelbeeren)
Für die Pfanne: Butter

Pro Portion etwa 2400 kJ/575 kcal
12 g Eiweiß · 21 g Fett · 83 g Kohlenhydrate · 2 g Ballaststoffe

Zubereitungszeit: etwa 1 Stunde 10 Minuten

- Die Eier trennen. Die Butter mit dem Honig, den Eigelben, der Zitronenschale und der Vanille schaumig rühren. Beide Mehlsorten und den Kefir nach und nach unterrühren.
- Den Teig etwa 20 Minuten quellen lassen.
- Die Blaubeeren waschen und gut abtropfen lassen; eventuell vorhandene Stielchen abzupfen.
- Eine Pfanne von 24 cm ø einfetten.
- Die Eiweiße steif schlagen und unter den Teig ziehen. Die Beeren vorsichtig unterheben.
- Den Teig in die Pfanne geben und glattstreichen.
- Den Auflauf zugedeckt bei mittlerer bis schwacher Hitze in knapp 30 Minuten von unten braun backen.

Variante: Die Blaubeeren durch 500 g sehr klein geschnittene Ananasstückchen ersetzen, nur 120 g Honig verwenden.

Honigmelonenpudding

Aus einer Pfanne · Schmeckt auch kalt

Zutaten für 4 Personen:

1 kleine Honigmelone · 45 g Butter
90 g Weizenvollkorngrieß
80 g getrocknete ungeschwefelte Datteln
2 Eier · 50–60 g Honig
2 Messerspitzen gemahlene Vanille
Für die Pfanne: Butter

Pro Portion etwa 1425 kJ/350 kcal
7 g Eiweiß · 14 g Fett · 48 g Kohlenhydrate · 3 g Ballaststoffe

Zubereitungszeit: etwa 1 1/4 Stunden

- Die Honigmelone halbieren, 400 g Fruchtfleisch herauslösen und im Mixer pürieren.
- Die Butter schmelzen. Den Grieß einrühren und leicht bräunen. Das Fruchtpüree dazugeben und unter ständigem Rühren bei mittlerer Hitze in etwa 5 Minuten zu einem dicken Brei kochen; in einer Schüssel etwas abkühlen lassen.
- Die Datteln kleinschneiden. Die Eier trennen. Die Eigelbe mit dem Honig, der Vanille und den Datteln unter den warmen Brei rühren.
- Eine Pfanne von 24 cm ø einfetten.
- Die Eiweiße steif schlagen und unter den Brei heben. Den Teig in der Pfanne glattstreichen.
- Den Auflauf bei schwacher Hitze zugedeckt in etwa 40 Minuten langsam garen.

Der Blaubeerauflauf ist – vielleicht mit einer leichten Suppe oder einem Salat vorweg – eine sättigende Süßspeise aus der Pfanne.

Quarkgratin mit Früchten

Für Gäste · Ganz einfach

Zutaten für 4 Personen:

Etwa 200 g Früchte nach Jahreszeit, zum Beispiel Erdbeeren, Kirschen, Aprikosen, Zwetschgen und Äpfel
3–4 Eiweiß
1 Prise Salz
3–4 Eigelb
40–50 g Zuckerrohrgranulat oder 50–60 g heller Honig
1 Messerspitze gemahlene Vanille
1 unbehandelte Zitrone
400 g Sahnequark
50 g Sahne
10–20 g Weizenvollkornmehl
Für die Form: Butter

Pro Portion etwa 1600 kJ/380 kcal
18 g Eiweiß · 22 g Fett · 23 g Kohlenhydrate · 1 g Ballaststoffe

Zubereitungszeit: etwa 50 Minuten

• Die Früchte waschen und gegebenenfalls entkernen. Das Obst je nach Sorte halbieren, in feine Schnitze oder Scheiben schneiden und zugedeckt beiseite stellen.
• Die Eiweiße mit dem Salz steif schlagen und beiseite stellen.
• Den Backofen auf 180° vorheizen und eine flache Auflaufform oder 4 feuerfeste flache Teller leicht fetten.
• Die Eigelbe mit dem Granulat oder dem Honig verrühren. Die Vanille dazugeben. Die Zitrone heiß abwaschen, abtrocknen und die Schale auf die Masse reiben. Eine Zitronenhälfte auspressen, den Saft einrühren. Den Quark, die Sahne und das Weizenmehl nach und nach unterrühren. Den Eischnee vorsichtig unter die Masse heben.
• Die Quarkmasse in die Form einfüllen. Die Früchte oder die Fruchtstücke in der Masse versinken lassen.
• Das Gratin im Backofen (Mitte; Gas Stufe 2) 20–25 Minuten überbacken, bis die Oberfläche goldbraun ist.

Reisauflauf mit Früchten

Preiswert · Ganz einfach · Für Kinder

Zutaten für 4 Personen:

125 g Rundkorn-Naturreis
etwa 1/4 l Milch
1 unbehandelte Zitrone
100 g Sahne
2 Eigelb
1/2 Teel. gemahlene Vanille
20–40 g Zuckerrohrgranulat oder Honig
400–600 g Früchte (Äpfel, Bananen, Pfirsiche oder Aprikosen)
50 g Haselnüsse, Mandeln oder Walnüsse, mittelgrob gehackt
2 Eiweiß
1 Prise Salz
10 g Butter
Für die Form: Butter

Pro Portion etwa 1800 kJ/430 kcal
11 g Eiweiß · 25 g Fett · 52 g Kohlenhydrate · 5 g Ballaststoffe

Zubereitungszeit: etwa 1 1/4 Stunden

- Den Reis in einem Sieb abspülen. Mit der Milch in einen Topf geben. Die Zitrone heiß abwaschen, die Hälfte der Schale dünn abschälen, fein schneiden und in den Topf geben. Alles zugedeckt einmal aufkochen lassen, dann den Reis bei schwacher Hitze in etwa 30 Minuten ausquellen lassen.
- Inzwischen die Sahne mit den Eigelben, der Vanille und dem Granulat oder Honig verrühren.
- Die Zitrone durchschneiden und eine Hälfte auspressen.
- Die Früchte waschen, vom Kerngehäuse beziehungsweise Kern befreien, in Viertel oder Scheiben schneiden und mit 1–2 Eßlöffeln Zitronensaft beträufeln.
- Den Backofen auf 200° vorheizen und eine flache Auflaufform fetten.
- Die Sahne-Eimischung und die Hälfte der Nüsse in den Reisbrei einrühren.
- Die Eiweiße mit dem Salz steif schlagen und vorsichtig unter die Reismasse heben. Die Hälfte des Reises in die Form füllen. Die Fruchtstücke darauf verteilen und die restliche Masse daraufgeben. Die restlichen Nüsse darüber streuen und die Butter in Stückchen darauf setzen.
- Den Auflauf im Backofen (Mitte; Gas Stufe 3) 25–30 Minuten backen, bis die Oberfläche leicht gebräunt ist.

Saftiger Kirschauflauf

Ganz einfach

Zutaten für 4 Personen:

400–500 g Kirschen · 50 g Zitronat
50 g Weizen, mittelgrob geschrotet
25 g Hafer, mittelfein geschrotet
1/2 Teel. Zimtpulver
eventuell 1–2 Eßl. Rum
1 unbehandelte Zitrone · 3 Eiweiß
1 Prise Salz · 3 Eigelb
2–3 Eßl. heißes Wasser
50–80 g Zuckerrohrgranulat oder Honig
50 g Mandeln, frisch gerieben
Für die Form: Butter · 1 Eßl. Kleie oder Brösel

Pro Portion etwa 1500 kJ/360 kcal
11 g Eiweiß · 22 g Fett · 48 g Kohlenhydrate · 6 g Ballaststoffe

Zubereitungszeit: etwa 1 Stunde

- Die Kirschen waschen und entsteinen. Das Zitronat fein schneiden und in eine Schüssel geben. Den Weizen- und den Haferschrot, den Zimt und nach Belieben den Rum untermischen. Die Zitronenschale darauf reiben.
- Die Eiweiße mit dem Salz steif schlagen.
- Die Eigelbe mit dem Wasser und dem Granulat oder dem Honig schaumig schlagen.
- Den Backofen auf 200° vorheizen. Eine Auflaufform fetten und mit der Kleie ausstreuen.
- Die Mehlmischung und die Mandeln in die Eigelbmasse rühren. Die Kirschen und den Eischnee unterheben. In die Form füllen.
- Den Auflauf im Backofen (Mitte; Gas Stufe 3) in etwa 20 Minuten goldbraun backen.

Gratinierte Fruchtmischung

Ganz einfach · Schnell

Zutaten für 4 Personen:

200 g Stachelbeeren
100–150 g Rhabarber
80 g Zuckerrohrgranulat oder 100 g Honig
150 g Haselnüsse, fein gemahlen
3 Eiweiß
1 Prise Salz
3 Eigelb
1/2 Teel. gemahlene Vanille
1 unbehandelte Zitrone
3 Eßl. Sahne

Pro Portion etwa 1900 kJ/450 kcal
11 g Eiweiß · 31 g Fett · 31 g Kohlenhydrate · 8 g Ballaststoffe

Zubereitungszeit: etwa 1 Stunde

- Die Stachelbeeren waschen und abtropfen lassen. Die Rhabarberstangen waschen, wenn sie sehr dick sind, längs halbieren und in etwa 1 cm große Stücke schneiden. Ein etwa 5 cm langes Rhabarberstück und etwa 5 Stachelbeeren zum Verzieren beiseite legen.
- Die übrigen Rhabarberstücke in einem kleinen Topf mit 1 Eßlöffel Zuckerrohrgranulat oder Honig vermischen und einige Minuten ziehen lassen.
- Die Stachelbeeren mit der Hälfte der Nüsse vermischen und in eine flache Auflaufform geben.
- Den Backofen auf 200° vorheizen.
- Den Rhabarber kurz aufkochen lassen. Dabei eventuell 1–2 Eßlöffel Wasser dazugeben. Die Rhabarberstücke sollen nur ganz leicht vorgaren, aber nicht zerfallen. Die Rhabarberstücke auf die Stachelbeeren geben.
- Die Eiweiße mit dem Salz steif schlagen. Das restliche Granulat oder den Honig und die Eigelbe nach und nach dazugeben und noch etwa 1 Minute weiterschlagen, bis eine feste, cremige Masse entstanden ist. Die gemahlene Vanille hinzufügen. Die Zitrone heiß abwaschen, abtrocknen und die Hälfte der Schale auf die Masse reiben. Die restlichen Nüsse und die Sahne vorsichtig unterheben. Die Baisermasse auf die Früchte gleiten lassen und glattstreichen.
- Die Fruchtmischung im Backofen (Mitte; Gas Stufe 3) 25–30 Minuten backen, bis die Oberfläche goldbraun ist.
- Die restlichen Stachelbeeren halbieren, den Rhabarber in feine Scheibchen oder Stifte schneiden und das Gratin damit garnieren.

Variante: Für dieses Gratin können Sie auch andere Früchte der Jahreszeit verwenden wie zum Beispiel Pfirsiche, Bananen, Orangen, Erdbeeren oder Johannisbeeren.

Die gratinierte Fruchtmischung ist schnell zubereitet. Die Nüsse passen besonders gut zur leichten Säure der Früchte.

Orangensoufflé

Raffiniert · Schnell · Für Gäste

Zutaten für 4 Personen:

knapp 200 ml Milch
40 g Butter
40 g Weizenvollkornmehl
50–60 g Zuckerrohrgranulat oder 60–80 g heller Honig
2 unbehandelte Orangen
1–2 Eßl. Orangenlikör oder Orangensaft
1 Eßl. Orangensaft
3–4 Eigelb · 3–4 Eiweiß
1 Prise Salz
Für die Förmchen: Butter
Zum Garnieren:
1 Teel. Wildpfeilwurzelmehl
einige Orangenschalenstreifen

Pro Portion etwa 1200 kJ/290 kcal
9 g Eiweiß · 17 g Fett · 27 g Kohlenhydrate · 2 g Ballaststoffe

Zubereitungszeit: etwa 45 Minuten

• Die Milch, die Butter, das Mehl und das Granulat oder den Honig verrühren und unter Rühren zum Kochen bringen. Etwa 1–2 Minuten kochen lassen, bis die Masse dick ist, dann zum Abkühlen beiseite stellen.
• Den Backofen auf 180° (Gas Stufe 2) vorheizen und 4 kleine halbhohe Auflaufförmchen etwa 3 Minuten darin anwärmen. Den Boden der Förmchen fetten.
• Die Orangen heiß abwaschen und abtrocknen. Die Schalen abreiben und in die Creme geben. Den Orangenlikör, den Orangensaft und die Eigelbe einrühren.
• Die Eiweiße mit dem Salz steif schlagen und unterheben. Die Masse in die Förmchen füllen.
• Die Soufflés im Backofen (Mitte) in etwa 20 Minuten goldbraun backen. Dabei die Backofentüre während der ersten 15 Minuten keinesfalls öffnen.
• Die Soufflés mit dem Wildpfeilwurzelmehl bestäuben, mit den Schalenstreifchen garnieren.

Hirsesoufflé mit Rhabarber und Erdbeeren

Preiswert · Raffiniert · Hauptgericht

Zutaten für 4 Personen:

140 g Hirse · etwa 1/2 l Wasser oder Apfelsaft
Salz · 750 g Rhabarber
etwa 1/2 Tasse Wasser
50 g Haselnüsse oder Mandeln, fein gerieben
3 Eiweiß · 3 Eigelb
etwa 100 g Zuckerrohrgranulat, Honig oder Ahornsirup · 50 g Sahne
1 Prise Zimtpulver
1 unbehandelte Zitrone
20 g Butter · 500 g Erdbeeren
Für die Form: Butter
Zum Garnieren: einige Zitronenmelisse- oder Pfefferminzblättchen

Pro Portion etwa 2100 kJ/500 kcal
13 g Eiweiß · 24 g Fett · 61 g Kohlenhydrate · 11 g Ballaststoffe

Zubereitungszeit: etwa 1 Stunde

• Die Hirse verlesen, in einem Sieb heiß abspülen, mit dem Wasser oder dem Saft sowie 1 Prise Salz etwa 5 Minuten kochen lassen.

Dann bei schwacher Hitze etwa 30 Minuten quellen lassen.
• Inzwischen den Rhabarber waschen. Die Stiele längs halbieren oder vierteln und in kleine Würfel schneiden. Den Rhabarber mit dem Wasser 3–4 Minuten dünsten, bis er zusammengefallen ist; dann beiseite stellen.
• Die Nüsse oder Mandeln in einer Pfanne ohne Fett unter ständigem Bewegen 2–3 Minuten rösten, bis sie aromatisch duften. Dann auf einen Teller geben.
• Den Backofen auf 200° (Gas Stufe 3) schalten, eine hohe Souffléform darin anwärmen.
• Die Eiweiße mit 1 Prise Salz steif schlagen. Den Hirsebrei leicht abkühlen lassen. Die Eigelbe, die Nüsse oder Mandeln und die Hälfte des Granulats, des Honigs oder des Sirups, die Sahne sowie 3 Eßlöffel Rhabarber unter den Hirsebrei rühren. Die Zitrone heiß abwaschen, abtrocknen und die Schale abreiben. Die Hirse mit dem Zimt und der Zitronenschale abschmecken. Den Eischnee unterheben.
• Die Form aus dem Ofen nehmen und 1 kleines Stück Butter auf dem Boden der Form verlaufen lassen. Die Hirsemasse hineinfüllen. Die Butter in Flöckchen darauf setzen und die Form sofort in den Backofen (Mitte) stellen. Das Soufflé 25–30 Minuten backen, bis die Oberfläche goldbraun ist. Die Backofentür in den ersten 15 Minuten keinesfalls öffnen!
• Inzwischen die Erdbeeren waschen, putzen, kleinschneiden und unter den Rhabarber rühren. Das Kompott mit dem restlichen Süßungsmittel und etwas Zimt abschmecken.
• Vom Soufflé kleine Nocken abstechen, auf Tellern anrichten, das Kompott dazugeben und mit Kräuterblättchen garnieren

Knuspriger Apfelauflauf

Ganz einfach · Preiswert · Für Kinder

Zutaten für 4 Personen:

60 g ungeschwefelte Rosinen
2 Eßl. Rum oder Wasser und Rumaroma
150 g Hafer, grob geschrotet
50 g Hirse, feingemahlen · 1–2 Eßl. Kokosraspel
1/2 Teel. Zimtpulver
1/4 Teel. gemahlene Vanille
60 g Zuckerrohrgranulat oder 70 g Honig
60 g kalte Butter · 500 g saftige Äpfel
100 g Haselnüsse, Mandeln oder Walnüsse, gehackt
Für die Form: Butter

Pro Portion etwa 2900 kJ/690 kcal
12 g Eiweiß · 34 g Fett · 79 g Kohlenhydrate · 8 g Ballaststoffe

Zubereitungszeit: etwa 1 Stunde 10 Minuten

• Die Rosinen heiß überbrühen, abgießen und mit dem Rum oder Wasser und Rumaroma und 1–2 Eßlöffeln Wasser einweichen.
• Den Haferschrot mit dem Hirsemehl, den Kokosraspeln, dem Zimt, der Vanille und dem Granulat oder Honig vermischen. Die Butter in Stückchen dazugeben und alles verkrümeln.
• Den Backofen auf 200° vorheizen. Eine flache Auflaufform fetten und die Hälfte der Krümelmasse einfüllen.
• Die Äpfel schälen und in kleine Stückchen schneiden oder stifteln. Mit den Rosinen, der Einweichflüssigkeit und den Nüssen vermischen und in der Form verteilen. Die restliche Masse darüber streuen.
• Den Auflauf im Backofen (Mitte; Gas Stufe 3) 30–35 Minuten backen.

Bratäpfel im Mandelbiskuit

Ganz einfach · Für Gäste

Zutaten für 4–6 Personen:

Für die Füllung: 50 g Mandeln, grob gehackt
etwa 50 g ungeschwefelte Trockenfrüchte
2–3 Eßl. Rum oder Wasser und einige Tropfen
Rumaroma · 4–6 Äpfel · 1 unbehandelte Zitrone
Für den Teig: 3–4 Eiweiß · 1 Prise Salz
3–4 Eßl. heißes Wasser · 80 g Zuckerrohrgranulat
3–4 Eigelb
75 g Weizenvollkornmehl
75 g Mandeln und 2–3 bittere Mandeln, gerieben
Für die Form: Butter

Bei 6 Personen pro Portion etwa 1665 kJ/400 kcal
11 g Eiweiß · 17 g Fett · 47 g Kohlenhydrate ·
5 g Ballaststoffe

Zubereitungszeit: etwa 1 1/4 Stunden

- Die Mandeln trocken rösten. Die Trockenfrüchte klein würfeln und mit den Mandeln und dem Rum oder dem Wasser und dem Rumaroma mischen.
- Die Äpfel schälen und das Kernhaus ausstechen. Die Hälfte der Zitronenschale auf die Trockenfruchtmasse reiben und unterrühren. Die Zitrone auspressen, die Äpfel mit dem Saft beträufeln und in eine gefettete Auflaufform stellen. Die Füllung in die Äpfel füllen.
- Den Backofen auf 175° vorheizen.
- Die Eiweiße mit dem Salz und dem Wasser steif schlagen. Das Granulat und die Eigelbe nach und nach unterschlagen. Das Mehl und die Mandeln unterheben. Die Masse zwischen die Äpfel einfüllen.
- Die Äpfel im Backofen (Mitte; Gas Stufe 2) in 30–35 Minuten goldbraun backen.

Vermummte Äpfel

Für Kinder · Preiswert

Zutaten für 4 Personen:

4 kleine säuerliche Äpfel
1/4 l Wasser
2–3 Eßl. Honig oder Zuckerrohrgranulat
1 Teel. abgeriebene unbehandelte Zitronenschale
Saft von 1/2 Zitrone
1/2 Teel. gemahlene Vanille
60 g Haselnußkerne
2 Eßl. Weizenvollkornmehl · 125 g Sahne

Pro Portion etwa 1300 kJ/310 kcal
4 g Eiweiß · 20 g Fett · 27 g Kohlenhydrate ·
4 g Ballaststoffe

Zubereitungszeit: etwa 25 Minuten

- Die Äpfel schälen, achteln und mit dem Wasser, dem Honig oder dem Zuckerrohrgranulat, der Zitronenschale, dem Zitronensaft und der Vanille bei schwacher Hitze zugedeckt in etwa 5 Minuten weich kochen, aber nicht zerfallen lassen!
- Dann aus der Garflüssigkeit nehmen und auf Schälchen verteilen.
- 40 g Haselnußkerne fein mahlen.
- Die Garflüssigkeit der Äpfel zum Kochen bringen. Das Mehl einrühren und etwa 1 Minute unter Rühren kochen lassen.
- Den Topf vom Herd nehmen. Die Haselnüsse und die Sahne gut unterrühren.
- Die Äpfel mit der Sauce überziehen und mit den restlichen Haselnußkernen garnieren.

Die Bratäpfel im Mandelbiskuit bekommen ihr besonderes Aroma von einer Füllung aus Mandeln und Trockenfrüchten.

Hirseauflauf mit Joghurt-Erdbeer-Sauce

Schmeckt auch kalt · Für Singles

Zutaten für 1 Person:

Für den Auflauf:
25 g Hirse
100 ml Wasser
1 Prise Salz
1 Ei
1 Teel. Honig
1 Teel. Zitronensaft
abgeriebene Schale von 1/2 unbehandelten Zitrone
1 Eßl. Sonnenblumenkerne
Für die Form: 1 Teel. Butter
Für die Sauce:
150 g Magerjoghurt
1 Teel. Honig
1 Teel. Zitronensaft
1 Messerspitze gemahlene Vanille
100 g Erdbeeren

Etwa 1700 kJ/400 kcal
20 g Eiweiß · 19 g Fett · 38 g Kohlenhydrate · 6 g Ballaststoffe

Zubereitungszeit: etwa 1 1/4 Stunden

• Die Hirse in einem Sieb heiß waschen, mit dem Wasser und dem Salz in einem flachen Topf zum Kochen bringen. Dann zugedeckt bei schwacher Hitze 20–25 Minuten ausquellen lassen. Den Hirsebrei kalt stellen.
• Das Ei trennen. Das Eiweiß steif schlagen. Das Eigelb, den Honig, den Zitronensaft und die -schale zum Hirsebrei geben und alles gut verrühren. Den Eischnee darunterheben.
• Den Backofen auf 200° vorheizen.
• Eine kleine feuerfeste Form mit der Butter ausfetten. Die Hirsemischung hineingeben, mit den Sonnenblumenkernen bestreuen und im heißen Ofen (Mitte; Gas Stufe 3) in etwa 30 Minuten goldbraun backen.
• Inzwischen für die Sauce den Joghurt, den Honig, den Zitronensaft und dic Vanillc in einer Schüssel gut verrühren.
• Die Erdbeeren waschen, von den Stielen zupfen, in kleine Stücke schneiden oder pürieren und zur Sauce geben. Die Joghurt-Erdbeer-Sauce zum Hirseauflauf reichen.

Mais mit Zwetschgen und Walnüssen

Zum Mitnehmen geeignet · Für Singles

Getreide verlockt auch zu ganz neuen Zusammenstellungen für Süßes zum Sattessen.

Zutaten für 1 Person:

1/8 l Wasser
1 Teel. Sonnenblumenöl
25 g grober Maisgrieß
150 g Spätzwetschgen
3 Eßl. Walnußkerne
4 Eßl. Sahne
1 Eßl. flüssiger Honig
1 Eßl. Zitronensaft
1 Messerspitze Zimtpulver

Etwa 2900 kJ/690 kcal
11 g Eiweiß · 44 g Fett · 64 g Kohlenhydrate · 14 g Ballaststoffe

Zubereitungszeit: etwa 25 Minuten

- Das Wasser mit dem Öl aufkochen lassen, den Maisgrieß langsam und gleichmäßig einstreuen und umrühren. Den Grieß etwa 5 Minuten zugedeckt bei schwacher Hitze kochen, dann weitere 10 Minuten auf der ausgeschalteten Herdplatte quellen lassen.
- Inzwischen die Zwetschgen waschen, längs halbieren und entsteinen. Die Walnüsse sehr grob hacken.
- Den ausgequollenen Grieß etwas abkühlen lassen, dann mit der Sahne, dem Honig, dem Zitronensaft und dem Zimt mischen. Die vorbereiteten Zwetschgen und Nüsse darunterheben.

Milchreis mit Früchten

Ganz einfach · Für Kinder

Nach diesem Rezept können Sie auch andere Getreidearten, zum Beispiel Hafer, Hirse, Gerste, Dinkel oder Weizen, zubereiten. Beachten Sie die eventuell nötigen Einweich- und die unterschiedlichen Garzeiten.

Zutaten für 4 Personen:

125 g Rundkorn-Naturreis
1/8 l Wasser oder Obstsaft
1/4 l Milch · 1 Prise Salz
1 unbehandelte Zitrone
50 g beliebige Nüsse
300–500 g Obst der Saison (Bananen, Äpfel, Erdbeeren, Aprikosen, Pfirsiche, eine Sorte oder gemischt) · 25 g ungeschwefelte Sultaninen
1 Messerspitze gemahlene Vanille
1 Messerspitze Zimtpulver
20 g Butter oder 50 g Sahne
1–2 Eßl. Zuckerrohrgranulat oder Honig

Pro Portion etwa 1500 kJ/360 kcal
7 g Eiweiß · 15 g Fett · 46 g Kohlenhydrate · 5 g Ballaststoffe

Zubereitungszeit: 50–55 Minuten

- Den Reis in einem Sieb kalt abspülen. Zuerst das Wasser oder den Saft in einen Topf gießen. Die Milch, den Reis und das Salz dazugeben. Die Zitrone heiß abwaschen, die Schale dünn in den Topf abreiben. Alles 2–3 Minuten aufkochen lassen, dann zugedeckt bei schwacher Hitze in 40–45 Minuten ausquellen lassen.
- Inzwischen die Nüsse grob hacken; nach Wunsch in einer trockenen Pfanne unter Rühren bei mittlerer Hitze leicht anrösten. Die Früchte je nach Art waschen, schälen, von Kernen oder Kerngehäuse befreien und kleinschneiden. Die Zitrone auspressen.
- Die Sultaninen gegen Ende der Garzeit zum Reis geben. Mit der Vanille und dem Zimt würzen. Die Butter oder die Sahne einrühren. Den Topf vom Herd nehmen.
- Die Früchte und die Nüsse in den Reis rühren. Die Mischung mit dem Granulat oder dem Honig und 1 Teelöffel Zitronensaft abschmekken.
- Den Milchreis warm oder kalt servieren.

Variante: Statt der Nüsse können Sie auch Pinienkerne, kurz angeröstet, verwenden.

Quark-Pflaumen-Strudel

Schmeckt auch kalt · Läßt sich gut einfrieren

Alle Zutaten für den Strudelteig sollten die gleiche Temperatur haben.

Zutaten für 4 Personen:

Für den Teig:
125 g Weizenvollkornmehl
30 g Sonnenblumenöl
3 Eßl. Wasser
1 Eigelb
1 Prise Salz
Für die Füllung:
1/2 Teel. Butter
4 Teel. Honig
250 g Magerquark
1 Teel. Zitronensaft, frisch gepreßt
200 g Pflaumen
Zum Backen: 1/2 Teel. Butter · 1/4 l Milch

Pro Portion etwa 1300 kJ/310 kcal
15 g Eiweiß · 11 g Fett · 34 g Kohlenhydrate · 5 g Ballaststoffe

Zubereitungszeit: etwa 1 1/2 Stunden

- Für den Teig das Mehl auf eine Arbeitsfläche schütten und in die Mitte eine Mulde drücken. Das Sonnenblumenöl, das Wasser, das Eigelb und das Salz in die Mulde geben und alles zu einem glatten Teig verarbeiten. Den Teig so lange kneten, bis er eine feine Konsistenz hat.
- Eine Schüssel über Wasserdampf erwärmen. Den Teig in 2 Stücke teilen, jedes zu einer Kugel formen und die angewärmte Schüssel darüber stülpen. Den Strudelteig etwa 30 Minuten ruhen lassen.
- Inzwischen für die Füllung die Butter mit dem Honig glattrühren. Den Quark und den Zitronensaft hinzufügen und alles zu einer geschmeidigen Masse schlagen.
- Die Pflaumen waschen, entkernen und der Länge nach vierteln.
- Den Backofen auf 200° vorheizen. Eine Bratenpfanne oder eine rechteckige flache Auflaufform mit der Butter ausstreichen.
- Eine Teigkugel auf der leicht bemehlten Arbeitsfläche sehr dünn ausrollen, auf ein sauberes Küchentuch legen und nochmals von allen Seiten mit den Händen sehr dünn ausziehen.
- Die Hälfte der Quarkfüllung auf den Strudelteig streichen und die Hälfte der Pflaumen darüber verteilen. Die Schmalseiten des Strudels einschlagen, den Strudel von einer breiten Seite her durch Anheben des Tuches aufrollen und in die Form heben.
- Mit dem zweiten Strudel ebenso verfahren.
- Die Quarkstrudel in den Backofen (Mitte; Gas Stufe 3) geben und in etwa 40 Minuten goldbraun backen. Während der Backzeit mehrmals mit der Milch begießen.

Tip: Den Strudel können Sie fertig gebacken sehr gut einfrieren.

So gelingt der Quark-Pflaumen-Strudel (von links nach rechts): Die Zutaten für den Teig gründlich verkneten, zu Kugeln formen und unter einer warmen Schüssel ruhen lassen. Die Quarkfüllung cremig schlagen. Den Strudelteig möglichst dünn ausrollen und etwas ziehen, füllen und mit einem Tuch aufrollen. In die vorbereitete Form legen und backen.

Carobcreme mit Bananen

Schnell · Glutenfrei

Zutaten für 4 Personen:

1/2 l Milch
60 g Naturreis oder 80 g Hirse, fein gemahlen
1 Eßl. Sesamsamen
1 Eßl. Buchweizen
1 Teel. Zuckerrohrgranulat
3–4 Eßl. heller Honig oder Ahornsirup
1 Messerspitze gemahlene Vanille
4 Eßl. gesiebtes Carobpulver
200 g Sahne · 2 Bananen

Pro Portion etwa 2000 kJ/480 kcal
11 g Eiweiß · 24 g Fett · 53 g Kohlenhydrate · 5 g Ballaststoffe

Zubereitungszeit: etwa 30 Minuten

- Die Milch in einen mit Wasser ausgespülten Topf gießen, das Reis- oder Hirsemehl hineinrühren, zum Kochen bringen und unter Rühren bei mittlerer Hitze etwa 5 Minuten kochen lassen. Dann von der Kochstelle nehmen und abkühlen lassen; dabei gelegentlich umrühren.
- In einer Pfanne den Sesam und den Buchweizen ohne Fett rösten, bis es aromatisch duftet. Die Mischung abkühlen lassen; dann das Zuckerrohrgranulat daruntermischen.
- Den Honig oder den Ahornsirup, die Vanille und das Carobpulver in die Creme rühren. Die Sahne steif schlagen und vorsichtig darunterheben. Die Creme abschmecken.
- Die Bananen schälen und in Scheiben schneiden. Die Carobcreme und die Bananenscheiben in Dessertgläser schichten. Mit der gerösteten Sesam-Mischung bestreuen.

Variante: Kochen Sie 1 längs aufgeschnittene Vanilleschote oder 1 Teelöffel gemahlene Vanille mit und lassen Sie das Carobpulver weg.

Gestürzte Reiscreme

Für Gäste · Braucht etwas Zeit

Zutaten für 4 Personen:

125 g Rundkorn-Naturreis
1/8 l Wasser oder Obstsaft
1/4 l Milch
1 Prise Salz
abgeriebene Schale von 1 unbehandelten Zitrone
1 Teel. Agar-Agar
50 g beliebige Nüsse
300–500 g Obst der Saison
25 g ungeschwefelte Sultaninen
1 Messerspitze gemahlene Vanille
1 Messerspitze Zimtpulver
20 g Butter oder 50 g Sahne
1–2 Eßl. Zuckerrohrgranulat oder Honig
Zum Garnieren: Sahne, frische Früchte, Nüsse nach Belieben

Pro Portion etwa 1500 kJ/360 kcal
7 g Eiweiß · 15 g Fett · 46 g Kohlenhydrate · 5 g Ballaststoffe

Zubereitungszeit: etwa 1 Stunde
Kühlzeit: etwa 1 Stunde

- Den Reis kalt abspülen. Das Wasser oder den Saft in einem Topf mit der Milch, dem Reis, dem Salz und dem Zitronensaft mischen und zum Kochen bringen. Alles 2–3 Minuten kochen lassen, dann zugedeckt bei schwacher Hitze 40–45 Minuten ausquellen lassen.

- Das Agar-Agar mit 2–3 Eßlöffeln Wasser anrühren und gegen Ende der Quellzeit in den noch heißen Reisbrei geben. Eventuell die Hitze wieder etwas erhöhen und das Agar-Agar 2–3 Minuten mitkochen lassen.
- Die Nüsse grob hacken und in einer Pfanne bei mittlerer Hitze ohne Fett anrösten. Die Früchte je nach Art waschen, schälen, von Kernen oder Kerngehäuse befreien und kleinschneiden. Die Nüsse und die Früchte unter den warmen Reisbrei mischen.
- Vier Tassen oder Dessertschälchen kalt ausspülen. Die Reismischung einfüllen und mindestens 1 Stunde kalt stellen.
- Das Dessert auf Teller stürzen und nach Belieben garnieren.

Marzipanschaum

Schnell · Für Gäste

Zutaten für 4 Personen:

100 g Honigmarzipan oder Rohmarzipan
2 Eigelb
abgeriebene Schale und Saft von 1/2 unbehandelten Zitrone
1 Eiweiß · 125 g Sahne

Pro Portion etwa 1000 kJ/240 kcal
5 g Eiweiß · 19 g Fett · 13 g Kohlenhydrate · 0 g Ballaststoffe

Zubereitungszeit: etwa 15 Minuten

- Das Marzipan zerkleinern und in eine Rührschüssel geben. Die Eigelbe, die Zitronenschale und den -saft hinzufügen.
- Alles mit dem elektrischen Handrührgerät so lange rühren, bis eine cremige, klümpchenfreie Masse entsteht.
- Das Eiweiß zu festem Schnee schlagen. Die Sahne sehr steif schlagen. Zuerst die Sahne, dann den Eischnee unter die Marzipancreme heben.
- Den Marzipanschaum auf Dessertteller verteilen.

Schokoquark

Für Kinder · Schnell

Zutaten für 4 Personen:

300 g Quark
3–4 Eßl. flüssiger Honig oder Zuckerrohrgranulat
3 gestrichene Eßl. Kakaopulver
2 Messerspitzen Zimtpulver
1/2 Teel. gemahlene Vanille
100 g Sahne oder Milch
1/2 Tafel Zartbitterschokolade
1 Teel. Sonnenblumenöl

Pro Portion etwa 1400 kJ/330 kcal
11 g Eiweiß · 22 g Fett · 21 g Kohlenhydrate · 0 g Ballaststoffe

Zubereitungszeit: etwa 15 Minuten

- Den Quark mit dem Honig oder dem Granulat, dem Kakao, dem Zimt, der Vanille und der Sahne oder der Milch zu einer glatten Creme verrühren. Den Quark auf Schälchen verteilen.
- Die Schokolade grob zerkleinern und mit dem Sonnenblumenöl in einer kleinen Schüssel im heißen Wasserbad unter Rühren schmelzen.
- Die Schokolade mit einem Eßlöffel wie ein Gitter über dem Quark verteilen.

Avocadomousse mit Ahornsauce

Raffiniert · Für Gäste

Dieses Dessert besteht aus sehr edlen, aber preiswerten Zutaten. Die butterweichen Avocados gibt es nämlich oft schon zum halben Preis oder noch günstiger, da viele Leute denken, sie seien bereits verdorben.

Zutaten für 4 Personen:

1 sehr weiche Avocado
1 Eßl. Zitronensaft
1 Teel. abgeriebene unbehandelte Zitronenschale
200 g Frischkäse
8 Melisse- oder Minzeblätter
1–2 Teel. flüssiger Honig
8 Eßl. Ahornsirup
1 Eßl. grüne Kürbiskerne oder Pistazien

Pro Portion etwa 1610 kJ/385 kcal
7 g Eiweiß · 29 g Fett · 22 g Kohlenhydrate · 2 g Ballaststoffe

Zubereitungszeit: etwa 15 Minuten
Kühlzeit: 15–20 Minuten

• Die Avocado halbieren und den Kern entfernen. Das weiche Fleisch mit einem Eßlöffel herausschaben und in eine hohe Rührschüssel geben. Sofort mit dem Zitronensaft beträufeln.
• Die Zitronenschale und den Frischkäse dazugeben.
• Die Melisse- oder Minzeblätter waschen. 4 davon grob hacken, die anderen 4 zum Garnieren zur Seite legen.
• Die gehackte Melisse oder Minze und den Honig ebenfalls in die Rührschüssel geben und alles mit dem Stabmixer pürieren. Es soll eine geschmeidige hellgrüne Creme werden.
• Die Creme zugedeckt 15–20 Minuten in den Kühlschrank stellen, damit sich das Kräuteraroma entfalten kann.
• In der Zwischenzeit vier flache Glasteller bereitstellen. Jeweils 2 Eßlöffel Ahornsirup in die Mitte der Teller geben.
• Auf jeden Teller mit einem Eßlöffel 2–3 kleine Avocadocremekugeln setzen.
• Das Dessert mit den restlichen Melisse- oder Minzeblättern und den Kürbiskernen oder Pistazien garnieren.

● **Tip:** Die Avocadomousse schmeckt auch ohne die Kräuterblätter vorzüglich, falls es mal keine zu kaufen gibt.

Saftige Avocadomousse, auf Ahornsirup angerichtet, ist ein traumhaftes Dessert, das Sie im Handumdrehen zubereitet haben.

Joghurtcreme mit Früchten

Schnell · Für Singles

Zutaten für 1 Person:

1 Becher Vollmilchjoghurt (150 g)
100 g Magerquark
1 Prise gemahlene Vanille
1 Teel. Zitronensaft
1 vollreifer Pfirsich, 2 vollreife Aprikosen,
4–5 Erdbeeren oder 1 gehäufter Eßl. Himbeeren
2 Teel. Ahornsirup

Etwa 1300 kJ/310 kcal
21 g Eiweiß · 7 g Fett · 42 g Kohlenhydrate · 2 g Ballaststoffe

Zubereitungszeit: etwa 10 Minuten

• In einer Rührschüssel den Joghurt mit dem Quark, der Vanille und dem Zitronensaft mit einem Schneebesen verquirlen.
• Das Obst vorbereiten: Den Pfirsich oder die Aprikosen waschen, vom Stein befreien und würfeln oder in dünne Scheibchen schneiden. Oder die Erdbeeren waschen, von den Stielen zupfen und vierteln. Oder die Himbeeren waschen.
• Die vorbereiteten Früchte unter die Joghurtcreme mischen. Die Creme in einem Kelchglas oder einer Portionsglasschüssel anrichten und den Ahornsirup darüber verteilen.

Kokosdip mit Sommerfrüchten

Ganz einfach

Zutaten für 4–6 Personen:

250 g Quark · 1/8 l Milch
abgeriebene Schale und Saft von 1 unbehandelten Zitrone
2–3 Eßl. flüssiger Honig oder Zuckerrohrgranulat
5–6 Eßl. Kokosraspel · 1 Apfel
1 Birne · 1 Pfirsich
150–200 g Weintrauben · 1–2 Bananen
1 Packung Vollkornbutterkekse (etwa 250 g)
4–6 Zahnstocher oder Kuchengabeln

Bei 6 Personen pro Portion etwa 1800 kJ/430 kcal
11 g Eiweiß · 15 g Fett · 59 g Kohlenhydrate · 3 g Ballaststoffe

Zubereitungszeit: etwa 30 Minuten

• Den Quark mit der Milch, der Zitronenschale, dem Zitronensaft (1 Eßlöffel zum Beträufeln der Früchte übrig lassen), dem Honig oder dem Zuckerrohrgranulat und den Kokosraspeln in einer großen dekorativen Schüssel verrühren.
• Den Apfel, die Birne, den Pfirsich und die Weintrauben gründlich waschen. Den Apfel und die Birne halbieren, in Schnitze schneiden und auf einen großen Teller legen. Die Bananen in Scheiben schneiden und dazulegen.
• Die Apfel- und Birnenschnitze sowie die Bananenscheiben mit dem übriggelassenen Zitronensaft beträufeln. Den Pfirsich halbieren, entsteinen, in mundgerechte Stücke schneiden und zusammen mit den Weintrauben auf den Obstteller legen. Die Früchte mit Zahnstochern oder Kuchengabeln aufspießen und in den Kokosdip dippen. Die Kekse dazu reichen.

Birnensalat mit Bananen-Schokosauce

Für Kinder · Schnell

Zutaten für 4 Personen:

1 reife Banane · 1 Teel. Zitronensaft
1/8 l Milch · 125 g Sahne
1–2 Eßl. flüssiger Honig oder Zuckerrohrgranulat
1 gestrichener Eßl. Kakaopulver
1–2 Messerspitzen gemahlener Anis oder gemahlene Vanille · 2 große reife Birnen
2 Eßl. Cashewkerne oder 8 Walnußkerne

Pro Portion etwa 1000 kJ/240 kcal
5 g Eiweiß · 14 g Fett · 23 g Kohlenhydrate · 4 g Ballaststoffe

Zubereitungszeit: etwa 15 Minuten

• Die Banane schälen und grob zerkleinern.
• Die Bananenstücke mit dem Zitronensaft, der Milch, der Sahne, dem Honig oder dem Zuckerrohrgranulat, dem Kakao und dem Anis oder der Vanille in eine hohe Rührschüssel geben und mit dem Pürierstab pürieren.
• Für den Salat die Birnen schälen, vierteln, vom Kerngehäuse befreien und in mundgerechte Würfel schneiden.
• Die Birnenwürfel auf vier Dessertteller verteilen und mit der Bananen-Schokosauce begießen. Mit den Cashewkernen oder den Walnußkernen garnieren.

Tip: Wenn die Birnenschale sehr mürbe ist, die Birnen nicht schälen, sondern vor dem Würfeln nur gründlich waschen.

Joghurtkaltschale mit Erdbeeren

Ganz einfach

Zutaten für 4 Personen:

500 g Erdbeeren
4 Eßl. flüssiger Honig oder Zuckerrohrgranulat
500 g Joghurt
200 g Sahne
1 Teel. abgeriebene unbehandelte Zitronenschale
4–6 Eßl. Zitronensaft
2 Messerspitzen gemahlener Koriander

Pro Portion etwa 1400 kJ/330 kcal
7 g Eiweiß · 21 g Fett · 28 g Kohlenhydrate · 3 g Ballaststoffe

Zubereitungszeit: etwa 20 Minuten

• Die Erdbeeren waschen, von den Stengeln befreien, halbieren und in eine Schüssel geben.
• Die Erdbeeren mit 1 Eßlöffel Honig oder Zuckerrohrgranulat vorsichtig vermengen.
• Für die Kaltschale den Joghurt mit der Sahne, der Zitronenschale, dem Zitronensaft, dem Koriander und dem restlichen Honig oder Zuckerrohrgranulat verquirlen.
• Die Kaltschale zu gleichen Teilen in vier Suppenteller füllen. In die Mitte der Teller jeweils die Erdbeeren häufen.

Tip: Statt mit Koriander können Sie auch mit anderen Gewürzen experimentieren: zum Beispiel Anis, Kardamom, Nelken oder Zimt, feingehackte Melisse oder Minze.

Reispudding mit Früchten

Zum Mitnehmen geeignet · Für Singles

Reismehl aus Naturreis, am besten frisch gemahlen oder notfalls aus dem Reformhaus, eignet sich vorzüglich zum Puddingkochen.

Zutaten für 1 Person:

1/8 l Milch
20 g Naturreis, frisch puderfein gemahlen, oder Reismehl
3 Teel. Honig
1 Prise gemahlene Vanille
1 Messerspitze abgeriebene unbehandelte Zitronenschale
5–6 Erdbeeren oder 1 Eßl. Himbeeren

Etwa 1000 kJ/240 kcal
6 g Eiweiß · 6 g Fett · 42 g Kohlenhydrate · 2 g Ballaststoffe

Zubereitungszeit: etwa 10 Minuten
Kühlzeit: mindestens 1 Stunde

• In einem kleinen Topf die Milch, das Reismehl, 2 Teelöffel Honig, die Vanille und die Zitronenschale mit einem Schneebesen verquirlen, dann unter ständigem Rühren aufkochen und etwa 1 Minute unter Rühren kochen lassen. Die Masse in eine mit kaltem Wasser ausgespülte Portions-Glasschüssel füllen und mindestens 1 Stunde abkühlen lassen.
• Kurz vor dem Essen die Erdbeeren waschen, von den Stielen zupfen und vierteln. Oder die Himbeeren waschen. Die Früchte mit dem restlichen Honig mischen und auf dem Reispudding verteilen.

Zimtdickmilch mit Melonenkugeln

Schnell · Ganz einfach

Zutaten für 4 Personen:

500 g Dickmilch
2–3 Eßl. flüssiger Honig oder Zuckerrohrgranulat
2 Eßl. Zitronensaft · 1 Teel. Zimtpulver
1 Honigmelone

Pro Portion etwa 720 kJ/170 kcal
5 g Eiweiß · 5 g Fett · 28 g Kohlenhydrate · 1 g Ballaststoffe

Zubereitungszeit: etwa 15 Minuten

• Die Dickmilch in eine große Schüssel geben und mit dem Honig oder dem Zuckerrohrgranulat, dem Zitronensaft und dem Zimt mit einem Schneebesen verschlagen.
• Die gewürzte Dickmilch zu gleichen Teilen auf vier Dessertteller verteilen.
• Die Melone halbieren, die Kerne mit einem Eßlöffel herauskratzen. Vom Fruchtfleisch mit einem Kugelausstecher Kugeln herauslösen oder die Melone vierteln, schälen und das Fruchtfleisch würfeln.
• Die Melonenkugeln zu gleichen Teilen in die Mitte der vier Dessertteller verteilen und eventuell noch mit Zimtpulver bestäuben.

Reispudding mit Früchten gelingt auch im Kleinhaushalt rasch und problemlos. Je nach Saison können Sie ihn mit den verschiedensten Früchten zubereiten.

Stachelbeer-Melonen-Kompott

Raffiniert · Für Gäste

Zutaten für 4 Personen:

300 g reife Stachelbeeren
1/8 l Wasser
2 Messerspitzen Kardamom oder Anis
200 g Honigmelonenstückchen
1 Eßl. flüssiger Honig
125 g Sahne

Pro Portion etwa 710 kJ/170 kcal
2 g Eiweiß · 10 g Fett · 18 g Kohlenhydrate · 3 g Ballaststoffe

Zubereitungszeit: etwa 30 Minuten

- Die Stachelbeeren gründlich waschen, die Blüten und Stengel abzupfen. Die Stachelbeeren mit einem Messer halbieren und in einen kleinen Kochtopf geben.
- Das Wasser dazugießen und mit dem Kardamom oder Anis bestäuben.
- Die Stachelbeeren zum Kochen bringen und bei schwacher Hitze nur 2–3 Minuten garen. Nicht zerfallen lassen und nicht umrühren! Am besten am offenen Kochtopf stehenbleiben!
- Die Honigmelonenstückchen und den Honig dazugeben und sehr vorsichtig untermengen.
- Jetzt erst den Kochtopf zudecken und das Kompott auf der abgeschalteten Herdplatte durchziehen lassen, bis es lauwarm ist. Das dauert etwa 15 Minuten.
- Die Sahne halbsteif schlagen und zum lauwarmen Kompott essen.

Gefüllte Birnen mit Walnußquark

Raffiniert · Für Gäste

Zutaten für 4–8 Personen:

4 reife Birnen mit nicht zu fester Schale
Saft von 1/2 Zitrone · 200 g Quark
1–2 Eßl. flüssiger Honig oder Zuckerrohrgranulat
6 Eßl. Milch · 1 Messerspitze Zimtpulver
3 Eßl. Hafer-Vollkornflocken
4 Eßl. Walnußkerne (etwa 40 g)

Bei 8 Personen pro Portion etwa 550 kJ/130 kcal
4 g Eiweiß · 7 g Fett · 13 g Kohlenhydrate · 2 g Ballaststoffe

Zubereitungszeit: etwa 20 Minuten

- Die Birnen gründlich waschen und halbieren. Das Kerngehäuse mit einem Löffel oder Kugelausstecher herauslösen.
- Die Birnenhälften auf Teller verteilen und sofort mit 1 Eßlöffel Zitronensaft beträufeln.
- Den Quark in einer Schüssel mit dem restli-

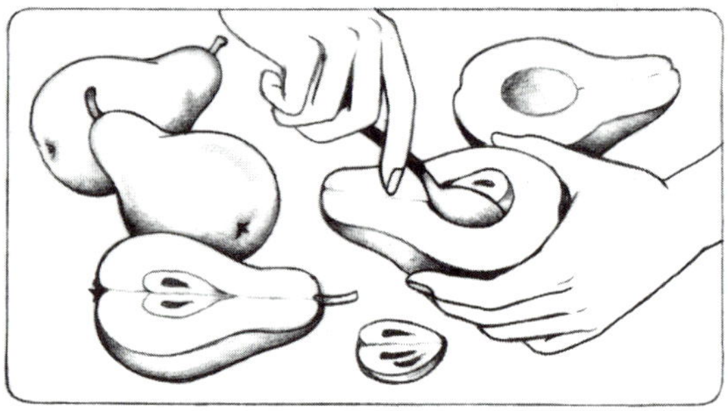

Damit Sie die Birnen füllen können, müssen Sie das Kerngehäuse mit einem scharfkantigen Löffel herauslösen.

chen Zitronensaft, dem Honig oder dem Zuckerrohrgranulat, der Milch, dem Zimt und den Haferflocken gut verrühren.

• Von den Walnußkernen 8 Stück zum Garnieren zurücklegen. Die übrigen mit einem großen Messer grob hacken.

• Die gehackten Walnußkerne unter den Quark rühren. Den Walnußquark mit einem Eßlöffel in die ausgehöhlten Birnenhälften verteilen.

• Die gefüllten Birnen mit den zurückgelegten Walnußkernen garnieren.

Melone mit Haube

Raffiniert · Schnell · Für Singles

Zutaten für 1 Person:

1 Stück Honigmelone (etwa 100 g)
50 g Magerquark
75 g Joghurt · 1 Teel. Zitronensaft
1 Teel. Honig
50 g Nektarinen

Etwa 730 kJ/170 kcal
11 g Eiweiß · 2 g Fett · 30 g Kohlenhydrate · 2 g Ballaststoffe

Zubereitungszeit: 10–15 Minuten

• Die Melone von den Kernen befreien und in ein Glasschälchen stellen.

• Den Quark mit dem Joghurt, dem Zitronensaft und dem Honig in eine kleine Schüssel geben. Alle Zutaten mit einem Schneebesen schaumig schlagen.

• Die Nektarinen entsteinen, kleinschneiden und unter die Quarkmischung heben. Die Creme kurz vor dem Anrichten in die Mitte der Melone geben.

Erdbeergelee

Läßt sich gut vorbereiten · Für Singles

Zutaten für 1 Person:

100 g Erdbeeren
1 1/2 Blatt weiße Gelatine
100 ml Wasser · 1/2 Teel. Honig
etwas Zitronensaft
Zum Garnieren:
einige Blättchen Zitronenmelisse

Etwa 230 kJ/55 kcal
4 g Eiweiß · 1 g Fett · 9 g Kohlenhydrate · 2 g Ballaststoffe

Zubereitungszeit: etwa 20 Minuten
Kühlzeit: 20–25 Minuten

• Die Erdbeeren waschen, trockentupfen, entstielen, große Beeren zerschneiden und die Früchte in einer Schale anrichten.

• Die Gelatine in wenig kaltem Wasser einweichen.

• Etwas Wasser in einem kleinen Topf zum Kochen bringen. Die eingeweichte Gelatine ausdrücken und in einem Schöpflöffel so lange in das kochende Wasser halten, bis sich die Gelatine auflöst.

• Die 100 ml Wasser mit dem Honig und dem Zitronensaft gut vermischen. Einige Löffel zur aufgelösten Gelatine geben und diese anschließend in das Honigwasser rühren.

• Die Flüssigkeit vorsichtig über die Erdbeeren gießen. Das Gelee im Kühlschrank in 20–25 Minuten erstarren lassen.

• Die Zitronenmelisse waschen, trockenschütteln, in Streifen schneiden und über das Erdbeergelee streuen.

Dattelcreme

Spezialität aus Arabien

Zutaten für 4 Personen:

250 g getrocknete ungeschwefelte Datteln
1/4 l Wasser
500 g Dickmilch
1 Eßl. Kokosraspel
1 Eßl. Akazienhonig
1/4 Teel. Zimtpulver
1 Prise gemahlene Vanille
Zum Garnieren:
Kokosraspel
ganze Mandeln

Pro Portion etwa 1500 kJ/360 kcal
8 g Eiweiß · 13 g Fett · 55 g Kohlenhydrate · 7 g Ballaststoffe

Zubereitungszeit: etwa 20 Minuten

• Die Datteln mit dem Wasser aufkochen und zugedeckt bei mittlerer Hitze etwa 5 Minuten quellen lassen.
• Die Datteln auf der abgeschalteten Kochstelle weitere 5 Minuten ziehen lassen. Dann im Mixer pürieren.
• Die Dickmilch, die Kokosraspel, den Honig, den Zimt und die Vanille dazugeben und alles nochmals kurz pürieren.
• Die Dattelcreme in Portionsschälchen füllen und mit Kokosraspeln und Mandeln garnieren.

● **Tip:** Das Dessert können Sie nach Belieben vor dem Servieren auch noch kühlen, dann wird es etwas fester.

Sesam- oder Kokosbanane

Ballaststoffreich · Für Singles

Zutaten für 1 Person:

1 Banane
1 Eßl. Sesamsamen oder Kokosraspel
2 Teel. Honig
1 Teel. Butter
je 1 Prise gemahlener Zimt und gemahlene Vanille

Etwa 1500 kJ/360 kcal
6 g Eiweiß · 12 g Fett · 59 g Kohlenhydrate · 9 g Ballaststoffe

Zubereitungszeit: etwa 10 Minuten

• Die Banane schälen und in etwa 2 cm dicke Stücke schneiden.
• Die Sesamsamen oder die Kokosraspel in einer kleinen Pfanne bei mittlerer Hitze unter Wenden leicht rösten, bis sie angenehm duften und die Sesamsamen anfangen zu »springen« oder die Kokosraspel etwas dunkler werden.
• Den Honig und die Butter hinzufügen und zerlaufen lassen. Die Bananenstücke dazugeben. Alles unter öfterem Wenden bei schwacher bis mittlerer Hitze etwa 5 Minuten braten, bis die Bananen weich sind. Noch warm essen.

Aus Datteln, Dickmilch und Honig ist die Dattelcreme ganz schnell zubereitet.

Zwei-Farben-Quark

Für Kinder · Ganz einfach

Zutaten für 4–6 Personen:

150 g schwarze Johannisbeeren
1 Eiweiß
500 g Quark
1 Eigelb
4–6 Eßl. Milch oder Sahne
4–5 Eßl. flüssiger Honig oder Zuckerrohrgranulat
4 Eßl. Zitronensaft
1 Teel. abgeriebene unbehandelte Zitronenschale

Bei 6 Personen pro Portion etwa 930 kJ/220 kcal
11 g Eiweiß · 12 g Fett · 15 g Kohlenhydrate · 2 g Ballaststoffe

Zubereitungszeit: etwa 25 Minuten

- Die Johannisbeeren gründlich waschen, verlesen und von den Stengeln zupfen. Einige Beeren zum Garnieren beiseite legen.
- Die Johannisbeeren in eine hohe Rührschüssel geben und mit dem Pürierstab pürieren.
- Das Eiweiß zu steifem Schnee schlagen.
- Den Quark mit dem Eigelb, der Milch oder der Sahne, dem Honig oder dem Zuckerrohrgranulat und dem Zitronensaft verrühren.
- Die Hälfte des Quarks zu den pürierten Johannisbeeren geben und alles gut verrühren.
- Die andere Hälfte des Quarks mit der Zitronenschale verrühren. Den Eischnee unterheben.
- Die weiße und die rosa Quarkcreme jeweils nebeneinander in Schälchen füllen. Mit einem Zahnstocher oder Löffelstiel Linien von einem Quark in den anderen ziehen.
- Den Quark mit den übrigen Johannisbeeren garnieren.

Sahnequark mit Korinthen und Mandeln

Zum Mitnehmen geeignet · Schnell

Zutaten für 1 Person:

je 25 g Korinthen und geschälte Mandeln
125 g Sahnequark
1 Teel. flüssiger Honig
1 Prise Vanillemark oder gemahlene Vanille
1–2 Eßl. Milch oder Wasser

Etwa 1900 kJ/450 kcal
19 g Eiweiß · 28 g Fett · 30 g Kohlenhydrate · 5 g Ballaststoffe

Zubereitungszeit: etwa 5 Minuten

- Die Korinthen waschen und auf einem Sieb gut abtropfen lassen. Die Mandeln grob reiben.
- Den Quark mit den Korinthen und den Mandeln, dem Honig und der Vanille mischen und so viel Milch oder Wasser hinzufügen, daß eine geschmeidige Creme entsteht.

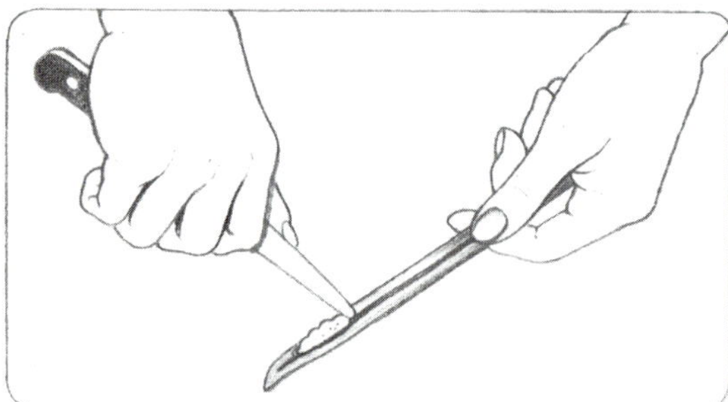

Das kostbare und köstliche Mark der Vanille erhalten Sie, indem Sie die Stange halbieren und dann mit einer Messerspitze das Innere herausschaben.

Orange mit Frischkäse

Schnell

Zutaten für 1 Person:

1 kernlose Orange
100 g körniger Frischkäse
1 Teel. flüssiger Honig
je 1 Prise gemahlener Ingwer und gemahlene Vanille

Etwa 1700 kJ/400 kcal
23 g Eiweiß · 21 g Fett · 35 g Kohlenhydrate · 10 g Ballaststoffe

Zubereitungszeit: etwa 5 Minuten

• Die Orange schälen (auch die weiße, pelzige Innenhaut entfernen), in Spalten teilen und auf einem Glasteller wie eine Blume anordnen.
• Den Frischkäse mit dem Honig, dem Ingwer und der Vanille verrühren und in der Mitte der »Orangenblume« anrichten.

Tip: Auch ein Dessert für 1 Person soll hübsch angerichtet sein, dann schmeckt es noch einmal so gut. Einige Melisseblättchen geben zusätzlich Farbe. Zitronenmelisse gedeiht übrigens problemlos im Blumentopf und ist auch für Salate eine tolle Würze.

Schokovollkornflammeri

Schmeckt auch kalt · Für Kinder

Zutaten für 4–8 Personen:

200 g Weizenvollkornmehl
2 Messerspitzen Zimtpulver
1 gehäufter Eßl. Kakaopulver · 1 l Milch
150 g Haselnußkerne · 200 g Sahne
2–3 Eßl. Honig oder Zuckerrohrgranulat

Bei 8 Personen pro Portion etwa 1600 kJ/380 kcal
10 g Eiweiß · 24 g Fett · 28 g Kohlenhydrate · 4 g Ballaststoffe

Zubereitungszeit: etwa 40 Minuten

• Das Weizenvollkornmehl mit dem Zimt und dem Kakao vermengen.
• Die Milch in einen großen Kochtopf gießen. Das Vollkornmehlgemisch mit einem Schneebesen klümpchenfrei in die kalte Milch rühren.
• Die Mischung bei mittlerer Hitze unter ständigem Rühren aufkochen und etwa 1 Minute kochen lassen.
• Den Topf von der Kochstelle nehmen und zudecken, damit der Flammeri noch etwas quellen kann.
• 8 Haselnußkerne zum Garnieren beiseite legen. Die übrigen Haselnußkerne im Blitzhacker oder in der Mandelmühle fein mahlen. Die Sahne steif schlagen.
• Wenn der Flammeri lauwarm ist, die gemahlenen Haselnußkerne und den Honig oder das Zuckerrohrgranulat unterrühren. Die Schlagsahne unterheben.
• Den Flammeri auf vier oder acht Portionsschälchen verteilen und mit den restlichen Haselnußkernen garnieren.

Früchte in bunter Joghurtsauce

Preiswert · Ganz einfach

Zutaten für 4 Personen:

150 g Joghurt
4 Eßl. Sahne
2 Eßl. flüssiger Honig oder 1–2 Eßl. Zuckerrohrgranulat
1 Teel. Kakaopulver
1/2 Teel. gemahlene Vanille
1 Honigmelone
3 Kiwis

Pro Portion etwa 850 kJ/200 kcal
4 g Eiweiß · 7 g Fett · 32 g Kohlenhydrate ·
3 g Ballaststoffe

Zubereitungszeit: etwa 25 Minuten

- Den Joghurt mit der Sahne und dem Honig oder dem Zuckerrohrgranulat verquirlen.
- Die Menge halbieren. Eine Hälfte mit dem Kakao, die andere mit der Vanille verquirlen.
- Die Honigmelone vierteln, mit einem Löffel die Kerne herauskratzen. Die Viertel schälen und in mundgerechte Würfel zerteilen. Die Kiwis sehr dünn schälen und in Scheiben schneiden.
- Von jeder Sauce nebeneinander jeweils 2–3 Eßlöffel auf vier flache Teller füllen.
- Mit einem Zahnstocher oder Löffelstiel kleine Linien oder Kurven von einer Sauce in die andere ziehen.
- Dann die Melonenstückchen zu gleichen Teilen in die Kakaosauce legen. Die Kiwischeiben zu gleichen Teilen in die Vanillesauce legen. Das Dessert am besten sofort servieren.

Pfirsich-Aprikosen-Becher

Ganz einfach · Für Singles

Zutaten für 1 Person:

1 vollreifer Pfirsich
2 vollreife Aprikosen
2 Teel. flüssiger Honig
1 Prise gemahlene Vanille
2 Eßl. Sahne

Etwa 1100 kJ/260 kcal
4 g Eiweiß · 6 g Fett · 50 g Kohlenhydrate ·
5 g Ballaststoffe

Zubereitungszeit: etwa 25 Minuten

- Den Pfirsich waschen, längs vierteln und vom Stein befreien. Die Aprikosen waschen, halbieren und ebenfalls vom Stein befreien. Die Fruchtstücke quer in sehr dünne Scheiben schneiden und in einer Portionsschüssel mit dem Honig und der Vanille mischen. Etwa 10 Minuten zum Saftziehen stehenlassen.
- Die Sahne über die Früchte gießen und vorsichtig untermischen.

Variante: 1 Kugel Vanilleeis auf die Früchte legen und mit der Sahne übergießen. Wer Kalorien sparen will, kann Sojamilch statt Sahne verwenden.

Die Früchte in bunter Joghurtsauce schmecken nicht nur köstlich, sie sind auch fürs Auge ein Vergnügen.

Dinkel-Obst-Salat

Braucht etwas Zeit

Zutaten für 4 Personen:

100 g Dinkel · etwa 1/4 l Wasser
2 Orangen · 1 große Banane
2 Äpfel · 50 g frische Trauben oder Rosinen
1 Prise Salz · 1 Prise gemahlene Vanille
50 g Walnußkerne oder Mandeln
eventuell 100 g Sahne

Pro Portion etwa 1600 kJ/380 kcal
8 g Eiweiß · 17 g Fett · 52 g Kohlenhydrate ·
9 g Ballaststoffe

Quellzeit: 3–5 Stunden
Zubereitungszeit: etwa 25 Minuten
Ruhezeit: etwa 30 Minuten

• Den Dinkel verlesen, in einem Sieb abspülen, mit dem Wasser in einen Topf geben und 3–5 Stunden zugedeckt einweichen.
• Die eingeweichten Körner in dem Topf 3–5 Minuten kochen, dann bei schwacher Hitze in etwa 20 Minuten quellen lassen.
• Währenddessen die Orangen schälen und in Spalten teilen. Die Spalten in kleine Stücke schneiden und in eine Schüssel geben. Die Banane schälen, in kleine Stücke schneiden und hinzufügen. Den Apfel waschen, vierteln, von Stiel, Blütenansatz und Kerngehäuse befreien, in kleine Stücke schneiden und zu den anderen Zutaten geben. Die Trauben oder Rosinen waschen und daruntermischen.
• Den gekochten Dinkel in ein Sieb abgießen, dabei die Kochflüssigkeit auffangen und anderweitig verwenden. Die Körner, das Salz und die Vanille unter die Fruchtstücke mischen.
• Die Nüsse auf einem großen Brett grob hacken und ebenfalls daruntermischen. Den Salat abschmecken und nach Möglichkeit noch etwa 30 Minuten durchziehen lassen.
• Nach Belieben den Obstsalat noch mit flüssiger oder geschlagener Sahne verfeinern.

Sprossen-Obst-Salat mit Apfelsauce

Raffiniert · Ganz einfach

Zutaten für 4 Personen:

Für die Sauce:
2 süßliche Äpfel (zum Beispiel Cox Orange)
1/2 Tasse naturtrüber Apfelsaft
1/2 Teel. abgeriebene unbehandelte Zitronenschale
1 Eßl. Zitronensaft
100 g Crème fraîche oder Schmant
1/2 Teel. gemahlener Anis oder Kardamom
Für den Salat:
2 Orangen · 2 Bananen
2 Tassen Alfalfasprossen
8 Walnußkerne

Pro Portion etwa 1200 kJ/390 kcal
5 g Eiweiß · 14 g Fett · 34 g Kohlenhydrate ·
6 g Ballaststoffe

Zubereitungszeit: etwa 25 Minuten

• Für die Sauce die Äpfel schälen, vierteln, vom Kerngehäuse befreien und in kleine Stücke schneiden.
• Die Apfelstückchen mit dem Apfelsaft, der Zitronenschale und dem Zitronensaft in eine hohe Rührschüssel geben und mit dem Pürierstab pürieren.

• Die Crème fraîche oder den Schmant hinzufügen und noch einmal kräftig durchpürieren.
• Die Sauce zu gleichen Teilen auf vier flache Teller verteilen.
• Für den Salat die Orangen mit einem scharfen Messer wie einen Apfel schälen. Dabei so tief schneiden, daß auch die weiße Haut entfernt wird. Die Orangen in 1 cm dicke Scheiben schneiden, diese achteln. Die Bananen schälen und in Scheiben schneiden.
• Die Orangenstückchen und die Bananenscheiben vorsichtig vermengen und in die Mitte der vier Salatteller auf die Sauce häufen. Die Alfalfasprossen auseinanderzupfen und das Dessert damit umkränzen. Das Dessert dekorativ mit den Walnußkernen besetzen.

Polenta mit Früchten

Für Kinder · Ganz einfach

Im Sommer kühl, im Winter heiß serviert, ist die Polenta immer eine wohlschmeckende Nachspeise, die fast jedes Menü abrundet.

Zutaten für 4 Personen:

1 l Milch
2–3 Eßl. kalifornische Weintrauben
250 g Polenta (Maisgrieß)
1 Eßl. Mandelmus
1 Eßl. Kokosraspel
1/2 Teel. Zimtpulver
1 Prise Nelkenpulver
5 Eßl. Akazienhonig
1 Banane · 1 Kiwi
1 Apfel · 1 unbehandelte Orange
Zum Garnieren: 75 g Mandeln, gehackt
1 Eßl. Amaranth-Samen (ersatzweise Sesam)

Pro Portion etwa 3300 kJ/790 kcal
23 g Eiweiß · 31 g Fett · 110 g Kohlenhydrate · 10 g Ballaststoffe

Zubereitungszeit: etwa 20 Minuten
Kühlzeit: etwa 30 Minuten

• Die Milch mit den Weintrauben in einem Topf aufkochen lassen, dann von der Herdplatte nehmen und den Maisgrieß mit dem Schneebesen hineinrühren. Nochmals auf die Platte stellen und unter Rühren ein- bis zweimal aufwallen lassen. Dann das Mandelmus, die Kokosraspel, den Zimt, das Nelkenpulver und 1 Eßlöffel Akazienhonig hineinrühren.
• Den Mais in kalt ausgespülte Portionsschälchen füllen und etwa 30 Minuten kühl stellen.
• Dann den Mais stürzen und auf vier kleinen Desserttellern oder -schälchen anrichten.
• Die Mandeln ohne Fett bei mittlerer Hitze 2–3 Minuten anrösten. Die Banane und die Kiwi schälen und in Scheiben schneiden. Den Apfel waschen und in Keile teilen.
• Nun die Mandeln über den Mais verteilen. Die Fruchtscheiben sternförmig um den Mais legen. Die Orange heiß waschen, abtrocknen und ungeschält in Scheiben schneiden und die einzelnen Portionen damit dekorativ garnieren.
• Je 1 Eßlöffel Honig über den Mandeln und dem Mais zerlaufen lassen. Mit einigen Amaranth-Samen bestreuen.

● **Tip:** Wollen Sie die Polenta heiß servieren, rühren Sie die Zutaten gleich im Topf unter und reichen die Speise in Schälchen. Den Honig möglichst wie beschrieben über dem Mais zerfließen lassen, damit er keine wertvollen Inhaltsstoffe verliert. Anschließend ebenfalls mit den Früchten und Mandeln garnieren.

Was Kinder gerne essen

Mit den Gerichten in diesem Kapitel müssen Sie Ihre Kinder nicht lange bitten, Gesundes zu essen. Alles schmeckt einfach köstlich und sieht fröhlich bunt aus.

Kürbiscremesuppe

Schnell · Ganz einfach

Zutaten für 4 Personen:

1 kg Kürbis, geputzt
1/8 l Milch
1 1/2 Tassen Wasser
1 Teel. gekörnte Gemüsebrühe
1/2 Teel. Salz
200 g Crème fraîche oder Schmant
weißer Pfeffer, frisch gemahlen
Muskatnuß, frisch gerieben
30 g Alfalfasprossen

Pro Portion etwa 1100 kJ/260 kcal
5 g Eiweiß · 21 g Fett · 15 g Kohlenhydrate · 1 g Ballaststoffe

Zubereitungszeit: etwa 30 Minuten

• Den Kürbis schälen, von den Kernen befreien, grob würfeln und in einen großen Kochtopf geben.
• Die Milch, das Wasser, die gekörnte Gemüsebrühe und das Salz hinzufügen.
• Die Kürbiswürfel einmal aufkochen lassen, dann zugedeckt bei schwacher Hitze 15–20 Minuten garen, bis sie weich sind.
• Den Kürbis mit dem Pürierstab pürieren. Dabei die Crème fraîche oder den Schmant hinzufügen. Sehr gründlich pürieren, es sollten keine Kürbisstückchen mehr zu finden sein.
• Die Suppe eventuell noch einmal kurz erhitzen, aber nicht mehr kochen lassen!
• Die Suppe mit Pfeffer und Muskatnuß würzen und eventuell nachsalzen.
• Die Suppe mit den Alfalfasprossen garniert servieren.

Gemüsesuppe

Ganz einfach

Zutaten für 4 Personen:

1 Bund Frühlingszwiebeln (etwa 250 g)
500 g Gemüse (Möhre, Steckrübe, Lauch, Knollensellerie, Pastinake oder Fenchel)
120 g Hirse · 1 l Wasser
2 Eßl. gekörnte Gemüsebrühe
1 Eßl. Sonnenblumenöl
50 g Petersilie oder Liebstöckel
5 Eßl. Sojasauce oder Möhrensaft · eventuell Salz

Pro Portion etwa 770 kJ/180 kcal
7 g Eiweiß · 4 g Fett · 30 g Kohlenhydrate · 6 g Ballaststoffe

Zubereitungszeit: etwa 40 Minuten

• Die Frühlingszwiebeln waschen. Das Grün von den Zwiebeln trennen, in kleine Röllchen schneiden und zur Seite legen. Die Frühlingszwiebeln in dünne Scheiben schneiden. Das Gemüse putzen oder schälen, waschen und in sehr kleine Würfel schneiden.
• Die Hirse kalt abspülen.
• Das Wasser mit der gekörnten Gemüsebrühe und dem Öl zum Kochen bringen.
• Die Frühlingszwiebeln, das gewürfelte Gemüse und die Hirse in die kochende Brühe geben. Die Suppe bei schwacher Hitze zugedeckt etwa 15 Minuten garen.
• Die Petersilie oder den Liebstöckel waschen und hacken.
• Die Suppe mit der Sojasauce oder dem Möhrensaft und eventuell Salz abschmecken.
• Die gehackte Petersilie und die Frühlingszwiebelröllchen unter die Suppe rühren.

Kartoffelsuppe mit Mangold

Raffiniert

Zutaten für 4 Personen:

600 g Kartoffeln
1 Zwiebel
2 Eßl. Olivenöl
1 l Wasser
2 Eßl. gekörnte Gemüsebrühe
1 Zweig Thymian, Majoran oder Rosmarin
300–350 g Mangold
Salz
schwarzer Pfeffer, frisch gemahlen

Pro Portion etwa 730 kJ/170 kcal
5 g Eiweiß · 5 g Fett · 27 g Kohlenhydrate · 6 g Ballaststoffe

Zubereitungszeit: etwa 40 Minuten

- Die Kartoffeln schälen und in dünne Scheiben schneiden. Die Zwiebel schälen und würfeln.
- Das Olivenöl in einem Kochtopf erhitzen.
- Die Kartoffelscheiben und die Zwiebelwürfel hineingeben und kurz andünsten.
- Das Wasser, die Gemüsebrühe und den Kräuterzweig hinzufügen und die Kartoffeln etwa 20 Minuten zugedeckt bei mittlerer Hitze garen.
- Den Mangold gründlich waschen und grobe Stengelteile herausschneiden. Die Mangoldblätter in sehr dünne Streifen schneiden.
- Den Kräuterzweig aus der Suppe entfernen. Die Herdplatte abschalten. Die Suppe mit dem Pürierstab im Topf pürieren.
- Die Mangoldstreifen dazugeben und etwa 5 Minuten in der Kartoffelsuppe ziehen lassen.
- Mit Salz und Pfeffer abschmecken.

Nudelsuppe mit Möhrenraspeln

Schnell · Preiswert

Zutaten für 4 Personen:

600 g Möhren
1 kleine Zwiebel
20 g Butter
3/4 l Wasser
1 1/2 Eßl. gekörnte Gemüsebrühe
1 Teel. gemahlener Koriander
100 g Vollkorn-Spinatnudeln
1/4 l Möhrensaft
1 Eßl. Zitronensaft
Salz

Pro Portion etwa 830 kJ/200 kcal
6 g Eiweiß · 5 g Fett · 31 g Kohlenhydrate · 7 g Ballaststoffe

Zubereitungszeit: etwa 25 Minuten

- Die Möhren gründlich waschen, mit dem Sparschäler schälen und auf der Rohkostreibe grob raspeln. Die Zwiebel schälen und würfeln.
- Die Butter in einem großen Kochtopf zerlassen und die Zwiebelwürfel darin unter ständigem Rühren glasig dünsten. Die Möhrenraspel hinzufügen und etwa 1 Minute mitdünsten.
- Das Wasser, die gekörnte Gemüsebrühe, den Koriander und die Nudeln dazugeben und umrühren.
- Die Suppe im geschlossenen Kochtopf einmal aufkochen lassen, anschließend bei schwacher Hitze etwa 8 Minuten garen, bis die Nudeln weich sind.
- Den Möhrensaft dazugießen. Die Suppe mit dem Zitronensaft und Salz abschmecken.

Rohe Tomatensuppe nach italienischer Art

Läßt sich gut vorbereiten

Zutaten für 4 Personen:

1 kg Tomaten
2 Schalotten
3 Knoblauchzehen
1/2 Teel. Salz
1 Messerspitze schwarzer Pfeffer, frisch gemahlen
2 Teel. gekörnte Gemüsebrühe
2 Bund Basilikum
1 Bund Petersilie
4 Eßl. Olivenöl

Pro Portion etwa 545 kJ/130 kcal
4 g Eiweiß · 9 g Fett · 10 g Kohlenhydrate · 5 g Ballaststoffe

Zubereitungszeit: etwa 20 Minuten

- Die Tomaten am runden Ende kreuzweise einschneiden, kurz in kochendes Wasser tauchen, mit einer Schöpfkelle herausnehmen und die Haut abziehen. Die Tomaten entkernen und halbieren, die Stielansätze entfernen.
- Die Schalotten sowie die Knoblauchzehen schälen und in Stücke schneiden. Das Tomatenfruchtfleisch mit den zerkleinerten Schalotten und Knoblauchzehen im Mixer fein pürieren. Mit dem Salz, dem Pfeffer und der Gemüsebrühe würzen.
- Das Basilikum und die Petersilie waschen, trockenschütteln und fein hacken, einige Blättchen Basilikum zurückbehalten.
- Die Suppe mit den Kräutern verrühren und mit dem Basilikum bestreuen. Am besten auf einer Schale mit Eiswürfeln anrichten.

Zucchinisuppe mit Zwiebeln

Preiswert · Schnell

Zutaten für 4 Personen:

250 g Zwiebeln
300 g Zucchini
2 Eßl. Sonnenblumenöl
knapp 1 l Wasser
2 Eßl. gekörnte Gemüsebrühe
100 g Vollkorn-Hörnchennudeln
1 große Handvoll frische Kräuter (Petersilie, Liebstöckel, Estragon, Bohnenkraut) · Salz

Pro Portion etwa 710 kJ/170 kcal
6 g Eiweiß · 6 g Fett · 22 g Kohlenhydrate · 5 g Ballaststoffe

Zubereitungszeit: etwa 30 Minuten

- Die Zwiebeln schälen und würfeln. Die Zucchini waschen und in Scheiben schneiden.
- Das Öl erhitzen. Die Zwiebelwürfel und die Zucchinischeiben darin in etwa 1 Minute glasig dünsten.
- Das Wasser, die Gemüsebrühe und die Nudeln hinzufügen. Die Suppe einmal aufkochen lassen, dann bei schwacher Hitze zugedeckt etwa 10 Minuten garen.
- Die Kräuter waschen und fein hacken.
- Die Suppe salzen, die Kräuter unterrühren.

Die rohe Tomatensuppe nach italienischer Art hat ein besonders feines Tomatenaroma und ist im Sommer eine leichte Mahlzeit.

Spinatgnocchi mit Käsesauce

Ganz einfach

Zutaten für 4 Personen:

Für die Gnocchi:
200 g Weizen, mittelgrob geschrotet, oder Vollkornweizengrieß
400 g Pell- oder Salzkartoffeln, frisch gekocht
2 Eier
50 g Sahne
Salz
1 Prise Muskatnuß, frisch gerieben
200 g Spinat
100 g Parmesan oder Emmentaler, frisch gerieben
Für die Sauce:
knapp 1/2 l Milch
100–150 g Gorgonzola, Roquefort oder eine andere weiche Käsesorte
50 g Parmesan oder Emmentaler, frisch gerieben
1–2 Eßl. Hefeflocken
1 Prise Streuwürze oder gekörnte Gemüsebrühe
1–2 Eßl. beliebige Kräuter, frisch gehackt, oder Alfalfasprossen

Pro Portion etwa 2800 kJ/670 kcal
36 g Eiweiß · 34 g Fett · 54 g Kohlenhydrate · 9 g Ballaststoffe

Zubereitungszeit: etwa 45 Minuten

• Den Weizenschrot oder den Grieß in eine Schüssel geben. Die Kartoffeln eventuell schälen und möglichst noch warm durch eine Presse drücken, leicht abkühlen lassen. Die Kartoffelmasse in die Schüssel geben, dazu die Eier, die Sahne, etwa 1 gestrichenen Teelöffel Salz und den Muskat. Alles zu einem festen Teig vermengen und 20–30 Minuten quellen lassen.

• Den Spinat putzen, gründlich waschen, tropfnaß in einen Topf geben und zugedeckt 2–3 Minuten dünsten, bis er zusammengefallen ist. Den Spinat auf ein großes Brett geben und abkühlen lassen.

• In einem großen Topf 2 l Wasser mit etwa 1 Teelöffel Salz zum Kochen bringen.

• Den Spinat fein hacken und mit dem Käse in die Kartoffelmasse einarbeiten. Sie sollte geschmeidig, aber nicht zu weich sein. Den Teig abschmecken. Mit zwei nassen Eßlöffeln kleine Klößchen formen und in 2–3 Portionen in das kochende Wasser geben. Die Hitze reduzieren und die Gnocchi etwa 5 Minuten ziehen lassen, bis sie oben schwimmen.

• Die Gnocchi mit einem Schaumlöffel aus dem Wasser heben, gut abtropfen lassen, in eine Servierschüssel legen und in den auf 50° (Gas Stufe 1/2) eingestellten Backofen stellen, bis die Sauce zubereitet ist.

• Für die Sauce die Milch in einem kleinen Topf bei schwacher Hitze etwas einkochen lassen. Den Weichkäse grob zerteilen und in der heißen Milch schmelzen lassen. Den geriebenen Käse und die Hefeflocken hineinrühren und die Sauce mit der Streuwürze oder der Gemüsebrühe abschmecken.

• Die Schüssel mit den Gnocchi aus dem Backofen nehmen, die Sauce über die Gnocchi gießen, die Kräuter oder Sprossen darüber streuen und sofort servieren.

Tip: Ersetzen Sie den Weizen zur Hälfte durch Buchweizen. Den Spinat und den Käse können Sie nach Belieben auch weglassen.

Cannelloni mit Mangold

Braucht etwas Zeit · Raffiniert

Zutaten für 4–6 Personen:

Für den Nudelteig: 100 g Weizenvollkornmehl
100 g Buchweizenmehl · 1 Ei
1/2 Teel. Salz · 6–8 Eßl. Wasser
Für die Tomatensauce:
750 g Tomaten · 250 g Zwiebeln
1 Eßl. Olivenöl · 1 Lorbeerblatt · Kräutersalz
1 gestrichener Teel. Zuckerrohrgranulat
1 Prise Cayennepfeffer
Für die Sahne-Käsesauce:
50 g Butter · 30 g Weizenvollkornmehl
200 g Sahne · 1/4 l Wasser · Kräutersalz
1/2 gestrichener Teel. gekörnte Gemüsebrühe
100 g Parmesan und Emmentaler gemischt, frisch gerieben
Für Belag und Füllung:
300–500 g Mangold · 500 g Champignons
20 g Butter · 1–2 Knoblauchzehen
3 Eßl. Petersilie, frisch gehackt

Bei 6 Personen pro Portion etwa 2135 kJ/505 kcal
17 g Eiweiß · 30 g Fett · 40 g Kohlenhydrate ·
9 g Ballaststoffe

Zubereitungszeit: etwa 2 1/2 Stunden

- Beide Mehlsorten mit dem Ei, dem Salz und dem Wasser gründlich verkneten. Den Teig in Folie gewickelt etwa 40 Minuten bei Zimmertemperatur stehenlassen.
- Die Tomaten häuten und kleinschneiden.
- Die Zwiebeln schälen, in Würfel schneiden und in dem Olivenöl glasig dünsten.
- Die Tomaten dazugeben, das Lorbeerblatt fein zerreiben und ebenfalls dazugeben. Mit Kräutersalz, dem Zuckerrohrgranulat und dem Cayennepfeffer würzen und offen in etwa 20 Minuten sämig einkochen lassen.
- Die Butter aufschäumen lassen. Das Weizenmehl darin bei mittlerer Hitze unter Rühren 1–2 Minuten anschwitzen. Die Sahne und das Wasser angießen, Kräutersalz und die Gemüsebrühe dazugeben. Die Masse unter Rühren dickflüssig einkochen lassen. Beiseite stellen und den geriebenen Käse einrühren.
- Den Teig halbieren und jeweils zu einer eckigen Platte etwa 2 mm dünn ausrollen. Jede Teigplatte in 4 Rechtecke zerteilen. Diese 5–10 Minuten auf einem Tuch trocknen lassen.
- Den Mangold putzen. Die Mangoldstiele in Stücke schneiden und das Gemüse in kochendem Wasser 2–3 Minuten blanchieren. Abtropfen lassen.
- Reichlich Wasser mit 1 Teelöffel Salz und 1 Eßlöffel Olivenöl aufkochen und die Cannelloniröllchen darin in etwa 5 Minuten gar kochen lassen.
- Die Champignons putzen, und in etwa 1/2 cm dunne Scheiben schneiden.
- Die Butter erhitzen und die Pilze bei starker Hitze in 3–4 Minuten braun anbraten. Den Knoblauch schälen, feinschneiden und mit der Petersilie zu den Champignons geben. Mit Kräutersalz würzen und in die Cannelloni füllen.
- Den Backofen auf 200° vorheizen und eine große, flache Auflaufform bereitstellen.
- Zwei Drittel der Tomatenmasse in die Form füllen, den Mangold und die gefüllten Cannelloni darauf schichten. Die Käsesauce darüber gießen. Die restliche Tomatensauce streifenförmig darüber verteilen.
- Die Cannelloni im Backofen (Mitte; Gas Stufe 3) in 25–30 Minuten goldbraun backen.

Reis-Gemüse-Topf mit Champignons

Glutenfrei · Ganz einfach

Zutaten für 4 Personen:

1/2 l Gemüsebrühe
200 g Langkorn-Naturreis
Salz
4 Eßl. Olivenöl
je 1 rote und grüne Paprikaschote
150 g Lauch
200 g frische Champignons
1 Zucchino (etwa 200 g)
1 Zwiebel
1 Knoblauchzehe
4 Teel. Thymian oder Petersilie, frisch gehackt
100 g Sahne
3–4 Eßl. Hefeflocken
1 Prise Streuwürze

Pro Portion etwa 1600 kJ/380 kcal
11 g Eiweiß · 18 g Fett · 46 g Kohlenhydrate · 6 g Ballaststoffe

Zubereitungszeit: etwa 45 Minuten

• Die Gemüsebrühe zum Kochen bringen. Den Reis verlesen, in einem Sieb abspülen, in die kochende Brühe schütten und leicht salzen. Den Reis etwa 5 Minuten zugedeckt kochen lassen, dann bei schwacher Hitze in 30–40 Minuten ausquellen lassen.
• Die Paprikaschoten waschen, halbieren, die Stielansätze und die Kerne entfernen und die Schoten in 1/2–1 cm große Stückchen schneiden. Den Lauch putzen, längs halbieren, unter fließendem Wasser gründlich zwischen den Blättern waschen und quer in 1/2 cm breite Streifen schneiden. Die Champignons putzen, wenn nötig, kurz unter fließendem Wasser abspülen und in kleine Stücke schneiden. Den Zucchino waschen, vom Stiel- und Blütenansatz befreien und in 1/2 cm dicke Scheiben schneiden.
• Die Zwiebel und die Knoblauchzehe schälen und fein schneiden. Das Öl erhitzen. Die Zwiebel- und Knoblauchwürfel darin bei mittlerer Hitze leicht anbraten.
• Die Pilze zu den Zwiebelwürfeln geben und kurz mitbraten. Das vorbereitete Gemüse dazugeben, leicht salzen und die Hälfte der Kräuter daruntermischen. Das Gemüse zugedeckt bei mittlerer Hitze 5–7 Minuten dünsten.
• Wenn der Reis ausgequollen ist, das Gemüse darunterrühren. Die Sahne und nach Belieben noch etwas Wasser angießen. Den Reistopf mit den Hefeflocken und der Streuwürze abschmecken. Die restlichen Kräuter darüber streuen.

Naturreis hat noch alle wertvollen Inhaltsstoffe. Deshalb schmecken Eintöpfe wie der Reis-Gemüse-Topf nicht nur gut, sondern sind auch besonders gesund.

Kunterbuntes Rührei

Ganz einfach

Dieses Eiergericht ist eine Anlehnung an ein französisches Rezept, die Pipérade. Mit der Pfefferschote ist es eher für größere Kinder.

Zutaten für 4 Personen:

2 Zwiebeln
je 1 grüne und rote Paprikaschote
1 grüne Pfefferschote
500 g Tomaten
1 Knoblauchzehe
3 Zweige Thymian oder Majoran
6 Eier
2 Eßl. Milch
Salz
schwarzer Pfeffer, frisch gemahlen
6 Eßl. Olivenöl

Pro Portion etwa 1320 kJ/315 kcal
13 g Eiweiß · 11 g Fett · 10 g Kohlenhydrate · 5 g Ballaststoffe

Zubereitungszeit: etwa 40 Minuten

• Die Zwiebeln schälen, halbieren und in Scheiben schneiden. Die Paprikaschoten waschen, putzen und in sehr dünne Streifen schneiden. Die Pfefferschote waschen, halbieren, von den Kernen befreien und in winzige Stückchen schneiden. Die Tomaten gründlich waschen und in mundgerechte Stücke schneiden.
• Die Knoblauchzehe schälen, in kleine Stücke schneiden und mit einer Messerklinge zerdrücken. Den Thymian oder den Majoran waschen, trockenschütteln, die Blätter von den Stengeln zupfen und grob hacken.
• Die Eier in eine Schüssel schlagen, die Milch hinzufügen und beides gut verquirlen. Mit Salz und Pfeffer abschmecken und zur Seite stellen.
• Das Olivenöl in einer großen Pfanne erhitzen.
• Das zerkleinerte Gemüse und den gehackten Thymian oder Majoran in die Pfanne geben und bei mittlerer Hitze 3–4 Minuten unter vorsichtigem Wenden andünsten.
• Die Hitze reduzieren. Die Eiermilch über das Pfannengemüse gießen und bei schwacher Hitze unter vorsichtigem Wenden stocken lassen.

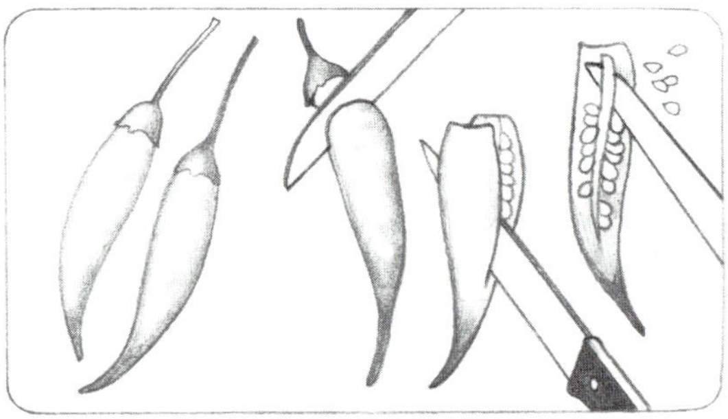

Die Kerne von Pfefferschoten sind scharf. Sie sollten sie deshalb gründlich mit einem Messer aus den Schoten schneiden oder kratzen.

Pellkartoffeln mit Sauce Danmark

Ganz einfach

Zutaten für 4 Personen:

1 kg festkochende Kartoffeln
1/2 l Wasser · 1 kleine Zwiebel
200 g Crème fraîche oder Schmant
1 Eigelb · 2 Eßl. grobkörniger Senf
1/2 Teel. Currypulver
1 Teel. flüssiger Honig
Salz · 4 Eßl. Sonnenblumenöl

Pro Portion etwa 2000 kJ/480 kcal
7 g Eiweiß · 32 g Fett · 42 g Kohlenhydrate · 7 g Ballaststoffe

Zubereitungszeit: etwa 35 Minuten

• Die Kartoffeln gründlich waschen und in einen Kochtopf geben. Das Wasser dazugießen und die Kartoffeln im geschlossenen Topf bei mittlerer Hitze 25–30 Minuten garen. Dann das Kochwasser abgießen.
• In der Zwischenzeit für die Sauce die Zwiebel schälen und sehr fein würfeln.
• In einer Schüssel die Crème fraîche oder den Schmant, die Zwiebel, das Eigelb, den Senf, den Curry, den Honig, das Salz und das Sonnenblumenöl mit einem Schneebesen gründlich verschlagen. Die Kartoffeln mit der Sauce servieren.

● **Tip:** Die Sauce schmeckt auch zu Nudeln, Reis und als Dressing zu grünen Salaten! Sie können sie auch bei schwacher Hitze unter ständigem Rühren erwärmen.

Kartoffelpüree mit Käsekruste

Preiswert

Zutaten für 4 Personen:

1 kg mehlig- oder festkochende Kartoffeln
knapp 1/2 l Wasser
Salz · 100 g mittelalter Gouda
3 Eiweiß · 3 Eigelb
40 g Butter · 100 g Sahne · 100 ml Milch
weißer oder schwarzer Pfeffer, frisch gemahlen
Muskatnuß, frisch gerieben

Pro Portion etwa 2100 kJ/500 kcal
19 g Eiweiß · 29 g Fett · 41 g Kohlenhydrate · 6 g Ballaststoffe

Zubereitungszeit: etwa 1 1/4 Stunden

• Die Kartoffeln schälen und halbieren.
• Das Wasser mit 1 kräftigen Prise Salz zum Kochen bringen. Die Kartoffeln hineingeben und zugedeckt einmal aufkochen lassen, dann bei schwacher Hitze 20–25 Minuten garen.
• Den Gouda grob reiben. Die Eiweiße zu sehr steifem Schnee schlagen.
• Eine Auflaufform oder Springform mit 1 Eßlöffel Butter gründlich ausfetten.
• Die Garflüssigkeit der gekochten Kartoffeln abgießen. Den Backofen auf 225° vorheizen.
• Die Eigelbe, die restliche Butter, die Sahne und Salz zu den Kartoffeln geben und mit einem Kartoffelstampfer zerstampfen. Dann mit einem Schneebesen kräftig durchschlagen.
• Den Brei mit Pfeffer und Muskat abschmekken. Den Eischnee sorgfältig unterheben.
• Die Kartoffelmasse in die Form füllen, glattstreichen und mit dem Gouda bestreuen.
• Das Kartoffelpüree im heißen Backofen (Mitte; Gas Stufe 4) 35–40 Minuten backen.

Serviettenknödel mit Pilzragout

Preiswert · Braucht etwas Zeit

Zutaten für 4 Personen:

Für die Knödel:
200 g altbackene Brötchen und Vollkornbrotscheiben gemischt · 100 ml Gemüsebrühe
100 ml Sahne oder Milch · 2 Eigelb
Salz · Muskatnuß, frisch gerieben
1 Bund Petersilie
75 g Weizen, mittelgrob geschrotet, oder Vollkorngrieß · 2 Eiweiß
Für das Ragout:
300–400 g Pilze, zum Beispiel Egerlinge, Austernpilze oder Steinpilze
1 große Zwiebel
40 g Butterschmalz · 1/2 Teel. Anissamen
etwa 1/2 l Wasser · 50–100 g Sahne
Salz · Streuwürze · 1–2 Eßl. Hefeflocken
Zum Garen: 2 frische große Servietten oder Geschirrtücher

Pro Portion etwa 1800 kJ/430 kcal
13 g Eiweiß · 26 g Fett · 36 g Kohlenhydrate · 7 g Ballaststoffe

Zubereitungszeit: etwa 1 Stunde 20 Minuten

• Für die Knödel die Brötchen und Brotscheiben grob zerteilen und in eine Schüssel geben. Die Gemüsebrühe mit der Sahne oder Milch erhitzen und über die Brotstücke gießen. Die Eigelbe hineinrühren. Mit Salz und Muskat würzen, etwa 15 Minuten quellen lassen.
• Die Petersilie hacken. Den Weizenschrot in die Brotmasse rühren. Die Petersilie – bis auf einen kleinen Rest – einarbeiten. Die Eiweiße mit Salz steif schlagen und darunterheben.
• In einem weiten Topf etwa 2 1/2 l Wasser mit 1 Teelöffel Salz zum Kochen bringen.
• Die Servietten oder die Geschirrtücher in kaltes Wasser tauchen und gut ausdrücken. Die Knödelmasse jeweils zur Hälfte in die Mitte einer Serviette geben und diese zu einer Rolle formen. Die Enden leicht zusammendrehen. Die Rollen in das kochende Wasser legen, dabei die Tuchenden über die Topfkante hängen lassen. Den Deckel auflegen und die Enden damit festklemmen. Die Knödelrollen etwa 30 Minuten bei schwacher Hitze garen.
• Die Pilze putzen und in etwa 1/2 cm dicke Scheiben schneiden. Die Zwiebel schälen und würfeln.
• Die Hälfte des Butterschmalzes erhitzen. Die Zwiebelwürfel darin unter Wenden goldbraun braten und beiseite stellen.
• Das restliche Butterschmalz in die Pfanne geben und die Pilze zusammen mit den Anissamen bei starker Hitze in etwa 3 Minuten leicht anbräunen. Die Zwiebeln dazugeben, das Wasser und die Sahne angießen. Mit Salz, Streuwürze und den Hefeflocken abschmecken. Die restliche Petersilie daruntermischen.
• Prüfen, ob die Serviettenknödel fest sind. Dann die Rollen aus dem Topf nehmen und leicht abkühlen lassen. Die Servietten öffnen. Mit kräftigem Küchengarn jede Knödelrolle in etwa 2 cm dicke Scheiben zerteilen und mit dem Pilzragout sofort servieren.

Für Serviettenknödel mit Pilzragout (von links nach rechts) die Brotstücke in heißer Flüssigkeit einweichen, den Eischnee unterheben, die Masse in einer Serviette zur Rolle formen, verschnüren und ins kochende Wasser hängen. Die Rolle mit einem Faden in Scheiben schneiden und servieren.

Hirseplätzchen und Gemüse-ketchup

Glutenfrei · Schmeckt auch kalt

Zutaten für 4 Personen:

Für die Plätzchen:
200 g Hirse
1 große Zwiebel
20 g Butter
etwa 1/2 l Wasser
1 Gemüsebrühwürfel
1 Bund Petersilie, Schnittlauch oder Dill
50 g Kürbiskerne oder Nüsse, frisch gerieben
1–2 Eier
50 g saure Sahne oder Quark oder 50 g Hartkäse, frisch gerieben
Salz · Streuwürze
1 Prise Muskatnuß, frisch gerieben
Für den Ketchup:
50 g Knollensellerie
1 Schalotte oder 1 kleine Zwiebel
etwa 1/8 l Wasser
1/2 Teel. Agar-Agar oder 1 Teel. Wildpfeilwurzel-mehl, ersatzweise Kartoffelstärke
1 grüne Paprikaschote
1 mittelgroßer Apfel
etwa 50 ml Obstessig
1/2–1 Teel. Ahornsirup oder heller Honig
1 Eßl. Dill oder Petersilie, frisch gehackt
Currypulver
Salz
Zum Braten: Butterschmalz oder Öl

Pro Portion etwa 1700 kJ/400 kcal
10 g Eiweiß · 21 g Fett · 46 g Kohlenhydrate · 7 g Ballaststoffe

Zubereitungszeit: etwa 45 Minuten

- Die Hirse verlesen, in einem Sieb heiß abspülen und abtropfen lassen.
- Die Zwiebel schälen und fein würfeln. In einem Topf die Butter aufschäumen lassen. Die Zwiebelwürfel darin glasig braten.
- Die Hirse hineinstreuen. Das Wasser aufgießen und den zerdrückten Gemüsebrühwürfel hineinrühren. Den Deckel auflegen und die Hirse etwa 5 Minuten kochen lassen. Danach bei schwacher Hitze 25–30 Minuten ausquellen lassen.
- Inzwischen für den Ketchup das Selleriestück schälen, abspülen und fein würfeln. Die Schalotte oder die Zwiebel schälen und fein schneiden. Die Sellerie- und die Schalotten- oder Zwiebelstückchen mit dem Wasser in einen kleinen Topf geben und 5–7 Minuten schwach kochen lassen, bis die Selleriestücke weich sind.
- Das Agar-Agar oder das Wildpfeilwurzelmehl mit wenig Wasser anrühren, in die Selleriemischung rühren und noch 1–2 Minuten mitkochen lassen. Dann alles leicht abkühlen lassen und in einen Mixbecher gießen.
- Die Paprikaschote waschen, putzen und in kleine Stücke schneiden. Den Apfel waschen, abtrocknen, vierteln und vom Kernhaus befreien. Die Paprika- und die Apfelstücke, den Essig, den Ahornsirup oder den Honig und den Dill oder die Petersilie zu den anderen Zutaten in den Mixbecher geben und mit dem Mixstab pürieren. Der Ketchup soll sämig sein; eventuell noch etwas Flüssigkeit hinzufügen. Mit Curry und Salz abschmecken.
- Die Hirsemasse leicht abkühlen lassen.
- Die Kräuter, die Kürbiskerne oder Nüsse, das Ei und die Sahne, den Quark oder den Käse hin-

einrühren. Die Mischung mit Salz, Streuwürze und dem Muskat abschmecken. Mit nassen Händen aus dem Hirseteig Küchlein formen.
• In einer Pfanne etwas Butterschmalz oder Öl erhitzen und die Küchlein darin auf beiden Seiten bei mittlerer Hitze goldbraun braten. Zusammen mit dem Ketchup servieren.

Grünkernfrikadellen

Schmeckt auch kalt · Preiswert

Zutaten für 4 Personen:

1/2 l Wasser
1 Eßl. gekörnte Gemüsebrühe
200 g grob geschroteter Grünkern
1 kleine Zwiebel
1 Knoblauchzehe
1 Bund Petersilie
2 Eier
100 g Hafer-Vollkornflocken
1 Teel. getrockneter Majoran
Salz
weißer oder schwarzer Pfeffer, frisch gemahlen
Zum Braten: Pflanzenmargarine oder Butterschmalz

Pro Portion etwa 1600 kJ/380 kcal
13 g Eiweiß · 13 g Fett · 52 g Kohlenhydrate · 3 g Ballaststoffe

Zubereitungszeit: etwa 1 Stunde

• Das Wasser mit der gekörnten Gemüsebrühe in einem Kochtopf aufkochen lassen.
• Den Grünkernschrot unterrühren und bei schwacher Hitze etwa 1 Minute kochen lassen, dabei umrühren. Vorsicht vor Spritzern, den Topf eventuell kurz von der Herdplatte ziehen.
• Die Kochstelle abschalten, den Kochtopf zudecken und den Grünkernschrot etwa 20 Minuten quellen lassen.
• Während der Quellzeit die Zwiebel und die Knoblauchzehe schälen und sehr fein würfeln. Die Petersilie waschen, trockenschütteln, von groben Stengeln befreien und fein hacken.
• Nach der Quellzeit die Zwiebel- und Knoblauchwürfel zum Schrotbrei geben. Die Petersilie, die Eier und die Haferflocken hinzufügen und alles gut durchrühren. Mit Salz und Pfeffer abschmecken.
• Aus dem Grünkernteig mit nassen Händen kleine Frikadellen formen.
• Eine große Bratpfanne ohne Fett erhitzen.
• Etwa 1 Eßlöffel Margarine oder Butterschmalz in die Pfanne geben und schmelzen lassen.
• Die Grünkernfrikadellen hineinlegen und bei starker Hitze 1–2 Minuten kräftig anbraten.
• Die Hitze reduzieren und die Grünkernfrikadellen knapp 10 Minuten bei schwacher Hitze weitergaren. Die Frikadellen wenden und in weiteren 10 Minuten fertig braten.

● **Tip:** Grünkernfrikadellen schmecken warm und kalt sehr gut.

Kartoffel-Zucchini-Pilz-Auflauf

Ganz einfach

Zutaten für 4 Personen:

500 g festkochende oder mehlig-festkochende Kartoffeln
700 g Zucchini
200 g braune Champignons
1 Eßl. Butterschmalz oder Olivenöl
2 mittelgroße Zwiebeln
40 g Butter
40 g Weizenvollkornmehl
200 ml Milch
1–2 Teel. Tomatenmark
Kräutersalz
Streuwürze
1 gestrichener Teel. Gemüsebrühpaste
1/2 Bund Petersilie, frisch gehackt
50 g Appenzeller oder Emmentaler, frisch gerieben
2 Eßl. Gomasio
Für die Form: Butter

Pro Portion etwa 1700 kJ/400 kcal
16 g Eiweiß · 23 g Fett · 36 g Kohlenhydrate · 8 g Ballaststoffe

Zubereitungszeit: etwa 1 Stunde

- Die Kartoffeln waschen und mit der Schale in wenig Wasser nicht ganz weich kochen. Danach abgießen und leicht abkühlen lassen.
- Die Zucchini gründlich waschen, den Stiel- und Blütenansatz entfernen und die Früchte in etwa 1/2 cm dicke Scheiben schneiden oder hobeln. Die Champignons unter fließendem Wasser abspülen, wenn nötig, putzen und in etwa 1/2 cm dicke Scheiben schneiden.
- Das Butterschmalz oder Öl in einer Pfanne erhitzen und die Pilzscheiben darin bei starker Hitze leicht anbräunen. Dann beiseite stellen und leicht abkühlen lassen.
- Inzwischen für die Sauce die Zwiebeln schälen und in kleine Würfel schneiden. Die Butter in einer Pfanne aufschäumen lassen und die Zwiebeln darin bei schwacher Hitze leicht anbräunen. Das Weizenmehl dazugeben und leicht anschwitzen. Die Milch angießen. Das Tomatenmark und die Gewürze einrühren und die Sauce etwa 5 Minuten bei schwacher Hitze kochen lassen, bis sie dickflüssig ist. Dann beiseite stellen. Zwei Drittel der Petersilie in die nicht mehr kochende Sauce einrühren.
- Die Kartoffeln schälen und in 1/2 cm dünne Scheiben schneiden.
- Den Backofen auf 225° vorheizen und eine große, flache Auflaufform fetten.
- Die Zucchini mit den Kartoffeln und den Pilzen schuppenartig in die Form schichten und die Sauce darüber gießen. Den Käse mit dem Gomasio vermischen und darüber streuen.
- Den Auflauf im Backofen (Mitte; Gas Stufe 4) 20–25 Minuten überbacken, bis sich die Oberfläche leicht bräunt.
- Den Auflauf mit der restlichen Petersilie bestreut servieren.

Der Kartoffel-Zucchini-Pilz-Auflauf wird mit einer würzigen Sahnesauce und frisch geriebenem Käse überbacken.

Milchnudeln

Ganz einfach · Preiswert

Milchnudeln kommen mit Vollkornnudeln zu ganz neuen Ehren. Sie sind eine leckere Ergänzung nach einem Salat.

Zutaten für 4 Personen:

3/4 l Milch
20 g Butter
1 Prise Salz
1/2 Teel. gemahlene Vanille
250 g Vollkorn-Hörnchennudeln
2 Eßl. Haselnußkerne
4 Eßl. flüssiger Honig

Pro Portion etwa 1900 kJ/450 kcal
16 g Eiweiß · 16 g Fett · 62 g Kohlenhydrate · 5 g Ballaststoffe

Zubereitungszeit: etwa 35 Minuten

• Die Milch in einem Kochtopf mit der Butter, dem Salz und dem Vanillepulver erhitzen.
• Die Nudeln hineingeben und umrühren. Dann zugedeckt bei schwacher Hitze 20–25 Minuten garen. In Milch gegart, benötigen Nudeln eine längere Kochzeit. Während der Garzeit häufig umrühren, die Milchnudeln setzen leicht an.
• Die Haselnußkerne mit einem großen Messer grob hacken.
• Die gegarten Milchnudeln auf Portionsschälchen verteilen.
• Pro Portion 1 Eßlöffel Honig in Fäden über den Nudeln verteilen. Mit den gehackten Haselnußkernen bestreuen. Die Milchnudeln heiß servieren.

Vollkornpfannkuchen

Braucht etwas Zeit

Zutaten für 4 Personen:

250 g Weizenvollkornmehl · 1/2 l Milch
3 Eier · Salz
1 Teel. flüssiger Honig oder Zuckerrohrgranulat
etwa 8 Eßl. Ahornsirup
Zum Braten: Pflanzenmargarine oder Butterschmalz

Pro Portion etwa 2035 kJ/480 kcal
16 g Eiweiß · 19 g Fett · 63 g Kohlenhydrate · 7 g Ballaststoffe

Zubereitungszeit: etwa 1 Stunde

• Das Weizenvollkornmehl in einer großen Schüssel mit der Milch, den Eiern, Salz und dem Honig oder Zuckerrohrgranulat mit einem Schneebesen gründlich verschlagen. Den Teig zugedeckt etwa 20 Minuten quellen lassen.
• Eine Pfanne auf der Kochstelle heiß werden lassen. Dann 1 Eßlöffel Margarine oder Butterschmalz in die Pfanne geben und schmelzen lassen.
• Mit einer Suppenkelle etwas Teig in die Pfanne füllen, so daß der Boden eben bedeckt ist. Den Pfannkuchen bei mittlerer Hitze backen, bis der Teig auch an der Oberfläche stockt. Den Pfannkuchen wenden und auch auf der anderen Seite goldbraun backen.
• Für jeden weiteren Pfannkuchen etwa 1 Teelöffel Fett in der Pfanne schmelzen lassen.
• Die Pfannkuchen entweder mit Ahornsirup beträufelt sofort essen oder im Backofen warm halten.

● **Tip:** Zu den Pfannkuchen schmeckt Apfelmus ganz wunderbar.

Apfelküchlein mit Bananen-Zimt-Sauce

Hauptgericht

Zutaten für 4 Personen:

250 g Weizenvollkornmehl
etwa 300 ml Milch oder Wasser · 2 Eier
3 Eßl. Sonnenblumenöl oder flüssige Butter
1 Prise Salz · 1/2 Teel. gemahlene Vanille
50 g beliebige Nüsse, grob gehackt
2 mittelgroße Bananen
100 g Quark oder Crème fraîche
1/2–1 Eßl. Zimtpulver · 2–3 Eßl. Milch oder Sahne
3–4 süße Äpfel (etwa 400 g)
Zum Braten: Butter oder Butterschmalz

Pro Portion etwa 2600 kJ/620 kcal
19 g Eiweiß · 28 g Fett · 75 g Kohlenhydrate ·
12 g Ballaststoffe

Zubereitungszeit: etwa 1 Stunde

- Das Mehl, die Milch oder das Wasser, die Eier, das Öl oder die Butter, das Salz und die Vanille verrühren und 20 Minuten quellen lassen.
- Die Bananen schälen, grob zerteilen und in eine Schüssel geben. Den Quark oder die Crème fraîche und den Zimt dazugeben und fein pürieren. So viel Milch oder Sahne hineinrühren, bis die Sauce geschmeidig ist.
- Die Äpfel waschen, vom Kernhaus befreien, mittelgrob raspeln und in den Pfannkuchenteig rühren. Die Nüsse ebenfalls hineinrühren.
- Etwas Butter oder Butterschmalz erhitzen. Den Teig in kleinen Portionen hineingeben und die Küchlein bei mittlerer Hitze auf beiden Seiten goldgelb und knusprig braten. Die Apfelküchlein mit der Sauce servieren.

Aprikosenmüsliriegel

Zum Mitnehmen geeignet

Zutaten für 8–10 Riegel:

250 g ungeschwefelte getrocknete Aprikosen
50 g ungeschwefelte Rosinen
80 g ungehäutete Mandeln
Saft von 1/2 Zitrone · 1 Eßl. flüssiger Honig
4 gehäufte Eßl. Sonnenblumenkerne
120 g Hafer-Vollkornflocken

Bei 10 Riegeln pro Stück etwa 870 kJ/210 kcal
6 g Eiweiß · 8 g Fett · 28 g Kohlenhydrate ·
4 g Ballaststoffe

Zubereitungszeit: etwa 30 Minuten
Trockenzeit: 2–3 Tage

- Die getrockneten Aprikosen in kleine Stücke schneiden, mit den Rosinen und den Mandeln vermengen. Die Mischung portionsweise im Blitzhacker oder Mixer zerkleinern.
- Den Zitronensaft, den Honig, die Sonnenblumenkerne und 4 gehäufte Eßlöffel Haferflocken hinzufügen.
- Die Masse mit sauberen Händen verkneten.
- Ist die Masse zu trocken, noch etwas Zitronensaft hinzufügen. Ist sie zu feucht, noch ein paar Haferflocken unterkneten.
- Aus der Masse eine dicke Wurst rollen und diese mit einem scharfen Messer in 8–10 Stücke zerteilen. Riegel daraus formen und in den restlichen Haferflocken wälzen.
- Die Riegel zwischen Pergamentpapier bei Zimmertemperatur 2–3 Tage antrocknen lassen.

حمص
وتعبئته
المتحدة
و ٤ آونس

Menüs, die leicht gelingen

Die Vollwertküche ist vor allem eine Jahreszeitenküche, denn frisch und natürlich ist immer nur das, was gerade Saison hat: im Frühjahr frische Kräuter, im Sommer und Herbst Obst und Gemüse, im Winter Zutaten aus dem Vorratskeller.
All diese Aspekte finden Sie bei den folgenden Menüs berücksichtigt, und daneben viele Tips, damit Ihnen die Jahreszeiten-Menüs, das italienische und das arabische Menü auf Anhieb gelingen.

Frühjahrs-Menü

Für 8 Personen

Ein frisches Menü mit viel Gemüse für eine gesellige Runde. Bei der Vorspeise wird knackig gegarter Spargel in grünen »Serviettenringen« serviert und mit einer ganz einfachen, aber feinen Gurkensauce garniert. Die Frühlingspizza ist saftig, leicht, mit viel zartem frischem Gemüse und braucht keine weitere Beilage. Das leichte und feine Quarkeis wirkt frisch durch die weiße Farbe und das rote Beerenmark. Wenn Sie frische Veilchen zum Garnieren bekommen können, ist der Frühlingseindruck perfekt. Den Tisch dekorieren Sie am besten auch mit Frühlingsblumen oder blühenden Zweigen und in ganz zarten Farben.

Menüfolge

1. Gang: Spargelspitzen in Gurkenringen
2. Gang: Frühlingspizza
3. Gang: Quark-Eiscreme mit Himbeermark
Getränk: Frascati secco oder weißer Traubensaft, 1 : 1 mit Mineralwasser gemischt

Zeitplan

6 Stunden zuvor: das Eis zubereiten (20 Minuten + 30 Minuten Marinierzeit) und in das Tiefkühlgerät stellen; den Wein auf 10–12° kühlen.
2 1/2 Stunden zuvor: alle Zutaten bereitstellen, für jedes Gericht getrennt; den Tisch decken.
2 Stunden zuvor: den Hefeteig für die Pizza zubereiten (15 Minuten); die Hirse für den Pizzabelag kochen (5 Minuten); den Käse reiben; die Kräuter hacken; das Gemüse für den Pizzabelag vorbereiten (25 Minuten).
1 1/4 Stunden zuvor: den Backofen vorheizen; den Eiguß für die Pizza verquirlen (5 Minuten); den Hirsebelag fertigstellen (10 Minuten).
1 Stunde zuvor: den Pizzaboden ausrollen und vorbacken (10 Minuten); das Gemüse für die Vorspeise vorbereiten (15 Minuten); die Beeren für das Dessert vorbereiten (5 Minuten).
1/2 Stunde zuvor: die Pizza fertigstellen und backen (10 Minuten); die Vorspeise fertigstellen (15 Minuten); das Beerenmark zubereiten (5 Minuten).

Darauf sollten Sie beim Einkauf achten

- Der Spargel muß frisch sein. Sie erkennen dies daran, daß die Stangen fest und die Schnittstellen nicht zu trocken sind. In keinem Fall dürfen die Stangen biegsam oder die Enden schön bräunlich verfärbt sein. Nach dem Einkauf schlagen Sie den Spargel in ein feuchtes Tuch ein und lagern ihn im Gemüsefach des Kühlschranks.
- Sesamöl gibt der Vorspeise das besondere Aroma. Achten Sie darauf, daß Sie reines Sesamöl bekommen, manche Sorten sind nur mit einem Teil Sesamöl gemischt. Kaufen Sie außerdem möglichst eine kleine Flasche, denn das Öl ist nicht unbegrenzt haltbar.
- Wenn Sie keine eigene Getreidemühle haben, könnnen Sie für die Pizza auch schon fertig gemahlenes Dinkelvollkornmehl kaufen. Das übrige Mehl dann aber möglichst bald verbrauchen, denn es verliert sonst weiter an Nährstoffen.

1. Gang

Spargelspitzen in Gurkenringen

Kalorienarm

Zutaten für 8 Personen:

1 kg weißer Spargel
4 Eßl. Sesamöl
2 Eßl. Zitronensaft
2 große, nicht zu schlanke Salatgurken (je etwa 600 g)
2 Schalotten
125 g Crème double
1 Messerspitze weißer Pfeffer, frisch gemahlen
1 Eßl. Dill, frisch gehackt
3–4 Teel. Gomasio
8 kleine Zweige von Zitronenmelisse oder 1 Handvoll Gartenkresse oder 1 Kästchen Kresse

Pro Portion etwa 550 kJ/130 kcal
4 g Eiweiß · 11 g Fett · 6 g Kohlenhydrate · 4 g Ballaststoffe

Zubereitungszeit: etwa 40 Minuten

• Den Spargel waschen, dünn schälen und die holzigen Enden abschneiden. Die Spargelstangen quer halbieren und nur die oberen Hälften mit den Spitzen verwenden (aus den Schalen, den abgeschnittenen Enden und den unteren Hälften zum Beispiel eine Spargelsuppe für den nächsten Tag kochen). Die oberen Spargelhälften eben mit Wasser bedeckt in etwa 5 Minuten halbweich kochen und auf einem Sieb abtropfen lassen (die Kochbrühe zur Suppe verwenden, siehe oben). Die Spargelstücke nebeneinander auf einen großen Teller legen und je 1 Eßlöffel Sesamöl und Zitronensaft gleichmäßig darüber träufeln.

• Die Gurken gründlich waschen und von jeder Frucht beide Enden so abschneiden, daß die Gurken überall gleich dick sind. Diese Gurkenstücke quer in je 8 gleich große Stücke schneiden und mit einem scharfen Küchenmesser aushöhlen, so daß Ringe entstehen.

• Das Ausgehöhlte und die Abschnitte von den Gurken (ohne Stengel- und Blütenansätze) fein würfeln. Die Schalotten schälen und sehr fein würfeln. Die Gurken- und Zwiebelwürfel mit dem restlichen Sesamöl, dem restlichen Zitronensaft, der Crème double, dem Pfeffer und dem Dill verrühren.

• Kurz vor dem Servieren die Gurkenringe auf den Innenseiten mit wenig Gomasio bestreuen (etwa 2 Teelöffel sollten übrigbleiben) und je 2 Ringe auf je einen Portionsteller (Frühstücksteller) legen. Die Spargelspitzen vorsichtig in den Gurkenringen verteilen.

• Die angerührte Gurkenmasse neben den Ringen auf die acht Teller verteilen und mit dem restlichen Gomasio bestreuen. Die Melissenzweige oder die Gartenkresse waschen, trockenschütteln und dekorativ auf die Teller verteilen. Oder die Kresse im Kästchen von den Wurzeln schneiden, waschen und auf die Teller verteilen.

Tip: Gelegentlich werden Spargelspitzen, die ja fur dieses Gericht ohne die Stangen verwendet werden, relativ preisgünstig in sehr guter Qualität angeboten. Greifen Sie zu, denn Sie sparen dadurch auch Zeit. Sie brauchen dann nur etwa 500 g.

2. Gang

Frühlingspizza

Braucht etwas Zeit

Zutaten für 8 Personen:

Für den Teig:
300 g Dinkel, mehlfein gemahlen
1 Teel. getrocknete gerebelte Kräuter der Provence
½ Teel. Salz · ½ Würfel frische Hefe (21 g)
2 Teel. flüssiger Honig
gut ⅛ l lauwarmes Wasser
2 Eßl. Olivenöl
Zum Ausrollen:
etwas Dinkelmehl
Für den Hirsebelag:
300 g Hirse · ¾ l Wasser
½ Teel. Salz · 100 g Tilsiter
50 g Butter
2 Teel. getrocknetes gerebeltes Basilikum (oder
1 Eßl. frisches feingehacktes)
1 Messerspitze schwarzer Pfeffer, frisch gemahlen
100 g Sahne · 2 Eier (oder 1 Ei und 2 Eigelb)
Für den Gemüsebelag:
1 kg Spinat · 6 Eßl. Olivenöl
2 Teel. gekörnte Gemüsebrühe
500 g Frühlingszwiebeln
2–3 große Bund Radieschen
2 Messerspitzen schwarzer Pfeffer, frisch gemahlen
Für den Eiguß:
4 Eier · 150 g Sahne
weißer Pfeffer, frisch gemahlen
2 Teel. getrocknete gerebelte Kräuter der Provence
Zum Belegen und Garnieren:
350 g Mozzarella
etwa 20 frische Basilikumblättchen

Bei 16 Stück pro Stück etwa 1500 kJ/360 kcal
16 g Eiweiß · 39 g Fett · 27 g Kohlenhydrate ·
6 g Ballaststoffe

Zubereitungszeit: etwa 1 ¾ Stunden
Ruhezeit: etwa 30 Minuten

• Für den Teig das Dinkelmehl in einer Rührschüssel mit den Kräutern und dem Salz mischen. In die Mitte eine Mulde drücken, die Hefe hineinbröckeln und den Honig über die Hefe träufeln. Etwa 3 Minuten warten, bis sich die Hefe aufgelöst hat. Das lauwarme Wasser dazugießen und mit etwas Mehl vom Muldenrand zu einem weichen Teig verrühren. Die Schüssel zudecken und den Vorteig etwa 15 Minuten an einem warmen Platz gehen lassen.
• Das Öl hinzufügen und alles zu einem geschmeidigen, festen Hefeteig verarbeiten. Dabei zuerst rühren, dann mit den Händen oder den Knethaken des Handrührgerätes kneten. Den Teig nochmals zugedeckt etwa 15 Minuten an einem warmen Platz gehen lassen.
• Inzwischen für den Hirsebelag die Hirse mit dem Wasser und dem Salz etwa 15 Minuten kochen und in weiteren 15 Minuten auf der ausgeschalteten Herdplatte zugedeckt ausquellen lassen.
• Währenddessen für den Gemüsebelag den Spinat waschen, von unbrauchbaren Blättern und dicken Stengeln befreien und grob hacken. 2 Eßlöffel Olivenöl in einem großen Topf erhitzen, den Spinat hineingeben, mit der gekörnten Brühe bestreuen und unter öfterem Umrühren in 3–4 Minuten zusammenfallen lassen. Auf einem Sieb abtropfen lassen.
• Die Frühlingszwiebeln waschen, von den Wurzelansätzen und schlechten Blättern befreien und in etwa ½ cm breite Ringe schneiden.

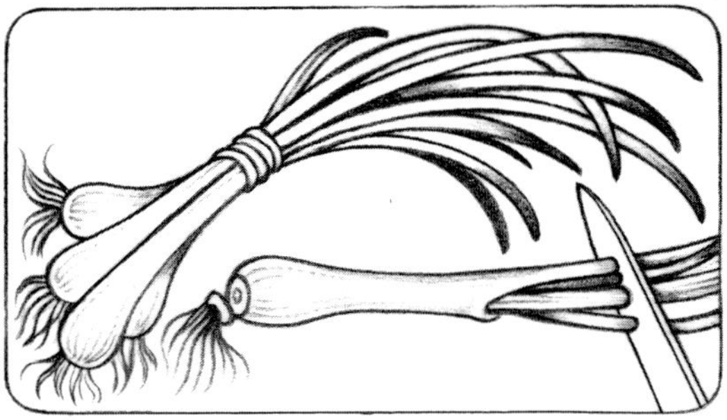

Frühlingszwiebeln brauchen Sie nur zu waschen und zu putzen. Dann ungeschält in Ringe schneiden.

Die Radieschen waschen, putzen und halbieren.
- Die Zwiebeln und die Radieschen im restlichen Olivenöl unter Wenden bei mittlerer Hitze rasch glasig braten und beiseite stellen.
- Für den Hirsebelag den Tilsiter grob reiben.
- Die Butter auf die noch heiße ausgequollene Hirse geben, in 2–3 Minuten schmelzen lassen und alles mit Basilikum, dem Pfeffer, der Sahne und dem geriebenen Käse mischen.
- Sobald die Hirse etwas abgekühlt ist, die 2 Eier oder das Ei und die Eigelbe unter die Masse rühren.
- Für den Eiguß die 4 Eier mit der Sahne, dem Pfeffer und den Kräutern der Provence verquirlen.
- Den Mozzarella abtropfen lassen und in dünne Scheiben schneiden. Die Basilikumblättchen waschen und beiseite legen.
- Den Hefeteig auf etwas Dinkelmehl sehr dünn ausrollen und das Backblech damit belegen. Den Teig zugedeckt etwa 15 Minuten an einem warmen Ort gehen lassen.
- Den Pizzaboden knapp 10 Minuten im Backofen (Mitte; Gas Stufe 4) vorbacken.
- Den Boden aus dem Backofen nehmen und etwas abkühlen lassen. Den Backofen auf 200° (Gas Stufe 3) herunterschalten.
- Die Hirsemasse gleichmäßig auf dem vorgebackenen Teig verteilen und glattstreichen. Dann den Spinat über die Hirse verteilen, etwa 1 Messerspitze Pfeffer darüber mahlen, danach die Zwiebeln und Radieschen über den Spinat geben und wieder etwa 1 Messerspitze Pfeffer darüber mahlen. Den Eiguß gleichmäßig über das Gemüse gießen und mit dem Mozzarella belegen.
- Die Pizza im Backofen (Mitte) in etwa 20 Minuten goldbraun backen.
- Die Pizza bis zum Servieren im abgeschalteten Backofen stehenlassen.
- Die Pizza kurz vor dem Servieren aus dem Ofen nehmen und mit den Basilikumblättchen garnieren. Auf dem Blech in Stücke schneiden und noch warm direkt vom Blech oder auf einer vorgewärmten Servierplatte servieren.

3. Gang

Quark-Eiscreme mit Beerenmark

Ganz einfach

Zutaten für 8 Personen:

50 g Rosinen
eventuell 1 Schnapsglas (2 cl) weißer Rum
Saft von 1/2 Zitrone
250 g Magerquark
100 g heller cremiger Honig
2 Eßl. Ahornsirup
abgeriebene Schale von 1/2 unbehandelten Zitrone
1 Messerspitze gemahlene Vanille
2 Eiweiß
200 g Sahne
Für das Beerenmark:
250 g Himbeeren (tiefgefroren und aufgetaut)
20 g Zuckerrohrgranulat
2 Eßl. Ahornsirup
1 Eßl. Zitronensaft
Zum Garnieren: eventuell 1 Bund frische Veilchen

Pro Portion etwa 810 kJ/190 kcal
6 g Eiweiß · 8 g Fett · 24 g Kohlenhydrate · 2 g Ballaststoffe

Zubereitungszeit: etwa 1 Stunde (einschließlich Marinierzeit)
Gefrierzeit: etwa 5 Stunden

• Für die Eiscreme die Rosinen waschen, abtropfen lassen, grob hacken und zusammen mit dem Rum und dem Zitronensaft in eine kleine Schüssel füllen. Zugedeckt etwa 30 Minuten marinieren.

• Den Quark mit den Rosinen und der Marinierflüssigkeit, dem Honig, dem Ahornsirup, der Zitronenschale und der Vanille verrühren.

• Die Eiweiße zu steifem Schnee schlagen. Die Sahne ebenfalls steif schlagen.

• Den Eischnee und die Schlagsahne vorsichtig unter die Quarkmasse ziehen, alles in einen Tiefkühlbehälter von etwa 1 1/2 l Fassungsvermögen füllen und in etwa 5 Stunden im Tiefkühlgerät gefrieren lassen.

• Für das Beerenmark die aufgetauten Beeren mit dem Saft verwenden. Die Beeren in einer kleinen Schüssel mit dem Zuckerrohrgranulat bestreuen und zugedeckt stehenlassen.

• Kurz vor dem Servieren die Beeren mit der entstandenen Flüssigkeit, dem Ahornsirup und dem Zitronensaft im Mixer fein pürieren.

• Die Veilchen vorsichtig waschen und trockenschütteln.

• Das Eis mit einem Eisportionierer oder einem stabilen Eßlöffel aus dem Behälter nehmen, auf acht Portionsteller (zum Beispiel Glas-Dessertteller) verteilen, das Fruchtmark seitlich dazugießen und das Eis mit den Veilchen garnieren.

● **Tip:** Wenn Sie keine Veilchen erhalten oder sie nicht verwenden mögen, können Sie stattdessen frische zarte Kräuterblättchen, zum Beispiel Minze oder Zitronenmelisse, verwenden.

Im Frühjahr verwöhnen Sie Ihre Gäste am besten mit zarten Gerichten, die die Winterstimmung vertreiben: Spargelspitzen in Gurkenringen (unten links; in halbierten Ringen läßt sich das Gericht noch leichter anrichten), Frühlingspizza aus vielen frischen Zutaten (oben) und Quark-Eiscreme mit Beerenmark (unten rechts).

Selciatella
FRASCATI SUPERIORE

Sommer-Menü

Für 4 Personen
Ein feines Menü, das nicht allzuviel Zeit in der Küche erfordert und gut vorbereitet werden kann. Die Tischdekoration darf zurückhaltend sein, um den farbenfrohen Speisen nicht die Schau zu stehlen.

Menüfolge

1. Gang: Zucchini-Omelettes mit Tomaten – weißer trockener Gutedel aus Baden
2. Gang: Apfelperlensuppe – Cidre
3. Gang: Gemüseplatte mit Saucen – Frascati secco
4. Gang: Arrakeis mit Kirschen – halbtrockener Portwein (Tawny)

Zeitplan

5 1/2 Stunden zuvor: das Eis zubereiten (20 Minuten).
3 Stunden zuvor: alle Zutaten bereitstellen, für jedes Gericht getrennt; den Tisch decken; die Weine auf etwa 10° kühlen, den Portwein auf kühle Zimmertemperatur bringen.
2 1/2 Stunden zuvor: die Basilikumsauce zubereiten (10 Minuten); die Zucchini für die Vorspeise vorbereiten (10 Minuten).
2 Stunden zuvor: alle Gemüse und Kräuter vorbereiten.
1 1/2 Stunden zuvor: die Suppe vorbereiten (15 Minuten) und garen; alle Sesamsamen und die Kürbiskerne (Hauptgang) rösten (5 Minuten); die Tomatengarnitur auf Vorspeisentellern anrichten (5 Minuten).
1 Stunde zuvor: die Hirse für die Sauce garen; die Grünkernsauce vorbereiten (15 Minuten), garen und warm stellen; den Omeletteteig anrühren (5 Minuten), eine Warmhalteplatte oder den Backofen bei niedriger Stufe aufheizen, eine Servierplatte und zwei kleine Saucieren oder Schüsseln darauf beziehungsweise darin vorwärmen.
1/2 Stunde zuvor: das Gemüse vorgaren (5 Minuten); die Kirschen waschen und auf Dessertteller legen (5 Minuten); die Omelettes braten (10 Minuten); die Hirsesauce fertigstellen.
Bei Beginn der Mahlzeit: das Gemüse fertiggaren.
Zwischen Vorspeise und Suppe: die Suppe in Teller füllen, garnieren.
Zwischen Suppe und Hauptgang: das Gemüse auf der Servierplatte anrichten; die Saucen in Saucieren füllen.

So gelingt's sicher

- In der Suppe geben Kläräpfel das beste Aroma. Sie sind von Mitte Juli bis Ende August erhältlich. Für die Suppe sollten sie noch grün und fest sein. Wenn Sie Kläräpfel verwenden können, brauchen Sie nur wenig Zitronensaft, dafür aber etwas Ahornsirup. Bei Granny-Smith-Äpfeln brauchen Sie mehr Zitronensaft.
- Für das Dessert können Sie auch vollreife, entsteinte und halbierte Pflaumen, Mirabellen oder Spätzwetschgen verwenden.

1. Gang

Zucchini-Omelettes mit Tomaten

Schnell

Zutaten für 4 Personen:

100 g Zucchini
1 Teel. getrocknete gerebelte Kräuter der Provence
1 Messerspitze schwarzer Pfeffer, frisch gemahlen
2 Knoblauchzehen
100 ml kohlensäurereiches Mineralwasser
2 Eier
40 g Hirse, mehlfein gemahlen
1 Prise Salz
Zum Garnieren:
12 Cocktailtomaten oder 4 Tomaten
4 Basilikumblättchen
1–2 Teel. Olivenöl
etwas schwarzer Pfeffer, frisch gemahlen
Zum Braten: 2 Eßl. Olivenöl
Zum Bestreuen: 1–2 Teel. Gomasio

Pro Portion etwa 600 kJ/140 kcal
6 g Eiweiß · 9 g Fett · 10 g Kohlenhydrate · 3 g Ballaststoffe

Zubereitungszeit: etwa 30 Minuten

• Die Zucchini putzen und waschen. Die Früchte längs in dünne Scheiben schneiden, diese längs in feine Streifen schneiden. Die Kräuter der Provence und den Pfeffer vorsichtig untermischen. Die Knoblauchzehen schälen und beiseite legen.
• Das Mineralwasser mit den Eiern, dem Hirsemehl und dem Salz verquirlen.
• Zum Garnieren die Tomaten und das Basilikum waschen und abtropfen lassen. Die Cocktailtomaten halbieren. Andere Tomaten nach Belieben längs vierteln oder achteln, dabei die Stielansätze entfernen. Die Tomaten jeweils auf einer Hälfte von vier Portionstellern (Frühstücksteller) verteilen, mit dem Olivenöl beträufeln, etwas Pfeffer darüber mahlen und je 1 Basilikumblättchen obenauf legen.
• Je 1 Eßlöffel Olivenöl in zwei kleinen Pfannen von 20–22 cm ø erhitzen (oder nacheinander in einer Pfanne arbeiten). Je die Hälfte der Zucchinistreifen in dem Öl knapp 1 Minute braten, wenden und nochmals knapp 1 Minute braten. Während des Bratens je 1 Knoblauchzehe durch die Knoblauchpresse in jede Pfanne drücken und untermischen.
• Den Teig nochmals verquirlen und jeweils die Hälfte über das Gemüse in den Pfannen gießen. Etwa 2 Minuten bei schwacher bis mittlerer Hitze in der offenen Pfanne braten, dann die Pfanne zudecken und die Omelettes in weiteren 2 Minuten fertigbraten.
• Die Omelettes mit einem Pfannenmesser oder Bratenwender in der Mitte teilen, von jeder Hälfte eine Schmalseite über die andere schlagen. Die Omelettes vorsichtig auf die Portionsteller neben die Tomaten gleiten lassen und mit dem Gomasio bestreuen. Sofort servieren.

2. Gang

Apfelperlensuppe

Raffiniert

Zutaten für 4 Personen:

250 g grüne Kläräpfel (ersatzweise Granny Smith)
1 Eßl. Maiskeimöl · 50 g Cashewkerne
1 Eßl. Tapioka-Sago (20 g) · 3/4 l Wasser
etwa 2 Teel. gekörnte Gemüsebrühe
1 Teel.–1 Eßl. Zitronensaft
1/2–1 Teel. Currypulver
je 1 Messerspitze weißer Pfeffer, frisch gemahlen, Macis (Muskatblüte) und Kurkuma
eventuell 1/2–1 Eßl. Ahornsirup
Zum Garnieren: 4 Zweiglein Zitronenmelisse

Pro Portion etwa 580 kJ/140 kcal
2 g Eiweiß · 8 g Fett · 16 g Kohlenhydrate · 1 g Ballaststoffe

Zubereitungszeit: etwa 30 Minuten
Kühlzeit: mindestens 1 Stunde

• Die Äpfel waschen, halbieren, vom Kerngehäuse befreien und mit einem Kugelausstecher Kugeln ausstechen.
• Das Öl erhitzen und die Cashewkerne und das Sago darin unter Rühren anbraten, bis die Cashewkerne beginnen, braun zu werden.
• Die Apfelkugeln und das Wasser hinzufügen und zum Kochen bringen. 1 Teelöffel gekörnte Brühe dazugeben und alles in etwa 5 Minuten zugedeckt bei schwacher Hitze garen.
• Die Suppe mit der restlichen Brühe, dem Zitronensaft, den Gewürzen und eventuell dem Ahornsirup abschmecken und zugedeckt auf der ausgeschalteten Herdplatte in weiteren 10 Minuten ausquellen, dann abkühlen lassen. Dann in Teller verteilen und mit Melisse garnieren.

3. Gang

Gemüseplatte mit Saucen

Gemüseplatte

Zutaten für 4 Personen:

je 10 g ungeschälte Sesamsamen und geschälte Kürbiskerne · 500 g neue Kartoffeln
je 250 g grüne Bohnen, Zuckerschoten, Möhren mit Grün, Fenchel, Broccoli, Blumenkohl und Romanesco · 50 g Butter · 2 Teel. Gomasio

Pro Portion etwa 1500 kJ/360 kcal
16 g Eiweiß · 14 g Fett · 40 g Kohlenhydrate · 18 g Ballaststoffe

Zubereitungszeit: etwa 1 Stunde

• Die Sesamsamen und die Kürbiskerne getrennt unter Wenden rösten, bis sie duften.
• Die Kartoffeln waschen und abschaben.
• Alle Gemüse waschen und putzen. Bei den Möhren etwas Grün daranlassen. Dicke Möhren längs halbieren. Zartes Fenchelgrün beiseite legen. Die Knollen längs vierteln.
• Das Gemüse in zwei weiten Töpfen mit wenig Wasser vorgaren: Die Bohnen etwa 5 Minuten kochen lassen, dann die Kartoffeln und den Fenchel im selben Topf, jedoch jeweils eine Sorte beieinander, in weiteren 15 Minuten zugedeckt bei schwacher Hitze halbweich kochen lassen. Das restliche Gemüse, jeweils eine Sorte beieinander, in dem anderen Topf in etwa 10 Minuten halbweich garen.
• Etwa 10 Minuten vor dem Servieren die Butter in einer großen Pfanne zerlaufen lassen. Die

Gemüse getrennt nebeneinander in die Butter geben. Zugedeckt bei schwacher Hitze in etwa 10 Minuten fertiggaren, dabei einmal wenden.
• Die Samen, das Gomasio und das gehackte Fenchelgrün darüber streuen.

Basilikumsauce

Zutaten für 4 Personen:

2 Knoblauchzehen · 1 Eßl. Pinienkerne
4 Eßl. Basilikum, frisch grob gehackt
100 ml Olivenöl · 1 Messerspitze Salz
1 Messerspitze schwarzer Pfeffer, frisch gemahlen
50 g Pecorino, fein gerieben

Pro Portion etwa 1100 kJ/260 kcal
2 g Eiweiß · 29 g Fett · 1 g Kohlenhydrate · 0 g Ballaststoffe

Zubereitungszeit: etwa 10 Minuten

• Die Knoblauchzehen schälen, grob hacken und mit allen übrigen Zutaten außer dem Käse im Mixer zu einer glatten Sauce mixen.
• Den Käse untermischen.

Hirsesauce

Zutaten für 4 Personen:

50 g Hirse · 3/8 l Wasser
1 Teel. gekörnte Gemüsebrühe
1 kleines Lorbeerblatt · 1/2–1 Teel. Currypulver
3 Eigelb · 2 Eßl. Schnittlauchröllchen

Pro Portion etwa 400 kJ/95 kcal
4 g Eiweiß · 5 g Fett · 8 g Kohlenhydrate · 1 g Ballaststoffe

Zubereitungszeit: etwa 30 Minuten

• Die Hirse mit dem Wasser, der Brühe und dem Lorbeerblatt etwa 15 Minuten kochen lassen und in weiteren 15 Minuten auf der ausgeschalteten Herdplatte ausquellen lassen.
• Den Curry und die Eigelbe dazugeben und alles unter ständigem Rühren erhitzen, bis die Sauce dicklich ist, aber nicht mehr aufkochen lassen. Den Schnittlauch untermischen.

Grünkernsauce

Zutaten für 4 Personen:

1 kleines Bund Suppengrün · 2 Eßl. Olivenöl
30 g feiner Grünkernschrot · 1/4 l Wasser
1 Teel. gekörnte Gemüsebrühe
1 Teel. Tomatenmark
1 Messerspitze schwarzer Pfeffer, frisch gemahlen
50 g Mascarpone · 2 Eßl. Petersilie, frisch gehackt

Pro Portion etwa 470 kJ/110 kcal
3 g Eiweiß · 8 g Fett · 6 g Kohlenhydrate · 1 g Ballaststoffe

Zubereitungszeit: etwa 25 Minuten

• Das Suppengrün waschen, putzen und sehr fein würfeln. Im erhitzten Öl anbraten. Den Schrot darüber streuen und knapp 1/2 Minute anbraten. Das Wasser, die gekörnte Brühe und das Tomatenmark dazugeben und alles zugedeckt etwa 5 Minuten garen.
• Den Topf vom Herd nehmen, den Pfeffer und den Mascarpone zur Sauce geben und zugedeckt etwa 5 Minuten stehenlassen. Die Petersilie untermischen.

4. Gang

Arrakeis mit Kirschen

Schnell

Zutaten für 4 Personen:

100 g Mascarpone
50 g cremiger Honig
1 Schnapsglas (2 cl) Arrak
200 g Sahne
2 Eßl. Zuckerrohrgranulat
250 g Süßkirschen

Pro Portion etwa 1400 kJ/330 kcal
5 g Eiweiß · 24 g Fett · 22 g Kohlenhydrate · 1 g Ballaststoffe

Zubereitungszeit: etwa 20 Minuten
Gefrierzeit: etwa 5 Stunden

• Den Mascarpone und den Honig in eine Metall- oder Porzellanschüssel füllen und über Dampf etwas erwärmen, bis die Masse cremig wird.
• Den Arrak dazugeben, alles mit einem Schneebesen glattrühren und wieder erkalten lassen.
• Die Sahne mit dem Zuckerrohrgranulat steif schlagen und vorsichtig unter die Mascarponecreme ziehen.
• Die Masse in einen Tiefkühlbehälter füllen und in etwa 5 Stunden gefrieren lassen.
• Kurz vor dem Servieren die Kirschen waschen, gut abtropfen lassen und mit den Stielen auf vier Dessertteller oder Cocktailschalen verteilen.
• Das Eis mit einem Eisportionierer oder einem stabilen Eßlöffel aus dem Behälter nehmen und neben den Kirschen verteilen. Das Eis mit dem restlichen Zuckerrohrgranulat bestreuen.

● Tip: Mascarpone ist ein ungesalzener, cremiger Frischkäse aus Italien. Mascarpone, der in Deutschland hergestellt wird, ist ebenso gut, meist preiswerter und unter der selben Bezeichnung im Handel. Aber auch den italienischen bekommen Sie inzwischen in sehr vielen Lebensmittelgeschäften. Als Ersatz können Sie Doppelrahm-Frischkäse verwenden, sofern er nicht gesalzen ist. Dabei müssen sie beim Einkauf unbedingt achten.

Im Sommer ist das Gemüseangebot so groß, daß es die Gerichte für dieses festliche Menü wesentlich bestimmt: Zucchini-Omelettes mit Tomaten (unten links, hinten) und Apfelperlensuppe (unten links, vorne), Gemüseplatte mit Hirse-, Grünkern- und Basilikumsauce (oben) und Arrakeis mit Kirschen (unten rechts).

Herbst-Menü

Für 4 Personen

In der Suppe gibt der Grünkern den letzten aromatischen Freilandtomaten den pikanten Geschmack. Die Kartoffeln kommen jetzt überall sozusagen frisch vom Acker und schmecken köstlich. Im Hauptgang spielen sie die erste Geige, ergänzt durch den kräftigen Geschmack von Roggen und Käse und etwas herben Salaten. Das Dessert geht ganz einfach und schnell, dabei ist es doch raffiniert. Alles erinnert ein wenig an die österreichische Küche. Eine ländliche oder rustikale Tischdekoration paßt gut dazu.

Menüfolge

1. Gang: Grünkern-Tomaten-Suppe
2. Gang: Kartoffelgratin mit Körnerkruste und gemischter Salat
3. Gang: Walnuß-Blinis mit Zwetschgenröster

Getränk: trockener Kremser Grüner Veltliner (Österreich) oder Apfelsaft, mit Mineralwasser gemischt

Zeitplan

2 1/2 Stunden zuvor: alle Zutaten bereitstellen, für jedes Gericht getrennt; den Tisch decken.
2 Stunden zuvor: den Zwetschgenröster zubereiten (15 Minuten); alle Gemüse und den Salat vorbereiten.
1 1/2 Stunden zuvor: das Dessert vorbereiten: den Blini-Teig zubereiten und die Nüsse reiben, Zuckerrohrgranulat und Zimt mischen, diese Mischung und die saure Sahne in Serviergefäße füllen (15 Minuten).
1 1/4 Stunden zuvor: das Gratin vorbereiten (20 Minuten).
50 Minuten zuvor: das Gratin in den Backofen schieben; die Körnerkruste für das Gratin zubereiten (10 Minuten).
40 Minuten zuvor: die Suppe kochen (10 Minuten); den Salat zubereiten (15 Minuten); eine Servierplatte für die Blinis (im Backofen oder auf der Warmhalteplatte) vorwärmen.
20 Minuten zuvor: die Roggenmasse auf dem Gratin verteilen.
5 Minuten zuvor, besser zwischen Hauptgang und Dessert: die Blinis braten.

● **Tip:** Sollten sie keine Spätzwetschgen bekommen, dann bereiten Sie für das Dessert einen »Salat« von rohen Pflaumen zu den Blinis. Es werden viele Sorten Pflaumen angeboten, aber nur die Spätzwetschgen sind zum Garen geeignet, die meisten anderen Sorten werden beim Kochen immer saurer und saurer, selbst wenn Sie reichlich Süßungsmittel verwenden. Die marinierten rohen Pflaumen sollten nicht zu früh – höchstens 1 Stunde vor dem Essen – zubereitet werden. Beliebige Pflaumen (es genügen dafür 250 g) waschen, entsteinen, halbieren und quer, möglichst etwas schräg, in hauchdünne Scheiben schneiden. Aus 1–2 Eßlöffeln Zitronen- oder Limonensaft (je nach Säuregehalt der Pflaumen), 1 Eßlöffel flüssigem Honig, 1 Eßlöffel Walnußöl, eventuell 1 Eßlöffel Slivovic, 1 Messerspitze Zimtpulver und 1 Prise gemahlenen Nelken eine »Salatsauce« rühren, sofort über den Pflaumenscheiben verteilen und alles bis zum Servieren zugedeckt marinieren lassen. Kurz vor dem Servieren vorsichtig umrühren.

1. Gang

Grünkern-Tomaten-Suppe

Preiswert

Zutaten für 4 Personen:

etwa 50 g Frühlingszwiebeln
1 kleine Möhre (etwa 50 g)
1 Stück Stangensellerie (etwa 50 g)
500 g Tomaten
2 Eßl. Olivenöl
50 g grober Grünkernschrot
1 l Wasser
1 Messerspitze schwarzer Pfeffer, frisch gemahlen
1/2–1 Teel. Salz
je 1 Teel. Basilikum und Thymian, frisch gehackt (oder je 1/2 Teel. getrocknete gerebelte Kräuter und 1 Eßl. Petersilie, frisch fein gehackt)

Pro Portion etwa 470 kJ/110 kcal
3 g Eiweiß · 5 g Fett · 14 g Kohlenhydrate · 4 g Ballaststoffe

Zubereitungszeit: etwa 30 Minuten

• Die Frühlingszwiebeln und die Möhre waschen, putzen und fein würfeln beziehungsweise in feine Ringe schneiden. Den Sellerie waschen und fein würfeln.
• Das Öl in einem Topf erhitzen, die Gemüsewürfel unter Umrühren kurz anbraten, den Schrot dazugeben und alles unter Wenden kurz anbraten. Das Wasser dazugießen und alles in knapp 10 Minuten zugedeckt bei schwacher Hitze garen (falls Sie getrocknete Kräuter verwenden, diese mitkochen lassen und die Suppe vor dem Servieren mit Petersilie bestreuen).
• Die Tomaten waschen, kurz in kochendes Wasser tauchen, herausnehmen, mit kaltem Wasser überbrausen und mit einem Küchenmesser schälen. Die geschälten Tomaten längs achteln, dabei die grünen Stielansätze herausschneiden.
• Die Tomatenachtel in den Topf geben und die Suppe mit dem Pfeffer und dem Salz abschmecken.
• Den Topf vom Herd nehmen und die Kräuter unter die Suppe rühren.

Tip: Tomaten, die im Herbst geerntet werden, haben in der Regel so viel Sonne abbekommen, daß sie wirklich vollreif sind. Manche Früchte brauchen dann zum Häuten gar nicht heiß überbrüht werden, sondern die Haut läßt sich einritzen und mit einem Messer vorsichtig abziehen. Versuchen Sie es, bevor Sie die Tomaten überbrühen.
Von Tomaten müssen übrigens immer alle grünen Teile entfernt werden, also eventuell außer dem Stielansatz auch die Kerne, wenn sie noch nicht gelb, sondern noch grün sind.

2. Gang

Kartoffelgratin mit Körnerkruste und gemischter Salat

Braucht etwas Zeit

Kartoffelgratin mit Körnerkruste

Zutaten für 4 Personen:

1 kg mehligkochende Kartoffeln
4 Knoblauchzehen
1/2 Teel. Salz
schwarzer Pfeffer, frisch gemahlen
200 g Sahne
400 ml Wasser
50 g Roggen, grob gemahlen
je 1/2 Teel. Kümmel oder Koriander, mit dem Roggen gemahlen (oder je 1 Teel. gemahlener Kümmel und Koriander)
4 Eßl. Olivenöl · 100 g Emmentaler
je 2 Teel. Thymian und Majoran, frisch gehackt (oder je 1 Teel. getrocknete gerebelte Kräuter)
2 Eßl. Petersilie, frisch gehackt
200 g saure Sahne
Für die Form:
1 Eßl. Schnittlauchröllchen

Pro Portion etwa 2500 kJ/600 kcal
16 g Eiweiß · 38 g Fett · 49 g Kohlenhydrate · 8 g Ballaststoffe

Zubereitungszeit: etwa 1 1/2 Stunden

• Eine feuerfeste Form einfetten. Den Backofen auf 200° vorheizen.
• Die Kartoffeln waschen, schälen, nochmals waschen und in dünne Scheiben hobeln. Die Knoblauchzehen schälen und fein hacken.

Damit die Kartoffeln gleichmäßig gar werden, müssen sie dünnsein. Das geht am besten mit dem Gurkenhobel.

• Die Hälfte der Kartoffeln in der Form verteilen, die Hälfte vom Knoblauch darüber streuen, mit der Hälfte vom Salz bestreuen und etwas Pfeffer darüber mahlen. Mit der anderen Hälfte der Zutaten genauso verfahren.
• Die Sahne und das Wasser verquirlen und gleichmäßig über die Kartoffelscheiben gießen.
• Das Gratin etwa 30 Minuten auf dem Rost im Backofen (Mitte; Gas Stufe 3) backen.
• Inzwischen für die Kruste den Roggenschrot mit dem Kümmel und dem Koriander mischen. Das Olivenöl in einer Pfanne erhitzen und den Schrot darin unter ständigem Rühren 1–2 Minuten anbraten.
• Die Pfanne vom Herd nehmen und die Schrotmischung etwas abkühlen lassen.
• Den Käse grob reiben.
• Die Petersilie, den geriebenen Käse, den Thymian und den Majoran unter den Schrot mischen. Alles mit der sauren Sahne verrühren.
• Das Kartoffelgratin aus dem Backofen nehmen, die Schrot-Kräuter-Mischung gleichmäßig auf den Kartoffeln verteilen.
• Das Gratin in weiteren 15 Minuten fertig-

backen, bis die Kruste goldbraun ist. Prüfen, ob die Kartoffelscheiben weich sind, sonst weiter backen, bis sie gar sind.

• Das Gratin bis zum Servieren im abgeschalteten Backofen stehenlassen, dann herausnehmen und mit Schnittlauch bestreuen. In der Form servieren.

Gemischter Salat

Zutaten für 4 Personen:

200 g Stangensellerie
1 kleiner roter Radicchio (etwa 200 g)
1 kleiner Kopf Friséesalat
4 Eßl. Olivenöl
2 Eßl. Weißweinessig
1 Eßl. Ahornsirup
2 Eßl. ungeschälte Sesamsamen

Pro Portion etwa 500 kJ/120 kcal
3 g Eiweiß · 10 g Fett · 5 g Kohlenhydrate · 3 g Ballaststoffe

Zubereitungszeit: etwa 25 Minuten

• Vom Sellerie die zarten, hellgrünen Blätter abschneiden, waschen, abtropfen lassen und quer in etwa 2 cm breite Stücke schneiden. Die Selleriestengel waschen, von den Außenseiten gegebenenfalls die Fäden abziehen und die Stengel quer in etwa 1 cm breite Stücke schneiden.

• Vom Radicchio die Blätter ablösen, waschen, abtropfen lassen und quer in etwa 2 cm breite Streifen schneiden. Vom Friséesalat ebenfalls die Blätter ablösen, waschen, abtropfen lassen und einmal quer durchschneiden.

• Die vorbereiteten Zutaten in einer großen Schüssel mit dem Öl, dem Essig und dem Ahornsirup übergießen und alles gründlich mischen.

• Die Sesamsamen in einer trockenen schweren Pfanne unter ständigem Rühren leicht rösten, bis sie zu »springen« beginnen und angenehm duften. Die Samen etwas abkühlen lassen und unter den Salat mischen.

● **Tip:** Damit die Blattsalate das Aroma des Dressings gut annehmen, müssen sie wirklich gut trocken sein. Entweder sie lassen sie ganz gründlich abtropfen oder aber Sie schaffen sich eine praktische Salatschleuder an.

3. Gang

Walnuß-Blinis mit Zwetschgenröster

Ganz einfach

Zutaten für 4 Personen:

Für den Zwetschgenröster:
500 g Spätzwetschgen
1 Eßl. Walnußöl
1 Eßl. Honig
1 Messerspitze Zimtpulver
1 Prise gemahlene Nelken
1 Eßl. Zitronensaft
Für 12 Blinis:
100 g Buchweizenmehl
200 ml kohlensäurereiches Mineralwasser
1 Eßl. Walnußöl
1 Prise Salz
50 g Walnußkerne
Zum Bestreuen: 50 g Zuckerrohrgranulat
1/2 Teel. Zimtpulver
Zum Braten: etwa 30 g Butter
Zum Bestreichen: 200 g saure Sahne

Pro Portion etwa 1800 kJ/430 kcal
7 g Eiweiß · 24 g Fett · 49 g Kohlenhydrate · 4 g Ballaststoffe

Zubereitungszeit: etwa 45 Minuten

• Für den Zwetschgenröster die Früchte waschen, entsteinen und halbieren. Das Öl in einem weiten Topf erhitzen. Die Zwetschgen, den Honig, den Zimt und das Nelkenpulver hineingeben und alles unter öfterem Wenden etwa 5 Minuten zugedeckt bei schwacher Hitze im eigenen Saft garen. Den Topf vom Herd nehmen und den Zitronensaft unter die Zwetschgen rühren. Die Früchte abkühlen lassen und getrennt zu den Blinis servieren.

• Für die Blinis das Buchweizenmehl mit dem Mineralwasser, dem Öl und dem Salz gründlich verrühren und mindestens 15 Minuten quellen lassen.

• Die Nüsse grob reiben und kurz vor dem Braten unter den Teig mischen (nicht vorher untermischen, da die Reste der braunen inneren Nußschalen den Teig sonst dunkel färben).

• Das Zuckerrohrgranulat mit dem Zimt mischen und in ein Serviergefäß mit Deckel füllen (im offenen Gefäß würde das Granulat feucht und klumpig werden).

• Etwas Butter in einer (möglichst beschichteten) Pfanne zerlaufen lassen und aus dem Teig 12 Blinis backen: für 1 Blini 1 Eßlöffel Teig in die heiße Butter geben (bei einer Pfanne von 28 cm ø sind das etwa 6 Blinis pro Pfanne). Die Blinis auf jeder Seite in je 2–3 Minuten hellgoldbraun braten. Dabei nach dem Wenden jeweils wieder etwas Butter in die Pfanne geben.

• Die fertigen Blinis auf eine vorgewärmte Servierplatte legen und sofort mit etwas Zimt-Zuckerrohrgranulat bestreuen.

• Das restliche gewürzte Zuckerrohrgranulat zu den Blinis servieren.

• Die saure Sahne in ein Serviergefäß füllen und getrennt zu den Blinis servieren. Beim Essen streicht sich jeder selbst die Sahne auf die Blinis (etwa 1 Teelöffel pro Blini).

Das Herbstmenü für Getreidefans lockt mit Grünkern-Tomaten-Suppe (unten links), Kartoffelgratin mit Körnerkruste und gemischtem Salat (oben) und mit Walnuß-Blinis mit Zetschgenröster (unten rechts).

Winter-Menü

Für 8 Personen

Dieses gesellige Menü ist nicht kompliziert, obwohl es so aussieht. Mit dem salzigen Kuchen werden Sie viel Lob einheimsen. Die fruchtige Süße der Mangos rundet den pikanten Geschmack verschiedener Hülsenfrüchte, Gewürze und Körner gut ab. Als Vorspeise gibt es einen winterlichen Rohkostteller. Die Bananen für das Dessert sollten Sie möglichst erst nach dem Hauptgang braten. Wenn alles vorbereitet ist, geht das schnell, und die Gäste müssen nicht lange auf den »Feuerzauber« warten.

Menüfolge

1. Gang: Bunter Salatteller mit Meerrettichsahne
2. Gang: Salziger Mango-Bohnen-Kuchen mit Paprikasauce
3. Gang: Flambierte Kokosbananen mit Rumsaucen

Getränk: Roter Württemberger Trollinger oder roter Traubensaft, 1 : 1 mit Mineralwasser gemischt

Zeitplan

Am Tag zuvor: die Bohnen für den Hauptgang einweichen (5 Minuten).
2 1/2 Stunden zuvor: die Bohnen garen; alle Zutaten bereitstellen, für jedes Gericht getrennt; den Tisch decken.
2 Stunden zuvor: den Rotkohlsalat zubereiten (20 Minuten); die Zwiebeln, die Mandeln und die Bohnen für den salzigen Kuchen braten; die Mangos vorbereiten (20 Minuten).
1 1/4 Stunden zuvor: den Kuchenteig zubereiten, auf das Blech streichen und belegen (20 Minuten); den Chicorée- und den Orangensalat zubereiten (25 Minuten).
1/2 Stunde zuvor: den Kuchen in den Backofen schieben; die Sauce zubereiten (15 Minuten); das Dessert so weit wie möglich vorbereiten (10 Minuten); die Salatteller fertigstellen.
Zwischen Hauptgang und Dessert: das Dessert fertigstellen (10 Minuten).

So gelingt's leichter

- Wichtig beim Mango-Bohnen-Kuchen ist, den Eischnee gleichmäßig unter den Teig zu ziehen. Schlagen Sie die Eiweiße nicht zu steif, und ziehen Sie den Eischnee nach und nach langsam unter.
- Beachten Sie bitte beim Flambieren der Kokosbananen: Den erwärmten Rum in eine (möglichst vorgewärmte) Kelle gießen. Bei Tisch den erwärmten Rum anzünden und brennend über das Dessert gießen. Achtung auf die Haare!
- Wer das Dessert lieber ohne Alkohol zubereiten möchte, läßt den Rum weg und mischt statt dessen die abgeriebene Schale von 1 unbehandelten Orange mit dem Honig unter die gesamte Sauce, bevor sie aufgeteilt wird.

1. Gang

Bunter Salatteller mit Meerrettichsahne

Braucht etwas Zeit

Zutaten für 8 Personen:

Für den Rotkohlsalat:
500 g Rotkohl, geputzt gewogen
1/8 l Kirsch- oder Rote-Johannisbeer-Muttersaft
3 Eßl. Apfeldicksaft · 3 Eßl. Apfelessig
2 Eßl. Aceto balsamico · 2 Eßl. Zuckerrohrgranulat
je 1 Messerspitze gemahlene Nelken und Piment
1/2 Teel. abgeriebene Schale von 1 unbehandelten Orange · 4 Eßl. Sonnenblumenöl
Für den Chicorée-Salat:
400 g Chicorée · 1 Eßl. Kapern
4 Eßl. Öl · 2 Eßl. Zitronensaft
1 Eßl. mittelscharfer Senf
Für den Orangensalat:
4 Orangen (zum Beispiel Navel)
1 Schalotte · 2 Eßl. Walnußöl
2 Eßl. Zitronensaft
weißer Pfeffer, frisch gemahlen
Für den Feldsalat:
100 g Feldsalat
1 Eßl. Walnußöl · 1 Eßl. Zitronensaft
Für die Meerrettichsahne: 100 g Sahne
1 Eßl. Meerrettich, frisch gerieben
Zum Bestreuen: 1 Eßl. Schnittlauchröllchen

Pro Portion etwa 950 kJ/225 kcal
3 g Eiweiß · 16 g Fett · 19 g Kohlenhydrate · 4 g Ballaststoffe

Zubereitungszeit: etwa 50 Minuten
Marinierzeit: mindestens 30 Minuten

- Für den Rotkohlsalat den Kohl waschen, putzen, fein hobeln und in kochendem Wasser (eben bedeckt) 3–4 Minuten blanchieren, dann auf einem Sieb gut abtropfen lassen.
- Den noch warmen Kohl mit dem Saft, dem Dicksaft, den beiden Essigsorten, dem Zuckerrohrgranulat und den Gewürzen mischen und mindestens 30 Minuten durchziehen lassen.
- Dann den Salat auf einem Sieb abtropfen lassen, die Flüssigkeit auffangen und so lange im offenen Topf sprudelnd kochen lassen, bis sie auf mindestens ein Drittel der ursprünglichen Menge reduziert ist. Den eingekochten Saft und das Öl über den Kohl geben und alles durchmischen. Den Salat bis zum Servieren durchziehen lassen.
- Für den Chicoréesalat das Gemüse waschen, putzen, gut abtropfen lassen und quer in feine Streifen schneiden. Die Kapern fein hacken und mit dem Öl, dem Zitronensaft und dem Senf unter den Salat mischen. Bis zum Servieren kühl stellen.
- Für den Orangensalat die Früchte schälen, halbieren oder vierteln und quer in dünne Scheiben schneiden. Die Schalotte schalen, in dünne Ringe schneiden und alles vorsichtig mit dem Öl und dem Zitronensaft mischen. Mit Pfeffer abschmecken.
- Für den Feldsalat die Blätter gründlich waschen, putzen und gut abtropfen lassen. Kurz vor dem Servieren vorsichtig mit dem Öl und dem Zitronensaft mischen.
- Für die Meerrettichsahne die Sahne steif schlagen und vorsichtig mit dem Meerrettich mischen. Bis zum Servieren kühl stellen.
- Die Salate abwechselnd auf acht Portionsteller verteilen, jeweils in die Mitte Meerrettichsahne setzen und alles mit den Schnittlauchröllchen bestreuen.

2. Gang

Salziger Mango-Bohnen-Kuchen mit Paprikasauce

Gut vorzubereiten · Raffiniert

Salziger Mango-Bohnen-Kuchen

Zutaten für 1 Backblech:

Für den Belag:
je 80 g getrocknete schwarze Bohnen, Wachtelbohnen und Azukibohnen
1 Lorbeerblatt
1 Teel. getrockneter gerebelter Majoran
100 g Schalotten
6 Eßl. Olivenöl
100 g abgezogene Mandeln
3 Mangos (je etwa 400 g)
Für den Teig:
je 80 g Buchweizen, Dinkel, Hirse und Mais, fein gemahlen
1 Teel. Weinsteinbackpulver
Salz
je 1 Teel. Currypulver und gemahlener Koriander
1 Prise Cayennepfeffer
8 Eier
250 g weiche Butter
250 g saure Sahne
Für das Backblech:
Pergamentpapier und Butter

Bei 20 Stück pro Stück etwa 1340 kJ/320 kcal
1 g Eiweiß · 20 g Fett · 16 g Kohlenhydrate · 5 g Ballaststoffe

Quellzeit: etwa 12 Stunden
Zubereitungszeit: etwa 1 3/4 Stunden

• Am Tag zuvor alle Bohnen zusammen in etwa 1 l Wasser einweichen.
• Die Bohnen am nächsten Tag im Quellwasser mit dem Lorbeerblatt und dem Majoran zugedeckt aufkochen und bei schwacher Hitze in 30–35 Minuten weich kochen, dann auf einem Sieb abtropfen lassen. Das Lorbeerblatt herausnehmen.
• Die Schalotten schälen, größere halbieren.
• Das Olivenöl in einer großen Pfanne erhitzen und die Schalotten darin anbraten, bis sie fast glasig sind. Dann die Mandeln hinzufügen und alles unter Wenden zusammen anbraten, bis die Schalotten ganz glasig sind. Dann die abgetropften Bohnen dazugeben und alles umrühren, so daß auch die Bohnen ringsum mit Öl bedeckt sind. Die Pfanne vom Herd nehmen.
• Die Mangos schälen und das Fruchtfleisch rings um den Kern in mundgerechten Stücken abschneiden.
• Für den Teig alle Mehlsorten mit dem Backpulver, 1 Teelöffel Salz und den Gewürzen mischen. Die Eier trennen. Die Eigelbe, die weiche Butter in Flöckchen und die saure Sahne mit der Mehlmischung zu einem weichen Teig rühren.
• Die Eiweiße mit 1 Prise Salz steif schlagen und vorsichtig unter den Teig ziehen.
• Den Backofen auf 220° vorheizen.
• Das Backblech mit gefettetem Pergamentpapier belegen. Den Teig gleichmäßig darauf streichen. Die Bohnen mit einem Löffel auf dem Teig und die Mangostücke darüber verteilen.
• Den Kuchen im Backofen (Mitte; Gas Stufe 4) in 25–30 Minuten goldbraun backen. Bis zum Servieren im abgeschalteten Ofen stehenlassen.
• Den Kuchen in Stücke schneiden und noch warm oder lauwarm servieren.

Paprikasauce

Zutaten für 8 Personen:

je 1 grüne und rote Paprikaschote (etwa 400 g)
2 rote Zwiebeln
4 Knoblauchzehen
4 Eßl. Olivenöl
50 g Hirse
2 Eßl. Cognac (ersatzweise Apfelsaft)
1/4 l Wasser
2 Eßl. Tomatenmark
1/2 Teel. Salz
1/2 Teel. getrockneter gerebelter Rosmarin
1 Messerspitze schwarzer Pfeffer, frisch gemahlen
1 reife Papaya (etwa 300 g)
Cayennepfeffer

Pro Portion etwa 360 kJ/85 kcal
2 g Eiweiß · 5 g Fett · 8 g Kohlenhydrate · 3 g Ballaststoffe

Zubereitungszeit: etwa 50 Minuten

• Die Paprikaschoten waschen, dann längs vierteln, von den Stengelansätzen, den Kernen und den weißen Trennwänden befreien. Die Paprika für etwa 1/2 Minute in kochendes Wasser legen, herausnehmen und mit kaltem Wasser überbrausen. Gut abtropfen lassen und fein würfeln.
• Die Zwiebeln schälen und fein würfeln. Die Knoblauchzehen schälen und 2 Stück fein würfeln. Den restlichen Knoblauch beiseite legen.
• 2 Eßlöffel Olivenöl in einem Topf erhitzen und die Zwiebel- und Knoblauchwürfel darin glasig braten. Die Paprikawürfel und die Hirse hinzufügen und alles zusammen unter ständigem Wenden knapp 1 Minute anbraten.
• Mit dem Cognac ablöschen, das Wasser dazugießen und das Tomatenmark, das Salz, den Rosmarin und den Pfeffer zum Gemüse geben. Alles in etwa 15 Minuten zugedeckt bei schwacher Hitze garen und in weiteren 10 Minuten auf der ausgeschalteten Herdplatte ausquellen lassen.
• Inzwischen die Papaya längs halbieren, mit einem Teelöffel die Kerne herauskratzen und die Fruchthalften schalen. Das Fruchtfleisch fein würfeln. Sollte das Fruchtfleisch nicht ganz weich sein, die festen Papayawürfel während der letzten 2 Minuten Garzeit in der Sauce mitgaren. Weiches Fruchtfleisch erst nach der Ausquellzeit unter die Sauce mischen.
• Die übrigen Knoblauchzehen durch eine Presse drücken und zusammen mit dem restlichen Olivenöl unter die Sauce rühren.
• Die Sauce mit Cayennepfeffer abschmecken und heiß zum Mango-Bohnen-Kuchen servieren.

Die Papaya zum Vorbereiten längs halbieren und die dunklen Kerne mit einem kleinen Löffel herauslösen.

3. Gang

Flambierte Kokosbananen mit Rumsaucen

Festlich

Zutaten für 8 Personen:

50 g Kokosraspel · 10 Bananen
2 Eiweiß · 50 g Butter
50 g Naturreis, fein gemahlen
1 Eßl. Zuckerrohrgranulat · 1/4 l Wasser
2 Schnapsgläser (4 cl) Rum (54 % Alkoholgehalt)
je 1 Messerspitze Zimtpulver und gemahlene Vanille
100 g Sahne · 1–2 Eßl. Honig
je 1 Teel. Kakao- und Carobpulver
1 Eßl. Zitronensaft · 1 Teel. abgeriebene Schale von 1 unbehandelten Orange

Pro Portion etwa 1300 kJ/310 kcal
4 g Eiweiß · 11 g Fett · 48 g Kohlenhydrate · 4 g Ballaststoffe

Zubereitungszeit: etwa 30 Minuten

- Die Hälfte der Kokosraspel in einer trockenen schweren Pfanne unter ständigem Wenden rösten, bis sie beginnen, etwas dunkler zu werden. Die gerösteten Flocken beiseite stellen.
- Die Bananen schälen. 2 Bananen in dünne Scheiben schneiden und beiseite legen.
- Den Backofen zum Warmhalten auf 50° (Gas Stufe 1/2) vorheizen.
- Die Eiweiße in einen Teller geben und ganz leicht aufschlagen. Die ungerösteten Kokosraspel in einen zweiten flachen Teller schütten. Die 8 Bananen jeweils nacheinander zuerst im Eiweiß wenden, dann in den Kokosraspel. Dabei darauf achten, daß die Bananen ganz von Eiweiß und Kokosraspeln bedeckt sind.
- Die Butter in einer großen Pfanne (mindestens 28 cm ø) zerlaufen lassen, die panierten Bananen nebeneinander hineinlegen und zugedeckt in etwa 5 Minuten bei schwacher bis mittlerer Hitze goldbraun braten, dabei ein- bis zweimal wenden, damit alle Seiten braun werden.
- Die Bananen aus der Pfanne nehmen und auf einer backofengeeigneten Servierplatte anrichten. Im Backofen warm halten.
- Für die Saucen das Reismehl, das Zuckerrohrgranulat und die Bananenscheiben zu dem Bratrückstand in die Pfanne geben und unter Rühren knapp 1 Minute anbraten. Das Wasser dazugießen und alles zugedeckt etwa 4 Minuten bei schwacher Hitze garen, dabei gelegentlich umrühren. Dann die Hälfte vom Rum, den Zimt und die Vanille unter die Sauce rühren.
- Die Pfanne vom Herd nehmen, die Sahne unterrühren und mit Honig abschmecken.
- Von der Masse ein Drittel abnehmen und das Kakao- und das Carobpulver daruntermischen.
- Unter die restliche Sauce den Zitronensaft rühren. Eine Hälfte mit den gerösteten Kokosraspeln mischen, unter den Rest die Orangenschale rühren.
- Die drei Saucen getrennt zu den Kokosbananen reichen.
- Direkt vor dem Servieren den restlichen Rum erwärmen, in eine (möglichst vorgewärmte) Suppenkelle gießen, bei Tisch anzünden und sofort über die Bananen gießen.

Im Winter ist keineswegs alles trist und grau, wie dieses farbenfrohe Menü beweist: Bunter Salatteller mit Meerrettichsahne (unten links), salziger Mango-Bohnen-Kuchen mit Paprikasauce (oben) und flambierte Kokosbananen mit Rumsaucen (unten rechts).

Italienisches Menü

Für 4 Personen

Keine Küche ist bei uns so beliebt wie die italienische, und das hat seine Gründe. Die italienische Kochkunst hat Tradition, und sie hat im Laufe von Generationen Spezialitäten hervorgebracht, die besonders durch ihre Einfachheit bestechen. Auch dieses Menü ist ganz unkompliziert zuzubereiten, besonders, wenn Sie die Nudeln fertig kaufen, die es inzwischen ja in sehr guter Qualität im Laden gibt. Wer das Menü aber ganz festlich gestalten möchte, sollte die Nudeln selbst machen. Die Dekoration des Tisches kann ruhig einfach sein, versuchen Sie doch mal, sich an die Nationalfarben Weiß, Grün und Rot zu halten.

Menüfolge

1. Gang: Salat mit Tomaten und Mozzarella
2. Gang: Minestrone
3. Gang: Fettuccine mit frischen Champignons
4. Gang: Walnuß-Sanddorn-Eiscreme
Getränk: trockener italienischer Weiß- oder Rotwein oder Mineralwasser

Zeitplan

Am Tag zuvor: die Bohnen für die Suppe einweichen (5 Minuten).
4 Stunden zuvor: wer die Nudeln selbst machen will, den Teig kneten, ausrollen, zu Nudeln formen und auf ein Tuch zum Trocknen legen (35 Minuten).
2 1/4 Stunden zuvor: alle Zutaten bereitstellen, für jedes Gericht getrennt; den Tisch decken; eventuell den Weißwein kühl stellen.
2 Stunden zuvor: die Bohnen garen; das Gemüse für die Suppe vorbereiten und andünsten (30 Minuten).
1 1/2 Stunden zuvor: die Eiscreme zubereiten und ins Gefrierfach stellen (15 Minuten).
1 Stunde zuvor: Pilze und Zwiebel für die Nudeln anbraten, Nudeln vorgaren und abschrecken. Mit Pilzen und Sauce mischen und in eine Auflaufform schichten (30 Minuten).
1/2 Stunde zuvor: Vorspeise zubereiten (15 Minuten); Suppenzutaten mischen und fertig garen (30 Minuten).
Zwischen Vorspeise und Suppe: Nudeln in den Ofen schieben und backen (30 Minuten).

Darauf sollten Sie beim Einkauf achten

- Über den Geschmack der Vorspeise entscheidet vor allem der Mozzarella. Mild schmeckt der Käse aus Kuhmilch, würziger der aus Büffelkuhmilch. Gelegentlich findet man auch Käse, die aus beiden Milchsorten gemischt sind.
- Auch beim Parmesan gibt es große Qualitätsunterschiede. In keinem Fall sollten Sie jedoch bereits geriebenen Käse kaufen!
- Fertig gekaufte Vollkornnudeln schmecken sehr unterschiedlich. Die besten stammen häufig aus Italien, aber auch aus heimischer Produktion gibt es gute Sorten. Am besten probieren Sie verschiedene Nudeln aus.

1. Gang

Salat mit Tomaten und Mozzarella

Ganz einfach

Zutaten für 4 Personen:

750 g Tomaten · 200 g Mozzarella
1 Knoblauchzehe
3 Eßl. Olivenöl
1 Eßl. Aceto balsamico
1 Eßl. Tahini
1 Teel. getrockneter Oregano
1 Prise Salz
1 Bund Basilikum
100 g schwarze Oliven

Pro Portion etwa 1400 kJ/330 kcal
13 g Eiweiß · 28 g Fett · 7 g Kohlenhydrate · 4 g Ballaststoffe

Zubereitungszeit: etwa 15 Minuten

• Die Tomaten waschen, abtupfen und in etwa 1/2 cm dicke Scheiben schneiden, dabei die Stielansätze entfernen. Den Mozzarella ebenfalls in gleich große Scheiben schneiden.
• Auf einem Teller oder einer flachen Salatplatte nun die Scheiben in buntem Wechselspiel aneinanderreihen.
• Den Knoblauch schälen und durch die Presse drücken. Das Olivenöl mit dem Essig, dem Tahini, der Knoblauchzehe, dem Oregano und dem Salz verrühren und über die Tomaten und den Mozzarella gießen.
• Das Basilikum waschen, trockenschwenken und die Blätter dekorativ auf dem Salat verteilen. Mit den Oliven garnieren.

2. Gang

Minestrone

Braucht etwas Zeit

Zutaten für 4 Personen:

50 g getrocknete Bohnen
1 mittelgroße Möhre
1 kleine Stange Lauch
100 g Knollensellerie
1 Kartoffel
1 kleiner Zucchino
4 kleine Tomaten
2 kleine Zwiebeln
2 Knoblauchzehen
2 Eßl. Olivenöl
2–3 frische Salbeiblätter oder 1 Teel. getrockneter Salbei
1 Teel. getrocknetes Basilikum
1 Teel. getrockneter Oregano
1 gehäufter Teel. Salz
1 Bund Petersilie
100 g Parmesan

Pro Portion etwa 1005 kJ/240 kcal
15 g Eiweiß · 10 g Fett · 19 g Kohlenhydrate · 7 g Ballaststoffe

Quellzeit: 10–12 Stunden
Zubereitungszeit: etwa 1 3/4 Stunden

• Die Bohnen in reichlich Wasser 10–12 Stunden quellen lassen.
• Das Quellwasser abgießen und die Bohnen in 1/2 l frischem Wasser zugedeckt bei mittlerer Hitze in etwa 1 Stunde weich kochen.
• Die Möhre, den Lauch, den Sellerie, die Kartoffel, den Zucchino und die Tomaten putzen

oder schälen und unter fließendem Wasser bürsten und abspülen. Die Möhre in dünne Halbmonde, den Lauch in Scheiben, den Sellerie und die Kartoffel in dünne Streifen schneiden. Die Zwiebeln und Knoblauchzehen schälen und fein hacken.

• In einem großen Topf das Olivenöl erhitzen. Das zerkleinerte Gemüse in dem Öl unter ständigem Rühren 2–3 Minuten andünsten und anschließend mit 1 1/2 l Wasser ablöschen. (Die Suppe eventuell stehenlassen und erst etwa 15 Minuten vor dem Servieren weitergaren.) Die Suppe bei starker Hitze zum Kochen bringen.

• Gegebenenfalls die frischen Salbeiblätter sehr fein hacken. Sobald die Suppe kocht, auf mittlere Hitze schalten. Den Salbei, das Basilikum, den Oregano und das Salz hineinrühren. Den Zucchino und die Tomaten kleinschneiden und in die Suppe geben.

• Die Bohnen mit dem Kochwasser ebenfalls in die Suppe geben und diese gut durchrühren. Dann die Suppe weitere 5–7 Minuten zugedeckt köcheln lassen. In der Zwischenzeit die Petersilie waschen und sehr fein hacken. Den Parmesan fein reiben.

• Die fertige Suppe in Schälchen füllen, den Parmesan darüber verteilen und mit der gehackten Petersilie bestreuen. Sofort servieren.

3. Gang

Fettuccine mit frischen Champignons

Festlich

Dieses Gericht können Sie entweder mit dem Nudelteig für frische Pasta (siehe Tip) zubereiten oder mit bereits fertigen Vollkornnudeln.

Zutaten für 4 Personen:

Salz
500 g Vollkornnudeln
500 g frische Champignons
1 mittelgroße Zwiebel
3 Eßl. Olivenöl
1/2 Teel. schwarzer Pfeffer, frisch zerstoßen
200 g saure Sahne
1 Teel. getrocknetes Basilikum
200 g Parmesan, frisch gerieben
1 Knoblauchzehe

Pro Portion etwa 3200 kJ/760 kcal
42 g Eiweiß · 28 g Fett · 86 g Kohlenhydrate · 13 g Ballaststoffe

Zubereitungszeit: etwa 50 Minuten

• In einem großen Topf etwa 3 l Wasser mit 1 gehäuften Teelöffel Salz zum Kochen bringen. Die Nudeln in dem sprudelnd kochenden Salzwasser in 8–10 Minuten »al dente« (bißfest) garen.

• In der Zwischenzeit die Champignons putzen und in Scheiben schneiden. Die Zwiebel schälen und fein hacken.

• In einer Pfanne das Olivenöl erhitzen und darin die Pilze und die Zwiebel unter ständigem

Rühren anbraten. Mit Salz und dem Pfeffer abschmecken. Auf der ausgeschalteten Kochstelle 2–3 Minuten weiterbraten lassen.

• Die Nudeln in ein Sieb gießen und mit kaltem Wasser kurz abschrecken.

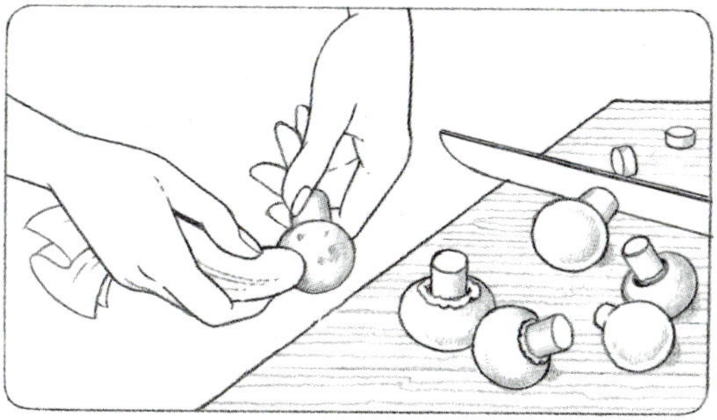

Die meisten Pilze sind so sauber, daß das Abwischen mit einem Tuch genügt. Dann die Pilze in Scheiben schneiden.

• Den Backofen auf 200° vorheizen.

• Die saure Sahne mit dem Basilikum und einem Drittel des geriebenen Käses verquirlen. Die Nudeln und die Champignons mit der Sauce vermengen. Die Knoblauchzehe schälen und halbieren.

• Eine Auflaufform mit der Knoblauchzehe ausreiben und die Nudeln hineingeben. Die Masse mit dem restlichen Parmesan bestreuen und im Backofen (Mitte; Gas Stufe 3) in etwa 30 Minuten knusprig braun backen.

● **Tip:** Nudeln selbst zu machen, erfordert zwar etwas Zeit, macht aber riesigen Spaß und geht so leicht, daß selbst Anfänger – auch ohne Nudelmaschine – keine Schwierigkeiten damit haben. Für etwa 400 g frische Nudeln brauchen Sie 250 g Dinkel und 50 g Buchweizen. Beide werden möglichst fein gemahlen und in eine Schale gefüllt. 3 Eier leicht verquirlem und darüber geben. 1/4 Teelöffel Salz und 1 Eßlöffel Sonnenblumenöl dazugeben und alles mit den Händen sehr gründlich verkneten. Nach und nach so viel Wasser (etwa 2 Eßlöffel) unterkneten, bis ein geschmeidiger, glänzender und elastischer Teig entstanden ist. Der Teig darf aber weder an den Händen noch an der Schüssel kleben bleiben. Den Teig dann halbieren. Eine Hälfte beiseite legen und mit einem Tuch bedecken, die andere Hälfte auf der bemehlten Arbeitsfläche möglichst dünn ausrollen. Dann in beliebige Nudeln schneiden und auf einem frischen Küchentuch zum Trocknen ausbreiten. Den übrigen Teig ebenso verarbeiten. Selbstgemachte Nudeln schmecken ungleich besser als gekaufte, deshalb empfehle ich Ihnen, bei der Nudelherstellung gleich auf Vorrat zu arbeiten. Die nicht benötigten Nudeln trocknen Sie auf einem Tuch bei Zimmertemperatur und lagern sie in einem hohen Glas oder anderen Gefäß. Sie sollten allerdings wirklich gut durchgetrocknet sein, da sie sonst leicht schimmeln.

4. Gang

Walnuß-Sanddorn-Eiscreme

Ganz einfach

Zutaten für 4 Personen:

150 g Walnüsse
500 g Sahne
4 Eßl. Honigsanddorn (Reformhaus)
2 Eßl. Akazienhonig
2 Messerspitzen Zimtpulver

Pro Person etwa 2800 kJ/670 kcal
8 g Eiweiß · 63 g Fett · 13 g Kohlenhydrate ·
2 g Ballaststoffe

Zubereitungszeit: etwa 15 Minuten
Gefrierzeit: etwa 1 Stunde

- Die Walnüsse fein mahlen (dabei 4 Hälften zurückbehalten). Die Sahne steif schlagen.
- Die Walnüsse, den Sanddorn, den Honig und den Zimt unter die Sahne ziehen.
- Die Masse in vier Portionsschälchen füllen, mit den halben Walnüssen garnieren und mindestens 1 Stunde in das Gefrierfach stellen.

● **Tip:** Wenn Sie mal keinen Alkohol zu den verschiedenen Menüs servieren möchten, versuchen Sie doch einmal einen der folgenden Getränke.
Für Malvenlimonade 2 gehäufte Eßlöffel (10 g) getrocknete Malvenblüten in 3/4 l Wasser zusammen mit der dünn abgeschälten Schale von 1/2 unbehandelten Zitrone einmal kurz aufkochen und zugedeckt ziehen und abkühlen lassen. Den kalten Tee durch ein feines Sieb gießen und mit 3/4 l Apfelsaft mischen. Zum Servieren die Limonade (eventuell mit einigen Eiswürfeln) in eine Glaskanne füllen. Ähnlich wird eine Melissenlimonade zubereitet: 5–6 frische Zitronenmelissestengel oder 1 Handvoll getrocknete Blätter sowie 1 Messerspitze gemahlene Vanille mit 3/4 l kochendem Wasser übergießen. Den Tee mindestens 1 Stunde zugedeckt ziehen lassen. Dann durch ein Sieb gießen und mit 3/4 l Apfelsaft und dem Saft von 1/2 Zitrone mischen.
Für Melonendrink 1 Honigmelone von etwa 600 g längs vierteln, von den Kernen befreien, dick schälen und in etwa 2 cm große Würfel schneiden. Dann mit 50 g Honig, dem Saft von 1 Zitrone und 1 Messerspitze gemahlener Vanille in eine Schüssel füllen, umrühren und zugedeckt etwa 1 Stunde ziehen lassen. Dann mit 100 g Sahne und 3 Eßlöffeln Ahornsirup oder 1 Eßlöffel Zuckerrohrgranulat im Mixer fein pürieren. Beim Servieren die Gläser zu einem Drittel mit dem Melonenpüree füllen und vorsichtig mit Mineralwasser aufgießen, denn es schäumt stark.
Außerdem schmeckt es gut, wenn Sie verschiedene Fruchtsäfte (zum Beispiel Apfel und Birne, Apfel, Birne und Quitte, Ananas mit etwas Zitrone oder Ananas und Grapefruit) mischen und mit Mineralwasser auffüllen. Lassen Sie Ihre Phantasie spielen.

Italien-Fans können kaum genug bekommen von ihrer Lieblingsküche, die auch niemals langweilig wird: Salat mit Tomaten und Mozzarella, Minestrone, Fettuccine mit frischen Champignons, Walnuß-Sanddorn-Eiscreme.

Arabisches Menü

Für 4–6 Personen

Für dieses exotische Essen ist die Bezeichnung Menü nicht ganz zutreffend, denn eigentlich werden alle Gerichte gleichzeitig serviert. Das macht nicht nur den besonderen Reiz für die Gäste aus, sondern ist auch für die Köchin (den Koch) sehr angenehm. Wer dennoch eine gewisse »Ordnung« in die Speisenfolge bringen möchte, serviert als Vorspeise den Salat, den Dip und Fladenbrot, als Hauptgericht Kichererbsen-Kroketten und Linsen, ebenfalls mit Fladenbrot, und die Couscous-Bällchen zum Schluß.

Die Gerichte

Tomaten-Paprika-Salat mit Tahini-Zitronendressing
Arabisches Fladenbrot (Pitta)
Tahini-Dip mit frischer Minze
Linsen mit Knoblauch und Minze
Kichererbsen-Kroketten (Felafel)
Süße Couscous-Bällchen
Getränk: Tee oder Bier

Zeitplan

Am Tag zuvor: Kichererbsen für die Kroketten einweichen (5 Minuten).
3 Stunden zuvor: alle Zutaten bereitstellen, für jedes Gericht getrennt; den Tisch decken; Salat, Dip und Couscous-Bällchen zubereiten und hübsch anrichten (1 1/2 Stunden).
1 1/2 Stunden zuvor: Teig für die Brote zubereiten und ruhen lassen (45 Minuten).
45 Minuten zuvor: Linsen vorbereiten (10 Minuten) und kochen lassen (30 Minuten); inzwischen Kroketten fertigstellen und formen. Brote und Kroketten fertigstellen.

Tomaten-Paprika-Salat mit Tahini-Zitronen-Dressing

Ganz einfach

Zutaten für 4–6 Personen:

3 Eßl. Sonnenblumenöl
1 Eßl. Zitronensaft
1 Eßl. Tahini
1 Knoblauchzehe
Salz
Cayennepfeffer
2 grüne Paprikaschoten
3 mittelgroße Tomaten
1 Zwiebel
2 Eßl. Pinienkerne
Zum Garnieren:
1 Tomate, in Keile geschnitten
4 Zitronenscheiben
5 Minzeblätter, frisch gehackt

Bei 6 Personen pro Portion etwa 515 kJ/120 kcal
3 g Eiweiß · 9 g Fett · 7 g Kohlenhydrate ·
4 g Ballaststoffe

Zubereitungszeit: etwa 20 Minuten

• Für das Dressing das Sonnenblumenöl mit dem Zitronensaft und dem Tahini verrühren. Die Knoblauchzehe schälen und durch die Presse dazudrücken. Die Sauce mit Salz und Cayennepfeffer abschmecken.

• Die Paprikaschoten waschen und trockentupfen, dann halbieren und den Stielansatz und das Kerngehäuse herausnehmen. Die Schoten sehr fein würfeln (nicht größer als 1/2 cm) und in die Sauce geben. Die Tomaten waschen und fein würfeln. Die Zwiebel schälen und fein hacken.
• Dann die Paprika, die Tomaten und die Zwiebel gut unter die Sauce ziehen. Die Pinienkerne dazugeben und nochmals kurz durchrühren.
• Den Salat in eine schöne Schale füllen und mit den Tomatenkeilen und den Zitronenscheiben garnieren. Mit der Minze bestreuen.

Arabisches Fladenbrot

Pitta

Pitta ist die arabische Variante des Fladenbrots, das von Marokko bis Ägypten auf ähnliche Weise zubereitet und als Vorspeise mit diversen Dips oder auch als Beilage zu Hauptspeisen gereicht wird. Mit Sesamöl, Koriander und Zimt zubereitet, bekommt dieses Fladenbrot einen typischen, unverwechselbaren Geschmack.

Zutaten für 8 Fladen von etwa 10 cm ø:

250 g Weizen oder Weizenvollkornmehl
250 g Dinkel
1 Würfel frische Hefe (42 g, oder 2 Päckchen Trockenhefe)
etwa 300 ml Wasser
50 g Sesamöl
1/2 Teel. Koriander, frisch zerstoßen
1 Prise Zimtpulver · 1 Prise Salz
Zum Bestreuen (wahlweise): Sesamsamen, Sonnenblumen- oder Kürbiskerne, ganzer Koriander
Für das Blech: Öl

Pro Fladen etwa 1100 kJ/260 kcal
8 g Eiweiß · 8 g Fett · 39 g Kohlenhydrate · 6 g Ballaststoffe

Zubereitungszeit: etwa 40 Minuten
Ruhezeit: etwa 25 Minuten

• Den Weizen und den Dinkel möglichst frisch fein mahlen und in eine Schüssel geben. Die Hefe in etwas lauwarmem Wasser auflösen und unter das Mehl kneten. Das restliche Wasser nach und nach dazugeben und dynamisch unterkneten. Den Teig etwa 20 Minuten zugedeckt an einen warmen Ort stellen.
• Danach das Sesamöl, den Koriander, den Zimt und das Salz unterkneten. Den Teig aus der Schüssel nehmen und mit beiden Händen auf der bemehlten Arbeitsfläche nochmals dynamisch kneten.
• Den Backofen auf 225° vorheizen. Ein Backblech einfetten.
• Den Teig in 8 gleich große Stücke teilen und diese zu runden Fladen von etwa 10 cm ø ausrollen. Die Fladen nach Belieben mit Samen oder Kernen bestreuen und die Samen mit dem Nudelholz in den Teig einrollen.
• Die Fladen auf das Blech legen und mit der Gabel mehrmals leicht einstechen. Zugedeckt etwa 5 Minuten ruhen lassen.
• Die Fladen im Backofen (oben; Gas Stufe 4) in etwa 20 Minuten goldbraun backen.

Tahini-Dip mit frischer Minze

Raffiniert

Zutaten für 4–6 Personen:

125 g Tahini
1/8 l Wasser
2 Knoblauchzehen
1 Teel. Minze, frisch gehackt
1 Eßl. Zitronensaft
1 Prise Paprikapulver, rosenscharf
1 Prise Chilipulver
Salz
Zum Garnieren:
1–2 Stengel frische Minze
1–2 Zitronenscheiben

Bei 6 Personen pro Portion etwa 1000 kJ/240 kcal
9 g Eiweiß · 20 g Fett · 4 g Kohlenhydrate ·
5 g Ballaststoffe

Zubereitungszeit: etwa 10 Minuten

• In einer Schale das Tahini mit dem Wasser glattrühren.
• Die Knoblauchzehen schälen und durch die Presse auf das Tahini drücken. Die Minze, den Zitronensaft, das Paprikapulver, das Chilipulver und Salz unterrühren.
• Den Dip in ein kleines Schälchen umfüllen. Mit der ganzen Minze und den Zitronenscheiben garnieren.

Kichererbsen-Kroketten

Felafel

Felafel ist neben Pitta das wohl bekannteste arabische Gericht und schmeckt auch kalt. Felafel ist schnell zubereitet, wenn Sie die gequollenen Kichererbsen einfach mit Wasser im Mixer pürieren. Dadurch werden sie zwar flüssiger, was ich mit Buchweizenmehl wieder ausgleiche, aber welcher Vegetarier hat schon einen Fleischwolf im Haus? Falls Sie doch einen haben, können Sie die Kichererbsen ohne das Wasser und den Buchweizen durchdrehen.

Zutaten für 4–6 Personen:

250 g Kichererbsen
2 Knoblauchzehen
1 Zwiebel
1 Eßl. Tahini
1 Teel. Koriander, frisch zerstoßen
1/2 Teel. Chilipulver
1/2 Teel. Muskatnuß, frisch gerieben
etwa 100 g Buchweizenmehl
Salz
Zum Fritieren:
3/4 l Öl
Zum Garnieren:
2–3 frische Salatblätter
1–2 Tomaten
schwarze Oliven

Bei 6 Personen pro Portion etwa 2265 kJ/540 kcal
11 g Eiweiß · 40 g Fett · 35 g Kohlenhydrate ·
6 g Ballaststoffe

Quellzeit: etwa 12 Stunden
Zubereitungszeit: etwa 30 Minuten

• Die Kichererbsen in reichlich Wasser über Nacht, mindestens 12 Stunden, einweichen.
• Dann das Wasser abgießen und die Kichererbsen in einem Sieb unter fließend heißem Wasser gut durchspülen. Anschließend abtropfen lassen. Die Kichererbsen mit etwa 160 ml frischem Wasser im Mixer pürieren und in eine Schale geben.
• Die Knoblauchzehen schälen und durch die Presse auf das Püree drücken. Die Zwiebel schälen und sehr fein hacken. Das Kichererbsen-Püree mit dem Knoblauch, der Zwiebel, dem Tahini, dem Koriander, dem Chili und dem Muskat verrühren. Dann so viel Buchweizenmehl unterrühren, bis ein fester, gut zusammenhaltender Teig entsteht. Die Masse mit Salz abschmecken und mit beiden Händen daraus 3–4 cm dicke Bällchen formen.
• Den Backofen auf 50° (Gas Stufe 1/2) vorheizen.
• Das Öl in einer Friteuse oder einem schweren Topf erhitzen und die Bällchen darin bei mittlerer Hitze in 3–4 Minuten braun backen.
• Die fertigen Kroketten mit einem Schaumlöffel aus dem Öl nehmen und auf saugfähigem Papier abtropfen lassen. Bis zum Servieren im Backofen warm halten.
• Einen Teller mit den Salatblättern auslegen und die Felafel darauf geben. Mit geviertelten Tomaten und schwarzen Oliven garnieren.

Linsen mit Knoblauch und Minze

Preiswert

Zutaten für 4–6 Personen:

250 g grüne Linsen
etwa 1/2 l Wasser
Salz
3 Knoblauchzehen
1/2 Teel. Chilipulver
1/4 Teel. Muskatnuß, frisch gerieben
etwa 5 Minzblätter, frisch gehackt
1 Eßl. saure Sahne
Zum Garnieren: 1 Zitrone, in Keile geschnitten

Bei 6 Personen pro Portion etwa 555 KJ/135 kcal
10 g Eiweiß · 1 g Fett · 21 g Kohlenhydrate ·
5 g Ballaststoffe

Zubereitungszeit: etwa 40 Minuten

• Die Linsen in ein Sieb geben und unter fließendem Wasser gründlich abspülen. Etwas abtropfen lassen, dann mit dem Wasser und Salz aufkochen lassen. Zugedeckt bei mittlerer Hitze etwa 20 Minuten garen, dann die Kochstelle ausschalten.
• Die Knoblauchzehen schälen und durch die Presse auf die Linsen drücken. Das Chilipulver, den Muskat und die Minzeblätter unterrühren.
• Die Linsen auf der noch warmen Herdplatte weitere 7–10 Minuten zugedeckt quellen lassen.
• Dann die saure Sahne unterheben, die Linsen in eine Schale füllen und mit Zitronenkeilen garnieren.

Süße Couscous-Bällchen

Braucht etwas Zeit

Zutaten für 4–6 Personen:

1/2 l Milch
250 g Couscous
250 g Speisequark
etwa 50 g getrocknete ungeschwefelte Datteln
etwa 50 g getrocknete ungeschwefelte Feigen
2 Eßl. ungeschwefelte Rosinen
etwa 1/8 l Wasser
Salz
1 kleine Banane
1/2 Teel. Zimtpulver
1 Prise Koriander, frisch zerstoßen
etwa 100 g Butter
Honig
Kokosraspel

Bei 6 Personen pro Portion etwa 2000 kJ/475 kcal
13 g Eiweiß · 21 g Fett · 58 g Kohlenhydrate ·
5 g Ballaststoffe

Zubereitungszeit: etwa 1 Stunde

• Die Milch in einem Topf aufkochen lassen und von der Kochstelle nehmen. Den Couscous mit einem Schneebesen hineinrühren und auf der Herdplatte unter Rühren noch zwei- bis dreimal aufwallen lassen. Die Masse zum Abkühlen beiseite stellen.
• Die Datteln und die Feigen sehr fein hacken und zusammen mit den Rosinen in dem Wasser aufkochen lassen. Zugedeckt bei mittlerer Hitze etwa 10 Minuten quellen lassen.
• In einem großen Topf reichlich Wasser mit 1 gestrichenen Eßlöffel Salz aufkochen.
• Die Banane schälen, mit der Gabel zerdrücken und unter den Couscous ziehen. Die Trockenfrüchte gegebenenfalls abgießen und mit dem Quark unter den Couscous mengen und mit dem Zimt und dem Koriander abschmecken.
• Mit leicht befeuchteten Händen 8–12 gleich große Bällchen formen und diese im sprudelnd kochenden Salzwasser garen, bis sie an der Oberfläche schwimmen. Das dauert etwa 10 Minuten.
• Die Couscous-Bällchen mit dem Schaumlöffel herausnehmen und abtropfen lassen.
• In einem Topf die Butter schmelzen. Die Bällchen portionsweise auf Teller verteilen und mit Butter übergießen. Dann über jedes Bällchen etwas Honig fließen lassen und mit Kokosraspeln bestreuen.

● **Tip:** Couscous-Bällchen können Sie auch kalt servieren.

Für Gäste, die das Außergewöhnliche schätzen, sollten Sie einmal ein arabisches Menü zubereiten: Tomaten-Paprika-Salat mit Tahini-Zitronen-Dressing, arabisches Fladenbrot, Tahini-Dip mit frischer Minze und Linsen mit Knoblauch und Minze (oben), Kichererbsen-Kroketten (unten links) und süße Couscous-Bällchen (unten rechts).

Perfekt geplant

Etwas Besseres als ein Vollwert-Menü können Sie Ihren Gästen fast nicht bieten: es ist interessant, anregend, gesund und schmeckt einfach köstlich. Und dennoch wirft die Einladung in der Regel zahlreiche Fragen auf. Viele Dinge müssen bedacht werden: die Harmonie der Gerichte, der Einkauf der Zutaten, ihre Vor- und Zubereitungszeit, das passende Getränk und die Tischdekoration. Und damit diese Dinge auch alle reibungslos gelingen, finden Sie hier einige hilfreiche Tips.

Über die Menüs

Überlegen Sie zuerst, ob Sie das Menü der Jahreszeit entsprechend wählen oder lieber einen Ausflug in fremde Länder unternehmen möchten. Diese Entscheidung kann Ihnen auch schon bei der Idee zur Tischdekoration helfen: im Frühling die ersten fröhlichen Blumen, die schon für die gute Stimmung sorgen, im Sommer kann die Dekoration ruhig etwas zurückhaltend sein, denn die Gerichte sind meist schon sehr abwechslungsreich und farbenfroh. Im Herbst bieten sich bunte Blätter und Kastanien an, im Winter sorgt für die nötige Wärme eine beschauliche (eventuell vorweihnachtliche) Dekoration oder aber einfach ganz viele Kerzen – in einer Farbe oder in verschiedenen Tönen gemischt. Beim italienischen und arabischen Menü halten Sie sich am besten an das jeweilige Land, bei Italien dürfte das nicht schwerfallen, beim arabischen Menü reichen oft schon eine schön gemusterte Tischdecke und hübsche Gefäße für die verschiedenen Gerichte, die gleichzeitig auf den Tisch kommen.

Planung und Einkauf

- Wer wenig Erfahrung im Kochen oder nicht ganz so vertraute Menschen eingeladen hat, sollte die Gerichte eventuell »probekochen«, damit er bei der Einladung selbst nicht in Streß gerät.
- Für den Einkauf sollten Sie sich eine genaue Einkaufsliste machen und dabei die Zutaten zusammenfassen, die Sie im gleichen Geschäft kaufen können. Und eventuell Lebensmittel, die sich lagern lassen, schon einige Tage vorher kaufen, dann müssen Sie nicht so viel auf einmal schleppen. Nur: Gemüse und Obst sollten Sie wirklich so frisch wie möglich, also am Tag der Einladung kaufen.
- Der Zeitplan bei jedem Menü gibt Ihnen zwar eine Anleitung, wie Sie bei der Zubereitung vorgehen können. Manche Dinge lassen sich aber schon eher vorbereiten. So können Sie beispeilsweise ein Eis auch schon morgens zubereiten und ins Gefrierfach stellen. Und Gemüse läßt sich notfalls und ausnahmsweise schon vorbereiten und gut zugedeckt im Kühlschrank aufbewahren (obwohl Vollwertköstler das sonst vermeiden!).
- Denken Sie daran, neben Wein oder anderen alkoholischen Getränken ausreichend Mineralwasser zu besorgen.
- Reichen Geschirr und Besteck für alle Gänge aus? Falls nicht, nehmen Sie entweder verschiedene Geschirrsorten für die unterschiedlichen Gänge oder aber erkundigen Sie sich, wo Sie Geschirr ausleihen können.
- Wenn Sie nicht genügend Platz im Kühlschrank haben, um auch noch die Getränke zu kühlen, füllen Sie eine große Wanne mit kaltem Wasser und Eiswürfel und stellen die Getränke hinein.

• Denken Sie auch daran, etwas Brot zu kaufen. Die meisten Leute essen zu den verschiedenen Gängen oder dazwischen gerne ein Stück Brot.

Tischdecken

Überlegen Sie rechtzeitig, welches Geschirr, Gläser und Besteck Sie verwenden möchten und erledigen Sie das Tischdecken rechtzeitig, denn mit der passenden Dekoration und anderen Details nimmt es doch ein bißchen Zeit in Anspruch. Haben Sie übrigens gelegentlich Probleme mit dem Eindecken von Besteck und Gläsern? Also: Gabeln liegen immer links, Messer rechts vom Teller, dabei wird das Besteck für die Vorspeise ganz außen neben dem Teller angeordnet, weiter innen auf der rechten Seite liegt eventuell der Suppenlöffel und ganz innen das Besteck für das Hauptgericht. Der Löffel für das Dessert liegt oberhalb des Tellers. An Gläsern deckt man normalerweise ein Glas für Mineralwasser (ganz rechts) und ein Wein- oder Bierglas (links daneben) ein.

So ist der Tisch perfekt gedeckt – nach der klassischen Menüfolge

Über die Mengen

• Die Mengen bei den Gerichten sind so reichlich, daß sicher keiner Ihrer Gäste hungrig vom Tisch aufstehen wird. Denn gerade eine Einladung ist kaum der richtige Zeitpunkt, um durch knapp bemessene Mengen erzieherisch wirken zu wollen.
• Wollen Sie mehr Gäste einladen, rechnen Sie noch einmal die Hälfte oder das Ganze der Zutaten hinzu. Denken Sie dann aber auch daran, daß sich die Vorbeitungszeiten, vor allem beim Gemüseputzen, verlängern.
• Wenn Sie nur einen Gast mehr einladen möchten, reicht es oft, noch ein Gericht einzuschieben, beispielsweise einen Salat oder eine leichte Suppe. Oder Sie servieren vor dem Dessert noch eine Auswahl an guten Käsesorten mit Vollkornbaguette.

Menüs – selbst zusammengestellt

Haben Sie schon alle Menüs ausprobiert und wollen nun selbst eines zusammenstellen? Kein Problem, wenn Sie sich an einige Grundregeln halten:
• Wählen Sie Gerichte, deren Zutaten zur selben Zeit Saison haben; Erdbeeren sind im Winter aus einheimischem Anbau nicht zu bekommen!
• Wählen Sie die Gerichte möglichst abwechslungsreich, also nicht einen Tomatensalat als Vorspeise, eine Tomatensuppe als zweiten Gang und dann auch noch ein Hauptgericht mit Tomaten.
• Stellen Sie sich das Aussehen der Gerichte vor. Sind sie so unterschiedlich, daß sie auch dem Auge Freude machen?

Backen für viele Anlässe

Ob saftige Obstkuchen, festliche Torten, Kleinigkeiten zu Kaffee und Tee oder verführerisch duftendes Weihnachtsgebäck, herzhaftes Brot oder Brötchen – in diesem Kapitel finden Sie von allem etwas! Und alles ist aus vollwertigen Zutaten zubereitet, so daß Sie auch süßes Backwerk ohne Reue genießen können.

Buchweizenkuchen mit Aprikosen

Schnell

Zutaten für eine Springform von 26 cm ø:

3 Eiweiß
1 Prise Salz
75 g weiche Butter
75–100 g Zuckerrohrgranulat oder Honig
3 Eigelb
1 unbehandelte Zitrone
150 g Buchweizen, fein gemahlen
50 g Sojamehl, vollfett
2 Teel. Weinstein-Backpulver
500 g Aprikosen
50 g Mandeln , grob gehackt
Für die Form: Butter

Bei 12 Stück pro Stück etwa 850 kJ/200 kcal
6 g Eiweiß · 11 g Fett · 21 g Kohlenhydrate ·
3 g Ballaststoffe

Zubereitungszeit: etwa 1 Stunde

• Die Eiweiße mit dem Salz steif schlagen und beiseite stellen.
• Die weiche Butter mit dem Granulat oder dem Honig und den Eigelben mit dem elektrischen Handrührgerät cremig rühren.
• Die Zitrone heiß waschen, abtrocknen und die Hälfte der Schale in die Eigelbmasse reiben. Die Zitrone halbieren, auspressen und etwa 2 Teelöffel Saft ebenfalls hineinrühren. Das Buchweizen- und das Sojamehl mit dem Backpulver mischen und in die Schüssel geben. Alles verrühren und kurz quellen lassen.
• Inzwischen die Aprikosen in einer Schüssel mit kochendem Wasser übergießen. Nach 2–3 Minuten abgießen. Die Früchte mit kaltem Wasser abschrecken und die Haut abziehen. Die Aprikosen halbieren und entkernen.
• Die Springform fetten und die Hälfte der Mandeln auf den Boden streuen.
• Den Backofen auf 200° vorheizen.
• Den Eischnee mit dem Schneebesen unter die Teigmasse heben und den Teig in dic Form gleiten lassen. Die Früchte daraufsetzen und die restlichen Mandeln darüber streuen.
• Den Kuchen im Backofen (Mitte; Gas Stufe 2½–3) in 30–35 Minuten goldbraun backen.

Altländer Butterkuchen

Läßt sich gut einfrieren

Zutaten für ein Backblech:

Für den Teig:
¼ l Milch
25 g frische Hefe
1 Prise Salz
500 g Weizenvollkornmehl
80 g weiche Butter
80 g Honig
1 Eigelb
Für den Belag:
125 g kalte Butter
etwa 30 g Zuckerrohrgranulat
100 g Mandelblättchen
½ Teel. gemahlene Vanille
Für das Backblech: etwas Butter

Bei 20 Stück pro Stück etwa 920 kJ/220 kcal
4 g Eiweiß · 12 g Fett · 24 g Kohlenhydrate ·
1 g Ballaststoffe

Zubereitungszeit: etwa 1 Stunde
Ruhezeit: etwa 1 1/2 Stunden

- Die Milch in eine Rührschüssel geben und die Hefe darin auflösen. Das Salz, das Weizenvollkornmehl, die Butter, den Honig und das Eigelb dazugeben. Alle Zutaten in etwa 10 Minuten zu einem geschmeidigen Teig verkneten.
- Den Teig zugedeckt an einem warmen Ort etwa 1 Stunde gehen lassen.
- Das Backblech mit etwas Butter einfetten.
- Den aufgegangenen Hefeteig nochmals gründlich durchkneten und mit einem bemehlten Wellholz auf dem Backblech gleichmäßig ausrollen.
- Den Teig mit einem Tuch abdecken und noch etwa 30 Minuten gehen lassen.
- Den Backofen auf 200° vorheizen.
- Mit den Fingern kleine Vertiefungen in die Oberfläche des Teiges drücken. Die kalte Butter in kleinen Flöckchen in die Vertiefungen geben.
- Das Granulat gleichmäßig über den Teig streuen. Zuletzt die Mandelblättchen und die Vanille auf der Teigplatte verteilen.
- Den Butterkuchen im Backofen (Mitte; Gas Stufe 3) in etwa 25 Minuten goldbraun backen.
- Den gebackenen Kuchen etwas auskühlen lassen. Danach in viereckige Stücke aufschneiden, mit einer Palette auf ein Kuchengitter setzen und auskühlen lassen.

Mohn-Hefekuchen

Aus einer Pfanne

Zutaten für eine Pfanne von 24 cm ø:

25 g frische Hefe · 320 ml handwarme Milch
200 g Mohn, frisch gemahlen
120 g weiche Butter · 180 g Honig
100 g Schmant oder Sahnequark
1 Prise Salz · 1 Teel. Zimtpulver
320 g Weizenvollkornmehl
100 g ungeschwefelte Rosinen oder Sultaninen
Für die Pfanne: Butter

Bei 12 Stück pro Stück etwa 1500 kJ/360 kcal
8 g Eiweiß · 19 g Fett · 37 g Kohlenhydrate · 3 g Ballaststoffe

Zubereitungszeit: etwa 1 Stunde
Ruhezeit: 1–1 1/2 Stunden

- Die Pfanne einfetten. Die Hefe in der Milch auflösen, dann den Mohn einrühren.
- Die Butter mit dem Honig, dem Schmant oder dem Quark, dem Salz und dem Zimt schaumig rühren. Das Mehl, die Mohn-Hefe-Milch und die Rosinen gut unterrühren.
- Den Teig in die Pfanne geben, glattstreichen und an einem warmen Ort 40–60 Minuten ruhen lassen. (Da der Teig sehr flüssig ist, geht er kaum auf.)
- Den Kuchen zugedeckt bei mittlerer bis schwacher Hitze in etwa 30 Minuten von unten braun backen.
- Den Kuchen in der Pfanne 20–30 Minuten abkühlen lassen, dann vorsichtig herausnehmen und auf einem Kuchengitter auskühlen lassen, dann an einem kühlen Ort 1 Tag ruhen lassen.

Gewürzkuchen mit Mandelkruste

Raffiniert

Zutaten für eine Kastenform von 30 cm Länge:

Für den Teig:
250 g weiche Butter
100 g Zuckerrohrgranulat
4 Eigelb
1/4 Teel. gemahlener Koriander
1/4 Teel. gemahlene Nelken
1/4 Teel. Muskat, frisch gerieben
1/4 Teel. gemahlener Kardamom
1/2 Teel. Zimtpulver
2 Eßl. Rum oder Rosenwasser
1 Päckchen Weinsteinbackpulver
375 g Weizenvollkornmehl
etwa 175 ml Milch
4 Eiweiß
1 Prise Salz
Für den Belag:
100 g Mandeln
20 g Butter
1 Eßl. Honig
Zum Bestreichen:
3 Eßl. Zitronensaft
1 Eßl. Honig
Für die Form: etwas Butter

Bei 20 Stück pro Stück etwa 100 kJ/240 kcal
5 g Eiweiß · 16 g Fett · 21 g Kohlenhydrate · 1 g Ballaststoffe

Zubereitungszeit: etwa 1 Stunde 40 Minuten

- Die Kastenform mit etwas Butter einfetten.
- Für den Teig die Butter, das Granulat, die Eigelbe und die Gewürze in eine Rührschüssel geben. Die Zutaten mit den Quirlen des Handrührgerätes cremig rühren, bis sich das Granulat vollständig aufgelöst hat. Den Rum oder das Rosenwasser unterrühren.
- Das Backpulver mit dem Weizenvollkornmehl vermischen und unter die Schaummasse rühren. Nach und nach so viel Milch hinzufügen, bis der Teig schwer reißend vom Löffel fällt.
- Die Eiweiße mit dem Salz sehr steif schlagen und mit einem Rührlöffel unter den Teig heben.
- Den Backofen auf 180° vorheizen.
- Für den Belag die Mandeln zuerst halbieren und dann in Stifte schneiden.
- Die Butter und den Honig in einen kleinen Topf geben und erwärmen.
- Den Topf vom Herd nehmen und die Mandelstifte in der Honigbutter wenden.
- Den Teig in die Form füllen und glattstreichen. Die Mandeln gleichmäßig auf der Oberfläche verteilen.
- Den Kuchen im Backofen (Mitte; Gas Stufe 2) in etwa 1 Stunde goldbraun backen.
- Mit einem Holzstäbchen die Garprobe machen. Den fertigen Kuchen aus dem Ofen nehmen und noch etwa 5 Minuten in der Form stehenlassen.
- Den Zitronensaft mit dem Honig verrühren und den heißen Kuchen damit bestreichen. Den Kuchen auf einem Kuchengitter erkalten lassen.

Wer gerne Gewürzkuchen ißt, sollte dieses raffinierte Rezept mit Mandeln unbedingt ausprobieren.

Rehrücken mit Marzipanröllchen

Raffiniert · Läßt sich gut vorbereiten

Zutaten für eine Rehrückenform von 33 cm Länge:

150 g Vollkornzwieback
150 g weiche Butter
150 g Honig · 1/2 Teel. Zimtpulver
abgeriebene Schale von 1 unbehandelten Zitrone
4 Eigelb · 4 Eßl. Rum oder Wasser
3 Teel. Weinsteinbackpulver
1 Teel. Kakaopulver
150 g Mandeln, frisch gemahlen
4 Eiweiß · 1 Prise Salz
Zum Verzieren:
100 g Honigmarzipan
1 Eßl. Rum oder Rosenwasser
100 g Zartbitterschokolade mit Sucanat
3 Eßl. Sahne · 50 g Mandelsplitter
Für die Form: etwas Butter
feine Vollkornbrösel zum Ausstreuen

Bei 20 Stück pro Stück etwa 1000 kJ/240 kcal
5 g Eiweiß · 17 g Fett · 18 g Kohlenhydrate ·
2 g Ballaststoffe

Zubereitungszeit: etwa 1 Stunde 40 Minuten

• Die Form einfetten und mit den Bröseln ausstreuen. Den Backofen auf 180° vorheizen.
• Die Zwiebacke mit der Mandelmühle fein mahlen.
• Die Butter mit dem Honig, dem Zimt und der Zitronenschale cremig rühren. Nach und nach die Eigelbe und den Rum oder das Wasser unterrühren. Das Backpulver, den Kakao, die Mandeln und den Zwieback mischen und unter den Teig mengen. Die Eiweiße mit dem Salz sehr steif schlagen und unterheben. Den Teig in die Form einfüllen und glattstreichen.
• Den Rehrücken im Backofen (Mitte; Gas Stufe 2) in etwa 40 Minuten mittelbraun backen.
• Mit einem Holzstäbchen die Garprobe machen. Den fertigen Kuchen auf ein Kuchengitter stürzen und auskühlen lassen.
• Das Marzipan mit dem Rum oder dem Rosenwasser verkneten, eine gleichmäßige Rolle von etwa 33 cm Länge formen und oben auf die Mitte des Rehrückens legen.
• Die Schokolade in Stücke brechen und im Wasserbad schmelzen lassen. Die Sahne löffelweise unterrühren. Den Rehrücken mit dem Schokoladenguß überziehen und mit den Mandelstiften verzieren.

Festtagsgugelhupf

Preiswert · Braucht etwas Zeit

Zutaten für eine Napfkuchenform von 22 cm ø:

130 g weiche Butter
125 g Honig · 4 Eigelb
1/2 Teel. Salz · 1 Würfel Hefe (42 g)
300 ml Milch
500 g Weizen- oder Dinkelvollkornmehl
125 g ungeschwefelte Rosinen
4 Eiweiß
Für die Form: etwas Butter und etwas Mehl

Bei 20 Stück pro Stück etwa 850 kJ/200 kcal
5 g Eiweiß · 7 g Fett · 28 g Kohlenhydrate ·
1 g Ballaststoffe

Zubereitungszeit: etwa 1 1/2 Stunden
Ruhezeit: etwa 1 1/2 Stunden

• Die Butter, den Honig, die Eigelbe und das Salz cremig rühren.
• Die Hefe in der Milch auflösen und mit dem Mehl unter die Schaummasse rühren. Die Rosinen dazugeben und den Teig mit einem Rührlöffel schlagen, bis er Blasen wirft.
• Die Eiweiße sehr steif schlagen und unter den Teig heben. Den Teig zugedeckt an einem warmen Ort etwa 1 Stunde gehen lassen.
• Die Napfkuchenform einfetten und mit etwas Mehl ausstreuen. Den Backofen auf 180° vorheizen.
• Den Teig gut durchrühren, in die Form füllen und noch etwa 30 Minuten gehen lassen.
• Den Gugelhupf im Backofen (unten; Gas Stufe 2) in etwa 1 Stunde goldbraun backen.

Haselnußkranz

Braucht etwas Zeit · Preiswert

Zutaten für 1 Kranz:

25 g frische Hefe · 200 ml lauwarme Milch
500 g Weizenvollkornmehl
130 g Honig · 1 Eigelb
1/2 Teel. Salz · 100 g weiche Butter
2 Eiweiß
150 g Haselnußkerne, frisch gemahlen
2 Teel. Kakao oder Carobpulver
1 Eßl. Rosenwasser · 1/4 Teel. Zimtpulver
Zum Bestreichen: 1 Eigelb · 2 Eßl. Sahne
Zum Bestreuen: 2 Eßl. Mandelblättchen
Für das Backblech: Butter

Bei 20 Stück pro Stück etwa 890 kJ/210 kcal
5 g Eiweiß · 11 g Fett · 22 g Kohlenhydrate ·
4 g Ballaststoffe

Zubereitungszeit: etwa 1 1/2 Stunden
Ruhezeit: etwa 2 1/2 Stunden

• Die Hefe in der Milch auflösen. Das Mehl, 50 g Honig, das Eigelb und das Salz dazugeben und etwa 10 Minuten kneten.
• Den Hefeteig zugedeckt an einem warmen Ort etwa 30 Minuten gehen lassen. Die Butter unterkneten, den Teig noch etwa 1 1/2 Stunden gehen lassen.
• Für die Füllung die Eiweiße sehr steif schlagen. Den übrigen Honig dazugeben und so lange weiterrühren, bis eine dicke Creme entsteht. Die Nüsse, den Kakao oder Carob, das Rosenwasser und den Zimt unter die Creme rühren.
• Ein Backblech fetten.
• Den Teig gut durchkneten, dritteln und jedes Teigstück zu einem etwa 60 cm langen und 12 cm breiten Strang formen.
• Die Füllung auf die drei Teigstränge streichen, dabei den Rand frei lassen. Die Streifen zusammenrollen und die Teignaht etwas andrücken. Aus den drei Rollen einen Zopf flechten und diesen in Kranzform auf das Backblech legen. Die Zopfstränge an der Oberseite mit einem scharfen Messer einschneiden. Den Kranz zugedeckt etwa 30 Minuten gehen lassen.
• Den Backofen auf 220° vorheizen.
• Das Eigelb mit der Sahne verquirlen, den Kranz damit bestreichen. Die Mandelblättchen darüber streuen.
• Den Kranz in den Backofen (unten; Gas Stufe 4) schieben und in 50–55 Minuten goldbraun backen. Nach etwa 20 Minuten die Temperatur auf 175° (Gas Stufe 2) zurückschalten.

Zwetschgen-Marzipankuchen

Braucht etwas Zeit

Zutaten für eine Springform von 26 cm ø:

Für den Teig:
1/4 l Milch
20 g frische Hefe
1 Prise Salz
500 g Weizenvollkornmehl
100 g weiche Butter
80 g Honig
abgeriebene Schale von 1/2 unbehandelten Zitrone
Für die Füllung:
200 g geschälte Mandeln, fein gehackt
etwa 700 g Zwetschgen (zum Beispiel süße Spätzwetschgen)
200 g Honigmarzipan
1/8 l Milch
1/2 Teel. Zimtpulver
1/4 Teel. gemahlene Nelken
1/4 Teel. gemahlener Anis
Zum Bestreichen: 50 g flüssige Butter
Für die Form: etwas Butter

Bei 12 Stück pro Stück etwa 2000 kJ/480 kcal
11 g Eiweiß · 25 g Fett · 54 g Kohlenhydrate · 4 g Ballaststoffe

Zubereitungszeit: etwa 1 Stunde 40 Minuten

- Die Milch in eine Rührschüssel geben und die Hefe darin auflösen. Das Salz, das Mehl, die Butter, den Honig und die Zitronenschale hinzugeben. Alle Zutaten in etwa 10 Minuten zu einem geschmeidigen Hefeteig verkneten.
- Den Teig zugedeckt etwa 1 Stunde an einem warmen Ort gehen lassen.
- Für den Belag die Mandeln in einer Pfanne ohne Fett unter ständigem Rühren so lange rösten, bis sie eine goldgelbe Farbe angenommen haben. Auf einem Teller abkühlen lassen.
- Die Zwetschgen waschen, vom Stein befreien und in kleine Würfel schneiden. Das Honigmarzipan zerbröseln.
- Die Milch, die Gewürze und das Marzipan mit einem Pürierstab pürieren. Die Mandeln untermengen.
- Die Springform mit etwas Butter einfetten.
- Den Hefeteig nochmals gründlich durchkneten und auf einer bemehlten Arbeitsfläche zu einem etwa 1/2 cm dicken Rechteck ausrollen.
- Die Marzipanmasse gleichmäßig auf dem Rechteck verstreichen. Die Fruchtwürfel darauf verteilen.
- Den Teig von der Längsseite zu einer Rolle aufrollen. Die Längskante mit etwas Wasser bestreichen und an der Rolle festdrücken.
- Die Rolle mit einem scharfen Messer in 15 etwa 2 cm dicke Scheiben aufschneiden.
- Die Teigschnecken nebeneinander in die Form setzen und zugedeckt noch etwa 30 Minuten gehen lassen.
- Den Backofen auf 200° vorheizen.
- Die Oberfläche des Kuchens mit der flüssigen Butter bepinseln.
- Den Kuchen im Backofen (Mitte; Gas Stufe 3) in etwa 40 Minuten mittelbraun backen.
- Den fertigen Kuchen aus dem Ofen nehmen und auf einem Kuchengitter auskühlen lassen.

Mit dem köstlichen, saftigen Zwetschgen-Marzipankuchen können Sie im Herbst Ihre Gäste verwöhnen.

Bienenstich mit Mascarpone-füllung

Braucht etwas Zeit

Bienenstich schmeckt frisch gebacken am besten.

Zutaten für ein Backblech:

Für den Teig:
350 ml Milch
25 g frische Hefe · 1/2 Teel. Salz
600 g Weizenvollkornmehl
85 g weiche Butter · 85 g Honig
Für den Belag:
150 g Butter · 150 g Honig
6 Eßl. Milch · 1 Teel. gemahlene Vanille
200 g Mandelblättchen
Für die Füllung:
2 Eiweiß · 75 g Sahne
70 g Honig · 1 Prise Salz
2 Teel. Agar-Agar · 2 Eigelb
250 g Mascarpone (italienischer Frischkäse)
Für das Backblech: etwas Butter

Bei 24 Stück pro Stück etwa 1200 kJ/290 kcal
7 g Eiweiß · 16 g Fett · 31 g Kohlenhydrate ·
1 g Ballaststoffe

Zubereitungszeit: etwa 1 Stunde

• Für den Teig die Milch in eine Rührschüssel geben und die Hefe darin auflösen. Das Salz, das Mehl, die Butter und den Honig dazugeben. Alle Zutaten in etwa 10 Minuten zu einem geschmeidigen Teig verkneten.
• Den Teig zugedeckt an einem warmen Ort etwa 1 Stunde gehen lassen.
• Für den Belag die Butter, den Honig, die Milch und die Vanille 1–2 Minuten kochen lassen. Die Mandelblättchen unterrühren, die Masse abkühlen lassen.
• Das Backblech mit Butter einfetten.
• Den Hefeteig nochmals gründlich durchkneten und das Backblech damit auskleiden. Den Teigboden mit einem Tuch abdecken und noch etwa 30 Minuten gehen lassen.
• Den Backofen auf 200° vorheizen.
• Mit einem befeuchteten Teigschaber die Mandelmasse auf dem Teig verteilen.
• Den Kuchen im Backofen (Mitte; Gas Stufe 3) in etwa 25 Minuten goldbraun backen.
• Für die Füllung die Eiweiße sehr steif schlagen.
• Die Sahne mit dem Honig, dem Salz und dem Agar-Agar in einem Topf verrühren und 1–2 Minuten kochen lassen.
• Den Topf vom Herd nehmen, die Eigelbe unter die heiße Masse rühren. Den Mascarpone löffelweise unterrühren, zuletzt den Eischnee unterheben. Die Creme kühl stellen.
• Den Kuchen aus dem Ofen nehmen und 5–10 Minuten auskühlen lassen. Danach zum Erkalten auf ein Kuchengitter setzen.
• Den Kuchen mit einem Sägemesser waagerecht halbieren, mit der Mascarponecreme bestreichen und wieder zusammensetzen.

Variante: Kokosbienenstich
Dafür 150 g weiche Butter mit 150 g Honig cremig schlagen. Nach und nach 4 Eigelbe hinzugeben und gut unterrühren. 250 g Kokosflocken und die abgeriebene Schale von 1 unbehandelten Zitrone unter die Schaummasse geben. Zuletzt 4 Eiweiße sehr steif schlagen und unterheben. Die Kokosmasse gleichmäßig auf den Hefeteig streichen und wie den Bienenstich backen.

Dinkel-Streuselkuchen mit Zitronenquark

Läßt sich gut einfrieren

Zutaten für ein Backblech:

Für den Teig:
1/4 l Milch · 1/2 Teel. Salz
1 Würfel Hefe (42 g) · 80 g Honig
1 Ei · 80 g weiche Butter
100 g Hafer, fein gemahlen
400 g Weizenvollkornmehl
Für den Belag:
400 g Speisequark
250 g Mascarpone (italienischer Frischkäse)
2 Eier · 4 Eßl. Ahornsirup
abgeriebene Schale von 1 unbehandelten Zitrone
Für die Streusel:
180 g weiche Butter
100 g Hafer, fein gemahlen
200 g Dinkel, fein gemahlen
1 Teel. Weinsteinbackpulver
60 g Zuckerrohrgranulat
1 Prise Salz · 1/2 Teel. gemahlene Vanille
Für das Backblech: etwas Butter

Bei 24 Stück pro Stück etwa 1100 kJ/260 kcal
8 g Eiweiß · 14 g Fett · 27 g Kohlenhydrate ·
1 g Ballaststoffe

Zubereitungszeit: etwa 1 1/2 Stunden
Ruhezeit: etwa 1 1/2 Stunden

• Für den Teig die Milch und das Salz in eine Rührschüssel geben und die Hefe darin auflösen. Den Honig, das Ei, die Butter, das Hafer- und das Weizenvollkornmehl dazugeben. Alle Zutaten in etwa 10 Minuten zu einem weichen Hefeteig verkneten. Den Teig zugedeckt an einem warmen Ort etwa 1 Stunde gehen lassen.
• Für den Belag den Quark, den Mascarpone, die Eier, den Sirup und die Zitronenschale cremig rühren.
• Für die Streusel die Butter, den Hafer, den Dinkel, das Backpulver, das Granulat, das Salz und die Vanille in einer Rührschüssel mit der Hand zu grobflockigen Streuseln zusammendrücken.
• Das Backblech mit etwas Butter einfetten.
• Den Teig nochmals kurz durchkneten und auf das Backblech geben. Mit bemehlten Fingern gleichmäßig auf dem Blech verteilen. Mit einem Tuch bedeckt noch etwa 30 Minuten gehen lassen.
• Den Backofen auf 200° vorheizen.
• Die Quarkcreme gleichmäßig auf dem Teigboden verstreichen und die Streusel darüber streuen.
• Den Kuchen im Backofen (Mitte; Gas Stufe 3) in etwa 35 Minuten goldbraun backen.
• Den fertigen Kuchen herausnehmen und etwa 15 Minuten auf dem Backblech auskühlen lassen. Danach in Portionsstücke schneiden, auf ein Kuchengitter setzen und erkalten lassen. Den Streuselkuchen möglichst frisch servieren.

Variante: Korinthen-Apfelkuchen
Anstatt der Streusel die Quarkcreme mit Apfelspalten belegen. Dafür zusätzlich etwa 60 g ungeschwefelte Korinthen unter die Quarkcreme mischen. Etwa 1 1/2 kg säuerliche Äpfel in Spalten schneiden und mit dem Saft von 1 Zitrone beträufeln. Die Spalten dicht an dicht auf die Quarkcreme setzen. Den Kuchen sofort nach dem Backen dünn mit erwärmter honiggesüßter Aprikosenmarmelade glasieren.

Himbeer-Sahnerolle

Raffiniert

Zutaten für 1 Rolle:

Für den Teig:
5 Eiweiß · 5 Eßl. kaltes Wasser
1 Prise Salz · 120 g Honig
abgeriebene Schale von 1 unbehandelten Zitrone
1 Eßl. Zitronensaft · 5 Eigelb
1/2 Teel. Weinsteinbackpulver
160 g Weizenvollkornmehl
Für die Füllung:
etwa 500 g frische Himbeeren
400 g Sahne · 2 Meßlöffel Biobin (2 g)
1 Eßl. Honig
1/2 Teel. gemahlene Vanille
Zum Garnieren: einige Melisseblättchen
Für das Backblech: Pergamentpapier und etwas Butter

Bei 16 Stück pro Stück etwa 650 kJ/150 kcal
3 g Eiweiß · 9 g Fett · 17 g Kohlenhydrate ·
2 g Ballaststoffe

Zubereitungszeit: etwa 1 1/4 Stunden

- Für den Biskuit die Eiweiße, das Wasser und das Salz in einer Rührschüssel sehr steif schlagen. Den Honig, die Zitronenschale und den Zitronensaft hinzugeben und so lange weiterrühren, bis eine dicke Creme entsteht. Nach und nach die Eigelbe gut unterrühren.
- Das Backpulver mit dem Weizenvollkornmehl vermischen und vorsichtig mit einem Rührlöffel unter die Eimasse heben. Den Teig etwa 10 Minuten quellen lassen. Das Backblech mit dem gefetteten Pergamentpapier auslegen. Den Backofen auf 200° vorheizen.
- Die Biskuitmasse gleichmäßig auf dem Backblech verteilen. Die Teigplatte im Backofen (Mitte; Gas Stufe 3) in etwa 12 Minuten goldbraun backen.
- Auf der Arbeitsfläche ein Tuch ausbreiten.
- Die gebackene Teigplatte an den Rändern vom Backblech lösen und auf das Tuch stürzen. Sofort das Pergamentpapier abziehen. Die Biskuitplatte mit dem Backblech zudecken und erkalten lassen.
- In der Zwischenzeit die Himbeeren verlesen. Zum Garnieren etwa 16 schöne Früchte beiseite legen.
- Die Sahne mit dem Biobin steif schlagen und den Honig und die Vanille unterrühren. Zum Verzieren 3–4 Eßlöffel von der Sahne abnehmen und kühl stellen.
- Die Sahne gleichmäßig auf die Teigplatte streichen, die Himbeeren darauf verteilen und leicht andrücken.
- Die Biskuitplatte mit Hilfe des Tuches von der Längsseite her aufrollen und mit der Nahtstelle nach unten auf eine längliche Kuchenplatte setzen.
- Die Oberfläche mit der restlichen Sahne, den Himbeeren und Melisseblättern verzieren.

Für die Himbeer-Sahnerolle (von rechts nach links) die Eiweiße steif schlagen, dann die restlichen Teigzutaten unterrühren. Den Teig auf gefettetem Pergamentpapier auf dem Blech verstreichen, backen, auf ein Küchentuch stürzen und auskühlen lassen. Mit Sahne bestreichen und mit Himbeeren belegen. Die Biskuitplatte mit Hilfe des Tuches aufrollen und mit Sahne, Himbeeren und Melisse garnieren.

Apfelkuchen mit Schmant

Ganz einfach

Zutaten für eine Springform von 26 cm ø:

125 g weiche Butter
50 g Zuckerrohrgranulat
1 Prise Salz
1 Ei
1 Teel. Weinsteinbackpulver
250 g Weizen, fein gemahlen
Für den Belag und den Guß:
etwa 750 g Äpfel
2 Eigelb
80 g Honig
1 Vanilleschote
250 g Schmant
2 Eiweiß
etwa 40 g ungeschwefelte Rosinen
Für die Form: etwas Butter

Bei 12 Stück pro Stück etwa 1500 kJ/360 kcal
5 g Eiweiß · 23 g Fett · 36 g Kohlenhydrate ·
2 g Ballaststoffe

Zubereitungszeit: etwa 1 3/4 Stunden
Ruhezeit: etwa 1 Stunde

- Die Springform mit etwas Butter einfetten.
- Die Butter mit dem Granulat und dem Salz schaumig rühren. Das Ei hinzugeben und gut unterrühren. Das Backpulver mit dem Weizenvollkornmehl vermischen und mit einem Rührlöffel unter den Teig rühren. Den Teig kurz durchkneten und zu einer Kugel formen.
- Die Springform mit dem Teig auskleiden, dabei einen etwa 2 cm hohen Rand formen. Den Teigboden etwa 1 Stunde kühlen.
- Den Backofen auf 200° vorheizen.
- Die Äpfel vierteln, schälen, vom Kerngehäuse befreien und in Spalten schneiden. Die Apfelspalten schuppenförmig auf dem Teigboden verteilen.
- Den Kuchen im Backofen (Mitte; Gas Stufe 3) etwa 25 Minuten vorbacken.
- Die Eigelbe mit dem Honig schaumig rühren bis eine helle Creme entsteht. Die Vanilleschote längs halbieren, das Mark herauskratzen und zur Creme geben. Den Schmant hinzufügen und unterrühren. Die Eiweiße sehr steif schlagen und unter die Creme heben.
- Die Rosinen waschen, abtropfen lassen, auf dem vorgebackenen Kuchen verteilen und den Guß darüber gießen.
- Den Kuchen im Backofen (Mitte) in etwa 30 Minuten fertig backen, bis die Oberfläche gebräunt ist.

Rhabarberkuchen

Raffiniert · Ganz einfach

Nach einer alten Bauernregel sollte die Rhabarberernte am Johannestag, also am 24. Juni, beendet sein. Danach ist Rhabarber faserreicher und der Anteil an Oxalsäure höher.

Zutaten für eine Springform von 26 cm ø:

500–700 g Rhabarber
4 Eiweiß
125 g Butter
250 g Honig
2 Eßl. Zitronensaft · 4 Eigelb
2 Teel. Weinsteinbackpulver
200 g Weizenvollkornmehl
200 g Crème fraîche
Für die Form: etwas Butter

Bei 12 Stück pro Stück etwa 1200 kJ/290 kcal
3 g Eiweiß · 16 g Fett · 31 g Kohlenhydrate ·
2 g Ballaststoffe

Zubereitungszeit: etwa 1 Stunde 20 Minuten

- Für den Belag den Rhabarber schälen, in etwa 2 cm lange Stücke schneiden und abgedeckt beiseite stellen.
- Den Backofen auf 180° vorheizen. Die Springform mit etwas Butter leicht einfetten.
- Für den Rührteig 2 Eiweiße sehr steif schlagen.
- Die Butter, 150 g Honig, den Zitronensaft und 2 Eigelbe in eine Rührschüssel geben und cremig rühren.
- Das Backpulver mit dem Weizenvollkornmehl vermischen und unter die Schaummasse rühren. Zuletzt den Eischnee mit einem Rührlöffel unter den Teig heben.
- Den Teig in die Springform füllen und glattstreichen. Die Rhabarberstücke gleichmäßig darauf verteilen.
- Den Kuchen im Backofen (Mitte; Gas Stufe 2) etwa 10 Minuten vorbacken.
- In der Zwischenzeit für den Guß die übrigen Eiweiße sehr steif schlagen.
- Die Eigelbe und den restlichen Honig zu einer hellen, cremigen Masse aufschlagen. Die Crème fraîche löffelweise unterrühren. Den Eischnee vorsichtig unter die Creme ziehen.
- Den Guß auf dem vorgebackenen Kuchen verteilen. Den Kuchen wieder in den Backofen (Mitte) schieben und in etwa 30 Minuten fertig backen.

Grießkuchen mit Kirschen

Braucht etwas Zeit

Zutaten für eine Springform von 26 cm ø:

1/2 l Milch · 1 Prise Salz
90 g Weizenvollkorngrieß
500 g Süßkirschen · 75 g Butter
60 g Honig · 3 Eigelb
Schale von 1/2 unbehandelten Zitrone
1/2 Teel. Zimtpulver · 2 Teel. Weinsteinbackpulver
60 g Mandeln, frisch gemahlen · 3 Eiweiß
Für die Form: etwas Butter und etwas Mehl

Bei 16 Stück pro Stück etwa 560 kJ/130 kcal
3 g Eiweiß · 7 g Fett · 13 g Kohlenhydrate ·
2 g Ballaststoffe

Zubereitungszeit: etwa 1 3/4 Stunden

- Die Springform mit der Butter einfetten und mit etwas Mehl ausstreuen.
- Die Milch und das Salz aufkochen lassen. Den Grieß einrieseln lassen und bei schwacher Hitze etwa 5 Minuten köcheln lassen. Den Topf vom Herd nehmen und den Brei erkalten lassen. Den Backofen auf 170° vorheizen.
- Die Kirschen waschen und abtropfen lassen.
- Die Butter mit dem Honig, den Eigelben, der Zitronenschale und dem Zimt cremig rühren.
- Das Backpulver mit den Mandeln vermischen. Den Grießbrei und die Mandeln unter die Schaummasse rühren.
- Die Eiweiße steif schlagen und unterheben. Die Kirschen unter den Teig mischen.
- Den Teig in die Form füllen und glattstreichen. Den Kuchen im Backofen (Mitte; Gas Stufe 2) in etwa 1 1/4 Stunden goldbraun backen.

Orangenmousse-Torte

Raffiniert

Zutaten für eine Springform von 26 cm ø:

Für den Teig:
4 Eigelb · 125 g Honig
4 Eßl. Orangensaft
abgeriebene Schale von 1 unbehandelten Orange
4 Eiweiß · 1 Prise Salz
1 Teel. Weinsteinbackpulver
140 g Weizenvollkornmehl, fein gemahlen
Für die Füllung und den Belag:
1 Eigelb · 75 g Honig
200 g Mascarpone (italienischer Frischkäse)
4 Eßl. Orangensaft
abgeriebene Schale von 1 unbehandelten Orange
2 Meßlöffel Biobin (2 g)
200 g Sahne · 2 Orangen
1/8 l Orangensaft · 1/2 Teel. Agar-Agar
1 Teel. Honig
Für die Form: Butter und Pergamentpapier

Bei 12 Stück pro Stück etwa 840 kJ/200 kcal
5 g Eiweiß · 8 g Fett · 28 g Kohlenhydrate ·
1 g Ballaststoffe

Zubereitungszeit: etwa 1 3/4 Stunden

• Die Form mit gefettetem Pergamentpapier auslegen. Den Backofen auf 180° vorheizen.
• Für den Teig die Eigelbe, den Honig, den Orangensaft und die Orangenschale in eine Rührschüssel geben und im heißen Wasserbad zu einer hellen, dicken Creme aufschlagen.
• Die Eiweiße mit dem Salz sehr steif schlagen. Das Backpulver mit dem Mehl vermischen.
• Etwa ein Drittel des Eischnees unter die Creme ziehen. Den restlichen Eischnee zusammen mit dem Mehl vorsichtig unterheben.
• Den Teig in die Form füllen und glattstreichen. Den Kuchen im Backofen (Mitte; Gas Stufe 2) in etwa 20 Minuten mittelbraun backen.
• Mit einem Holzstäbchen die Garprobe machen. Den fertigen Kuchen aus dem Ofen nehmen, auf ein Kuchengitter setzen und auskühlen lassen.
• Für die Füllung das Eigelb mit dem Honig so lange rühren, bis eine dickliche Creme entsteht. Den Mascarpone, den Saft, die Orangenschale und das Biobin darunterrühren. Die Sahne steif schlagen und unter die Creme heben.
• Die Creme etwa 30 Minuten kühl stellen. Inzwischen für den Belag die Orangen schälen; dabei die weiße Fruchthaut sorgfältig entfernen. Die Orangen in feine Scheiben schneiden.
• Die Torte einmal waagerecht durchschneiden, mit etwa der Hälfte der Creme füllen und wieder zusammensetzen. Einen Tortenring um die Torte stellen und die Oberfläche gleichmäßig mit der Creme bestreichen. Dabei 4–5 Eßlöffel Creme für den Rand zurücklassen.
• Die Orangenscheiben dicht an dicht auf der Torte verteilen.
• Für den Guß den Orangensaft mit dem Agar-Agar und dem Honig in einem Topf verrühren und 1–2 Minuten kochen lassen. Den Topf vom Herd nehmen, den Guß lauwarm abkühlen lassen, dann über die Orangenscheiben gießen.
• Nachdem der Guß fest geworden ist, den Tortenring lösen und den Rand der Torte mit der restlichen Creme bestreichen.

Wunderbar leicht und aromatisch ist die Orangenmousse-Torte, die jedem festlichen Anlaß gerecht wird.

Kirschtorte mit Quarkguß und Streuseln

Braucht etwas Zeit

Zutaten für eine Springform von 26 cm ø:

Für den Belag und den Guß:
etwa 750 g Sauerkirschen
2 Eiweiß
1/4 l Milch
1 Teel. gemahlene Vanille
abgeriebene Schale von 1 unbehandelten Zitrone
60 g Weizenvollkornmehl
60 g Honig
2 Eigelb
250 g Speisequark

Für die Streusel:
50 g kalte Butter
80 g Weizenvollkornmehl
40 g Zuckerrohgranulat
1 Prise gemahlene Vanille

Für den Teig:
125 g weiche Butter
125 g Honig
1 Teel. gemahlene Vanille
3 Eier
1 Teel. Weinsteinbackpulver
200 g Weizenvollkornmehl

Für die Form: etwas Butter

Bei 12 Stück pro Stück etwa 1500 kJ/360 kcal
8 g Eiweiß · 16 g Fett · 45 g Kohlenhydrate ·
1 g Ballaststoffe

Zubereitungszeit: etwa 2 Stunden

- Die Sauerkirschen waschen, entsteinen und abtropfen lassen.
- Die Springform mit etwas Butter einfetten. Den Backofen auf 175° vorheizen.
- Für die Streusel die Butter in kleine Würfel schneiden und mit dem Mehl, dem Granulat und der Vanille in eine Rührschüssel geben. Mit der Hand so lange vermengen, bis feine Streusel entstehen.
- Für den Rührteig die Butter, den Honig und die Vanille cremig rühren. Nach und nach die Eier auf höchster Schaltstufe des Rührgerätes unterrühren. Das Backpulver mit dem Weizenvollkornmehl vermischen und unter die Schaummasse rühren.
- Den Teig in die Springform einfüllen und glattstreichen. Den Kuchen im Backofen (Mitte; Gas Stufe 2) etwa 15 Minuten vorbacken.
- Für den Guß die Eiweiße sehr steif schlagen. Die Milch in einen Topf geben und mit der Vanille, der Zitronenschale und dem Weizenvollkornmehl unter ständigem Rühren einmal aufkochen lassen.
- Den Topf vom Herd nehmen. Den Honig, die Eigelbe und den Quark dazugeben und kräftig unterrühren. Die Eiweiße unterheben.
- Die Kirschen auf dem vorgebackenen Kuchen verteilen, den Guß darauf streichen und die Streusel darüber streuen.
- Die Kirschtorte im Backofen (Mitte) noch etwa 45 Minuten backen.
- Die fertige Torte etwa 10 Minuten im abgeschalteten Backofen stehenlassen, in der Form lauwarm abkühlen lassen, dann auf einem Kuchengitter vollständig auskühlen lassen.

Leichte Quark-Joghurt-Torte

Raffiniert · Kalorienarm

Zutaten für eine Springform von 26 cm ø:

Für den Teig:
2 Eiweiß · 1 Prise Salz · 2 Eßl. kaltes Wasser
abgeriebene Schale von 1/2 unbehandelten Zitrone
50 g Honig · 2 Eigelb · 75 g Weizenvollkornmehl
Für die Creme:
2 Eigelb · 120 g Honig
500 g Speisequark · 150 g Joghurt
2 Eiweiß · 200 g Sahne
5 Teel. Agar-Agar
1/8 l Flüssigkeit (Saft von 1/2 Zitrone und Wasser)
Außerdem:
3 vollreife Nektarinen · 3 Kiwis
1/8 l heller klarer Fruchtsaft oder Wasser mit Zitronensaft
1 Teel. Honig · 1/2 Teel. Agar-Agar
Für die Form: Butter und Pergamentpapier

Bei 12 Stück pro Stück etwa 800 kJ/190 kcal
4 g Eiweiß · 6 g Fett · 22 g Kohlenhydrate ·
1 g Ballaststoffe

Zubereitungszeit: etwa 2 Stunden
Kühlzeit: etwa 2 1/2 Stunden

- Die Form mit gefettetem Pergamentpapier auskleiden. Den Backofen auf 180° vorheizen.
- Für den Biskuitteig die Eiweiße, das Salz und das Wasser sehr steif schlagen. Die Zitronenschale und den Honig dazugeben und so lange weiterrühren, bis eine dicke Creme entsteht. Die Eigelbe nacheinander unterrühren. Das Weizenvollkornmehl mit einem Rührlöffel vorsichtig unter die Creme heben.
- Den Teig in der Form glattstreichen.
- Den Biskuitboden im Backofen (Mitte; Gas Stufe 2) in etwa 20 Minuten hellbraun backen.
- Mit einem Holzstäbchen die Garprobe durchführen. Den fertigen Kuchen aus dem Ofen nehmen und etwa 10 Minuten stehenlassen.
- Den Biskuitboden auf ein Kuchengitter stürzen, das Papier abziehen und den Boden vollständig abkühlen lassen.
- Für die Creme die Eigelbe und den Honig mit dem Handrührgerät in etwa 10 Minuten zu einer hellen Creme aufschlagen. Den Quark und den Joghurt gut unterrühren. Die Eiweiße und die Sahne getrennt steif schlagen.
- Das Agar-Agar mit der Flüssigkeit in einen Topf geben und unter ständigem Rühren 1–2 Minuten aufkochen lassen.
- Das etwas abgekühlte Agar-Agar kräftig unter die Quarkmasse rühren. Zuerst die Sahne, danach den Eischnee unterheben.
- Den Biskuitboden auf eine Tortenplatte legen und mit einem Tortenring umstellen.
- Die Creme auf den Biskuitboden füllen und glattstreichen. Die Torte abdecken und in etwa 2 Stunden im Kühlschrank fest werden lassen.
- Die Nektarinen mit kochendem Wasser überbrühen, etwa 2 Minuten ziehen lassen, kalt abschrecken, häuten, halbieren, entsteinen und in etwa 1 cm dicke Spalten schneiden.
- Die Kiwis schälen und in dünne Scheiben schneiden. Das Obst dekorativ auf der Tortenoberfläche verteilen.
- Für den Guß die Flüssigkeit mit dem Honig und dem Agar-Agar 1–2 Minuten kochen lassen. Den Guß lauwarm abkühlen lassen, über die Früchte gießen und die Torte etwa 30 Minuten in den Kühlschrank stellen.
- Vor dem Servieren den Tortenring abnehmen.

Sommertorte mit Beeren

Braucht etwas Zeit

Zutaten für eine Springform von 26 cm ø:

Für den Teig:
4 Eiweiß · 4 Eßl. kaltes Wasser
1 Prise Salz · 80 g Honig
abgeriebene Schale von 1/2 unbehandelten Zitrone
1 Prise Zimtpulver · 4 Eigelb
1/2 Teel. Weinsteinbackpulver
50 g Mandeln, frisch gemahlen
100 g Weizenvollkornmehl
Für die Füllung:
500 g gemischte Beeren
1–2 Eßl. Honig
2 Teel. Agar-Agar · 50 ml Wasser
600 g Sahne · 2 Eßl. Mandeln, fein gehackt
Für die Form: Butter und Pergamentpapier

Bei 12 Stück pro Stück etwa 1200 kJ/290 kcal
5 g Eiweiß · 21 g Fett · 20 g Kohlenhydrate ·
3 g Ballaststoffe

Zubereitungszeit: etwa 2 Stunden
Kühlzeit: etwa 1 1/2 Stunden

• Die Form mit gefettetem Pergamentpapier auskleiden. Den Backofen auf 180° vorheizen.
• Die Eiweiße mit dem Wasser und dem Salz sehr steif schlagen. Den Honig, die Zitronenschale und den Zimt dazugeben und weiterrühren, bis eine dicke Creme entsteht. Die Eigelbe unterrühren.
• Das Backpulver mit den Mandeln und dem Mehl vermischt unter die Creme ziehen.
• Den Teig in der Form glattstreichen. Den Biskuit im Backofen (Mitte; Gas Stufe 2) in etwa 20 Minuten goldbraun backen.
• Mit einem Holzstäbchen die Garprobe durchführen. Den Kuchen etwa 10 Minuten in der Form stehenlassen. Dann stürzen, das Papier abziehen und den Kuchen auskühlen lassen.
• Die Torte einmal waagerecht durchschneiden. Den unteren Tortenboden auf eine Platte legen. Den Springformrand mit Pergamentpapier auskleiden und den Biskuitboden damit umstellen.
• Die Beeren waschen und abtropfen lassen. Einige Früchte zum Verzieren beiseite legen.
• Für die erste Schicht 200 g Beeren abwiegen und mit dem Honig im Mixer pürieren.
• Das Agar-Agar in dem Wasser auflösen und 1–2 Minuten aufkochen lassen. Den Topf vom Herd nehmen. Das Frucht-Honigpüree löffelweise unter das Agar-Agar rühren.
• 200 g Sahne steif schlagen. Das Fruchtpüree vorsichtig unter die Sahne heben. Die Fruchtcreme auf dem unteren Tortenboden glattstreichen, etwa 30 Minuten kühl stellen.
• Die gehackten Mandeln in einer Pfanne ohne Fett rösten.
• Für die zweite Schicht 200 g Sahne steif schlagen und gleichmäßig auf die Fruchtcreme streichen. Die restlichen Beeren darauf verteilen und leicht andrücken. Den zweiten Tortenboden auflegen. Die Torte abgedeckt etwa 1 Stunde kühl stellen.
• Die übrige Sahne steif schlagen und die Torte rundherum damit bestreichen. Mit den Mandeln und den zurückgelegten Beeren garnieren.

Ein fruchtiges kulinarisches Vergnügen ist die Sommertorte mit Beeren, für die sich alle Sorten von Beerenfrüchten eignen.

Flockentorte mit Ananas

Braucht etwas Zeit

Zutaten für zwei Springformen von je 26 cm ø:

Für den Mürbeteig:
60 g kalte Butter
50 g Zuckerrohrgranulat
1/4 Teel. Weinsteinbackpulver
1 Prise Salz
1/4 Teel. Zimtpulver
60 g Weizenvollkornmehl
60 g Mandeln, frisch gemahlen
1 1/2 Eßl. kaltes Wasser
Für den Brandteig:
300 ml Wasser
1 Prise Salz
60 g Butter
150 g Dinkel, fein gemahlen
4 Eier
1 Teel. Weinsteinbackpulver
Für die Füllung:
1 mittelgroße Ananas · 1 Eigelb
2 Eßl. Honig · 2 Eßl. Rum oder Orangensaft
400 g Sahne
2 Eßl. honiggesüßter Aprikosenfruchtaufstrich
Zum Verzieren: 1/2 Eßl. Pistazienkerne, fein gehackt
Für die Form: Butter und Mehl

Bei 12 Stück pro Stück etwa 1500 kJ/360 kcal
7 g Eiweiß · 25 g Fett · 22 g Kohlenhydrate ·
2 g Ballaststoffe

Zubereitungszeit: etwa 3 1/2 Stunden

- Die Springform mit etwas Butter einfetten.
- Für den Mürbeteig die Butter kleinschneiden und mit dem Granulat, dem Backpulver, dem Salz, dem Zimt, dem Weizenmehl und den Mandeln so lange mit der Hand vermengen, bis Brösel entstehen. Das Wasser dazugeben und alles zu einem geschmeidigen Teig verkneten.
- Den Boden der Springform mit dem Teig auskleiden und mit einer Gabel mehrere Male einstechen. In der Form etwa 45 Minuten kühl stellen.
- Für den Brandteig das Wasser, das Salz und die Butter in einem Topf aufkochen lassen.
- Das Dinkelvollkornmehl auf einmal unter ständigem Rühren in das Wasser schütten. Bei schwacher Hitze so lange weiterrühren, bis sich am Topfboden eine weiße Schicht bildet. Den so »abgebrannten« Teig vom Herd nehmen und etwas abkühlen lassen.
- Nach und nach die Eier hinzufügen und kräftig unterrühren. Immer erst dann das nächste Ei dazugeben, wenn das vorige untergerührt ist. Den Teig vollständig abkühlen lassen.
- Den Backofen auf 180° vorheizen.
- Das Backpulver unter den Teig mengen.
- Den Boden einer zweiten Springform einfetten und mit etwas Mehl bestreuen.
- Ein Drittel des Brandteiges darauf verstreichen.
- Den Boden im Backofen (Mitte; Gas Stufe 2) in etwa 20 Minuten hellbraun backen. In den ersten 10 Minuten den Backofen nicht öffnen.
- Den gebackenen Boden aus dem Ofen nehmen und auf einem Kuchengitter auskühlen lassen. Ebenso zwei weitere Böden backen. Den Backofen auf 200° (Gas Stufe 3) schalten.
- Den Mürbeteigboden im Backofen (Mitte) in etwa 15 Minuten knusprig backen.
- Dann ebenfalls auskühlen lassen.
- Für die Füllung die Ananas schälen, vierteln und den Strunk in der Mitte herausschneiden. Das Fruchtfleisch in kleine Stücke schneiden.

• Das Eigelb mit dem Honig cremig schlagen. Den Rum oder den Orangensaft hinzufügen. Die Sahne steif schlagen und unterheben.
• Den Mürbeteigboden mit dem Fruchtaufstrich bestreichen und den ersten Brandteigboden darauf setzen.
• Etwa ein Drittel der Sahne auf dem Boden verstreichen und mit etwa der Hälfte der Ananasstückchen belegen.
• Den zweiten Boden darauf legen, ebenso belegen und mit dem letzten Boden abdecken.
• Die Oberfläche mit der restlichen Sahne bestreichen, mit dem Rücken eines Eßlöffels aufrauhen und mit den Pistazien bestreuen.
• Die Flockentorte möglichst frisch servieren.

Buchweizentorte mit Erdbeeren

Ganz einfach

Den Tortenboden können Sie schon am Vortag backen.

Zutaten für eine Springform von 26 cm ø:

5 Eier · 2 Eßl. heißes Wasser
5 Eßl. flüssiger Honig
1 Messerspitze gemahlene Vanille
180 g Buchweizenmehl
300 g Erdbeeren
500 g Sahne
Für die Form:
1 Teel. Butter

Bei 8 Stück pro Stück etwa 1500 kJ/360 kcal
7 g Eiweiß · 24 g Fett · 26 g Kohlenhydrate · 1 g Ballaststoffe

Zubereitungszeit: etwa 1 Stunde

• Nur den Boden der Springform mit der Butter ausstreichen. Der Tortenboden steigt dann gleichmäßiger hoch.
• Für den Teig die Eier trennen. Die Eiweiße mit dem elektrischen Handrührgerät sehr steif schlagen.
• Den Backofen auf 180° vorheizen.
• Das heiße Wasser, 4 Eßlöffel Honig und die Vanille zu den Eigelben geben und alles mit dem elektrischen Handrührgerät schaumig schlagen.
• Das Buchweizenmehl vorsichtig unterrühren. Anschließend den Eischnee ebenfalls vorsichtig unterziehen.
• Den Buchweizenteig in der Form glattstreichen.
• Den Teig im Backofen (Mitte; Gas Stufe 2) etwa 25 Minuten backen. Mit einem Holzstäbchen die Garprobe machen.
• Den Tortenboden aus dem Backofen nehmen und etwa 10 Minuten ruhen lassen. Dann zum Auskühlen auf ein Kuchengitter stürzen.
• Die Erdbeeren waschen und putzen. Etwa 8 Erdbeeren zum Garnieren zurückbehalten, die restlichen Beeren in kleine Stücke schneiden. Die Erdbeeren in eine Schüssel geben und mit dem übrigen Honig beträufeln.
• Die Sahne sehr steif schlagen.
• Von den Erdbeeren den Saft abgießen, der sich gebildet hat. Die Beeren mit der Sahne vermengen.
• Den Tortenboden mit einem großen Messer der Länge nach durchschneiden und mit knapp der Hälfte der Erdbeersahne füllen. Den Rest der Erdbeersahne auf der Torte verteilen und mit einem breiten Messer auch etwas an die Seiten drücken.
• Die übriggelassenen Erdbeeren auf der Torte verteilen.

Schwarzwälder Kirschtorte

Braucht etwas Zeit

Zutaten für zwei Springformen von 26 cm ø:

Für den Mürbeteig:
50 g kalte Butter · 40 g Zuckerrohrgranulat
1 Prise Salz · 1/4 Teel. Zimtpulver
1/4 Teel. Weinsteinbackpulver
60 g Weizenvollkornmehl
40 g Mandeln, gemahlen · 1 Eßl. kaltes Wasser

Für den Biskuit:
50 g Vollmilchschokolade mit Sucanat
6 Eigelb · 125 g Honig · 4 Eßl. warmes Wasser
6 Eiweiß · 180 g Weizenvollkornmehl
1 Teel. Weinsteinbackpulver

Für die Füllung:
etwa 2 Eßl. roter Fruchtaufstrich ohne Zuckerzusatz
etwa 700 g frische Sauerkirschen
1/8 l Kirschsaft · 2 Teel. Agar-Agar
1 Eßl. Honig · 500 g Sahne

Außerdem: 3 Eßl. Kirschsaft
3 Eßl. Kirschwasser oder Kirschsaft
50 g Vollmilchschokolade mit Sucanat
Für die Form: Butter und Pergamentpapier

Bei 16 Stück pro Stück etwa 1300 kJ/310 kcal
4 g Eiweiß · 17 g Fett · 33 g Kohlenhydrate ·
1 g Ballaststoffe

Zubereitungszeit: etwa 2 1/4 Stunden

- Den Boden einer Springform einfetten.
- Für den Mürbeteig die Zutaten verkneten, in der Form verteilen und mehrmals einstechen. Den Teig etwa 1 Stunde kühl stellen.
- Den Backofen auf 180° vorheizen. Eine zweite Springform mit gefettetem Papier auslegen.
- Die Schokolade in einer Tasse im Wasserbad schmelzen lassen. Die Eigelbe, den Honig und das Wasser zu einer dicklichen Creme aufschlagen. Die Schokolade unterrühren.
- Die Eiweiße sehr steif schlagen. Das Mehl mit dem Backpulver vermischen. Etwa ein Drittel des Eischnees unter die Schokoladeneicreme ziehen. Den restlichen Eischnee mit dem Mehl vorsichtig unterheben.
- Den Teig in der Form glattstreichen. Die Torte im Backofen (Mitte; Gas Stufe 2) in etwa 35 Minuten mittelbraun backen. Den Kuchen vom Papier befreien und auskühlen lassen. Dann zweimal waagerecht durchschneiden.
- Den Backofen auf 200° (Gas Stufe 3) schalten. Den Mürbeteig in etwa 15 Minuten goldbraun backen, ebenfalls auskühlen lassen.
- Den Kirschsaft mit dem Kirschwasser vermischen und die drei Böden damit beträufeln.
- Den Fruchtaufstrich leicht erwärmen.
- Den Mürbeteigboden mit dem Fruchtaufstrich bestreichen, den ersten Tortenboden darauf setzen. Die Kirschen entsteinen. 16 Kirschen zum Garnieren beiseite legen.
- Den Kirschsaft mit dem Agar-Agar und dem Honig verrühren und 1–2 Minuten kochen, lauwarm abkühlen lassen. Die Kirschen auf dem ersten Boden verteilen und den Guß darüber gießen.
- Die Sahne steif schlagen. Die Kirschen dünn mit Sahne bestreichen. Den zweiten Boden darauf legen, mit Sahne bestreichen und mit dem letzten Boden abdecken.
- Die Torte mit der restlichen Sahne einstreichen. Mit Sahnetupfern, den restlichen Kirschen und geraspelter Schokolade garnieren.

Die berühmte Schwarzwälder Kirschtorte schmeckt auch vollwertig ganz ausgezeichnet.

Krümeltorte

Für Singles · Schnell

Zutaten für eine Springform von 18 cm ø:

200 g Weizenvollkornmehl
1 Teel. Weinsteinbackpulver
1/2 Teel. Zimtpulver
je 2 Eßl. Weizenkeime und feine Hafer-Vollkornflocken
75 g Zuckerrohrgranulat
150 g weiche Butter
1 großer säuerlicher Apfel (etwa 200 g), 250 g Sauerkirschen oder 150 g reife Aprikosen
Für die Form: etwas Butter

Bei 8 Stück pro Stück etwa 1300 kJ/310 kcal
4 g Eiweiß · 17 g Fett · 31 g Kohlenhydrate ·
3 g Ballaststoffe

Zubereitungszeit: etwa 50 Minuten

- Das Mehl mit dem Backpulver, dem Zimt, den Weizenkeimen, den Haferflocken und dem Zuckerrohrgranulat mischen. Die Butter in kleinen Flöckchen darüber verteilen. Alle Zutaten zu einem festen glatten Teig verarbeiten.
- Die Springform einfetten. Zwei Drittel vom Teig zwischen den Fingern auf den Boden der Form krümeln, festdrücken und dabei einen kleinen Teigrand an der Formwand hochdrücken.
- Den Apfel vierteln, schälen, vom Kerngehäuse befreien und in dünne Spalten schneiden. Oder die Kirschen waschen, abtropfen lassen, von den Stielen zupfen und entkernen, oder die Aprikosen waschen, abtropfen lassen, vom Stein befreien und längs vierteln. Den Backofen auf 190° vorheizen.
- Das vorbereitete Obst auf dem Teigboden verteilen und den restlichen Teig gleichmäßig über das Obst krümeln; die Krümel leicht andrücken.
- Den Kuchen in den Backofen (Mitte; Gas Stufe 2 1/2) schieben und in 25–30 Minuten goldbraun backen. In der Form gut auskühlen lassen.

Variante: Obstauflauf
Die halbe Teigmenge ohne Backpulver zubereiten. Eine kleine Auflaufform fetten, das Obst wie für den Kuchen vorbereiten, auf dem Boden der Form verteilen und den Teig darüberkrümeln. Den Auflauf im vorgeheizten Backofen bei 190° (Mitte; Gas Stufe 2 1/2) backen. Er schmeckt warm oder kalt.

Bananen-Käse-Kuchen

Ganz einfach · Für Singles

Zutaten für eine Springform von 18 cm ø:

100 g Weizenvollkornmehl
50 g Zuckerrohrgranulat
1 Messerspitze Zimtpulver
1/4 Teel. Weinsteinbackpulver
50 g Butter
150 g Doppelrahm-Frischkäse
1 Banane
1 Ei
Für die Form: etwas Butter

Bei 8 Stück pro Stück etwa 940 kJ/220 kcal
5 g Eiweiß · 13 g Fett · 20 g Kohlenhydrate ·
2 g Ballaststoffe

Zubereitungszeit: etwa 50 Minuten

• Für den Teig das Mehl mit 25 g Zuckerrohrgranulat, dem Zimt und dem Backpulver mischen und auf eine Arbeitsfläche schütten. Die Butter in Flöckchen darauf verteilen und alle Zutaten zu einem krümeligen Teig verkneten.
• Die Springform einfetten, den Teig gleichmäßig hineinkneten, so daß keine Löcher mehr zu sehen sind. Dabei einen Rand von etwa 1 cm hochdrücken.
• Für den Belag den Frischkäse mit den restlichen 25 g Zuckerrohrgranulat in einem tiefen Teller mit einer Gabel zerdrücken und mischen. Die Banane schälen, in Stücke brechen oder schneiden, hinzufügen und alles mit der Gabel weiter zerdrücken und mischen, bis eine cremige, gleichmäßige Masse entstanden ist. Das Ei gründlich unter die Käsemasse rühren, bis es ganz von der Käsemasse aufgenommen worden ist. Den Backofen auf 175° vorheizen.
• Die Käsecreme auf dem Teig verteilen. Den Kuchen im Backofen (Mitte; Gas Stufe 2) etwa 30 Minuten backen, bis die Oberseite goldbraune Flecken hat. Den Kuchen in der Form abkühlen lassen

Teekuchen

Für Singles · Preiswert

Zutaten für eine Kastenform von 20 cm Länge:

je 50 g ungeschwefelte Rosinen und Korinthen
150 g Weizenvollkornmehl
2 gestrichene Teel. Weinsteinbackpulver
75 g weiche Butter · 75 g flüssiger Honig
1 Teel. abgeriebene unbehandelte Zitronenschale
2 Eier · 50 g Orangeat, fein gewürfelt
Für die Form: etwas Butter

Bei 12 Stück pro Stück etwa 650 kJ/150 kcal
3 g Eiweiß · 7 g Fett · 21 g Kohlenhydrate ·
2 g Ballaststoffe

Zubereitungszeit: etwa 50 Minuten

• Die Rosinen und die Korinthen waschen und in einem Sieb abtropfen lassen.
• Das Mehl in einer Rührschüssel mit dem Backpulver mischen. Die Butter in Flöckchen, den Honig und die Zitronenschale hinzufügen und mit einem Rührlöffel so lange rühren, bis die Butterflöckchen sich aufgelöst haben.
• Die Eier nacheinander hinzufügen. Alles gründlich verrühren, bis ein weicher, cremiger Teig entstanden ist. Die abgetropften Rosinen und Korinthen sowie das Orangeat unter den Teig rühren. Den Backofen auf 180° vorheizen.
• Die Form einfetten, den Teig hineinfüllen und glattstreichen. Den Kuchen im Backofen (Mitte; Gas Stufe 2) in 25–30 Minuten goldbraun backen. Die Garprobe mit einem Hölzchen oder Metallspieß machen: In die Mitte des Kuchens stechen; wenn noch Teig daran hängen bleibt, weiterbacken, bis keine Teigreste mehr an dem Holzstäbchen oder Spieß haften bleiben.
• Den Kuchen aus dem Backofen nehmen und in der Form auskühlen lassen.
• In einer verschlossenen Blechdose hält sich der Teekuchen etwa 1 Woche frisch.

Sesamtorte

Für Singles · Ganz einfach

Zutaten für eine Springform von 18 cm ø:

200 g Weizenvollkornmehl
50 g Sesamsamen
1/4 Teel. Zimtpulver
1 Messerspitze gemahlener Ingwer
1 Prise gemahlene Nelken
1 gestrichener Teel. Weinsteinbackpulver
50 g flüssiger Honig
125 g weiche Butter
150 g honiggesüßte rote Marmelade
Für die Form: etwas Butter

Bei 8 Stück pro Stück etwa 1300 kJ/310 kcal
5 g Eiweiß · 17 g Fett · 34 g Kohlenhydrate · 5 g Ballaststoffe

Zubereitungszeit: etwa 1 Stunde

• Das Mehl mit den Sesamsamen, dem Zimt-, dem Ingwer-, dem Nelken- sowie dem Backpulver mischen und auf eine Arbeitsfläche schütten. In die Mitte eine Mulde drücken. Den Honig und die Butter in Flöckchen hineingeben. Alle Zutaten schnell zu einem festen geschmeidigen Teig verarbeiten. Den Teig zu einer Kugel formen und etwa 15 Minuten ruhen lassen.
• Die Springform einfetten. Drei Viertel vom Teig mit der Hand auf dem Boden der Form durch Drücken und Schieben verteilen und einen etwa 1 cm hohen Rand hochdrücken. Den Backofen auf 200° vorheizen.
• Die Marmelade auf dem Teigboden verteilen. Aus dem restlichen Teig 6 etwa gleich große Stücke schneiden, jedes zu einer Rolle formen und etwas flachdrücken; die Streifen müssen so lang sein wie der Durchmesser der Springform. Die Teigstreifen als Gitter über die Marmelade legen.
• Den Kuchen im Backofen (Mitte; Gas Stufe 3) etwa 20 Minuten backen, bis das Teiggitter hellgoldbraun ist. Den Kuchen in der Form auskühlen lassen.

Variante: Sesamkekse
Den Teig knapp 1/2 cm dick ausrollen, mit einem Trinkglas runde Plätzchen ausstechen. Je 2 Eßlöffel flüssigen Honig und Sesamsamen miteinander verrühren. 1/2 Teelöffel der Honig-Sesam-Mischung auf jedes Plätzchen geben und mit einem Messer glattstreichen. Die Kekse auf ein gefettetes Backblech legen und im vorgeheizten Backofen bei 200° (Gas Stufe 3) in etwa 10 Minuten goldbraun backen. Mit einem Pfannenmesser vom Blech nehmen, solange sie noch warm sind, und auf einem Kuchengitter auskühlen lassen.

So gelingt die Sesamtorte (von links nach rechts) ganz leicht: In die Mehlmulde Honig und Butterstückchen geben, die Zutaten rasch verkneten. Drei Viertel davon in die Form drücken, die Marmelade mit einem Teigschaber darauf verteilen, die Teigstreifen aus dem restlichen Teig als Gitter auflegen, die Torte backen.

Wiener Schnecken

Braucht etwas Zeit

Zutaten für etwa 20 Stück:

260 ml lauwarme Milch
1 Würfel Hefe (42 g)
650 g Weizenvollkornmehl
80 g Honig · 1 Teel. Salz
80 g weiche Butter · 1 Ei
80 g dunkle ungeschwefelte Rosinen
Zum Bestreichen: 50 g flüssige Butter
Für das Backblech: Pergamentpapier und Butter

Pro Stück etwa 780 kJ/190 kcal
5 g Eiweiß · 7 g Fett · 26 g Kohlenhydrate · 4 g Ballaststoffe

Zubereitungszeit: etwa 1 1/4 Stunden
Ruhezeit: etwa 1 1/2 Stunden

- Die Milch in eine Rührschüssel geben und die Hefe darin auflösen. Das Weizenvollkornmehl, den Honig, das Salz, die Butter und das Ei dazugeben und alles in 10–15 Minuten zu einem geschmeidigen Teig verkneten.
- Den Teig zugedeckt an einem warmen Ort etwa 30 Minuten gehen lassen. Den Teig nochmals durchkneten und weitere 30 Minuten gehen lassen.
- Die Rosinen etwas kleiner schneiden.
- Ein Backblech mit gefettetem Pergamentpapier auslegen.
- Den Hefeteig auf der leicht bemehlten Arbeitsfläche gut durchkneten. Dann kleinfingerdicke, etwa 28 cm lange Röllchen daraus formen. Jeweils zwei Röllchen umeinander schlingen, mit etwas flüssiger Butter bestreichen und mit einigen Rosinenstückchen belegen. Den Teigstrang zu einer Schnecke aufrollen.
- Die Schnecken auf das Backblech setzen und zugedeckt noch etwa 30 Minuten gehen lassen.
- Den Backofen auf 220° vorheizen.
- Die Schnecken mit der restlichen flüssigen Butter bestreichen.
- Das Backblech in den Backofen (Mitte; Gas Stufe 4) schieben und das Hefegebäck in etwa 20 Minuten goldgelb backen. Nach etwa 5 Minuten die Temperatur auf 180° (Gas Stufe 2) zurückschalten.

Apfelhörnchen

Läßt sich gut einfrieren · Für Singles

Zutaten für 10 Hörnchen:

Für den Teig:
70 g Butter · 1 Prise Salz
1 Ei · 100 g Magerquark
2 Eßl. Honig · 200 g Weizenvollkornmehl
1/2 Päckchen Weinsteinbackpulver
Für die Füllung:
200 g Äpfel · 1 Eßl. ungeschwefelte Rosinen
1/2 Teel. Zimtpulver
abgeriebene Schale von 1/2 unbehandelten Zitrone
Für das Blech: Mehl

Pro Stück etwa 640 kJ/150 kcal
5 g Eiweiß · 7 g Fett · 18 g Kohlenhydrate · 2 g Ballaststoffe

Zubereitungszeit: etwa 1 1/4 Stunden

- Für den Teig die Butter mit dem Rührgerät cremig rühren. Das Salz, das Ei, den Quark und den Honig hinzufügen und alles gut vermengen.

Das Mehl mit dem Backpulver mischen. Die Hälfte davon unter den Teig rühren. Das restliche Mehl auf eine Arbeitsfläche schütten. Die vorbereitete Masse daraufgeben und alles rasch zu einem glatten Teig verkneten. Den Teig etwa 20 Minuten zugedeckt kühl stellen.
• Die Äpfel waschen, schälen, in dünne Schnitze schneiden. Die Rosinen mit dem Zimt, der Zitronenschale und den Apfelschnitzen mischen und 5–10 Minuten ziehen lassen.
• Den Backofen auf 180° vorheizen. Ein Backblech leicht mit Mehl bestäuben.
• Den Teig messerrückendick zu einem großen Kreis ausrollen und in 10 Segmente teilen.
• Jeweils 1 Eßlöffel auf jedes Segment geben, dieses zu einem Hörnchen aufrollen und auf das vorbereitete Blech setzen. Die Apfelhörnchen im heißen Backofen (Mitte; Gas Stufe 2) in 15–20 Minuten knusprig backen.

Gefüllte Windbeutel

Braucht etwas Zeit · Läßt sich gut vorbereiten

Zutaten für 6 Windbeutel:

Für den Teig:
1/8 l Wasser · 1 Prise Salz
4 Teel. Butter · 75 g Weizenvollkornmehl
2 Eier · 1 Teel. Weinsteinbackpulver
Für die Füllung:
500 g Magerquark · 2 Eßl. Mineralwasser
1 Eßl. Honig · Saft von 1 Zitrone
200 g Mandarinen
Für das Blech: Butter

Pro Stück etwa 740 kJ/180 kcal
15 g Eiweiß · 6 g Fett · 17 g Kohlenhydrate · 1 g Ballaststoffe

Zubereitungszeit: etwa 1 1/4 Stunden

• Das Wasser mit dem Salz und der Butter in einem flachen Topf zum Kochen bringen.
• Das Weizenmehl auf einmal hineinschütten und mit einem Kochlöffel so lange rühren, bis sich ein glatter Kloß bildet und am Topfboden ein weißes Häutchen sichtbar ist.
• Den Teig aus dem Topf nehmen und in einer Schüssel etwas abkühlen lassen.
• Mit einem Rührgerät nacheinander die Eier darunterrühren. Zum Schluß das Backpulver gründlich daruntermischen.
• Den Backofen auf 170° vorheizen. Ein Backblech fetten.
• Den Teig in einen Spritzbeutel füllen, 6 Windbeutel auf das Backblech spritzen. Das Gebäck im Backofen (Mitte; Gas Stufe 3) in etwa 15 Minuten goldbraun backen.
• Sofort nach dem Backen mit einer Schere von jedem Windbeutel einen Deckel abschneiden und die Windbeutel auf einem Gitter auskühlen lassen.
• Für die Füllung den Quark mit dem Mineralwasser schaumig schlagen und mit dem Honig sowie dem Zitronensaft abschmecken.
• Die Mandarinen schälen, von der weißen Haut gründlich befreien und in Spalten teilen.
• Die Quarkmasse in die Windbeutel füllen, mit den Mandarinenstücken belegen und die Teigdeckel aufsetzen. Die Windbeutel frisch servieren.

● **Tip:** Wenn Sie diese köstlichen Windbeutel einmal alleine genießen möchten, bereiten Sie aus 3 Eßlöffeln Quark, je 1 Teelöffel Mineralwasser und Zitronensaft, 1/2 Teelöffel Honig und etwa 1/2 Mandarine nur 1 Portion Füllung zu und frieren die restlichen Windbeutel ein.

Mandel-Krokantgebäck

Ganz einfach

Zutaten für etwa 50 Stück:

Für den Teig:
300 g Weizenvollkornmehl
160 g weiche Butter · 1 Prise Salz
2 Eßl. Wasser
Für den Belag:
160 g Honig · 4 Teel. Butter
1 Teel. gemahlene Vanille
200 g Mandelblättchen
Für das Backblech: Butter

Pro Stück etwa 330 kJ/79 kcal
2 g Eiweiß · 5 g Fett · 7 g Kohlenhydrate ·
1 g Ballaststoffe

Zubereitungszeit: etwa 1 Stunde 10 Minuten

- Das Mehl mit der Butter, dem Salz und dem Wasser verkneten, 15 Minuten kühl stellen.
- Den Backofen auf 200° vorheizen.
- Den Teig auf der leicht bemehlten Arbeitsfläche etwas ausrollen. Die Teigplatte auf ein gefettetes Backblech legen und mit den Händen andrücken. Den Teig gleichmäßig einstechen.
- Die Teigplatte im Backofen (Mitte; Gas Stufe 3) etwa 10 Minuten vorbacken.
- Für den Mandelkrokant den Honig, die Butter und die Vanille bei schwacher Hitze erwärmen. Die Mandelblättchen gut unterrühren.
- Den Krokant mit einem angefeuchteten Teigschaber gleichmäßig auf der vorgebackenen Teigplatte verteilen und etwas andrücken.
- Das Gebäck in 8–10 Minuten fertig backen, bis die Oberfläche leicht gebräunt ist. In Stücke schneiden und auskühlen lassen.

Dattelspiralen

Braucht etwas Zeit

Zutaten für etwa 70 Stück:

120 g weiche Butter · 100 g Honig
1 Ei · 1 Prise Salz · 250 g Weizenvollkornmehl
100 g getrocknete ungeschwefelte Datteln
1 Eiweiß · 1 Eßl. Kirschwasser oder Rosenwasser
1 Teel. Kakaopulver · 1 Teel. Zimtpulver
120 g Mandeln, frisch gemahlen
Für das Backblech: Butter

Pro Stück etwa 190 kJ/45 kcal
1 g Eiweiß · 3 g Fett · 4 g Kohlenhydrate ·
1 g Ballaststoffe

Zubereitungszeit: etwa 1 1/4 Stunden
Ruhezeit: etwa 2 Stunden

- Die Butter, 50 g Honig, das Ei, das Salz und das Mehl verkneten, 30 Minuten kühl stellen.
- Die Datteln kleinschneiden. Das Eiweiß steif schlagen. 50 g Honig dazugeben und cremig rühren. Das Kirschwasser, den Kakao, den Zimt und die Mandeln untermengen. Die Datteln untermischen.
- Den Teig halbieren und zu zwei etwa 20 x 32 cm großen Rechtecken ausrollen. Die Dattelmasse darauf verstreichen. Beide Längsseiten bis zur Mitte aufrollen, leicht zusammendrücken.
- Die Teigrollen etwa 1 1/2 Stunden kühl stellen.
- Ein Backblech fetten. Den Backofen auf 200° vorheizen. Die Doppelrollen in 4–5 mm dicke Scheiben schneiden und auf das Backblech legen und im Backofen (Mitte; Gas Stufe 3) in etwa 15 Minuten hellbraun backen.

Zweierlei dekoratives Gebäck: Mandel-Krokantgebäck (links) und Dattelspiralen (rechts).

Mandelbögen

Braucht etwas Zeit

Zutaten für etwa 45 Stück:

180 g weiche Butter
80 g Zuckerrohrgranulat · 1 Ei
1/2 Teel. gemahlene Vanille · 1 Prise Salz
125 g Mandeln, frisch gemahlen
250 g Weizenvollkornmehl
1 Eiweiß · 4–5 Eßl. Mandelblättchen
1 gehäufter Eßl. Kakao- oder Carobpulver
30 g Honig · 1 Eßl. Sahne
1 Eßl. Wasser · 25 g Kokosfett
Für das Backblech: Butter

Pro Stück etwa 370 kJ/88 kcal
2 g Eiweiß · 6 g Fett · 6 g Kohlenhydrate ·
1 g Ballaststoffe

Zubereitungszeit: etwa 1 1/4 Stunden
Ruhezeit: etwa 1 Stunde

• Die Butter, das Granulat, das Ei, die Vanille und das Salz schaumig rühren. Die Mandeln und das Mehl unterrühren, 1 Stunde kühlen.
• Ein Backblech fetten. Den Backofen auf 200° vorheizen.
• Den Teig auf Mehl kurz durchkneten und etwa 9 cm lange, fingerdicke Röllchen formen.
• Das Eiweiß leicht verquirlen. Die Teigröllchen damit bestreichen, in den Mandelblättchen wälzen, leicht gebogen auf das Blech setzen.
• Die Mandelbögen im Backofen (Mitte; Gas Stufe 3) in etwa 12 Minuten hellbraun backen.
• Die Plätzchen auf einem Kuchengitter auskühlen lassen.
• Für die Glasur den Kakao oder Carob mit dem Honig, der Sahne und dem Wasser glattrühren. Das Kokosfett bei mittlerer Hitze schmelzen, vom Herd nehmen und die Kakao- oder Carobmasse unterrühren.
• Die Enden der Mandelbögen in die Glasur tauchen und gut trocknen lassen.

Die Enden der Mandelbögen in eine Kakao- oder Carobglasur tauchen. Das Gebäck auf ein Kuchengitter legen und die Glasur trocknen lassen.

Haselnuß-Marzipan-Makronen

Ganz einfach

Zutaten für etwa 40 Stück:

80 g Haselnußkerne, frisch gemahlen
2 Eiweiß · 80 g Zuckerrohrgranulat
1 Teel. Zimtpulver · 100 g Honigmarzipan
40 Vollkornoblaten von 5 cm ø

Pro Stück etwa 140 kJ/33 kcal
1 g Eiweiß · 2 g Fett · 3 g Kohlenhydrate ·
0 g Ballaststoffe

Zubereitungszeit: etwa 50 Minuten

• Die Haselnüsse in einer trockenen Pfanne bei mittlerer Hitze leicht rösten. Auf einen Teller geben und abkühlen lassen.

- Den Backofen auf 175° vorheizen.
- Die Eiweiße sehr steif schlagen. Das Granulat und den Zimt dazugeben und so lange weiterrühren, bis eine cremige Masse entsteht.
- Das Honigmarzipan zerbröseln und untermischen. Die Haselnüsse unterrühren.
- Mit zwei Teelöffeln von dem Teig kleine Häufchen abstechen und auf die Oblaten setzen. Auf ein Backblech legen. Zwischendurch die Teelöffel befeuchten.
- Die Makronen im Backofen (Mitte; Gas Stufe 2) etwa 20 Minuten backen.

Kokosmakronen

Preiswert

Zutaten für etwa 40 Stück:

2 Eiweiß · 80 g Zuckerrohrgranulat
1/4 Teel. gemahlene Vanille · 120 g Kokosflocken
40 Vollkornoblaten von 5 cm ø

Pro Stück etwa 90 kJ/21 kcal
0 g Eiweiß · 1 g Fett · 4 g Kohlenhydrate ·
0 g Ballaststoffe

Zubereitungszeit: etwa 1 Stunde

- Die Eiweiße sehr steif schlagen. Das Granulat nach und nach dazugeben und cremig rühren. Die Vanille und die Kokosflocken unterheben.
- Den Backofen auf 150° vorheizen.
- Mit Hilfe von zwei Teelöffeln von dem Teig kleine Häufchen abstechen, auf die Oblaten setzen und auf ein Backblech legen.
- Die Makronen im Backofen (Mitte; Gas Stufe 1) etwa 35 Minuten backen.

Vanillekipferl

Ganz einfach

Zutaten für etwa 50 Stück:

1 Eigelb
85 g weiche Butter
50 g Honig
1/2 Teel. gemahlene Vanille
1 Prise Salz
100 g Weizenvollkornmehl
50 g Dinkel, fein gemahlen
30 g Buchweizenmehl
50 g Mandeln, frisch gemahlen
Zum Verzieren: 40 g geschälte Mandeln, frisch gemahlen
Für das Backblech: Butter

Pro Stück etwa 150 kJ/33 kcal
1 g Eiweiß · 2 g Fett · 3 g Kohlenhydrate ·
1 g Ballaststoffe

Zubereitungszeit: etwa 50 Minuten
Ruhezeit: etwa 1 Stunde

- Das Eigelb, die Butter, den Honig, die Vanille und das Salz schaumig rühren. Alle Mehlsorten und die Mandeln unterrühren.
- Den Teig zugedeckt etwa 1 Stunde kühl stellen.
- Ein Backblech fetten. Den Backofen auf 200° vorheizen.
- Den Teig kurz durchkneten. Walnußgroße Kugeln abnehmen und zu etwa 8 cm langen Röllchen formen. Die Röllchen in Kipferlform auf das Backblech legen.
- Die Kipferl im Backofen (Mitte; Gas Stufe 3) in etwa 12 Minuten hellbraun backen. Die heißen Kipferl in den Mandeln wälzen.

Zimtsterne

Braucht etwas Zeit

Zutaten für etwa 30 Stück:

250 g Mandeln, frisch gemahlen
2 Eiweiß
100 g Honig
1 Teel. Zimtpulver
1 Teel. Kirschwasser oder Rosenwasser
Für das Backblech: Butter

Pro Stück etwa 260 kJ/62 kcal
2 g Eiweiß · 5 g Fett · 4 g Kohlenhydrate · 1 g Ballaststoffe

Zubereitungszeit: etwa 1 1/2 Stunden

• Die Mandeln in einer trockenen Pfanne bei mittlerer Hitze leicht anrösten, danach auf einem Teller abkühlen lassen.
• Die Eiweiße sehr steif schlagen. Nach und nach den Honig hinzufügen und so lange weiterrühren, bis eine dicke Creme entsteht.
• Von der Eiweißmasse etwa 2 Eßlöffel für die Glasur beiseite stellen. Den Zimt, das Kirschwasser oder das Rosenwasser und die Mandeln unter die restliche Eiweißmasse heben.
• Den Teig etwa 30 Minuten bei Zimmertemperatur ruhen lassen.
• Ein Backblech fetten. Den Backofen auf 160° vorheizen.
• Den Teig auf wenig Mehl in kleinen Portionen etwa 1/2 cm dick ausrollen. Sterne von etwa 4 cm ø ausstechen und auf das Backblech setzen. Jeden Stern mit Eiweißmasse bestreichen.
• Die Zimtsterne im Backofen (Mitte; Gas Stufe 1 1/2) 20–25 Minuten backen, bis die Oberfläche leicht gebräunt ist.

Mandelröllchen

Ganz einfach · Preiswert

Zutaten für etwa 50 Stück:

80 g kalte Butter
50 g Mandeln, frisch gemahlen
125 g Weizenvollkornmehl
65 g flüssiger Honig
1/2 Teel. gemahlene Vanille · 1 Eßl. Wasser
Zum Wälzen: 2 Eßl. Mandeln, frisch gemahlen
Für das Backblech: Butter

Pro Stück etwa 140 kJ/33 kcal
1 g Eiweiß · 2 g Fett · 3 g Kohlenhydrate · 0 g Ballaststoffe

Zubereitungszeit: etwa 1 Stunde
Ruhezeit: etwa 1 Stunde

• Die Butter mit den Mandeln, dem Mehl, dem Honig, der Vanille und dem Wasser verkneten. In Papier gewickelt 1 Stunde kühl stellen.
• Ein Backblech fetten. Den Backofen auf 180° vorheizen.
• Aus dem Teig etwa 7 cm lange und 1 cm dicke Röllchen formen. Jedes Röllchen in den Mandeln wälzen und auf das Backblech setzen.
• Die Mandelröllchen im Backofen (Mitte; Gas Stufe 2) in etwa 15 Minuten knusprig backen.

Die Mandelröllchen (links) und die Zimtsterne (rechts) sind – in einer Schachtel hübsch verpackt – ein schönes Mitbringsel in der Weihnachtszeit.

Lebkuchen mit neunerlei Gewürzen

Ganz einfach

Für Lebkuchen sind viele alte Rezepte überliefert. Schon im Mittelalter stellte man sie in Klöstern her. Die Nonnen und Mönche verwendeten aus zahlenmystischen Gründen »neunerlei« oder »siebenerlei« orientalische Gewürze.

Zutaten für etwa 60 Stück:

2 Eier
100 g Butter
250 g Honig
2 Eßl. Rum oder Rosenwasser
350 g Weizenvollkornmehl
1 Teel. Zimtpulver
je 1/2 Teel. gemahlener Kardamom und gemahlene Nelken
je 1/4 Teel. gemahlene Muskatblüte, Piment, gemahlener Ingwer, gemahlener Anis, gemahlener weißer Pfeffer und gemahlener Koriander
1/2 Päckchen Weinsteinbackpulver
20 g Kakao- oder Carobpulver
150 g Mandelsplitter
Für den Guß:
1 gehäufter Eßl. Kakao- oder Carobpulver
30 g Honig
1 Eßl. Sahne
1 Eßl. Wasser
25 g Kokosfett
Für das Blech: Butter

Pro Stück etwa 290 kJ/70 kcal
2 g Eiweiß · 4 g Fett · 8 g Kohlenhydrate · 1 g Ballaststoffe

Zubereitungszeit: etwa 1 1/4 Stunden

- Die Eier trennen. Die Eiweiße steif schlagen.
- Die Butter, den Honig, die Eigelbe und den Rum oder das Rosenwasser schaumig rühren. Das Mehl mit den Gewürzen, dem Backpulver und dem Kakao oder Carob vermischen.
- Den Backofen auf 200° vorheizen. Ein Backblech fetten.
- Den Eischnee und die Mehl-Gewürzmischung mit einem großen Rührlöffel unter die Schaummasse heben.
- Den Lebkuchenteig mit einem angefeuchteten Teigschaber gleichmäßig auf das Backblech streichen. Die Mandelsplitter über den Teig streuen.
- Den Lebkuchenteig im Backofen (Mitte; Gas Stufe 3) 20–25 Minuten backen.
- Den Kuchen in gleichmäßige Rauten schneiden und auf einem Kuchengitter auskühlen lassen.
- Für den Guß den Kakao oder Carob mit dem Honig, der Sahne und dem Wasser glattrühren.
- Das Kokosfett bei schwacher Hitze zerlaufen lassen. Den Topf vom Herd nehmen und die Kakao- oder Carobmasse unter das flüssige Fett rühren. Den Guß mit einem Pinsel auf den Lebkuchen verteilen.

Christstollen

Braucht etwas Zeit

Zutaten für 1 Stollen:

200 ml lauwarme Milch · 25 g frische Hefe
500 g Weizenvollkornmehl
70 g Mandeln, frisch gemahlen
1 Teel. Zimtpulver · 1/4 Teel. gemahlene Nelken
1/4 Teel. gemahlener Kardamom
1/4 Teel. Muskatnuß, frisch gerieben
1 Teel. Salz · 1 Ei
80 g Honig · 50 g Magerquark
abgeriebene Schale von 1/2 unbehandelten Zitrone
1 Eßl. Rosenwasser · 30 g Zitronat
30 g Orangeat · 70 g Korinthen
70 g ungeschwefelte Sultaninen
160 g weiche Butter
Zum Bestreichen: etwa 100 g flüssige Butter
Zum Verzieren: 2 Eßl. Mandeln, frisch gemahlen
Für das Backblech: Butter

Bei 30 Scheiben pro Stück etwa 720 kJ/170 kcal
4 g Eiweiß · 11 g Fett · 18 g Kohlenhydrate ·
3 g Ballaststoffe

Zubereitungszeit: etwa 2 Stunden
Ruhezeit: etwa 2 1/2 Stunden

• Die Milch in eine Rührschüssel geben und die Hefe darin auflösen. Das Mehl, die Mandeln, die Gewürze und das Salz dazugeben. Das Ei, den Honig, den Quark, die Zitronenschale und das Rosenwasser hinzufügen und alle Zutaten zu einem geschmeidigen Teig verkneten.
• Den Teig zugedeckt an einem warmen Ort etwa 30 Minuten gehen lassen. Nochmals durchkneten und weitere 30 Minuten gehen lassen.
• Das Zitronat und das Orangeat in kleine Stücke schneiden. Die Korinthen, die Sultaninen, das Zitronat, das Orangeat und die Butter zum Hefeteig geben und gründlich unterkneten.
• Den Teig nochmals etwa 1 Stunde gehen lassen. Ein Backblech fetten.
• Den Teig auf wenig Mehl kurz durchkneten und zu einem abgerundeten Rechteck von etwa 40 x 20 cm Größe ausrollen. Von der Längsseite her so zusammenklappen, daß ein etwa 2 cm breiter Rand frei bleibt.
• Den Stollen auf das Backblech legen und zugedeckt noch etwa 30 Minuten gehen lassen.
• Den Backofen auf 200° vorheizen.
• Den Stollen mit etwas flüssiger Butter bepinseln. Den Stollen in den Backofen (Mitte; Gas Stufe 3) geben und in 60–70 Minuten mittelbraun backen. Nach etwa 20 Minuten Backzeit die Temperatur auf 180° (Gas Stufe 2) zurückschalten.
• Nach dem Backen den noch heißen Christstollen mit der restlichen Butter bestreichen und mit den Mandeln bestreuen.
• Den ausgekühlten Stollen in Alufolie wickeln und kühl aufbewahren.

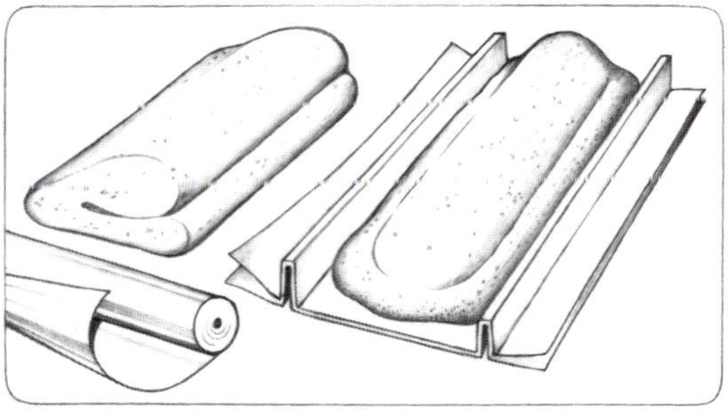

Damit der Stollen beim Backen seine Form behält, können Sie ihn in eine Manschette aus starker Alufolie legen.

Nikolausstiefel

Mitbringsel · Braucht etwas Zeit

Zutaten für etwa 14 Stück:

130 ml lauwarme Milch
30 g frische Hefe
500 g Weizenvollkornmehl
50 g Mandeln, frisch gemahlen
1 Prise Salz
1/4 Teel. gemahlener Kardamom
1 Ei
100 g Honig
150 g weiche Butter
Zum Bestreichen:
1 Eigelb
2 Eßl. Milch
Zum Verzieren:
nach Belieben geschälte halbierte Mandeln, Kürbiskerne, Sonnenblumenkerne, Sesamsamen, Zitronat, Orangeat und verschiedene Nüsse
Für das Backblech: Butter

Pro Stück etwa 1200 kJ/290 kcal
7 g Eiweiß · 16 g Fett · 30 g Kohlenhydrate · 5 g Ballaststoffe

Zubereitungszeit: etwa 1 3/4 Stunden
Ruhezeit: etwa 2 1/4 Stunden

• Die Milch in eine Rührschüssel geben und die Hefe darin auflösen. Das Mehl, die Mandeln, das Salz und den Kardamom dazugeben. Das Ei und den Honig hinzufügen. Diese Zutaten in etwa 10 Minuten gründlich zu einem geschmeidigen Teig kneten.
• Den Teig zugedeckt an einem warmen Ort etwa 30 Minuten gehen lassen.
• Den Hefeteig erneut durchkneten und weitere 30 Minuten gehen lassen.
• Die Butter unter den Teig kneten und diesen nochmals etwa 1 Stunde gehen lassen.
• In der Zwischenzeit auf eine etwa 10 cm große Papierschablone eine Stiefelform zeichnen und ausschneiden.
• Ein Backblech fetten.
• Den Teig auf der leicht bemehlten Arbeitsfläche kurz durchkneten und etwa 1 cm dick ausrollen. Die Schablone auf den Teig legen und die Stiefel mit einem kleinen Messer rundherum ausschneiden. Die Stiefel mit einer Palette auf das Backblech setzen.
• Das Eigelb mit der Milch verquirlen. Die Stiefel damit bestreichen und nach Belieben mit den verschiedenen Zutaten verzieren.
• Die Stiefel noch einmal etwa 15 Minuten gehen lassen.
• Den Backofen auf 200° vorheizen.
• Das Backblech in den Backofen (Mitte; Gas Stufe 3) schieben und die Nikolausstiefel in etwa 20 Minuten goldgelb backen.

Die Nikolausstiefel – über die sich übrigens nicht nur Kinder freuen – können Sie mit Nüssen und/oder Zitronat und Orangeat beliebig verzieren.

Buttermilchbrot

Preiswert

Zutaten für 1 Brot:

500 g Weizen oder Weizenvollkornmehl
200 g Roggen oder Roggenvollkornmehl
20 g puderfeines Sojamehl, vollfett
2 Teel. Salz · 1 Würfel frische Hefe (42 g)
1 Eßl. flüssiger Honig
1/2 l lauwarme Buttermilch
80 g feine Hafer-Vollkornflocken
Für das Backblech: Butter

Bei 24 Scheiben pro Scheibe etwa 230 kJ/55 kcal
3 g Eiweiß · 1 g Fett · 10 g Kohlenhydrate ·
2 g Ballaststoffe

Zubereitungszeit: etwa 1 Stunde 10 Minuten
Ruhezeit: etwa 50 Minuten

- Den Weizen und den Roggen fein mahlen, mit dem Sojamehl und dem Salz mischen, in die Mitte eine Mulde drücken. Die Hefe hineinbröckeln, den Honig daraufgeben und 1–2 Minuten warten, bis sich die Hefe aufgelöst hat.
- Die Buttermilch dazugießen und mit der Hefe und etwas Mehl zu einem Brei verrühren. Den Vorteig, mit einem Tuch bedeckt, etwa 15 Minuten an einem warmen Platz gehen lassen.
- Dann alles zu einem geschmeidigen, festen Hefeteig verkneten. Den Teig nochmals 15–20 Minuten zugedeckt gehen lassen.
- Die Haferflocken auf die Arbeitsfläche schütten. Den Teig darauf kneten, aber nur so viel Haferflocken einarbeiten, wie der Teig leicht aufnimmt. Den Teig gründlich kneten, dann auf den restlichen Haferflocken zu einer 50 cm langen Rolle formen.
- Das Backblech einfetten.
- Die Teigrolle diagonal auf das Backblech legen und plattdrücken. Mit einem Tuch bedeckt nochmals etwa 15 Minuten gehen lassen, bis sich das Volumen um etwa ein Drittel vergrößert hat.
- Den Backofen auf 200° vorheizen.
- Das Blech in den Backofen (unten; Gas Stufe 3) schieben und das Brot in etwa 30 Minuten goldbraun backen.
- Das Brot noch 10 Minuten im ausgeschalteten Ofen stehenlassen, dann herausnehmen, mit kaltem Wasser besprühen und auf einem Kuchengitter auskühlen lassen.
- Das Buttermilchbrot bleibt 3–4 Tage frisch und schmeckt am besten mit Butter und Käse oder mit fruchtigen Marmeladen.

Dinkelbrot

Ganz einfach

Dinkelbrot ist eine Delikatesse. Es wird sehr locker, elastisch und schnittfest.

Zutaten für eine Kastenform von 26 cm Länge:

500 g Dinkel
1 Würfel frische Hefe (42 g)
2 Teel. flüssiger Honig
300 ml lauwarmes Wasser
1 1/2 Teel. Salz
Für die Form: Butter

Bei 19 Scheiben pro Scheibe etwa 390 kJ/95 kcal
4 g Eiweiß · 1 g Fett · 18 g Kohlenhydrate ·
3 g Ballaststoffe

Zubereitungszeit: etwa 1 Stunde
Ruhezeit: etwa 45 Minuten

• Den Dinkel fein mahlen, in die Mitte eine Mulde drücken, die Hefe hineinbröckeln und den Honig darauf geben. 1–2 Minuten warten, bis sich die Hefe aufgelöst hat.
• Das Wasser dazugießen und mit der Hefe und etwas Mehl zu einem dünnen Brei verrühren. Den Vorteig zugedeckt etwa 15 Minuten an einem warmen Platz gehen lassen.
• Dann das Salz hinzufügen und alles zu einem geschmeidigen Hefeteig verkneten. Den Teig zugedeckt 15–20 Minuten gehen lassen.
• Den Teig nochmals gründlich kneten. Sollte er zu fest sein, etwas Wasser dazugießen. Sollte er so weich sein, daß er sich nicht vom Schüsselrand löst, etwas Dinkelmehl hineinkneten.
• Die Form einfetten. Den Teig in die Form füllen, mit einem Teigschaber glattstreichen und nochmals zugedeckt etwa 15 Minuten gehen lassen, bis sich das Volumen um etwa ein Drittel vergrößert hat.
• Inzwischen den Backofen auf 220° vorheizen.
• Die Form in den Ofen (unten; Gas Stufe 3 1/2–4) schieben und das Brot in 30–35 Minuten goldbraun backen.
• Das Brot 10 Minuten im ausgeschalteten Ofen stehenlassen, herausnehmen, weitere 10 Minuten in der Form abkühlen lassen, dann aus der Form nehmen, mit kaltem Wasser besprühen und auf einem Kuchengitter vollständig abkühlen lassen.
• Das Dinkelbrot bleibt etwa 5 Tage frisch.

Tip: Dieses Brot läßt sich ganz leicht abwandeln. Mischen Sie doch zum Beispiel einmal Sonnenblumenkerne oder Nüsse wie grob gehackte Walnüsse unter den Teig.

Krustenbrot

Läßt sich gut einfrieren

Zutaten für 1 Brot:

250 g Weizenvollkornmehl
200 g Roggenvollkornmehl
1 Würfel frische Hefe (42 g)
200 ml lauwarmes Wasser
250 g Sauerteig
Kümmel · Koriander · 25 g Salz

Bei 30 Scheiben pro Scheibe etwa 230 kJ/55 kcal
2 g Eiweiß · 0 g Fett · 11 g Kohlenhydrate · 3 g Ballaststoffe

Zubereitungszeit: etwa 1 1/2 Stunden
Ruhezeit: 1 1/2 Stunden

• Das Weizen- und Roggenmehl mischen. In die Mitte eine Mulde drücken. Die zerbröckelte Hefe mit einem Teil des lauwarmen Wassers hinzufügen und verrühren. Den Vorteig, mit einem Küchentuch bedeckt, an einem warmen Platz etwa 15 Minuten ruhen lassen.
• Wenn sich der Vorteig vergrößert hat, den Sauerteig, das restliche lauwarme Wasser, etwas Kümmel, Koriander und das Salz hinzufügen und den Teig kneten, bis er glatt und geschmeidig ist. Den Teig an einem warmen Platz etwa 1 1/2 Stunden zugedeckt ruhen lassen.
• Den Backofen auf 220° vorheizen. Ein Backblech leicht mit Mehl bestäuben.
• Wenn sich das Volumen verdoppelt hat, den Teig kneten, zu einem Laib formen und auf das Blech legen. Mit etwas Wasser bestreichen und mit Kümmel oder Koriander bestreuen.
• Das Brot im heißen Ofen (unten; Gas Stufe 3 1/2–4) in etwa 1 Stunde braun backen. Das Brot auf einem Kuchengitter erkalten lassen.

Milch-Butter-Toastbrot

Ganz einfach

Zutaten für eine Kastenform von 26 cm Länge:

400 g Weizen oder Weizenvollkornmehl
3/4 Würfel frische Hefe (etwa 30 g)
1 Eßl. flüssiger Honig
200 ml lauwarme Milch
1 Teel. Salz
1 Eigelb
50 g weiche Butter
Für die Form: Butter

Bei 16 Scheiben pro Scheibe etwa
500 kJ/120 kcal
4 g Eiweiß · 5 g Fett · 17 g Kohlenhydrate ·
3 g Ballaststoffe

Zubereitungszeit: etwa 1 Stunde
Ruhezeit: etwa 45 Minuten

• Den Weizen zu feinem Mehl mahlen und das Mehl in eine Rührschüssel füllen. In die Mitte eine Mulde drücken, die Hefe hineinbröckeln und den Honig darauf geben. 1–2 Minuten warten, bis sich die Hefe aufgelöst hat.
• Die lauwarme Milch dazugießen und mit der Hefe sowie etwas Mehl vom Muldenrand zu einem dünnen Brei verrühren. Den Vorteig, mit einem Tuch bedeckt, etwa 15 Minuten an einem warmen Platz gehen lassen.
• Dann das Salz, das Eigelb und die Butter in Flöckchen zum Vorteig geben und alles mit dem Mehl zu einem geschmeidigen Hefeteig verarbeiten. Dabei zuerst rühren, dann mit der Hand oder dem Knethaken des elektrischen Handrührgerätes oder der Küchenmaschine kneten, bis alles Mehl von der Flüssigkeit aufgenommen worden ist. Den Teig zugedeckt 15–20 Minuten gehen lassen.
• Den Teig nochmals gründlich kneten. Sollte er zu fest sein, etwas Wasser hinzufügen. Sollte er so weich sein, daß er sich nicht vom Schüsselrand löst, etwas Weizenvollkornmehl hineinkneten.
• Dic Form cinfcttcn. Dcn Tcig zu cincm Strang in der Länge der Form rollen, in die Form legen, plattdrücken und nochmals zugedeckt etwa 15 Minuten gehen lassen, bis sich das Volumen um etwa ein Drittel vergrößert hat.
• Den Backofen auf 220° vorheizen.
• Die Form in den Ofen (Mitte; Gas Stufe 3 1/2–4) schieben und das Toastbrot in etwa 35 Minuten goldbraun backen.
• Das Brot etwa 10 Minuten im ausgeschalteten Ofen stehenlassen. Herausnehmen und weitere 10 Minuten in der Form abkühlen lassen, dann vorsichtig aus der Form nehmen, mit kaltem Wasser besprühen und auf einem Kuchengitter abkühlen lassen.
• Das Toastbrot bleibt etwa 3 Tage frisch.

Das Milch-Butter-Toastbrot schmeckt am besten zum Frühstück, getoastet und mit Butter und Marmelade oder Honig bestrichen.

Würzige Roggenmischbrötchen

Ganz einfach

Zutaten für 16 Brötchen:

300 g Roggen oder Roggenvollkornmehl
300 g Weizen oder Weizenvollkornmehl
2 Teel. Kümmelsamen und 1 Teel. Koriandersamen oder je 2 Teel. gemahlener Kümmel und Koriander
50 g puderfeines Sojamehl, vollfett
1 Teel. Salz · 1/2 Päckchen Sauerteigextrakt (75 g)
1 Würfel frische Hefe (42 g)
2 Teel. flüssiger Honig · 1/2 l lauwarme Buttermilch
Für das Backblech: Butter
Zum Bestreichen: 1 kleines Ei
Zum Bestreuen: je 1 Eßl. Kümmel- und Koriandersamen · 2 Teel. grobes Salz

Pro Brötchen etwa 610 kJ/150 kcal
7 g Eiweiß · 3 g Fett · 25 g Kohlenhydrate · 5 g Ballaststoffe

Zubereitungszeit: etwa 1 Stunde
Ruhezeit: etwa 45 Minuten

• Den Roggen, den Weizen, die Kümmel- und die Koriandersamen fein mahlen, mit dem Sojamehl, dem Salz und dem Sauerteigextrakt mischen. In die Mitte eine Mulde drücken, die Hefe hineinbröckeln, den Honig daraufgeben. 1–2 Minuten warten, bis die Hefe sich auflöst.
• Die Buttermilch dazugießen und mit der Hefe und etwas Mehl zu einem dünnen Brei verrühren. Den Vorteig zugedeckt etwa 15 Minuten an einem warmen Platz gehen lassen.
• Dann alles zu einem geschmeidigen Teig verkneten, 15–20 Minuten zugedeckt gehen lassen.
• Den Teig nochmals gründlich kneten, in 16 gleich große Stücke teilen. Jedes mit nassen Händen zu einer Kugel formen. Das Backblech einfetten.
• Die Teigkugeln plattdrücken, mit dem verquirlten Ei bestreichen, in die Gewürze drücken, auf das Blech legen und 10–15 Minuten gehen lassen.
• Den Backofen auf 220° vorheizen.
• Das Blech in den Backofen (Mitte; Gas Stufe 3 1/2–4) schieben und die Brötchen in 20–25 Minuten goldbraun backen.
• Die Brötchen etwa 5 Minuten im ausgeschalteten Ofen stehenlassen. Dann mit kaltem Wasser besprühen und abkühlen lassen.

Laugenwecken oder -brezeln

Etwas schwieriger

Zutaten für 12 Stück:

400 g Weizen oder Weizenvollkornmehl
1 Würfel frische Hefe (42 g)
1 Teel. flüssiger Honig
200 ml lauwarmes Wasser · 1 Teel. Salz
Für die Lauge:
1 l Wasser · 1 Eßl. Natron
Für das Backblech: Butter
Zum Bestreuen: etwa 1 Eßl. grobes Salz

Pro Stück etwa 460 kJ/110 kcal
5 g Eiweiß · 1 g Fett · 21 g Kohlenhydrate · 4 g Ballaststoffe

Zubereitungszeit: etwa 1 Stunde
Ruhezeit: etwa 30 Minuten

• Den Weizen fein mahlen, in die Mitte eine Mulde drücken, die Hefe hineinbröckeln und den Honig daraufgeben. 1–2 Minuten warten, bis sich die Hefe aufgelöst hat.

- Das Wasser dazugießen und mit der Hefe und etwas Mehl zu einem dünnen Brei verrühren. Den Vorteig zugedeckt etwa 15 Minuten an einem warmen Platz gehen lassen.
- Dann das Salz hinzufügen und alles zu einem geschmeidigen Hefeteig verkneten.
- Das Wasser für die Lauge mit dem Natron in einem weiten Topf aufkochen lassen (Vorsicht, daß keine Lauge in die Augen kommt und keine Kinder in der Nähe sind).
- Das Backblech fetten. Den Teig in 12 gleich große Stücke teilen. Jedes Stück zu einer Kugel formen und etwas plattdrücken oder die Stücke jeweils zu etwa 50 cm langen Rollen formen, zu Brezeln legen und an den übereinanderliegenden Stellen gut andrücken.

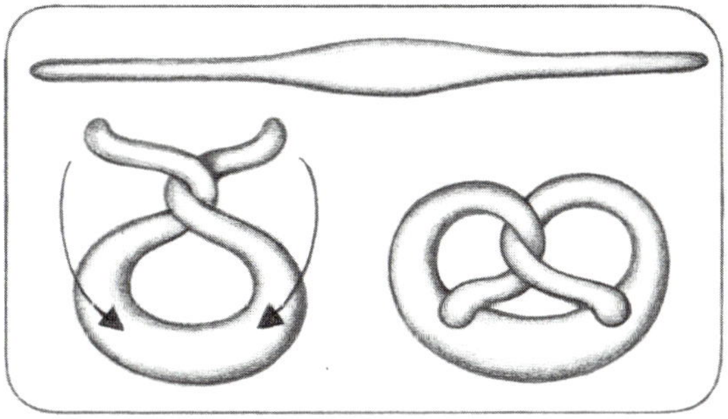

Für Brezeln den Strang in der Mitte etwas dicker lassen, die Enden zweimal verschlingen, andrücken.

- Inzwischen den Backofen auf 220° vorheizen.
- Die Wecken oder Brezeln nacheinander für 1 Minute in die schwach kochende Lauge legen; die Wecken dabei einmal umdrehen, die Brezeln ein paarmal untertauchen. Herausheben, auf das Blech legen und mit grobem Salz bestreuen.
- Das Blech sofort in den Ofen (Mitte; Gas Stufe 3 1/2–4) schieben und die Laugenwecken oder -brezeln in 30–35 Minuten braun backen.

Körnerfladen

Preiswert · Ganz einfach

Zutaten für 16 Fladen:

200 g Gerste · 200 g Weizen
1 Teel. Salz
1/4 l Buttermilch
1/2 Würfel frische Hefe (20 g)
100 g Sonnenblumenkerne
50 g Sesamsamen
Für das Backblech: Öl oder Butter
Zum Bestreichen und Bestreuen: 2 Eßl. Milch
2 Eßl. Kümmel

Pro Stück etwa 580 kJ/140 kcal
6 g Eiweiß · 6 g Fett · 16 g Kohlenhydrate · 4 g Ballaststoffe

Zubereitungszeit: etwa 1 Stunde 10 Minuten

- Die Gerste mit dem Weizen mittelgrob schroten und in eine Rührschüssel geben. Das Salz, die Buttermilch und die zerbröckelte Hefe dazugeben und alles gründlich zu einem Teig kneten. Zum Schluß die Sonnenblumenkerne und die Sesamsamen darunterkneten. Den Teig zugedeckt an einem warmen Platz etwa 10 Minuten gehen lassen.
- Dann auf wenig Mehl durchkneten und daraus handflächengroße Fladen formen.
- Ein Backblech einfetten. Die Fladen darauf legen, mit der Milch bestreichen und mit dem Kümmel bestreuen.
- Den Backofen auf 50° (Gas Stufe 1/2) ein-

schalten und die Fladen etwa 5 Minuten im Backofen (Mitte) gehen lassen; dann auf 200° (Gas Stufe 3) schalten und die Körnerfladen 20–25 Minuten backen.

Bäckersonne

Braucht etwas Zeit

Zutaten für 18 Brötchen:

450 g Weizen oder Weizenvollkornmehl
1 Würfel frische Hefe (42 g)
2 Teel. flüssiger Honig
200 ml lauwarmes Wasser
250 g Magerquark
1 1/2 Teel. Salz
Für das Backblech: Butter
Zum Bestreuen: je 1 Eßl. Leinsamen, Kümmelsamen, Koriandersamen, Mohn, geschälte und ungeschälte Sesamsamen

Pro Brötchen etwa 490 kJ/120 kcal
7 g Eiweiß · 3 g Fett · 17 g Kohlenhydrate · 3 g Ballaststoffe

Zubereitungszeit: etwa 1 Stunde
Ruhezeit: etwa 45 Minuten

• Den Weizen zu feinem Mehl mahlen und in eine Rührschüssel füllen. In die Mitte eine Mulde drücken, die Hefe hineinbröckeln und den Honig daraufgeben. 1–2 Minuten warten, bis sich die Hefe aufgelöst hat.
• Das lauwarme Wasser dazugießen und mit der Hefe und etwas Mehl vom Muldenrand zu einem dünnen Brei verrühren. Den Vorteig, mit einem Tuch bedeckt, etwa 15 Minuten an einem warmen Platz gehen lassen.
• Den Quark und das Salz hinzufügen und alles zu einem geschmeidigen Hefeteig verkneten. Den Teig zugedeckt 15–20 Minuten gehen lassen.
• Den Teig nochmals gründlich kneten. Er sollte ziemlich weich bleiben, so daß man ihn nur mit nassen Händen formen kann. Sollte er jedoch zu klebrig sein, noch etwas Weizenvollkornmehl darunterkneten.
• Das Backblech einfetten. Die Samen, jede Sorte für sich, auf eine Untertasse oder in eine Teetasse geben. Den Teig in 18 gleich große Stücke teilen. Die Teigstücke jeweils mit nassen Händen zu einer Kugel formen, etwas plattdrücken. Jedes Teigstück abwechselnd in eine andere Samensorte drücken. 1 Stück mit der Gewürzseite nach oben in die Mitte des Bleches legen, danach 6 Stücke kreisförmig ohne Abstand um das mittlere legen und die restlichen 11 Brötchen kreisförmig ohne Abstand als äußeren Rand legen. Alles nochmals zugedeckt etwa 15 Minuten gehen lassen, bis sich das Volumen um etwa ein Drittel vergrößert hat.
• Inzwischen den Backofen auf 220° vorheizen.
• Das Blech in den Ofen (Mitte; Gas Stufe 3 1/2–4) schieben und die Brötchen in 15–20 Minuten goldbraun backen.
• Den Brötchenkranz aus dem Ofen nehmen, mit kaltem Wasser besprühen, mit einem Pfannenmesser als Ganzes vom Blech auf ein Kuchengitter gleiten und abkühlen lassen.

Das macht den Partygästen Spaß: Jeder bricht sich von der Bäckersonne das Stück ab, das er am liebsten mag.

N

O

P

T

Ernährungsbewußt kochen

Saftige Kuchen, Torten, knuspriges Gebäck, duftendes Brot aus naturbelassenen Zutaten. Großformat.
38,- DM/297,- öS/39,- sfr.

Koch-Ideen im neuen Trend: Vollwertiges für Feinschmecker, Gesundes für jeden Tag. Großformat.
38,- DM/297,- öS/39,- sfr.

Kulinarischer Genuß auf „vegetarisch“: Vielfalt ohnegleichen. 120 Seiten, 130 Farbfotos. Großformat.
29,80 DM/233,- öS/29,80 sfr.

Die köstlichsten Rezepte aus der Reihe „Kleine GU Vollwert-Kochbücher“.
29,80 DM/133,- öS/29,80 sfr.

Mehr draus machen.
Mit GU.

GRÄFE UND UNZER

Änderungen und Irrtum vorbehalten.

Die Farbfotos auf der Einband-Vorderseite zeigen von oben nach unten Löwenzahnsalat mit Käse und Möhren (Seite 55), Bunte Gemüse-Pizza (Seite 118), Ratatouille mit Wildreis (Seite 146).

Die Farbfotos auf der Einband-Rückseite zeigen von oben nach unten Bienenstich mit Mascarponefüllung (Seite 341), Buttermilchbrot (Seite 346) und Würzige Roggenmischbrötchen (Seite 350), Kokosdip mit Sommerfrüchten (Seite 230).

Redaktion: Cornelia Schinharl
Layout: Kraxenberger GmbH
Typografie: Kraxenberger GmbH
Herstellung: Peter Pleischl
Fotos: Foodfotografie Eising (Seite 29, 181, 193, 197, 233 und 333: Ulrich Kopp)
Umschlaggestaltung: Kraxenberger GmbH
Satz: Computersatz Wirth
Reproduktionen: Lana Repro
Druck: Chemnitzer Verlag und Druck GmbH
Bindung: Chemnitzer Verlag und Druck GmbH
ISBN 3-7742-1966-4

Lucia Baumgärtner vertiefte durch intensive Literaturstudien und viele praktische Erfahrungen ihre Kenntnisse über gesunde Ernährung. Sie ist neben der Entwicklung neuer Vollwertrezepte als freie Mitarbeiterin für den NDR tätig.

Bärbel Brütt ist Buchhändlerin und Inhaberin von zwei Buchhandlungen. Bevor sie sich selbständig machte, war sie fünf Jahre lang im Freizeitbereich an der Gesamtschule Elmshorn tätig. Zusammen mit den Schülern wurden unendlich viele Vollwertrezepte erfunden.

Johanna Handschmann stammt aus dem Odenwald und studierte unter anderem Hauswirtschaft. Als Hauswirtschaftslehrerin integrierte sie die Aspekete der Vollwertkost in den Unterricht. In Lehrerfortbildungskursen und in Kochkursen überzeugt sie viele Menschen von den Vorzügen ihrer Vollwertgerichte.

Marey Kurz stammt aus einer deutsch-baltischen Familie. Da sie selbst jahrelang Diät halten mußte, beschäftigte sie sich intensiv mit der Vollwertkost und erreichte eine Besserung.

Sofie Laux ist Hauswirtschaftsmeisterin, auf der Sebastian-Kneipp-Akademie ausgebildete Gesundheitspädagogin (SKA) und Gesundheitsberaterin (GGB) nach Dr. Bruker.

Axel Meyer widmete sich nach dem Abitur einem autodidaktischen Studium der Ethnologie und Anthropologie sowie der verschiedenen Ernährungsweisen. Während seiner mehrjährigen Reisen kristallisierte sich auf der einen Seite die Schriftstellerei, auf der anderen Seite die Beschäftigung mit dem vollen Korn heraus.

Gina Righi-Spanfellner ist staatlich anerkannte Diätassistentin. Als Ernährungsberaterin führt sie seit vielen Jahren Kurse über Vollwerternährung, Reduktionskost und allgemeine Ernährungslehre an der Volkshochschule, vor allem aber im eigenen Institut für Kosmetik und Ernährungsberatung erfolgreich durch.

Reinhard Welscher studierte Germanistik und Pädagogik und kam bei seinen Reisen auf die Idee, Brot und Kuchen ohne Backofen in einer Pfanne selbst zu »backen«.